从华尔街到贝街
美国与加拿大金融的起源与演变

［美］克里斯多夫·科巴克（CHRISTOPHER KOBRAK）
［加］乔·马丁（JOE MARTIN） 著

张翾 译

FROM WALL STREET
TO BAY STREET

The Origins and Evolution
of American and Canadian Finance

中国出版集团
中译出版社

图书在版编目（CIP）数据

从华尔街到贝街：美国与加拿大金融的起源与演变 /（美）克里斯多夫·科巴克,（加）乔·马丁著；张翾译. -- 北京：中译出版社, 2022.3

书名原文：FROM WALL STREET TO BAY STREET：The Origins and Evolution of American and Canadian Finance

ISBN 978-7-5001-6858-4

Ⅰ.①从… Ⅱ.①克…②乔…③张… Ⅲ.①金融体系—对比研究—美国、加拿大 Ⅳ.① F837.121 ② F837.111

中国版本图书馆 CIP 数据核字（2021）第 278061 号

（著作权合同登记：图字 01-2021-5259 号）

©University of Toronto Press 2018.
Original edition published by University of Toronto Press，Toronto，Canada
The simplified Chinese translation copyright© 2022 by China Translation and Publish House
ALL RIGHTS RESERVED

从华尔街到贝街

著　　者：［美］克里斯多夫·科巴克（CHRISTOPHER KOBRAK）
　　　　　［加］乔·马丁（JOE MARTIN）
译　　者：张　翾
策划编辑：于　宇　华楠楠
责任编辑：于　宇　华楠楠
出版发行：中译出版社
地　　址：北京市西城区新街口外大街 28 号 102 号楼 4 层
电　　话：（010）68359827；68359303（发行部）；
　　　　　68005858；68002494（编辑部）
邮　　编：100088
电子邮箱：book @ ctph. com. cn
网　　址：http：//www. ctph. com. cn

印　　刷：北京顶佳世纪印刷有限公司
经　　销：新华书店
规　　格：787mm×1092mm　1/16
印　　张：30
字　　数：345 千字
版　　次：2022 年 3 月第 1 版
印　　次：2022 年 3 月第 1 次印刷

ISBN 978-7-5001-6858-4　　　　定价：79.00 元

版权所有　侵权必究
中 译 出 版 社

自　序

2008—2009年，世界范围内经历了经济大衰退，或称"全球金融危机"。正如《崩盘：全球金融危机如何重塑世界》的作者亚当·图兹（Adam Tooze）所说的那样，确实，美国以外的许多国家在这场危机中都存在问题，爱尔兰、冰岛和希腊就是很好的例子。但这位在英国出生，于哥伦比亚任教的图兹教授完全忽略了在纽约以北不到400英里的加拿大自治领发生的事情——加拿大在全球金融危机中幸存下来。

正如国际货币基金组织在2008年指出的那样，"加拿大的金融体系成熟、精密且管理良好。稳健的宏观经济政策和强有力的审慎监管是金融稳定的基础。存款保险制度、危机管理体系和破产解决方案都是精心设计过的。"

压力测试表明，加拿大主要的银行能够承受相当大的冲击。压力情景假设经济衰退的程度比1990—1991年严重三分之一，由此带来的资本金将低于监管要求的最低限度，但它仍然足够。加拿大那些主要的银行似乎也能够承受信用、市场和流动性风险方面的某些大型单一因素的冲击。因此，加拿大的银行体系虽面临一些挑战，但整体仍很稳健。

事实证明，加拿大的金融体系避免了一场金融危机。这套体系并非近期打造，而是一个半世纪以前就被打造出来的，并在此后又被不断加强。

自18世纪后期美国反抗英国的殖民统治以来，美国与其邻居加拿大拥有很多共同点：两国拥有世界上最长的不设防边界；两国都有支持资本主义的民主政治制度；两国人民大多讲英语。

尽管如此，加美两国仍存在差异，其中最明显的差异之一便是其各自的金融体系。加拿大有6家大型银行，其银行分支机构遍布整个大陆。尽管近几十年来美国银行系统发生了大规模的整合，美国仍然有4 000多家银行，其中许多银行的营业范围只限于本地。

两国分歧的根源可以追溯到两个世纪以前，随后每隔几十年就会出现发展路径的分离。1864年，英属北美殖民地担心英国的冷漠和美国联邦军队对南方的威胁，决定成立联邦（今加拿大）。为了达到此目的，英属北美殖民地于1864年夏天在夏洛特敦、爱德华王子岛和魁北克举行会议。

他们在那里敲定了关于联邦政府和省政府之间权力划分的决议。他们向大英帝国位于伦敦的政府提出建议——银行业应该由联邦当局负责。这正是美国选择不做的事情，美国在宪法中丝毫没有提到银行业。

英国议会通过了殖民决议。1867年7月1日，新的加拿大自治领诞生了。一个新的国家需要积极的公共政策作为经济增长的第一条件。公共政策一旦建立起来，下一步就是构建金融体系，以便需要资金的人可以接触到有资金的人。

确定银行业务是联邦的职责后，接下来便是需要通过《银行法》。颇具讽刺意味的是，如果《加拿大银行法》的第一个版本被议会通过，将会导致加拿大存在与美国一样混乱的金融体系，即会产生众多小型的本地银行。然而，更为稳健的思想占了上风，《加拿大银行法》于150年前通过，为加拿大银行系统制定了规则。在这些规则中，

自 序

加拿大的独特之处在于每10年必须审查一次《银行法》——这鼓励了长期主义而非短视的思考。

在联邦成立后的半个世纪,尽管有定期的系统审查与章程更新,仍不时有银行倒闭。虽然这与美国的同业相比微不足道,但对加拿大来说还是极不寻常的。银行倒闭的一个好处是,其他更强大的银行将接管倒闭的银行,因此贷款业务更为稳健的银行会乘势而上。

加拿大第四次《银行法》的修订,规定银行应接受财务审计师的独立外部审查。然而,当19世纪20年代初进行第五次审查时,国内却并不太平。加拿大在第一次世界大战(简称一战)中失去了6万多名士兵,当时总人口不过800万人。战争之后随即出现了大萧条和流行病。西加拿大在那时刚刚加入联邦,许多人认为西部的需求没有得到满足。一个名为"进步党",立足于西部农场的全新政党首次参选,并在下议院获得了第二多的席位。有人认为,加拿大银行家协会对银行的监管过于宽松。但审查立法的委员会没有采纳这些意见,只是要求进行几项行政调整,如提供董事出席董事会会议的记录。

1923年8月,在委员会报告后不久,总部位于多伦多的家庭银行(Home Bank)倒闭,这是迄今为止加拿大历史上最大的银行倒闭案。因此,1924年的修正案取消了加拿大银行家协会的审查权,交由银行监察长定期检查特许银行,监察长一职则由财政部的官员担任。

在"可怕的19世纪80年代"之前,这一直是加拿大银行的监管体系。但在19世纪80年代,加拿大似乎出现了很多问题,部分原因是石油美元危机。加拿大银行开始向欠发达国家提供大笔贷款,而这些贷款一直未还。事实上,加拿大是当时欠发达国家的主要贷款国之一。国际上的不良贷款伴随着国内石油领域的不良贷款和信托公司的不负责任行为相继产生。在混乱中,阿尔伯塔省的两家银行倒闭,这是加拿大自1923

年家庭银行倒闭以来的第一次银行倒闭，三家全国性银行不得不被接管。

此事发生后，一个专门的调查委员会成立，来调查银行倒闭事件，并建议对监管体系进行重大改革。当时人们普遍认为加拿大的金融系统是健全的，但委员会却得出结论，加拿大需要一个金融机构监管办公室。新机构融合并加强了以前由银行监察长和保险部履行的职责。

第一任监管人行动迅速，成功地迫使银行承担巨额贷款损失准备金，并提出比《巴塞尔协议I》所要求的更高的资本充足率标准。

加拿大的金融体系还得益于更合理的房屋所有权制度。加拿大抵押贷款市场建立在坚实的基础之上——没有抵押贷款利息、不动产税减免以及无追索权抵押贷款。尽管在2008年危机之前的8年里，加拿大抵押贷款融资急剧增长，但拥有贷款的加拿大银行却并未忽视信用贷款的资格认证或使用利率噱头等营销手段。全国银行网络使加拿大的银行对批发融资和各种贷款证券化的依赖程度很低。总的来说，加拿大银行的杠杆率往往低于许多其他国家的银行。与美国不同的是，加拿大的金融监管并没有分散在众多相互竞争的组织中。这一现实是自1871年以来加拿大系统发生变化的结果，当时对银行系统的定期审查必须得到议会的批准。

美国人构建的系统以实现最大程度的资本流通与创新为目的，而加拿大人则更愿意为了稳定而有所牺牲。金融问题一直以来都是美国国内辩论最激烈的议题之一，而加拿大人更相信他们的政治和金融精英有能力在债权人和债务人的权利之间找到对社会有益的妥协。也许最重要的是，加拿大人从很早开始就愿意向他们南部的邻居学习活力并发现不足。

乔·马丁

2021年12月15日

推荐序

在这个世界上存在三种人：第一种是易犯错且重复犯同样错误的人，即重蹈覆辙的人；第二种人，虽然会犯错，但是不会重复犯同样的错误；第三种人，能够从前人身上吸取经验教训而使自己免于犯错，此种人应当是这三种人中最聪明的人。正如本书作者所指出的："在制定法规和进行交易方面，加拿大更擅长从其南部邻国（美国）的优劣实践中吸取经验教训。"这正是本书的重要意义所在，也是加拿大很少发生金融危机的原因所在。

在这本书里，作者对加拿大和美国的金融体系做了大量对比研究。

比如，从银行体系来看，美国由于过去禁止跨州设立银行，因而形成了众多的中小型单一银行；而加拿大的银行体系则是由几家大型商业银行构成，并在全国各地设立分支行。

从证券业来看，虽然加拿大和美国都是实行联邦制，但是加拿大的证券监管职能是归属地方政府（省），而美国的证券监管职能则是归属中央政府（联邦）。

从保险业来看，美国的寿险业倾向于互助保险，而加拿大则更倾向于开展跨国业务。

从整个金融业来看，美国强调外部监管为主，而加拿大则更加重视金融机构的自我监管，并在此基础上，国家对银行业进行每10年一次的定期评估。

从金融危机应对来看，在对1929年的经济大萧条进行评估时，美国进行了"皮科拉调查"。该调查对银行业举行了听证会，时间持续了很久，但主要是针对银行高管进行抨击，重点讨论银行的不当行为，尤其是讨论逃税和利益冲突等问题，然而却未能发现金融危机的主要成因，而其应对办法就是实行银行与投行的分业经营。相比之下，加拿大在进行该项评估时，则由麦克米伦委员会来进行评估，属于对《加拿大银行法》进行每10年一次的定期审议评估，时间仅持续了一个多月，主要是在各地举行更像是专业研讨会的听证会，然后以投票表决、少数服从多数的方式，通过了评估报告，并形成了私有的中央银行，接着逐步实行国有化。

此外，书中提到，在经济大萧条时期，"美国有5 000多家（近三分之一）银行破产，全国7%的存款流失。仅在危机的最后一年1933年，就有4 000家银行倒闭。"相比之下，加拿大即使在经济大萧条最严重的时候，虽然银行业也遇到了困难，但是没有一家银行破产，也没有遭遇挤兑危机。与美国银行业相比，情形算好。但在此期间，加拿大的人民仍然受到了经济大萧条的冲击。本书在"大萧条的成因与应对措施"的小节中引用了皮埃尔·伯顿（Pierre Berton）《大萧条》里的一段话令人印象深刻，"在大萧条最严重的时候，加拿大有一半的工薪阶层靠某种形式的救济生活。1/5的加拿大人完全依靠政府救济。40%的劳动力没有技能，当时人均年收入还不到500美元，而一个四口之家的贫困线估计是这个数字的两倍多。"

推荐序

历史经验值得认真总结,深刻反思。中国能否借鉴加拿大和美国的成功经验以及失败教训,防患金融危机于未然,已经成为当务之急。阅读本书,或许可以给读者带来一些答案。

国务院发展研究中心原巡视员、研究员,
中国政法大学商学院产业经济系学术主任、博士生导师
魏加宁
2022 年 1 月 1 日

前　言

我第一次见到克里斯多夫·科巴克（Christopher Kobrak）是2009年在米兰举行的年度商业历史会议上。当时我在日志中写道："见到了克里斯多夫·科巴克，他非常了不起。"2012年，我们邀请克里斯多夫担任罗特曼管理学院的客座教授。他接受了邀请并给我们留下了非常深刻的印象，以至学院任命他为加拿大商业与金融史的首席教授，即Wilson/Currie教席。克里斯多夫接受后开始兼任此职（他当时仍在欧洲高等商学院任教）。在2015年，他开始在罗特曼学院工作。

在克里斯多夫最初以访问教授身份抵达罗特曼任教时，副院长要求我组织一场关于加美关系的研讨会。当克里斯多夫成为首席教授后，这场研讨会也随之成为一门正式课程，最初由我和他共同执教。我们向三届MBA学生讲授了这门课程，并于2015年开始面向本科生教学。把一门历史学性质的课程引入商科专业，可以说是一项超越传统的重大突破。之后，克里斯多夫结识了历史系主任，并在2016年把课程的传授面扩大到商科以及人文科学专业。

在克里斯多夫的建议下，我们决定把课程资料编撰成书。本书为大众读者而撰写。很多读者通常不会阅读金融历史书籍，但又希望了解当今最重要且最具争议性的经济关系之全貌。我们在2012年2月提出了这一想法，并于次年春季与多伦多大学出版社签订了合作协议（于2018年正式出版）。就在我们要将修改后的手稿提交给出版商和审稿人之日前的两周，2017年1月，克里斯多夫不幸意外离世。

除了对商业历史的共同爱好，克里斯多夫和我还有着相似的政治观点。更重要的是，我们都热爱棒球这项伟大的运动。虽然他是纽约洋基队（Yankees）的老球迷，而我自1977年多伦多蓝鸟队（Blue Jays）亮相以来一直是蓝鸟队的铁杆粉丝，但我们经常相约一起看比赛。

我的太太莎莉（Sally）对克里斯多夫如此评价："很快我便意识到，他不仅会成为我丈夫在专业上受人尊敬和爱戴的同事，而且会成为我们家的新朋友。尽管他在学术上取得了卓越的成就，但家庭和友谊对克里斯多夫而言始终是至关重要的。他的慷慨大方、对事物的好奇心以及对加拿大文化的热情接受（从冰球比赛到政治，再到宜家购物），都给我们的生活带来了许多喜悦，并留下了不可磨灭的印记。最重要的是，克里斯多夫让整个房间都洋溢着他的温暖、豁达和幽默。"

克里斯多夫在创建加拿大商业历史协会（Canadian Business History Association/ l'association can-adienne pour l'histoire des affaires，简称CBHA/ACHA）过程中发挥了重要的作用。如果我不提及，那便是失职。该协会已经成立1年多，拥有10个特许企业会员，其中包括加拿大五大银行中的4家，此外还拥有将近100名个人会员，包括历史学家、档案学家、学者和商界人士。协会还拥有一个超过7 000名独立访客的网站和油管（YouTube）频道，并为年轻学者提供资金支持，尤其是支持他们进行商业历史的研究，在加拿大是该领域的翘楚。

我们都希望克里斯多夫担任CBHA/ACHA协会的第一任主席，但

前　言

被他婉言谢绝了。因为他坚称，协会主席必须是一名加拿大人，所以他只是欣然接受了副主席的职位，由此他的智慧与无私可见一斑。在他去世后，董事会于2017年2月召开会议，并一致通过了一项决议，将我们最近创立的研究奖学金命名为"CBHA/ACHA 克里斯多夫·科巴克研究奖学金（CBHA/ACHA Chris Kobrak Research Fellowship）"。休会后，参会人员相约去了克里斯多夫在多伦多时很喜欢的一家酒吧——约克公爵酒吧，在那里我们共同为他举杯，向这位良师益友、可敬的同事和我们深深怀念的合著作者致敬。

乔·马丁

引 言

> 历史至关重要。历史的重要意义不仅在于我们能以史为鉴,而且在于现在与未来通过社会制度的延续与过去有着千丝万缕的联系。当今以及未来的选择都被过去所塑造。而只有把历史作为社会制度演变的故事讲给当代人,才能为当代人所理解。将制度与经济理论和经济历史相结合,是完善该理论与理解历史的关键一步。
>
> ——道格拉斯·塞西尔·诺斯(Douglass C. North),《制度、制度变迁与经济绩效》(*Institutions, Institutional Change and Economic Performance*)

临近"大萧条"顶峰时,美国和加拿大都组建了委员会,对两国各自金融体系的诸多方面进行了调查。美国发起了著名的皮科拉调查(Pecora Investigation)。美国国会针对银行业的听证会持续了很久,该调查也是其中的一部分。加拿大则组建了皇家银行与货币委员会,通常被称为麦克米伦委员会(Macmillan Commission),该委员会是对《加拿大银行法》开展的每十年一次的审议的一部分。[1]

当时,美加两国经济均受到危机重创,亟需探寻危机的原因并拿出解决方案。从峰顶至谷底,美国和加拿大的人均收入分别下降了

30.8%和34.8%。² 股市分别暴跌89%和90%。³ 此外，失业率也分别攀升至25%和30%。更有甚者，在加拿大萨斯喀彻温省，人均收入急剧下降了72.2%。⁴

虽然两国遭受了共同的不幸，但两国的委员会各自开展的工作得出的结论却大相径庭。以该委员会的律师费迪南德·皮科拉（Ferdinand Pecora）命名的皮科拉调查持续了一个月，吸引了大量媒体关注。国会议员们及其律师在听证会上对银行高管进行了猛烈抨击，并重点讨论了银行的各种不当行为，尤其是逃税与利益冲突问题。但是，调查团并未发现太多可以被认定为股市崩盘以及随后引发的银行业危机的主要原因。这场银行业危机的阴云笼罩了美国经济数年，尤其对小型农村银行产生了巨大的冲击。不过听证会结束几个月后，随着富兰克林·德拉诺·罗斯福（Franklin Delano Roosevelt）宣誓就任美国总统，美国推出了几项立法，对银行活动的范围加强了限制，并从制度层面和组织层面加强了对个人投资者的保护，让他们免受那些不择手段的金融精英的危害。⁵

与之形成鲜明对比的是，加拿大皇家委员会由英国著名的法学家修·麦克米伦（Hugh Macmillan）伯爵担任主席，包括一名加拿大前任财政部部长、两名银行家（英国和加拿大各一名）以及一位加拿大省长。按照加拿大标准，麦克米伦委员会的成员组成情况并无任何不寻常之处。⁶ 虽然美国人很可能会对该委员会中非加拿大人的数量感到吃惊，但对一些加拿大人而言，该委员会中竟然没有一名美国人，实属不同寻常。加拿大举行的听证会与皮科拉调查进行的听证会一样，都对外公开。然而，与皮科拉调查不同的是，加拿大的听证会仅持续了一个多月，在加拿大不同地区的14个城市进行，而且形式更像是专业研讨会。委员会成员对于建立加拿大第一家中央银行的建议产生了分歧，最终结果是三票支持，两票反对。[7]以皇家委员会报告为基础的《加拿大中央银行法案》(Bank of Canada Act)在加拿大总理的支持下，通过了议会审议，并于1934年7月获得了皇家批准。加拿大央行从1935年开始正式运营。[8]

皮科拉委员会与麦克米伦委员会所做的工作形成了鲜明的对比，这凸显出美国和加拿大对资本主义及金融体系看法的一些鲜明差异。这两个委员会并非历史中的另类个案，它们反映出的是两国对各自国内的金融与政治渊源仍然存在态度上的不同。与加拿大相比，美国金融在政治中扮演的是更加具有分裂性的角色。过去10年间，美国发生数次因金融问题引发的大规模游行活动。美国历次的总统竞选仍然包括关于美国金融构架的辩论，而类似辩论可上溯至100年前甚至更远的时候。

出于各种原因，最近对美加两国金融体系的比较引起了一些学者的注意。如今的历史学家似乎更愿意通过对两个国家进行比较，找出两国的寻常之处与独特之处、可塑之处与不变之处。[9]近期一些关于金融体系的研究将加拿大与美国的政治辩论和结果进行了对比。[10]更有一份研究指出，加拿大与美国历史有诸多相似之处，但却对银行业与金融业几乎只字未提。[11]

虽然美国与加拿大有许多共同的经历，但两国对世界的看法却大相径庭。遗憾的是，在许多历史和经济学的研究中，两国往往被捆绑在一起看待。地理与文化会使不同国家产生相同抑或独特的社会需求和生产方式。[12]正如百年前一位加拿大经济学家指出，加拿大生产并向世界许多地区供应各类必需品，如动物皮毛、水产、木材、小麦、矿石和石油等，这些商业活动塑造了加拿大独特的经济、文化和政治走向。[13]同理，美国与他国共享或独有的资源也塑造了美国独特的生产经营方式。但没有任何大宗商品和生产能力的组合能够解释清楚所有的制度和组织发展。最起码这样的组合并不是一成不变的。讨论路径会有所帮助，但要知道任何发展道路都不是一帆风顺的，通常是蜿蜒曲折，与不断演变的社会格局相一致或避开其中某些部分，而且路径的起点有时与经济学并无多大关系甚至毫不相关。因此，有时候如果将历史研究当作偶然事件去解读，而非作为复杂社会链条中的一环，也许会有更准确的理解。[14]

我们希望本书能够帮助读者更好地理解美国与加拿大的关系：两国的政策是如何对各自的经济产生影响，以及它们之间的互动，特别是在金融领域，如何影响各自的社会发展。这种比较至关重要，因为要想在未来取得经济成功，我们必须要对贸易伙伴有深入的了解。[15]虽然关于体制和文化有很多新的研究，如今的经济思维仍然十分缺乏对价值观的解读。价值观有助于经济决策，而文化决定了价值观，三者在复杂的交互中不断演化，没有太多清晰的界限。"在任何一种文化中，关于信仰的深层次构架都犹如一只无形的手，对经济活动起着规范性作用。这些文化偏好或价值取向构成了国家身份认同的基石，也是其经济力量以及薄弱之处的来源。"[16]从历史角度解读，可以在一定程度上描述经济要素如何随着环境与事件的变化而演变，例如资本、人力和技术等要素的流动周转。如果从关于社区、企业性质和利润重要性的价值谱系来衡量，美国与加拿大的文化虽然交汇重叠，但加拿大在金融体系的使命和战略方向上往往更接近欧洲大陆和日本。[17]

我们在此提议对加拿大和美国两个国家的历史进行比较。美加两国虽然在地理和文化上有许多联系，但在根本性的金融问题上却是截然不同的。[18]本书不仅对两国的金融构架进行描述，而且重点突出两国各自金融体系的社会、经济与政治背景。两国的金融体系在金融危机

引　言

之前、期间及之后既展现出了种种优势，也暴露了其不足。这是一本对美加两国金融体系优劣进行比较的书籍，并阐释了它们如何从"现代资本主义的仆人"[19]演变为"宇宙的主宰"[20]。这样的研究，在金融体系历经数次重大冲击后的今天，比以往任何时候都重要。

虽然我们的研究聚焦美加两国，但从一开始我们便意识到，除了两国之间的相互关系，美加与多个国家的联系也塑造和区分了两个国家，特别是美国与英国的关系。纵观世界，一些国家之间确实存在着某种特殊关联。实际上，与加拿大有特殊关系的国家起码有三个：法国、英国和美国，而且这些关系都并非静止不变。上溯至18世纪末，加拿大的政治与经济依附于称霸世界的英国。如今，加拿大不仅实现了政治和经济的独立，而且在世界舞台上也与英国平起平坐，如在七国集团（G7）、北约和其他国际组织的峰会上。在美国与大英帝国150年间的针锋相对中，英国和加拿大已成为美国最紧密的政治盟友和最重要的经济合作伙伴。加拿大和美国之间，以及北美和世界其他地区之间，思想与资本的跨境流动对本书所阐释的事件都将发挥重要的印证作用。如若不了解两国金融体系在全球金融与政治舞台上的地位，而试图对两国金融体系妄加理解，简直难以想象。

正如本书标题所折射出的那样，书中所讲述的两国之间思想与资本的流动大部分都是由南向北。实际上，加拿大对"边境之南"发生的事件及其连锁效应所做的反应构成了加拿大大部分历史。在加拿大最初一批讲英语的居民中，许多人都是为了躲避美国独立战争北上抵达加拿大的。这些人在加拿大被叫作"联合帝国效忠者（United Empire Loyalists）"，在美国则被称为"托利派（Tories）"或"叛徒"。相比之下，美国对其北方的邻国似乎没多大兴趣。阿历克西·德·托克维尔（Alexis de Tocqueville）所著的《论美国的民主》（Democracy

XVII

in America）被许多人认为是首部关于美国民主的杰作。麦克斯·勒纳（Max Lerner）在美国例外主义（American exceptionalism）鼎盛时期所著的《美国文明》（American Civilization）中都没有提及加拿大。两本著作都强调了美国种族与民族多样性对塑造美国民主所起的作用，却对加美关系轻描淡写。[21] 即便时至今日，美国也很少报道加拿大新闻。希望本书可以帮助读者加深对于两国既相互依赖又各具特色的现状的理解，并使政策的制定者和执行者能够认识到相互借鉴与学习所蕴含的巨大价值。然而下笔之初，我们便深知，由于种种原因，这个目标复杂且艰巨。

以下为本书需要定义的一些术语。金融的基本问题是资金在空间与时间的分配，即有些人拥有的现金数量超过其目前的使用和消费需求，另外有些人有现时消费的需求或打算将资金投资在有生产力的资产上，用于未来消费。金融的核心就在于如何把富余资金从前者转移到后者，而且能够获得合理概率的回报，用于抵御现金的经济价值变化以及投资风险。为了应对这一金融挑战，从古至今，社会采用了多种方法来创造信用。

这些方法包括从十分简单到十分复杂的机制（游戏规则）、组织（有共同目标的人组成的群体）以及市场（进行经济交换的有组织的场所或体系）。它们在协调个人与社会需求方面发挥着不同的作用，[22] 并为合同的订立以及交易的完成设立了共同的框架。

研究表明，金融体系在社会经济发展中甚至在社会安定和平中都发挥着至关重要的作用，当然这也是常识。有鉴于此，我们的研究并不局限于金融的某个领域，如银行或保险，而是对整个金融体系进行检验。这样做有几点原因：一是不同金融领域的界限划分并不清晰；二是不同领域如何相互作用，以及一个国家对金融服务的依赖如何从

引 言

一个领域转移到另一个领域,都是该国最重要的组成部分之一。

鉴于以上对金融体系的定义,我们的研究范围可谓十分广泛。我们将会探索美加两国200多年来衡量储存价值、管理交易和进行创新的方法。在金融体系的课题之下,包含多种机制(监管以及非正式行为准则),多个组织(例如:央行、商业和投资银行、保险公司、风险投资、对冲基金和私募基金)和多类市场(股票市场、债券市场以及公司控制权市场,如并购)。

我们所承担的任务无论从内容还是形式来看都有着宏伟的目标。正如哈佛商学院历史学家杰弗里·琼斯(Geoffrey Jones)指出,对商业与金融历史的阐述应该着手解决大问题,否则便可能沦为孤立事件的琐碎集合。在尽量不做过多理论讨论的前提下,希望本书能够为两个或更多相互交织的学术领域做出贡献。

我们的论述会涉及两国历史的介绍以及两国历史之间的交流,并且还会涉及一些其他国家的历史。金融是个复杂的领域,需要做很多技术性解释,也许超出历史学家通常愿意涉猎的范畴以及读者消化吸收的能力。为了确保本书能够为读者理解,我们必须在复杂性和过度简化二者之间找到平衡。我们的读者包括但不局限于研究美国和加拿大历史的人士、商科学生和商界人士。此外,虽然本书并非为专门研究美国和加拿大金融史的专家而著,但我们希望他们也能从中获得阅读的乐趣和启发。为了使所有类型的读者都能乐于阅读此书并获益,我们尽量避免在书中使用庞杂的数据。但事实至关重要,所以我们在书尾加入了一些比较类附录和一份案例分析清单,这些内容可作为教学辅助来使用。

本研究在某些方面可能会有失偏颇。首先,我们在很大程度上依赖关于美国金融和金融参与者的大量第二手资料。其次,加拿大的金融文献与美国相比要少很多，所以作者需要整合一些对一手资料所做的最新分析，以支持自己的论点。[23] 再次，两国金融的发展正如其政治的发展一样，并非在平行的时间线上同时发生。1776年是美国金融史的开端。从殖民时期到美国内战之前的这段时间（在此期间，加拿大只有有限的自治权），关于金钱、银行、税务和保险的讨论已经嵌入美国历史的几乎每一个阶段和政治辩论中。然而，1861—1865年的美国内战是两国关系产生变化的一个分水岭，这使两国的历史发展虽然不并行，但更具可比性。[24]

本书的比较性质以及两国之间的相互作用又为该书增加了一些复杂度。在美加各自建国之前，在两国领土上所发生的事件及其背景环境对彼此的历史已经产生了影响。在过去某些时段，两国的历史并非同等重要。比如，在18世纪，"边境以南"的金融问题和事件的复杂度要高于边境之北日后成为加拿大的地区。因此，与加拿大省不同，加拿大自治领（The Dominion of Canada）直到莱克星顿（Lexington）和康科德（Concord）的枪声打响近100年之后才出现。在某些时期，两个国家与其他国家的互动和金融问题并不同步，使得国家历史与时间框架、概念框架的联系变得尤为困难。例如，在早期阶段，为了本书叙述的流畅性，我们会将还没有正式被称为加拿大的地理区域叫作加拿大。总的来说，我们也将从美国早期的发展历程开始讲起，不仅因为其重要性，而且因为美国的发展要早于加拿大。

本书的叙述既有时间顺序又有主题分类。有些发展带来的实际影响在事件发生之后，所以对这些内容的讨论往往有滞后性。例如，我们会在第二次世界大战（简称二战）后的章节讨论共同基金和住房补贴问题，虽然其根源可以追溯至几十年前甚至几世纪前。

本书遵照两国历史上重要的政治和经济转折点而设定，这些转折

引 言

点将两国的历史分成了多个时期。

第一章重点讲述了美国内战前对美国金融体系产生塑造作用的事件、人物。18世纪后半叶充满了激烈的冲突,其中包括"第一场真正的世界大战",在美国叫作"法印战争",而在英国和加拿大叫作"七年战争(北美战场)"。战争于1763年结束,其结果是魁北克成为大英帝国的一部分。颇具讽刺意味的是,这一结果对美国独立战争的爆发起了推波助澜的作用。独立战争虽然取得了最终胜利,但对金融行业造成了巨大冲击。

独立战争使得美国国库亏空,重任落在了亚历山大·汉密尔顿(Alexander Hamilton)的身上和1787年的制宪会议上,该会议旨在帮助美国金融业脱离混乱、重新恢复金融秩序。第一章概述了在解决危机并为美国构建金融体系方面,亚历山大·汉密尔顿与托马斯·杰斐逊(Thomas Jefferson)的观点存在根本性的不同。在美国建国后的最初70年,汉密尔顿与杰斐逊的观点不断碰撞,其间也伴随着美国中央银行的兴衰起落。本章还会探讨关于银行与信贷的区域性分歧如何催生了一个支离破碎的金融体系。其中州政府对银行的管控以及单一银行制所占的主导地位成为该体系的特征。最后对奴隶制的经济意义及其对美国政治和金融演变的影响进行了评述。

第二章重点聚焦在19世纪60年代。在这关键的10年间,美国经历了内战的动荡:英属北美殖民地联合成为一个新的自治国家("自治"起码体现在国内事务方面)——加拿大自治领。本章追溯了这个新自治领从18世纪中期开始的演变:法属加拿大变成了英属加拿大,而且第一批讲英语的移民抵达加拿大,他们是逃离美国独立革命的难民。本章重点关注加拿大如何像美国一样选择了联邦治理体系,但加拿大的体系基于君主/议会原则,而非美国所青睐的总统/共和模式。

美国以富有诗意而且充满理想的"生命、自由和追求幸福"作为口号，而加拿大则选择了更为平淡无奇的"和平、秩序与良好政府"为口号。因此，外界通常认为，加拿大联邦之父麦克唐纳、卡迪亚、布朗等人倾向于通过妥协寻求解决方案，而包括杰斐逊和汉密尔顿在内的美国开国元勋们更倾向于找出彼此的分歧并敢于进行激烈辩论。本章也探讨了19世纪60年代的事件是如何对两国金融体系的变化带来影响的。在管理银行和货币方面，位于北方的联邦政府并未增强其国家权力。在加拿大，从英国沿袭而来的法规正被本土制定的法规所取代，而且再次与美国的相关规定大相径庭。在加拿大，银行与货币一直属于联邦管辖的范畴。尽管立法框架具有鲜明的加拿大特色并兼具联邦属性，但加拿大银行所遵循的原则在结构上很显然是汉密尔顿式的，货币按元和分计价，而非英镑、先令或便士。

第三章探讨了从19世纪60年代末到第一次世界大战开始的这45年。我们把这段时期称为"成熟时期（The Maturing）"。在此期间，两国不仅在人口与国内生产总值方面获得了显著增长，还成功吸纳了新的州与省份。19世纪末和20世纪初，美国的进步主义与民粹主义思潮涌动。而加拿大直到1911年《互惠条约》（Reciprocity Treaty）谈判破裂后才开始效仿美国。

1900年之前，美国的金融体系遭受了频繁且严重的危机并且饱受诟病，美国一直没能实现对金融的全方位改革，建立新的（第三个）中央银行需要借助外力推动，1907年的恐慌事件（The Panic of 1907）成为动力。相比之下，加拿大在1871年通过了《银行法案》，反映出加拿大对金融监管的全国统筹以及沉稳应对变化的作风——不是等待危机来袭时再慌忙应对。美国与加拿大的区别，在银行体系构架方面表现得最为突出。例如，美国禁止银行跨越州界设立分支机构，使得

引 言

美国有数以千计的独立单一银行，满足大部分美国人的金融需求；而加拿大的几大银行有着遍布全国的成百上千家分支机构，以集中化的银行体系满足加拿大人的需求。

第三章提到了两国在保险体系方面的相似之处，特别是非人寿保险（财产与意外伤亡）领域的法规与惯例。与加拿大一样，美国的非寿险行业也有许多外国公司。随着美国人变得越来越热衷打官司，这些保险企业也随之盛行。在寿险方面，美国更倾向使用互助组织形式，而加拿大寿险公司则倾向于在全球范围开展业务。该章节收尾部分主要探讨了技术革命、铁路体系的扩张（由于融资主要靠债务和政府担保，这不可避免地将纳税人引入困境）和蓬勃发展的石油、钢铁、汽车以及消费品行业如何促进了股票市场的发展。虽然这些领域里的企业对加拿大经济发挥了重要作用，但许多最重要的企业都是美国公司[25]，因此它们对加拿大交易所的影响较小。

第四章主要阐述了两次世界大战及经济大萧条带来的"大无序"（Great Disorder），美国与加拿大遭受的冲击比世界其他国家都更加严重。加拿大尤其遭殃，因为它在两场战争开始就参与其中，每次都比美国早了整整三年。在经济大萧条时期，《斯穆特-霍利关税法案》（Smoot-Hawley Tariff）对以大宗商品为主导的加拿大经济产生了负面影响，以致加拿大经济惨遭重创。

针对大萧条，两国政府采取了不同的应对方法。美国政府采取了更加激进的做法，对银行、住房和资本市场进行了大刀阔斧的改革。所制定的法律主要是为了应对数以千计的银行倒闭潮。相比之下，加拿大的做法则以自由放任为基调。加拿大在1923年任命了一位银行监察长，并在之后创建了中央银行，即加拿大银行（The Bank of Canada）。而早在20年前，美国已经建立了第三家央行。然而，尽管存在这些差异，两国都推出了所得税并且让所得税发挥了越来越大的作用。

在两次世界大战期间，从金融业开始，美国几乎在所有的领域都成了世界领袖。加拿大则在外交政策上从英国独立出来，与美国建立了更为紧密的关系。在加拿大国内，多伦多在一战期间成为债务融资中心，在大萧条期间成为股权融资中心。对两国而言，第二次世界大战标志着经济的迅速增长和就业的恢复。特别是对美国来说，标志着金融业实力的剧增。

第五章分析了从第二次世界大战到20世纪末，随着金融涉及的领域及其复杂性的不断增加，其重要性也与日俱增。这期间，两国金融体系内发生了许多巨大变革。该章节重点分析了银行领域的演化——庞大而极复杂的美国银行体系，以及相比之下相对简单的加拿大银行体系。

战后，超国家金融机构逐渐滋生，并出现了许多新的经济活动，包括欧洲美元离岸市场等。美国则逐步取消对银行活动的诸多限制，如投资银行与商业银行的分离，逐渐允许银行跨州经营。这使得美国银行渐渐成为全球性金融机构。新的金融理论以及其对金融活动的描述、解释和管理，催生出了许多相对较为新颖的金融产品，但随之而来的也有金融风险，也因此改变了世界上大部分地区银行业的本质。

鉴于这些全球性的趋势，加拿大的银行也未能置身事外。到了20世纪80年代末，加拿大的金融业与几十年前相比发生了巨大的变化。其中两件事十分值得一提，一是1964年波特皇家委员会（Porter Royal Commission）的提议，二是欠发达国家（LDC）的危机。危机带来的负面影响催生了20世纪80年代晚期金融机构监管署（Office of Superintendent of Financial Institutions）的建立。到20世纪80年代末，加

引 言

拿大的银行与国外竞争对手一样也可以参与到多种不同的金融服务中。这次"小爆炸"也产生了"小"影响,标志着加拿大金融体系传统的"四个支柱"的终结。

与此同时,科技仍然在两个国家的发展中发挥着革命性的作用,而制度创新构成了其中一个关键要素。本章对这一时期两国养老金计划和共同基金的动态增长进行了探究。此外,还探讨了两国住房融资的差别,揭示了美国体系中对债务人以及加拿大体系中对债权人的不同偏见。关于保险业,本章重点讨论了诉讼率较高的美国非寿险市场和加拿大寿险市场。最后,本章论述了两国证券监管的差异。美国自大萧条之后便建立了全国监管体系,而在加拿大,证券监管归省一级政府管理。另外值得注意的是,两个国家的投资银行所有权都发生了变化,但加拿大的所有权变化主要集中在商业银行领域。

最后一章探讨了两国金融体系在 2000 年前后的连续性与非连续性,而这两个体系在各自创立之初至杰克逊时代之前有诸多相似之处。在 20 世纪晚期,两个体系并没有按照许多专家指出的路径发展。美国金融家、央行行长和监管者们对市场给予太多信心,对新旧监管措施的弱点认识不足,而且也不愿向北方的邻国学习。对比之下,加拿大似乎从 20 世纪 80 年代的严峻问题中汲取了教训并采取了纠偏措施,它从美国金融实践的成败中不断汲取教训,学习并借鉴。

正如 20 世纪 30 年代的大萧条一样,最近的这次金融危机重新给人们提出一个迫切需要解答的问题,即对于社会而言如何平衡金融体系的创新与稳定。我们的研究表明,与美国相比,加拿大的金融体系对于本国的经济建设做出了更为稳定和持续的贡献。话虽如此,时机与背景也至关重要。比如,美国早期做出的一些英明决策产生了许多长期收益,即便在这些决策所创建的制度与机构消失后也仍然发挥着积极作用。而且，金融体系带来的利弊也会随着社会和经济环境的变化而变化。此外，美国的创新精神与整体经济潜力帮助美国克服了无数障碍，特别是对其银行体系的不稳定性与碎片化的应对。相比之下，加拿大不具备美国所拥有的一些极富吸引力的经济优势，所以更注重打造一个能够产生更多信用与效率的体系，以便更谨慎地获取资源。

恕我们再赘言两句：过度的创新或过于稳定都不利于一个充满活力的社会的发展。美国的金融过于侧重前者，对于后者强调不足；加拿大则正好相反。尽管历史没有给出该如何实现二者平衡，以及过度创新或过于稳定在多大程度上帮助或阻碍了两国经济发展的终极答案，但过度创新或过于稳定的历史实践以及后果给我们带来了很多启示。

目　录

第一章　国外与国内的开端：内战中的殖民地　// 001

美国与加拿大的联系　// 003

汉密尔顿的力量　// 013

银行战争：政治与联邦金融政策　// 028

内战前（战前时期）在央行存在与否背景下的州立银行业务　// 033

奴隶制对金融与政治的深远影响　// 042

第二章　过渡的十年：国家的诞生与重生　// 049

同室操戈　// 051

国家的诞生　// 057

人与价值观：卡迪亚与麦克唐纳　// 064

与文化和物理距离的抗争：建立联邦的伟绩　// 069

联邦银行业的责任与新建联邦的金融安排　// 080

货币与银行体系的演变　// 084

1869年的第一部银行法案　// 094

第三章　成熟阶段（1869—1914年）　// 099

19世纪从新兴到走向成熟的美加市场　// 101

银行法案之争（1869—1871年）　// 107

加拿大银行业概述（1869—1914年） // 113

美国的货币与银行业（1870—1913年） // 122

铁路：颠覆性技术带来的苦与乐 // 137

资本与争议：北美本土保险与外国保险 // 146

专业金融服务公司在北美的衍生发展：精算、咨询、会计和信用服务 // 155

对镀金时代的批判：进步主义者、民粹主义者与1907年危机 // 160

结　论 // 172

第四章　"大无序"及不断增长的社会需求（1914—1945年） // 175

一战的影响：短期与中期 // 177

美国和加拿大的繁荣时代 // 184

加拿大和美国的银行业（1914—1929年） // 189

政治与经济动荡时代的保险业发展概况 // 195

大萧条的成因与应对措施 // 201

第二次世界大战对北美金融的影响 // 216

第五章　短暂的美式和平（1945—2000年） // 223

二战后的延续与间断 // 225

银行业：监管与技术的革命 // 233

技术与其他监管的变化 // 242

对管理风险和提供新型服务的诉求变革了金融业 // 259

布雷顿森林体系期间和之后的保险业发展 // 279

金融交易所与股权融资 // 290

第六章　2008年之前北美金融的连续性与非连续性 // 305

自满的风险 // 308

通往2008年金融危机的不同道路　// 318

历史教训的借鉴与滥用　// 325

附　录　// 333

注　释　// 345

参考文献　// 387

索　引　// 413

致　谢　// 445

国外与国内的开端:内战中的殖民地

从华尔街到贝街

FROM WALL STREET TO BAY STREET

美国与加拿大的联系

> 国家历史来源于更为广义或狭隘的本国历史,我们需要以这样的方式来理解历史。
>
> ——托马斯·本德(Thomas Bender),《万国一邦:美国在世界历史上的地位》(*A Nation Among Nations: America's Place in World History*)

从殖民时期开始直至当下,商业和金融问题,尤其是金融监管方面的问题,是美国历史上最具分裂性的政治议题。最初美国殖民地在很大程度上是特许经营企业。这些拥有独立于王权的财政权的单位,给公共部门和私营部门带来了一系列的影响。这些影响优劣参半并不断变化。即使在大多数特许经营公司转变为皇家行政机构之后,这些殖民地仍然延续着原企业或主权司法管辖区所拥有的大部分经济或政治独立的特权,比如征税权甚至印钞权。此外,其中一些企业吸引了相当多的不同国家、不同背景的人才赴美,他们来自对英国王室效忠度很低或根本不效忠的国家。[1]许多二战后的历史学家倾向于关注殖民时期的后半部分,认为这段时间是美国发展最具开创性的阶段;还有一部分学者将美国独立运动和早期合众国的制度萌芽追溯至殖民时期。[2]尽管加拿大和美国的种族与政治起源截然不同,但这两个地区在重要的经济要素方面有着相似的结构:大量的土地(也许过多)以及资本和劳动力的短缺。

在加拿大,金融问题曾在其早期以及联邦制建立后的辩论中占据重要席位，但并不像美国那样具有分裂性。具体内容会在后续第二章和第三章中详述。加拿大的领导者从美国体系的优劣中汲取了经验教训，这些教训中很大一部分源自美国特有的历史经验。

资本的形成与分配——银行、货币、资本和债务间复杂的关系——在两国历史上发挥了核心作用。在美国，关于美国殖民地和英国的大多数重要的政治议题都集中于或至少涉及以下问题：银行业应由谁来控制，银行创造货币的能力，如何保护货币的价值，货币的创造者与使用者之间的联系程度，以及这些金融功能应该用于公众利益还是私人利益（以及用于什么目的）。[3]美国的建国之父与加拿大的联邦之父都非常了解金融的力量、银行创造货币的能力、资本如何受到金钱价值变化的影响，以及政府和私营部门无限制借贷的力量和危害。[4]

一场世界大战[5]促使美国独立

许多学者都认同一个观点：美国独立战争背后有两个相互交织的因素，即加拿大（"新法兰西"）和货币问题。在法国放弃加拿大和美国中西部地区（主要包括大湖区、圣劳伦斯河谷与俄亥俄河谷地区）的殖民地之前，大西洋两岸的观察家都意识到，英国对这片领土的占领可能会从根本上改变其与北美其他属地的关系，这些属地甚至在美国独立之前就已经形成了一种近乎宗教般忠贞的民族命运感。

在许多方面，"七年战争"改变了英国和其殖民地之间的关系。英国的正规军在北美作战，美国人也参与其中与他们并肩作战，殖民地也组织起来对法国人发起了进攻（其人数是法国军队的 15 倍）并对抗当地的原住民——这些法国的同盟者因美国人定居而备受威胁。美国人在战争中取得的成功使他们更为团结，而且自信心也比战前更为强

第一章
国外与国内的开端：内战中的殖民地

烈。英国和美国都是这场战争的大赢家，但美国日益增长的自我期许与不断凝聚的团结力量最终削减了英国从战争中获得的好处。[6] 战时的几份宣传册表明，当时在北美有许多关键的争议。其中一种观点认为，消除法国对英国殖民地的威胁可能会使这些殖民地不再那么温顺，也不再愿意为宗主国给予的防御买单。

即便在战争结束之前，关于法国是否应被迫放弃"新法兰西"或其"蔗糖岛"——瓜德罗普岛（Guadeloupe）的问题就已经引发了激烈的辩论。1757年，本杰明·富兰克林（Benjamin Franklin）（当时他在英国并自称是"英国人"）支持英国吞并"新法兰西"。法兰西获取北美更大的领土后可能会鼓励美国独立。对英国来说，这样的担忧不无道理。富兰克林指出，在法国手中的加拿大是对英国殖民地的威胁，它会阻碍殖民地合理的经济发展并加剧其与美国原住民之间的摩擦。他认为美国殖民地可以利用新的加拿大领土来扩张，进一步增加人口并发展成为一个经济强国，而且该国会更依赖农业发展并因此更仰仗英国生产的产品和船运服务。而法属加拿大的存在，虽然不影响英国殖民地的人口快速增长并成为一个经济强国，但会衍生出更多的本土制造业。[7]

尽管富兰克林据理力争，但许多英国人还是担心北美殖民地的扩张会威胁到英国成功的经济秩序。在美国独立战争前的100年里，所谓的三角贸易在英国经济发展中扮演着不可或缺的角色。商业正在欣欣向荣地发展，英国提供船只将奴隶运往新大陆，并将糖从加勒比群岛运往殖民地。这些船只还把食物从殖民地运到岛上，把烟草运到岛上和英国，并在英国金融服务的支持下把英国生产的产品运到殖民地和岛上。这些船只纵横交错地穿越大西洋，让所有参与者都能尽沾其利、蓬勃发展。这种制度在很大程度上是在英国垄断企业的控制下运作的，并禁止与任何第四方进行贸易来提供运输服务，这激怒了具有企业家精神的美国人。[8] 截至独立战争爆发时，美国和非洲的进出口产品分别占英国进口的 37% 以及英国出口的 42%。[9] 英国航海法案的出台就是为了保证英帝国对海外定居点以及跨大西洋贸易所做投资的利益最大化，其中的条款排除了外国竞争并保护了宗主国的高附加值制造业。话虽如此，但该体系对制度发展、多元化移民和其他想法却持开放态度。

巨大的贸易量造就了英国在大航海时代各行各业的优势：壮大了银行业和保险业，并帮助英国制造业取得了多元化发展。由于当时欧洲大陆的需求疲软、农产品价格低迷，这些行业变化在英国很受欢迎。[10] 重商主义政策为白人殖民者带来了诸多好处。1650—1770 年，北美殖民地人口从 5.5 万人增至 230 万人，其中 46.7 万人为黑人。[11] 增加量高达 42 倍的人口扩张和大规模的人口迁移构成了人类历史上最大规模的人口变化之一。考虑到横渡大西洋的重重困难，这项成就无疑让人感到震惊。该时期的人口与经济数据极为不可靠，这点尽人皆知。但一些研究声称，在革命高潮时期，仅新英格兰地区的人口就已是加拿大魁北克和大西洋地区人口的约 10 倍。[12] 1774 年，美国国民生产总值按照 1980 年的美元衡量达到了 19 亿，反映出该时期的人口增长和与 1650 年相比人均收入近乎是翻倍地增长。[13]

正如一些支持瓜德罗普的宣传册所预测的那样，法国以和平的方式失去了加拿大，这从根本上改变了英国与其他北美殖民地的关系。英属加拿大意味着美国殖民者受到的威胁以及被迫为自己的防御买单的压力变小。为了获得丰厚的回报，来自"母国"的私人投资者也出资，帮助殖民者创建了很多新世界的企业（主要在农业领域）。殖民者们独立于君主之外，拥有处理自己财务事务的权力。其特许证虽然承认英国的主权，但也赋予了企业许多特权，其中一些甚至超出了大西洋彼岸公民所享有的权利。例如，很多区域的立法机关提高了税收并

第一章
国外与国内的开端：内战中的殖民地

发行了自己的货币。有些还能任命负责殖民地事务的英国代表并决定其薪水。17世纪和18世纪的动荡政治增强了被殖民者的独立感。他们希望特许证至少能使他们享有与所有英国臣民同等的权力。此外，英国政府对殖民地的投资很少，他们指望这些殖民地能够自给自足。[14]

金融与美国独立战争

英国不仅试图用殖民的税收来支撑自身负债累累的金融体系，还对美国在多大程度上可以利用加拿大的领土来获利加以限制，并制约殖民地的商业自主发展，这些都在殖民地上播下了反抗的种子。英国希望殖民地能够自给自足，这就可以减少殖民地对"母国"的依赖。但是在殖民地，金银铸币、金条和镀金镀银总是供不应求，因为商人们需要用这些来支付给英国的供应商。[15] 此外，殖民地的成功增加了英国的商业利润，但也破坏了殖民统治的基本原则，即对大不列颠的依赖。殖民地逐渐认为自己正在变成大英帝国半独立的一部分。人口结构的变化促进了政治成熟。尽管各不相同，到1770年，美国人口还是以每20年翻一番的速度增长。无论从绝对值还是从占英国贸易总额的百分比来看，贸易都在增长，再加上人口增长，这些都提升了美国对未来以及对抵抗大英帝国的信心。[16]

英国是个殖民大国，它总是十分谨慎地利用自身有限的财政资源。英国不仅是最早发展金融交易所、中央银行和储备银行的国家之一，而且精准地配置了军事资源。这项成功在很大程度上避免了对军队大规模的投资或部署，并通过建立大型海军舰队，先打败了西班牙，后又击退了荷兰和法国。美国殖民地在北美部署的军队，以及在欧洲普鲁士和荷兰发展的雇佣兵，都很好地配合了英国的战略，使其军队虽遍布全球，但并没有花费巨资。[17]

宗主国和殖民地之间的大部分冲突都与经济有关。这些问题的时代背景在于殖民地经济实力的根本转变。美国的繁荣在"七年战争"期间有所增长，但随后的一场大萧条加剧了美国人对英国人剥削其殖民地的看法。[18]殖民地需要把产品卖到英国，但他们不愿被迫从宗主国购买货物，因为殖民地可以很容易地自己生产或者在其他地方以更低廉的价格购买这些货物。英国殖民制度的强大很大程度上在于它创造了广泛而复杂的经济群落，而不仅仅是攫取利润的前哨站点。就美国殖民地而言，这一战略却产生了反作用，并导致整个系统的失败。它们产生了发展自身的野心，所以必须对这些群落必须加以监管。[19]殖民地依赖与其他地区的复杂贸易关系，任何对美国商品销售的阻碍无论是目的地的选择还是可生产产品的种类限制，都威胁到商人、工匠、种植园园主和律师等群体的利益。而这些群体恰恰是独立运动的核心。殖民者不仅想要出售商品，更想要积累货币，以增加对殖民地债务人至关重要的货币供应。

凡此种种，与这些交织在一起的问题是如何整合加拿大广阔的新领土以及如何应对法国离开后留下的权力真空。作为猎人、采集者和传教士，法国人与各种土著民族建立了关系，甚至深入五大湖区和俄亥俄河谷，直至密西西比河入海口，比英国殖民者觊觎这些地区的时间要早得多。这便构成了冲突的起因之一。[20] 1763 年，七年战争结束时，印第安人发动了一场起义——庞蒂亚克起义（Pontiac's Rebellion）——部分原因是为了回应英国将殖民地扩张到了法国人较少的缓冲地区这件事。英国政府也对此做出了反应，出台法律禁止在阿勒格尼山脉（Allegheny Mountains）地区的经济扩张，而这正式激怒了殖民者们。此外，英国认为殖民者和印第安人以及留下来的法国殖民者一样,需要予以更多"监督",这迫使英国军队的数量在北美剧增三倍,而由此产生的成本却由殖民地来承担。殖民地的纷争再加上英国自身的财政窘境,使其政府陷入了进退两难的尴尬境地。[21]

殖民统治的第一个变化不是以新法律或税收的形式出现的,而是对旧法律和税收的严格执行(见表 1.1)。1760 年,即便在"七年战争"正式结束前,英国当局就开始颁布执行一项禁止由殖民地进口货物的法律,因为这种做法减少了王室和垄断行业的收入。尽管殖民地进行抗议并发起了法律诉讼,但其他类似的法规却紧随其后陆续推出。[22] 新的征税不仅威胁到殖民地的财政独立,并殃及自由贸易或至少其中一部分殖民者的贸易活动。[23] 然而,总的来说,无论美国人做出什么反应,英国的法案似乎是其全球规划的一部分。从历史角度看,对所有的参与者都带来了好处。而对殖民者来说,他们则希望从大英帝国所设立的条款中挑出自己喜欢的和不喜欢的。正如表 1.1 所示,[24] 新增成本促使英国当局增加并出台了一长串的关税及法案,这些便是美国学生们所熟知的《糖税法》(1764 年)、新《印花税法》(1765 年,在 1766 年废止)、《唐森德税法》(1767—1768 年)、《茶税法》(1773 年)和《强制法》(1774 年)。这些法案不仅威胁到了殖民地的经济福祉,而且违背了殖民者所认知的其作为英国公民所拥有的基本契约和人权。[25]

表 1.1 殖民政策发展的关键步骤及其对美国未来的影响

事件/法令	日期	描述	结果
限制定居点	1763 年	阻止在阿勒格尼山脉的扩张	关键目标是在法国和印度战争中与英国并肩作战并在那里拥有土地的美国人,例如乔治·华盛顿(George Washington)

从华尔街到贝街
美国与加拿大金融的起源与演变

续表

事件/法令	日期	描述	结果
《航海条例》	1651—1850年,经过多次修订,独立运动之前的十年间几次加强执法	对非英国航运限制使用、与非帝国国家的贸易以及货币的使用	关于经济影响的争论,激起了一些美国商人对独立的愿望
《糖税法》及《印花税法》	1764—1765年,于1766年废除	糖税及所有印刷文档旨在保护白人殖民者抵御印度人的攻击,在法国和印度战争之后的衰退期推出	能够自我防御的殖民者认为这些举措没有必要;纯粹出于英国的利益;印花税法大会;自由之子(Sons of Liberty),无代表权的缴税,大规模抗议后被废除(修订)
《唐森德(Townshend)税法》	1767—1768年,以财政大臣查尔斯·唐森德(Charles Townshend)之名命名	由五项法案组成,旨在筹资、促进议会对殖民地的权威、使州长和法官对君主更加忠诚并且实施贸易法和其他英国法律	经历了殖民地的强烈反抗后,许多条例被废止,但议会保留了《茶税法》以及从原则上对殖民地征税的权利
《茶税法》	1773年,在1778年革命战争期间废除	英国东印度公司对由殖民地进口的茶叶征税,但英国出口免关税;旨在减少公司茶叶供应过剩并展示征税的权利	导致大范围的抗议活动,《不容忍法案》的颁布
《强制法》,《不容忍法案》(殖民主义者的名称)	1774年,对波士顿茶党的直接应对	关闭波士顿港直至损失得以赔偿;由君主直接控制;审判可以转移到帝国的其他地方;军队四等分	华盛顿称之为"谋杀法案",对很多殖民地而言是最后一根稻草
《魁北克法案》	1774年	确定了魁北克在俄亥俄河谷内外的边界,扩大该省天主教徒的权利	美国人对失去很多他们认为是其领土的地方感到憎恨;有些人不喜欢天主教徒权利的扩大
第一次武装起义	1775年	莱克星顿、康科德、波士顿和魁北克的围攻	英国人逃离波士顿,美国对魁北克发起攻击;1776年7月签署独立宣言

出于对战败的魁北克人的怜悯，英国帮助其完成了保持自己语言和宗教的愿望。1774年通过的《魁北克法案》赋予了加拿大自治权，并将俄亥俄河谷一些地区的所有权归于加拿大。而与此同时，弗吉尼亚、康涅狄格和马萨诸塞州都声称对这些地区拥有主权，因此该法案的通过对于渴求土地的美国人来说无疑是雪上加霜，也尤其使讲英语的美国殖民者痛恨。此外，魁北克的新政府权力将高度集中，这对许多敏感的美国人来说，是对其作为英国人权利的侮辱。虽然法国殖民者对自治权没有多大兴趣，但英国殖民者却认为自治权是其作为英国人特有的权利。截至18世纪70年代，来自法国的庄园主大都返回了法国，法国农民从中解放出来并向他们的牧师寻求帮助，并且政府保证：他们的宗教、语言和文化权利将得到尊重。这便是加拿大"法国例外"的源起。[26] 尽管英帝国要求殖民地承担防御的成本这点合情合理，但英国同时也限制了殖民者追求经济利益或使其经济利益最大化的能力。无论如何，这些举措都造成了殖民者与英国当局之间一系列激烈的口水战和暴力冲突。此外，当加拿大被纳入英国的统治时，英国与殖民地缺乏一个经过谈判而达成的等价交换条件，这些因素都让冲突进一步加剧。本杰明·富兰克林在1764年指出，如果能够获得更大的经济独立（例如在殖民地发行票据和扩大信贷的权利），美国人也许更容易接受部分新增税目和其他举措。[27]

殖民地和伦敦殖民政府之间长期争端的根源，不仅仅是税收问题，还有实际的货币问题。由于缺乏铸币（硬币），殖民地创造了各种形式的纸币，主要由税收支持。这些信用证（短期支付承诺）是殖民地借贷的主要形式，也是一种实用的交换方式，在殖民地之间流通，并不流向海外。由于不能正式兑换成黄金、白银或其他商品，这些信用票据的主要价值在于可以用来抵扣税款。[28] 正如当时大部分国家一样，英国对纸币的优劣持有一种谨慎的怀疑，与缺乏现金的殖民地有着完全不同的态度。当时法印战争对殖民地的经济影响并不均衡，美国人认为发行纸币是渡过经济衰退、摆脱法印战争期间所欠债务的唯一途径。英国当局则鼓励将硬币运回英国，并使用供应充足的西班牙硬币。1751年和1764年，国会发起了压制殖民地货币的运动，并在新英格兰地区取得了成功，但却在当时殖民地中最富裕的南方遭遇了对抗。总体来说，英国商人们对限制纸币有着复杂的感受。一方面，他们担心强迫殖民地使用硬币会导致贸易量减少；另一方面，又担心依赖殖民地纸币会产生外汇风险。1773年通过的一项立法表面上解决了这一问题，该立法允许殖民地继续发行纸币，但只能用于公共而非私人债务；尽管如此，与殖民地的摩擦已经使双方关系遭受严重影响，另外纸币的增加以及硬币的缺乏也带来了通胀压力。[29]

汉密尔顿的力量

在新的征税对象上创造新资金的权力,将使政府能够根据需要进行无限借款。

——亚历山大·汉密尔顿(Alexander Hamilton),《联邦党人文集》(*Federalist Paper*),第30篇

详细描述美国独立战争(1775—1783年)已经远远超出了本书的范畴,但讨论加拿大在其中扮演的角色以及革命对金融产生的影响则与本书内容相关。与殖民地北部英国领土有关的战役为革命者带来了一些最伟大的胜利和挫折。1775年,在对魁北克进行了150天的围攻后,臭名昭著的本尼迪克特·阿诺德(Benedict Arnold)还是未能将这座城市攻下。两年后,一支来自加拿大的英国远征军在萨拉托加战败,这是革命军在约克镇战役前取得的最大军事胜利,极大地鼓舞了革命军的士气。此前,在失掉费城和纽约领地之后,革命军士气低迷。此次胜利也鼓励了英国的宿敌——法国加入了这场斗争。两次战役都使美国人更深刻地认识到加拿大对其安全保障与宏伟愿景的重要意义。1783年签订的《巴黎第二条约》结束了这场战争,将此前在冲突中失去的俄亥俄河谷重新划归美国,此举也为英属北美的未来留下了很多隐患。

独立战争使新成立国家对金融的重视不言而喻,对此的认识以及引发的事件逐渐影响着接下来几十年中加拿大和美国的关系。[30]大约

6万—10万人在独立战争后离开了美国，还有成千上万的人在接下来的几十年里离开美国前往加拿大或英国，这使加拿大讲英语的少数群体在1800年时占到33万欧洲后裔人口的40%。[31] 遗民中大多数人去了新斯科舍省并发现那里的人们十分友善。结果，他们通过游说成功将新不伦瑞克从新斯科舍省中分离出来，独立成了被人们称为"保皇派"的省份。还有一小部分人去了当时叫作魁北克的省份，之后又在尼亚加拉半岛和京士顿地区定居，最终使得安大略省与魁北克省在1791年分离开来。[32] 尽管这些新殖民者纷纷抵达，这个前法国殖民地未来的国防和经济活力仍不明朗。的确，在和平谈判期间，并没有法国人要求归还该领土的记录，也许是因为法国的参与使其自身财政变得不稳定，导致了旧政权的垮台。

与英国的决裂对美国金融业产生了深远的影响，引发了一场引人注目的政治辩论，并推动了美国经济的转型。这场革命使美国的财政千疮百孔。当时没有有效的中央政府，也没有中央税收体系，只有一家银行。《联邦条例》（The Articles of Confederation），这项存在于美国独立战争期间和刚刚结束时的法律，似乎没有能力处理复杂的社会经济问题。战后，美国联邦的大部分地区遭受了经济萧条和通货膨胀的双重打击。美国公民将15%—20%的经济产出用于支持战争。尽管在产生的债务当中约有10%是以债券的形式出现的，但在战争中期和战后的大部分时间里，这些金融产品的售价都比面值低得多。国会货币和短期贷款损失了其铸币价值的80%—90%。不幸的是，这些革命者更擅长制定宣言，而非对战争的财务和后勤进行管理。他们在提供资金、征募军队和收集物资方面能力欠缺，结果延长了战争的时间并为和平后的严重的经济问题埋下了祸根。征税问题在一定程度上激发了美国独立战争，而更让人感到愤怒和讽刺的是国会要通过征税来进行这场战争。[33]

第一章
国外与国内的开端：内战中的殖民地

新宪法

经济疲软使部分地区要求建立更强大的中央政府，但这种情绪并非普遍存在。对货币的态度引发了意见分歧，本质则是反映了领袖们对债权人与债务人地位的不同认知。债权人只有在健全的金融制度能够确保未来还款的价值时，才接受纸币；而债务人（主要是农业部门）则希望保护宽松的信贷条款。这两种对立意见有一些区域和部门的分类，但总体反映了当时争论的焦点。那些青睐健全货币的人更倾向于支持联邦权力。另一部分人则认为货币虽然重要，但不是唯一的因素，而且货币问题也与其他问题相连。

到了18世纪80年代中期，许多美国人赞同乔治·华盛顿的观点，认为这个新生的国家与其说是伟大，不如说是处于无政府状态。虽然联邦制反映了许多美国人意识形态上对权力分散的偏向，但对大多数美国人来说，联邦政府似乎也确实无关紧要，因为它本身无法解决国家面临的一系列紧迫问题。[34] 在美国的第一个宪法《联邦条例》（1777—1789年）的管理下，国家的财政困境没有得到任何缓解。有些州负债累累，有些州则可以自行印发货币。通货膨胀——至少就纸币所能买到的东西而言——十分严重。每个州对税收都有否决权。新增的州税也引发了叛乱，比如马萨诸塞州的谢司叛乱（Shays' Rebellion）。尤其是在欧洲，整个国家的信用声誉非常糟糕。到1787年制宪会议召开时，联邦政府已经8年没有支付任何债务的本金或利息了。

财政问题对起草和辩论新宪法的人员造成了巨大压力。所幸，在后来成为美国第四任总统的詹姆斯·麦迪逊（James Madison）和华盛顿的支持下，修订宪法的工作重新着眼于对《联邦条例》的继承和发扬。1787年5月，13个州中的55名代表，包括本杰明·富兰克林、埃德蒙·伦道夫（Edmund Randolph）和罗伯特·莫里斯（Robert Morris）在内的许多美国杰出和有影响力的人士聚集在费城，开会讨论新宪法的原则和细节。许多棘手的问题都涉及人口大州与人口小州的相对权力。大会由乔治·华盛顿主持，在詹姆斯·麦迪逊和亚历山大·汉密尔顿的带领下，最终确定在参议院和众议院之间分配国会权力，每个州在参议院都有平等的代表名额，而众议院的成员数量根据人口规模而定。大会还决定，总统由选举团决定，选举团的成员由人口决定（众议院每名代表一票），并向每个州分配两票。[35] 美国第二任和第三任总统约翰·亚当斯（John Adams）和托马斯·杰斐逊（Thomas Jefferson）当时分别担任驻英国和驻法国大使，因此均缺席这次制宪会议。然而，正如我们之后将会讨论的那样，对金融的监管问题在会议之后仍然不明确。

尽管存在重大的政治冲突，新宪法的颁布还是使美国在金融建设上取得了跨越式的发展。和平条约签订后的20年里，这些曾经的殖民地见证了蓬勃发展的本土海洋保险和火灾保险、外国投资的引入、银行系统的建立，以硬币为背书的纸币也迎来了爆炸式增长。此外，中央银行被设立并拥有一家支行，股票与债券交易所也相继成立。[36]

国父与财政冲突

新宪法制定之后出现的第一个矛盾便是关于财政事务的，其中许多纷争持续了几十年，并在美国的两位国父托马斯·杰斐逊和亚历山大·汉密尔顿身上体现得淋漓尽致。他们两人的观点截然不同，但政治命运却交织在一起。两位国父都是杰出的政治家，并为独立革命和巩固合众国的成果做出了巨大贡献。然而，他们有着迥然不同的性格、

第一章
国外与国内的开端：内战中的殖民地

政治倾向和对财政的看法。他们都是时代的产物，各自有着不同的经历，代表着对合众国不同的想法和愿景，并对之后成立的派系（党派）发挥了领导作用。

托马斯·杰斐逊是《独立宣言》（Declaration of Independence）的作者和美国第三任总统，他生来就注定掌权。杰斐逊的父亲是一名富有的弗吉尼亚种植园园主，早年便去世了。杰斐逊在接手家族生意的时候还只是个青少年。同时，他年纪轻轻便进入了政坛。27岁时，杰斐逊已是弗吉尼亚州殖民地政府立法部门——伯吉斯议院（House of Burgesses）的一员；1776年，在他34岁时，他写下了那句具有传奇色彩的话："我们认为这些真理是不言而喻的。"[37] 作为一名文思泉涌的作家，他的公共演说却缺乏活力。他的政治直觉虽然并不完美，却好于他的商业直觉。虽然常年负债，杰斐逊在独立战争之前以及担任第二任法国大使期间都过着贵族般的生活。他精心塑造的公共形象掩盖了他对法国大革命的强烈支持以及他与一名年轻奴隶生下孩子的事实。在青年时期，杰斐逊便在寻求解放奴隶的方法。出于诸多个人和政治原因，他晚年时反对建立一个更强大的联邦政府，部分理由是担心一个强大的中央政府会取代现有的社会格局，这让他在财务和情感上都无法接受。在18世纪90年代，他对联邦主义的政治企图产生了近乎偏执的恐惧，这种恐惧在他之后可能又延续了数代之久。[38] 颇具讽刺意味的是，尽管杰斐逊与汉密尔顿之间有激烈的冲突，但他却欠这位伟大对手一个人情。他在1800年当选为总统时，汉密尔顿在众议院的决选投票中支持了他。此外，如果没有汉密尔顿的财政支持，杰斐逊作为总统所取得的两项最伟大的胜利——购买路易斯安那州和巴巴里州政策（Barbary State Policies），是不可能实现的。[39] 杰斐逊对美国的愿景是强调小规模的、自主的农民和商人的利益，以及有限的政府。这是为了保护那些没有权利的人免受拥有庞大权利的人的伤害。尽管他比历史上任何一位总统都更能拓展美国的疆域，且更支持他那个时代一些最具革命性的想法，但他对美国未来的愿景却是静止的，并带着一股特立独行的贵族气质。

相比之下，亚历山大·汉密尔顿出生在十三个殖民地之外的西印度群岛，他是一个前途渺茫、穷困潦倒的青年。在很小的时候，他就表现出了良好的商业才能。与杰斐逊不同的是，汉密尔顿在军队中表现出色，先是作为参谋协助华盛顿，之后又在战斗中崭露头角。人们认为他是一个风流倜傥的人物，他把事业取得的成就部分归功于美满的婚姻，但又有不止一段的婚外情对他的事业和婚姻造成了威胁。在杰斐逊于法国担任大使期间，汉密尔顿在纽约市的法律业务开展得如火如荼，并鼓动修改《联邦条例》。汉密尔顿与美国第四任总统詹姆斯·麦迪逊和最高法院第一任首席大法官约翰·杰伊（John Jay）一起，被认为是宪法的主要设计师，也是《联邦党人文集》的捍卫者。他通过才华而非魅力受人敬仰，他的权力大部分来自与无儿无女的乔治·华盛顿所建立的关系。华盛顿把汉密尔顿当作自己的养子来对待，这样的关系给两人都带来了许多好处，但也让汉密尔顿在华盛顿退休尤其是去世后在某种程度上被孤立。华盛顿挑选了他的门徒来担任首任财政部部长，汉密尔顿在此职位上指明了这个新国家金融系统的症结，并设计出提升金融公信力的方法。他好胜的性格和尖刻的言辞让他经常与人龃龉并产生冲突，这些人中不仅包括那些反对其政策并嫉妒他对华盛顿拥有影响力的人，比如杰斐逊和麦迪逊，还包括其自身派别（联邦派）的领袖，如美国第二任总统约翰·亚当斯，在他执政期间汉密尔顿刻意没有担任任何职务。1804年，汉密尔顿在与副总统亚隆·伯尔（Aaron Burr）的一次决斗中死亡。决斗的部分原因在于汉密尔顿不仅不支持伯尔当总统，反而支持其长期的劲敌杰斐逊,因为他认为杰斐逊的人品要远高于臭名昭著的伯尔。⁴⁰ 汉密尔顿对美国的愿景是,美国要在很大程度上仿效英国,在商业上与英国并驾齐驱,拥有独立的制造业、海运和金融能力,并得到强大政府的协助;政府则由税收与债务支撑。和杰斐逊一样,汉密尔顿的思想也被他们的支持者所接纳。尽管他的观点与保护债权人、保守主义者甚至君主主义者有关,但他对美国未来的愿景是商业化的,是建立在精英统治和不断变化的环境基础之上的精英主义。

汉密尔顿的财政计划

在 1789 年的宪法通过后,财政辩论围绕着汉密尔顿的分析和建议展开。在华盛顿就职成为美国第一任总统后的几年里,汉密尔顿发表过一份长篇大论,其中分析了国家经济面临的困境以及走出困境的四个办法。首先,该办法赋予联邦政府对进口商品征税的权力,税率达到能够增加收入但不至于抑制贸易的水平。其次,他呼吁用新形式的国债来合并州政府和国家政府债务,对美元与铸币的兑换在全国范围内进行清晰定义。此外最具争议性的一点是建立中央银行。他提倡的这些改革为美国的商业与资本市场发展奠定了基础。⁴¹

本节将主要关注汉密尔顿财政计划中最具争议性的两个方面:债务整合以及建立中央银行。尽管在独立战争期间,当汉密尔顿还是华盛顿的副官时,他就开始考虑是否有必要建立一个更为健全的金融体系。但囿于现实,他在财政计划中的提议还是基于对美国金融困境的分析而产生。⁴² 这份报告中显示的财务数据如按照现代标准来衡量,简直令人瞠目结舌。例如在 1790 年,美国联邦债务与收入比达到了惊人的 457∶1。⁴³ 此外,汉密尔顿的分析还揭示了州与州之间的财政差异。最初承担约 60% 战争费用的各州尽管已偿还了约 3/4 的债务，但到 1790 年，它们的欠债总额仍高达 1 800 万美元。包括弗吉尼亚州在内的有些州，通过征税权和销售保皇派（许多人已经逃到加拿大）曾经拥有的地产来尽力偿还债务。但其他一些州，如南卡罗来纳州和马萨诸塞州则显得缺乏紧迫感。在联邦时期，7 个州已经开始并持续发行纸币。

独立革命的战争债务基本上有三种形式：外国债、国债和州债。每种债的偿还都有其难点。不过，汉密尔顿认为，所有债务都应该全额支付，即使这些债务是投机者以折扣价从最初的债权人手中买下的。全额偿付对未来的债权人来说将是一项有效的保证。但几乎除汉密尔顿之外的所有人都支持仅以市面价值结算外债。很长一段时间里，部分人认为免除国债和州债将减轻这个新生国家的财政负担。汉密尔顿明确反对这一短视的观点，并从道义和财政角度阐述他的理念：全额偿还债务将提高这个国家的声誉，从而使未来的借贷更加容易。[44]

无奈国会多次拒绝汉密尔顿债务重组与偿还的计划，其中包括联邦政府应承担的州债并按面值偿还"投机者"。此后，在一次被载入史册的宴会上，僵局被打破了。在晚宴上，杰斐逊、麦迪逊和汉密尔顿三人就汉密尔顿的债务计划达成了共识，条件是暂时迁都费城，直到在波托马克河（Potomac River）上建起一座新的首都。[45]

通过新的国家金融工具来整合州债是汉密尔顿计划的基石。实施后，联邦中有 6 个州的债务基本被消除，大多数州在接下来的几十年里都免于长期债务。联邦再融资后，中央政府欠下了 7 000 万美元的债务，其中包括 2 700 万美元国内债务本金、1 300 万美元未偿付利息、1 200 万美元外国债和 1 800 万美元中央政府接管的州债。这些债务被

第一章
国外与国内的开端：内战中的殖民地

重组为没有固定期限的证券，类似于英国领事债券，将政府的利息负担从6%降至4%。到1791年，只有英格兰和荷兰的主权债务收益率达到了这个水平。一些州大受裨益，获得的减免甚至超过了它们的债务总额。新政也存在弊端，例如，暂缓偿债导致部分国债的利息收入减少。其中最具争议的是，政府决定按面值向所有债券持有者（一级或二级）进行偿还。许多人认为，这一规定是对以很大折扣购买债券的金融投机者的奖励。为了偿还债务，汉密尔顿提议对进口商品征收关税，税率恰好足以支付利息，但又能让那些不喜欢中央政府高赋税并依赖外国进口的杰斐逊派的人满意。[46]

汉密尔顿计划中，一些其他方面的创新激怒了杰斐逊派，需要各方的妥协。联邦征税权的加强已经使一些人感到不满，但所提议的税收用途让他们更加恼火。杰斐逊派的底线是希望债务本金得到快速偿还，这将防止依赖债务利息的新阶层产生。然而，汉密尔顿却认为庞大的国家债务市场可以成为美国金融体系的重心。这种逐步偿还债务的方法让许多债务人喜忧参半，一方面，他们担心这会使赋税提高；但另一方面，他们又喜欢定期收款并认可这种做法对银行业和资本市场的正面影响。[47] 需要杰斐逊派和汉密尔顿派妥协的部分还不止这些。

汉密尔顿计划的第四部分更具争议性，某些原因在于其原始结构，某些源于其演变过程。美国第一家真正意义上的央行——拥有20年特许经营权的美国第一银行（Bank of the United States），设立之初受到了华盛顿的质疑，并被杰斐逊认为是违宪。宪法赋予联邦政府货币的控制权以及为了公共利益采取措施的权利。但其余未能明确赋予联邦政府的权利则归于人民和州政府所有，其中包括创建并管理银行的权利。尽管类似这样的金融权利分配在大多数国家都不存在，但这一原则还是符合大多数美国国父的看法，并已经在美国得以实施。汉密尔顿受到美英两国经历的影响，为了解决这一矛盾，提议并创建了一种新形式的银行，既非私人商业银行也非诸如英国所创立的那种中央银行。[48]沿袭殖民时期通过立法参与银行事务的做法，美国央行的所有权与英国央行不同，属于公私合营。虽然其主要使命在于为政府债务创建一个有序的市场，但很快中央银行便参与到一般商业银行的业务中，例如发行票据以及向私人和公共债务人发放贷款等。[49]

该银行，即美国第一银行于1791年开始营业，拥有从公共和私人渠道筹集的300万美元为资本，以及大量的外国投资。银行的总资本相当于波士顿、费城、纽约、巴尔的摩和普罗维登斯5个州银行的资本总额。多年来，这家银行一直是合众国最大的企业。60%的投资是以发行美国国债的方式获得的。首批发放的贷款便是给联邦政府，帮助其支付对银行资本的出资。这种双向机制帮助联邦政府实现了整顿财政的目标。[50]此外，汉密尔顿很快批准设立了美利坚第一银行的分支机构。起初，他认为这种网点的扩张增加了第一银行的权力，是不合时宜的。建立分行充满争议，因为它使BUS相对于州立特许银行（包括汉密尔顿自己的纽约银行）拥有巨大的竞争优势。[51] BUS可以履行完全民营性质的商业银行的部分职责，而且其广泛的地理分布赋予其比规模较小、更加本地化的州立银行更多的竞争优势，这也进一步加深了人们对私营与政府权力结合的恐惧。[52]联邦政府虽然掌握了很大的控制权，但出于妥协，BUS的董事会仍享有很大的独立性。而且尽管联邦政府有权持有BUS 20%的股份，但却放弃了其在董事会投票的权利。

然而，当银行特许经营权需要重新发放时，美利坚第一银行已经失去了它的主导地位。州立特许私营银行的创建正式开始。1802年，杰斐逊决定将联邦政府的股份全部卖给一家英国商业银行——巴林兄弟（Baring Brothers），并获得了超过面值45%的净利润。到了1812年，尽管 BUS 取得了很多成功，但美国商业银行资本的比重只有 15%。[53]

从某种角度来说，美国在宪法施行的头 20 年中形成的银行体系是渐进式金融创新的先锋，涉及领域囊括了如今已经司空见惯的银行业的各个方面。从另一角度看，美国的创新也对比出了旧世界的反银行情绪。美国是世界上首批拥有中央银行的国家之一，也是首个央行的所有权由政府和私营部门共同享有的国家。对比法国，其皇家银行（Banque Royale）在 18 世纪前叶崩盘后，直到 1800 年才再次建立中央银行。尽管股份制有限责任公司早已为人所知，但几乎所有的银行都实行合伙人制，并且大多数只有一个办事处。英国直到 1826 年才允许设立特许银行。虽然不列颠群岛的银行发行纸币作为货币，但硬币则更为普遍，而且世界大部分地区都是如此。很少有国家承认股份制是提升银行金融安全和服务的一种方式，直到 18 世纪末，苏格兰银行业才放松了对合伙人数量的规定（英国设立的上限为 6 名合伙人，而苏格兰没有数量限制）并由此受到部分人的赞赏。这种宽松的规定使银行有更大的空间参与到不同种类的商业活动中去，并有更大的自由来创建货币。[54]

在许多层面上，美国所发展的金融体系是杰斐逊派和汉密尔顿派不同愿景与理念交锋下的一种并非心甘情愿的融合，反映出的矛盾正是美国与加拿大金融体系分歧的核心所在。杰斐逊的支持者们更看重并鼓励美国金融体系中两个不同寻常的方面。首先，他们倾向于支持与社区活动密切相关的金融机构；其次，州政府保留了对银行业监管的权利。这一原则要求银行雇用来自本地的董事以及单一银行制，即每家银行只能设立一个办事处。这种构架在其他国家也存在过，但在美国留存的时间最久，尤其是禁止跨州界设立银行分支。有些杰斐逊派和杰克逊派人士，包括杰斐逊和杰克逊两位总统本人都对所有银行和所有纸币充满反感。

汉密尔顿的改革推动了大众对纸币的广泛接受，但前提是金融体系对纸币的价值进行保障，而纸币的价值由定额铸币来衡量，这样便可以保护债权人的利益。然而，汉密尔顿的许多反对者要么直接拒绝纸币的使用，因为他们认为纸币可以被强大的金融利益集团用作武器，要么倾向于纸币体系，但前提是它对铸币价值有"灵活的承诺"。尽管存在更大的通胀风险，但由于纸币能够增加贷款资金，债务人强烈支持这种形式的货币，而债权人则对此感到担忧。宪法赋予联邦政府定义美元价值的权利。汉密尔顿所发展的金融体系将纸币发行与铸币的数量挂钩。对汉密尔顿而言，国家货币是一个国家的象征。国会通过法案，用黄金和白银来定义美元的价值，使其成为政府的记账本位币，并对美元与其他国家硬币的关系进行了量化，还建立了美国造币厂，生产少量的硬币。[55]然而，从殖民时代到现在，美国对硬通货（以货币或其他大宗商品为后盾）的承诺常常受到质疑。[56]

大多数人认为，在合众国成立后的头20年里，美国领先于其他国家，且很早就从良性发展且灵活可变的金融业中受益。当然，美国的金融体系如何从金融创新和汉密尔顿新政的结合中得到发展，仍是一个存在争议的话题。在汉密尔顿金融计划实施的头10年，联邦政府几乎没有偿还多少债务，然而政府债务与收入比却迅速下降。虽然联邦党人花了更多钱也借贷了更多资金，国家银行的建立以及汉密尔顿其他措施的实施很显然对提升美国财务管理能力做出了贡献。当杰斐逊在1801年就职时，国家债务实际上高于1791年的水平。但到他1809年卸任时，债务从1804年的峰值8 640万美元（就在购买路易斯安那州之后）降至5 320万美元。说句题外话，杰斐逊在公众面前打造的节俭形象在私下里却不尽然。[57]汉密尔顿计划的诸多方面都得到了两党的一致支持。有些杰斐逊派人士甚至支持扩张 BUS 的规模。与许多在国外出生的美国人一样，艾伯特·加勒廷（Albert Gallatin），美国第四任财长，在 1811 年的投票中大力支持延续 BUS 的特许经营权并建议对其进行资本扩张。然而在参议院，副总统的一票打破了票数僵局，最终该提案以一票之差没有通过。加勒廷提出的建议受到其党派[58]的许多人的反对，但却得到了麦迪逊总统的支持。[59]

美国与英国在加拿大开战——1812 年战争

许多时候解决金融问题需要政治上的妥协，而这些妥协只能掩盖地区和经济上的差异。更糟的是，一些调整实际上加剧了未来的政治问题，而其中许多问题与金融有关。在"承担债务"的决定过去很久之后，一些州仍然对他们认为将财富转移给其他州的做法感到不满。有些批评人士认为，汉密尔顿的改革是对私营和州政府财政计划的挑战，而且存在安抚和效仿美国前殖民统治者的意愿，这样做会对曾经帮助殖民者的那个欧洲国家带来损害。[60]法国大革命和随后的欧洲战争正好发生在合众国成立的头 10 年，给这个新兴之国带来了残酷的政治斗争、财政问题和历史机遇。许多美国人，包括杰斐逊在内都非常支持法国大革命，甚至其革命方式。许多人对法国在美国独立战争期间的援助心存感激，认为站在法国一边对抗由美国和法国的宿敌——英国领导的其他欧洲强国是一个有关荣辱的问题。与此相反，约翰·亚当斯等人则认为法国大革命与美国独立战争没有什么共同之处，与英国建立更紧密的联系更符合美国的利益（汉密尔顿所提倡的），或者最起码美国应努力在这持续了 25 年的冲突中保持中立（华盛顿所提倡的）。在此期间，由于害怕受到外国操纵，美国通过了其历史上一些最不自由的法律[61]并增强了军费开支以保持中立性。

截至1799年拿破仑掌权时,即便是那些最忠心耿耿的法国支持者也丧失了大部分热情。拿破仑持续不断的战争直接导致了美国领土和投资规模的历史性扩张,即1803年以1 500万美元的价格购买了路易斯安那州。如果没有汉密尔顿的改革,这笔钱是不可能筹集到的。反之,英国则加大力度切断法国与美国的联系。这一举动侵犯了美国的中立性原则,并导致美国对英国航运和产品的报复性禁运。不久便爆发了1812年战争。[62] 面对来自新英格兰的激烈抵抗,麦迪逊党内的鹰派、扩张主义者、亲法派和反英派,和他的前任杰斐逊一样,都认为轻而易举就能战胜英国军队和英国在加拿大的殖民地民兵。麦迪逊总统随即妥协,发起了对是否宣战进行的投票。宣战的决定在参众两院都以不到2/3的票数获得通过,这是美国历史上对宣战的支持率最低的一次。美国进入了所谓的第二次革命战争,遗憾的是,美国在很多方面都没有第一次准备得那么充分。

尽管1812年战争让美国蒙羞,但其长期的影响是积极的。杰斐逊预言只需向北进军便能攻下加拿大,结果证明这种观点"有点过于乐观"。尽管在军队数量上美国与加拿大有30∶1的优势,在后勤上美国也比英国更具优势,但美国人几乎没有取得胜利,甚至遭遇了许多失败。战争增加了诸多经济与政治成本,致使其非常不受民众欢迎,以至新英格兰的许多地区都威胁要脱离联邦。为了报复美国烧毁加拿大的约克(现在的多伦多),英国袭击了合众国最重要的城市之一——巴尔的摩并烧毁了新成立的首都华盛顿的大部分地区,导致麦迪逊和其政府仓皇逃离。唯一伟大的胜利,即新奥尔良之战,使安德鲁·杰克逊(Andrew Jackson)将军在十多年后登上总统宝座,但这场战争是在和平谈判之后进行的。战争没有改变什么,尽管战场上损失惨重,两国边界却没有任何变化,而且没有任何赔偿要求。分裂美国和大不列颠的问题真正得到解决是基于拿破仑的战败归还的美国财产和公民。在战争结束之前,美国便意识到其禁运和禁止进口方面的法令是失败的,并对此做出了纠正。

战争只带来了两个积极的结果。首先,它平息了美国效忠于英国还是法国的分歧而产生的政治分裂,要知道英法这两个国家在近400年的大部分时间里一直处于战争状态。其次,这场战争为美国国内那些希望建立更强大的国家银行体系的人提供了更有力的论据。

银行战争：政治与联邦金融政策

安德鲁·杰克逊："范布伦先生，银行想杀了我，但我要杀了它！"

——马丁·范布伦（Martin Van Buren），《自传》（*Autobiography*）

美国第一银行和第二银行在美国和加拿大金融史上都扮演着重要的角色。国家银行与东北部地区强大的城市银行家有关联，这点损害了其在许多农村居民眼中的形象，而且也招致各种各样的外部压力。然而，对中央银行或任何国家银行的抵制都有着诸多原因，不仅仅是因为农村与城市利益的对立，而且也反映出美国政治与经济的走势及其复杂性。[63]商人和农民都渴望获得廉价而充足的资金。资金短缺在某种程度上导致了殖民地与英帝国的决裂，其影响遍及许多地区和行业。获得资金的渠道通常被那些更忠于债权人而非债务人的人士所控制，这让许多崭露头角的商人感受到了威胁。尽管政府债券在殖民地被当作货币来使用，但政治领导阶层深知银行在创造（或滥用）货币和信贷方面的作用，并以此为理由增加了对地方的控制。即使是坚定的联邦主义者，如第二任总统约翰·亚当斯，也对银行助长货币的流通表示不满。[64]在许多人看来，汉密尔顿式的银行业是一种不受欢迎的舶来品，来自美国前殖民统治者，是一种通过借贷促进政府扩张的工具。当然，这种看法也不无道理。

与加拿大和英国的关系第二次为美国银行业改革提供了推动力。

第一章
国外与国内的开端：内战中的殖民地

具有讽刺意味的是，第二银行（The Second Bank）的诞生是因为人们普遍认识到，缺乏中央银行是导致1812年战争失败的一个财务原因。与此同时，第二银行的灭亡则归咎于那场战争最伟大的美国英雄——安德鲁·杰克逊将军。[65] 1812年战争迫使共和党人采取了很多联邦主义措施。银行的数量以及流通的纸币数量急剧增长，不仅引发了通胀，还迫使政府暂停将纸币兑换成硬币。正如比尔德（Beard）写的那样，"战争期间，财政的管理者们至少可以说是不高兴的。"[66] 加拿大的第一家永久性商业银行——蒙特利尔银行，在第二BUS创立后成立。蒙特利尔银行按照汉密尔顿的原则而创立，也进一步在国际上佐证了成立一家央行的明智之处。

1812年的金融危机非常惨重，以至国会在没有对宪法原则展开辩论的情况下就颁布了第二份银行特许经营权。老牌银行家们拒绝支持这场战争。银行业的新星则很快介入，迅速填补了美国第一银行留下的空缺。1811—1816年，在没有中央银行的背景下，特许银行的数量从88家剧增至246家，使流通的银行票据增加了一倍，造成了通货膨胀和大量违约。在1814年美国首都沦陷之时，除新英格兰银行以外的全部银行都暂停了硬币兑换业务。那时的美国联邦政府无法提高税收，也没有一个全国性的银行体系来管理和发行政府债券。政府并不可靠的信用记录大幅提高了债券的现金折价，使得已发行债券的面值达到了之前的三倍，甚至超出了独立战争期间国内债务的总和。面对失去控制的纸币和不断下降的政府收入，接受新央行的合法性被认为是两害相权取其轻的做法。考虑到共和党人与北方银行家达成的协议（这一政治举动在近100年后重演），关税被政府重新引入。即便是麦迪逊这样的人，认为汉密尔顿所设立的中央银行违宪并曾极力反对，也不得不屈服于"有钱的权力"。[67] 正如美国第一银行一样，第二银行也被赋予了许多特权,以至保守派对此都感到恼怒。作为一家位于费城的私营银行,它充当着公共资金(无息)的储备系统,拥有发行纸币的权力(近乎垄断),而且不被州政府征税。虽然联邦政府可以任命25名董事中的5名,并提取公共资金,但该银行只有1/5的资金来自政府,而且政府也很难行使对该银行的管控职能。[68]

建立国家银行的提议虽然在初期获得了一些反对派的支持,但在19世纪20年代仍然遭到了强烈反对,部分原因是来自于一场新的政治运动,即由杰斐逊主义演变而来的杰克逊式民主。汉密尔顿希望加强联邦政府的权利,而联邦政府的活动又与富商的活动相连。前联邦党派人士和共和党人对这种关系只是进行了暂时的控制。究其根本,国家银行所遭受的反对源于更强大的经济与意识形态,这些观念并非都来自杰斐逊式的独立和农村化的美国理想。在人口快速增长的西部和南部地区,如俄亥俄和印第安纳,田纳西和路易斯安那,人们对东北部地区债权人的经济话语权和紧缩的货币政策充满了敌对情绪。此外,银行家群体也对美国第二银行的许多特权感到不满,这些特权将他们置于竞争中的不利地位。[69]有些批评人士坚持认为铸币才是衡量价值的唯一标准,并认为银行发行纸币是一种对社会的危害。[70]

美国的繁荣发展在一定程度上再次损害了加拿大的利益。1803年美国从法国购买路易斯安那州的土地,为美国在密西西比河谷和中西部开辟了广阔的领土。美国通过开辟新河道,打破了加拿大对该地区交通的垄断,为美国进行领土扩张提供了便利,此后建成的伊利运河和铁路又加速了这一扩张进程。

第二银行开局略有波折。资本金的需求使认购成本高于计划,并导致银行的硬币短缺。除此之外,新版经营权依旧允许央行设立分支机构,与旧版规则一致。截至1817年年底,第二银行已经建立了18个分支机构。截至1830年,分支机构的数目已达到25个,遍布20个州。从企业治理的角度来看,这其实已经埋下了隐患,因为各分支的距离相当遥远而且没有现代化的通信设备与交通。类似这样的过度扩张多少是由于BUS的管理层对于经济的发展过于乐观,庞大的分支网络也引发了一些比州立银行更为严重的问题,以至在美国第二银行成立初期,便有人呼吁废除其特许经营权。[71] BUS另外的一些弊端则来自其金融职能的削减。随着美国变得更加自给自足,对外国交易进行结算的需要随之减少。此外,与加拿大相关的结算也进入了纽约或伦敦市场,直接跳过了BUS。[72] 不过对于州立银行来说,央行可以通过行政手段迫使州立银行持有更多硬币,并垄断了政府支付转移业务(不收取任何费用),其处理转账业务也高效,这些都降低了州立银行的潜在收入。[73]

虽然国会更新了其特许经营权,但美国第二银行最后还是无疾而终。1832年的夏天,即第二银行倒闭的4年前,参议院和众议院都通过了修订后的特许证,而且是以绝大多数支持票数通过的。但重点是,票数没有多到可以无视总统的一票否决权。为了平息社会上对第二银行的批评意见,新的特许证增加了几项条款,包括限制银行持有房地产、开设分行和发行汇票,并将特许证的期限缩短至15年。尽管特许证的支持者认为新的条款可能涉险过关,但他们低估了总统安德鲁·杰克逊。杰克逊的态度和他的外号一样,是名副其实的"老山核桃"。他出人意料地否决了这项法案,并发表了一份有影响力的声明,其中充满了关于保护穷人免受富人伤害以及防止外国资金控制美国的言论。杰克逊总统以无情对待印第安人和新兴分裂主义者而闻名。尽管他自己拥有大量的奴隶,却促成了南方人和北方新来的城市居民的政治联盟。在他的第一个任期内,杰克逊成功抵御了南方人想要废除联邦法律的企图。正是这些举措使联邦得以团结并尽可能地推迟了内战。他并不反对用小恩小惠为自己的民粹主义言论寻求支持,但他是真的痛恨银行、纸币和债务。在杰克逊执政期间,美国实际上还清了所有国家债务。[74]

杰克逊在1832年总统竞选中获得连任,而且他的好朋友范布伦赢得了1836年的总统竞选,再加上其他的一些政治胜利,包括从美国银行提取公共资金等,都使得杰克逊士气大振。虽然面临着银行主席以及商界利益集团巨大的舆论压力,但他还是棋高一着,战胜了对手。他投的否决票一直没有被推翻。众所周知,杰克逊对银行怀有敌意,部分原因在于银行对内幕交易和过度放贷的偏好。[75]杰克逊政府还试图在关闭银行的同时限制货币,恢复硬通货(硬币),但没有取得成功。在他投了否决票之后,美国各地的银行,包括即将倒闭的第二银行,发行了更多的纸币,这促进了经济繁荣,但也推高了劳动力和大宗商品的价格,并导致了1837年美国历史上最严重的经济崩溃,以及大量的银行倒闭。[76]总而言之,杰克逊的否决票在很大程度上依赖于他宣扬的保护普通人不受富人侵害的言论,但也可能由于银行与政界主要人物的紧密关系让人们嗅到了丑闻的味道(正如现在我们所看到的房利美与政客之间的关系),因此获得了民众的巨大支持。第二银行倒闭后,其许多职能由财政部承担,并(或)在一些受青睐的私人州立银行之间分配。

内战前（战前时期）在央行存在与否背景下的州立银行业务

> 这些小绿纸片从一只手转到另一只手，象征着我们的信仰、信用以及或许最重要的我们对祖国及其货币的信心。
>
> ——斯蒂芬·米姆（Stephen Mihm），《造假者之国：资本家、骗子以及美国的诞生》(*A Nation of Counterfeiters: Capitalists, Con Men, and the Making of the United States*)

战前，银行系统为美国年轻的经济体提供了许多必不可少的服务。例如，有研究表明，在1830年拥有更多银行的州，在随后的30年间经历了更快的经济增长，当然这种相关性的因果论有待商榷。[77] 1800—1860年，美国的银行数量迅速增长，促成这些增长的因素有很多，有些是许多国家共有的，也有一些是美国独有的。首先要关注的是银行可靠性问题。通过立法（建立特许银行）创建银行是18世纪80年代的一项伟大的金融创新，为政府提供了对这些机构进行监管的可能。这样的银行机构既能服务于私人职能，也能服务于公共职能，但如果失败也可能产生非常广泛的社会后果。特许银行有许多弊端而且存在企业治理方面的难题，比如有限责任制问题以及公共和私人责权的合理分配问题。与英国一样，即使是特许银行的股东也被认为负有有限责任，除非特许证对此作出相反的规定。1781年，当美国独立战争仍在进行中时，北美银行（BNA）由美国财务总长罗伯特·莫里斯创建，履行私人和公共（政府）职能。该银行向联邦政府贷款并发行自己的纸币，这是18世纪80年代最可靠的纸币。莫里斯使其成为中央政府资金的储备系统。到1782年，有几个规模较大的州也创建了特许银行。[78]

新宪法得到批准后，各州继续推行银行特许证的立法工作，这项任务耗时耗力且充满政治色彩，而且立法的特许证也只有10—15年的期限。由于宪法没有提到银行业务，除了BUS有权进行清算交易并负有存款的职能外，创建和控制银行的责任属于各州政府。与其他事务一样，州政府与人民拥有所有没有被赋予联邦政府的权利，以及所有没有被州政府明令禁止的权利。与此同时，州内和州外的竞争使政治权力发生了转移。这使得各州在境内很难限制特许银行的数量，从而降低了国家对银行的直接控制，体现在政府对银行所有权的减少，并最终导致一些州内单一制银行的瓦解。[79]随着美国首都从费城迁回华盛顿以及第二银行的倒闭和伊利运河的修建，美国最重要的银行中心转移到了纽约。[80]

在内战前的美国，银行业与如今大不相同。有些银行职能保留至今，而有些则在当今没有存在的必要，或者已由其他机构来代替。大多数银行的业务是以短期贷款的形式出现的，即对生产和货物运输提供信贷。这些国内和国际交易所涉及的证券在如今难得一见。购买者不支付现金，而是开一张支票（无记名汇票）或一张汇票（一种与货物直接相连的付款承诺）。基于买方或其银行的信用风险，如果单据得到确认，卖方可以向其银行贴现汇票（立即收取一部分）换取现金。在很大程度上，该银行提供了两项服务：提供有关信贷风险的信息（克服信息不对称），并最终通过代理关系对金额进行结算。[81]这类贷款的期限因时间和地区而异,但通常在 70 天以上和 120 天以下。[82]许多银行是由商人建立的,他们除了从事自身的商业活动之外,也发放贷款。许多人发现,与利益一致的人合作可以降低自己承担的风险,而这种合作往往会演变成一种全新的尝试,使得他们放弃原来的业务,转而发展新的事业。

银行也发行自己的本票,这是当时合众国的主要货币形式,这种做法在 19 世纪很常见,但在今天却十分罕见。在 1820 年,美国只有 4 100 万美元的铸币,其中大约一半储备在银行,另一半在流通,76% 的交易使用的货币是银行发行的纸币。显然,进行商业活动需要依靠银行提供的货币作为媒介。[83]从原则上讲,这些纸币的发行是基于铸币储备或州和联邦发行的债务,并可以按照联邦政府设定的汇率兑换成铸币。当然,许多银行在危机期间不得不暂停兑换。纸币的市场价值千差万别,而且有巨大的造假空间。对新兴的合众国来说,保持货币流通并在不同地区发放足够的货币是一项巨大的挑战。宪法的制定者剥夺了各州创造货币的权利,并将美元的定义权赋予国家政府。但如前所述,只有州政府才有权力对能够制造货币的机构进行审查。正如本节开篇段落中所强调的,对纸币建立广泛的信任是一项艰巨的使命。[84]随着第二 BUS 的垮台,清算交易与纸币交易变得更加困难,迫使商业银行建立起银行间业务。早在 1810 年,波士顿的银行便在这些领域十分擅长。萨福克系统(Suffolk System)就是第一个针对偏远地区跨行结算的系统性方案。波士顿的银行把他们的资源集中起来,建立了集中的纸币清算中心。相比其他区域,新英格兰地区在纸币兑换方面做得十分成功。[85]

大多数城镇都有银行,但大型银行都在城市里,因为大多数州都禁止银行设立分支机构。至 1860 年,仅新英格兰地区便有超过 500 家银行。有些城镇银行的数量高达40家。这些银行提供的大部分业务是针对企业而非家庭。银行获取资金的方法也不相同，其负债包括一些存款（按照现今标准来看，数量极为有限）以及当时这些银行可以发行的货币。然而，银行的绝大部分融资来自其所有者的资本投入，他们投资的部分原因是为了从银行获得优惠待遇，为自己和与他们关系密切的人获得贴现，还有部分原因是这种投资是把钱存入银行并获得利息的唯一途径，正如今天的存款一样。股本金约占总融资的1/3。此外，银行的管理也十分简单。大型银行也许会雇用收银员、出纳员、办事员和会计，这些工作都是在银行董事的指导下进行的。

美国的银行商业模式也不尽相同。内奥米·拉莫罗（Naomi Lamoreaux）一针见血地指出，与许多其他国家的银行一样，美国的银行也广泛从事内幕贷款。[86]此外，学者拉莫罗还历数了新英格兰州内银行的例子，佐证在许多国家和州，银行与客户间的紧密合作对经济增长做出了贡献。尽管多数银行的贷款安排是短期性质，但还有一些银行参与了较长期的区域性项目，这进一步说明金融机构接近市场能够带来重要的社会和经济价值。有意思的是，随着内幕贷款逐年减少，对银行管理的评价变得越来越困难，对专业化和专门化的要求也越来越高。当然，拉莫罗揭示的现象可能仅限于她所研究的州，其中不包括纽约州和宾夕法尼亚州。这些州的银行与新英格兰的银行相比，所有权分布更广泛，而且在获取信用信息方面更高效，并且可以贷款给更广泛的商业团体，如工匠和农民。[87]

无论有无中央银行，美国的银行业都发展得非常迅速。第二BUS的垮台使得对银行业监管的权力完全从联邦政府转移至州政府。在合众国成立后的大约半个世纪里，根据法律规定，开办一家银行需要购买州立许可证，而且其价格昂贵。1790年，在费城、波士顿和巴尔的拥有三家州立特许银行（事实上，纽约银行于1784年无证开业，并于1791年获得特许经营权，这让它出现在早期银行的名单里）。[88] 在第二BUS失去其特许证时，美国一共有729家州立特许银行。有些大城市有几十家，小城镇两三家，有些村庄也有自己的银行。[89]

各州对银行的要求千差万别，而且腐败也乘虚而入。为了克服有政治背景的竞争对手的阻拦，费城银行在申请特许经营时支付了100万美元的资本金，这样大的数额并非为了保护储户。有时银行的出资者不得不向个人或州政府提供股份，或受理州立贷款业务。一些银行获得特许证则是为了制衡其他政治派别建立的特许银行，从而赋予了银行党派性质，有些属共和党，有些则归为联邦党。[90] 银行销售股票融资遇到很多障碍，社会资本短缺只是其中之一。一些州限制了来自个人股东的资本数额，为股权设立了高面值（股东的最大风险敞口），并对州外资本的所有权和大股东的投票权也施加了限制。[91] 此外，找到合格的管理层并不容易。银行往往动用其所有者、家人和朋友的力量，但结果有好有坏。有些银行的董事会成员来自外州，这就为董事会的召开造成了麻烦，因为路途遥远交通不便，而会议必须要达到法定人数才能召开。[92]

州内特许银行的发展速度因地区和时间而异。除BUS之外，所有的银行业务都是由州政府负责。虽然每个州的情况各有不同，但所有州都要设立自由银行制度（允许银行无须获取州立执照）、银行分支机构（决定银行是否只能拥有一家或多家机构）以解决保护银行债权人的问题。在独立战争期间，新英格兰地区的商业最为发达。虽然该地区经济发达并对资金和银行服务有强劲的需求，但首批两家商业银行却开设在费城（1782年）和纽约（1784年）。在随后设立的四家银行中，有三家设在新英格兰。在宪法制定时期，只有马萨诸塞州银行仍在运行。大部分银行都保持较小的规模而且由家族关系掌握。[93]

州内的银行监管条例各有不同。由于种种原因,一些州在银行业务中起了很好的模范作用。有几个州对美国银行业的发展历史尤为重要:马萨诸塞、弗吉尼亚、伊利诺伊、路易斯安那和纽约。随着1825年伊利运河的开通,大量曾经通过密西西比河和俄亥俄河流经路易斯安那州的贸易,现在都经由纽约。[94]在第二BUS倒台后不久,纽约成为美国最大的银行业中心。部分原因是它在没有BUS的情况下推行了业务创新,另一部分原因是伊利运河的开通使纽约的港口绕过了加拿大,成为纽约州北部和中西部最重要的出海口。许多美国和外国的金融家族都在此开设了业务,此部分我们将在第三章进行讨论。

截至1860年,美国全国的银行数量已经增至1 562家,有2.07亿美元的纸币在流通,还有2.54亿美元的银行储蓄,后面两个数字在美国第二银行垮台后分别实现了2倍和3倍的增长。[95]银行业务的增长反映了经济的总体扩张、区域性的发展模式形成以及对资本和交易的强烈需求。1830—1860年,流通中纸币的人均增加量因州而异。流通量在弗吉尼亚州翻了一倍,在纽约和路易斯安那州,增长了8—10倍;但在部分州,该数字没有变化或出现减少。这些跨区域的差异,说明对人口增长、经济发展和商业多样化的单一解释行不通——这与当时主流的看法背道而驰。[96]

在南部和西部地区,银行的发展几乎不受政府的干预。截止到1850年,南卡罗来纳州和肯塔基州的银行规模要远大于马萨诸塞州、纽约州和宾夕法尼亚州。大部分州的银行贷出的资金约等于2倍股本金,但南卡罗来纳和肯塔基州的银行则显得更为保守。[97]弗吉尼亚州的风险偏好则倾向于两者之间,其一方面放松了对州内银行的管制,另一方面还是保留了特许经营权系统。在内战前动荡的时期,路易斯安那州是唯一一个以奴隶制为基础、具有重要国际商业往来的州，在宽松的与严格的许可证制度之间来回转换，最终在1854年彻底转向了自由银行制。[98]还有一些例如弗吉尼亚在内的南部州允许银行成立分支机构，但许多小型农业利益群体与种植园园主不同，他们与银行的互动以及对银行业务的需求十分有限。[99]总的来说，南方的银行虽然在地理上分布广泛，但在业务活动上不如北方的银行多样，尤其是与那些致力于投资以完善自身的北方银行相比。1837年密西西比州的25家银行中只有两家在1841年仍然存在。在所有地区，银行的建立都是为了满足经济货币化的需求。银行存款的增长速度相当惊人，在新英格兰，人均存款从1820年的7.14美元增加到26.72美元，使该地区在1820年成为货币化程度最高的州。在东部濒临大西洋的各州，人均存款的增长高达10倍。但在南部濒临大西洋地区、西北地区和西南地区，增长则较为缓慢，在远低于其他地区的基数之上仅增长了2倍、8倍和3倍。[100]

对特许银行和中央银行的监管一直是对商业活动进行监督的主要手段。银行业的风险又远高于其他行业，因而对整个行业的审查便至关重要。银行的经营可以独立于其创始人和大部分股东的意愿，许多股东也都是处于被动持股的状态，并来去自由。尽管特许经营期限有限，但并没有遏止银行倒闭的浪潮，类似的事件周期性地席卷美国的银行体系。正如之前所讨论的，在州立法机构获得一份特许权是一个非常烦琐和政治化的过程，许多涉及政治互惠和利益交换的问题在其中发挥了重要作用。尽管这些问题在许多国家普遍存在，但美国和加拿大的银行业的巨大规模使监管问题变得复杂化，因此让许多人对公司形式和有限责任制理所当然地保持警惕，这点也无可厚非。[101]

第二BUS的垮台促成了银行与监管方面的创新。在没有BUS的情况下，许多地区失去了流动性和对商业银行的监管。不断增长的银行服务需求使人们呼吁将银行从烦琐的特许流程中解放出来。在美国的语境中，自由银行制是指个人在无须通过立法条例的情况下开办银行的能力，但这些个人仍然需要遵守一些确保银行安全的指导方针，例如关于流动性的限制或者在州政府的存款数量等。直到19世纪30年代，各州才开始允许开设"自由银行"，而非"特许银行"。然而，"自由银行"需要一些新的制度来对储户加以保护，并通过监管对这一重要机构进行管控。比如，由州政府权力和单一银行制引发的有限责任制和内幕交易问题根深蒂固，并限制了多元化银行体系的发展。纽约在1838年第一个通过了允许个人开办银行的法律，但要求个人向州审计长申请登记并存储州或联邦债券。尽管人们担心降低银行业的准入条件会给货币的合理供应带来挑战，但1838年颁布的这部法律还是引发了持续20年的创建银行的热潮，人们希望借此来攫取银行业所带来的政治和经济利益。到1860年，已有21个州通过了与纽约州类似的法律条例。[102] 在某种意义上，当联邦在内战期间重新参与银行业时，这种创建银行的方式才开始真正实施扩张。[103]

由于有限的地域和业务范围，美国的银行特别容易受到宏观经济的冲击。为了保护银行的利益相关者，各州针对银行股东的有限责任制尝试了各种办法。一些银行要求股东对其实收资本承担双重责任。这意味着，在破产的情况下，股东必须存入与第一笔实收资本相等的附加金额。1838年，通过修订的《自由银行法》(Free Banking Act)，纽约建立了首个银行保险基金，以应对1827年首个自由银行法的批评，并要求不同比例的银行资本必须交给州审计长且由其代持，在银行倒闭的情况下用来补偿债权人。[104] 该基金成立后不久就因一系列银行倒闭案而解体，存活时间甚至连10年都不到。[105]

不幸的是，在19世纪上半叶，州政府破坏了人们对金融的信心。在19世纪20年代，联邦政府不断缩减债务，并被限制参与市政工程。取而代之的是几个州开始大量举债修建运河和高速公路，甚至为银行提供资金。截至1830年，纽约州、宾夕法尼亚州和俄亥俄州已经发行了2 600万美元的债务。19世纪30年代举债搞基建开始了疯狂的发展。截至1843年，各州债务总额达到了惊人的2 316亿美元。许多城市也加入到这一狂潮之中。部分城市借债过多、过快，到1841年时，已经有4个州违约，其中3个在南部，1个在西部。次年，又有4个州违约，但只有2个是南部和西部的州。在违约的9个州中，有4个拒绝偿还部分或全部债务，而其他州则设法对债务进行了再融资。[106]

奴隶制对金融与政治的深远影响

家不和，则不立。我相信这个政府不会长久地容忍这种半奴隶半自由的状态。我不愿联邦解体，更不愿这个家没落，但我衷心盼望他结束这种分裂状态。美国要么统一成这个样子，要么统一成另一个样子。就奴隶制而言，要么是反对它的人们阻止它继续发展，直至最终依据民心把它纳入消灭的轨道；要么是拥护它的人们推动它继续发展，直至它在所有无论新老、无论南北的各州都取得同样合法的地位。

——亚伯拉罕·林肯（Abraham Lincoln）接受参议院提名时的演讲，1858 年 6 月 16 日

从早期殖民时代起，奴隶制就对美国历史与金融造成了不可磨灭的影响。亚伯拉罕·林肯的名言"家不和，则不立""半奴隶半自由"，不仅反映了其准确的政治判断，也道出了很多同时期人士的心声，并在金融领域产生了深远影响。经济历史学家至今还在辩论，美国的非自愿性劳动到底有没有阻碍创新和增长。[107] 更近期的议题是，奴隶制是否为增长与发展做出了实质贡献。鉴于这种残酷的制度给美国带来的经济、社会、声誉等方面的长期影响，不能轻信奴隶制对商业是完全正面的促进。当然，这部分辩论已超出了本书讨论的范畴。然而，要理解奴隶制给美国金融发展带来的影响就必须先了解其对政治与社会的影响。奴隶制对金融有直接或间接的影响，但具体是什么还不是

第一章
国外与国内的开端：内战中的殖民地

很明确。虽说奴隶制非常重要，但关于该制度的历史研究很少涉及其对银行与保险业的影响。[108] 一些奴隶制的相关书籍甚至在目录里干脆没有"金融""保险"或"银行"这样的关键词。[109] 最近的讨论重点是，鉴于其对劳动力商品化的使用，奴隶制是不是也和大规模市场、复杂的金融网络一样，是资本主义的一个元素呢？[110] 在内战前，甚至内战后，奴隶制和种族关系已经成为美国历史中一个重要且残酷的组成部分。

很遗憾的是，事实可能正好相反。被新的合众国废除的奴隶制，并没有深入美国的政治与经济活动。虽然黑人在殖民时期占约20%的人口比重，但在美国独立战争开始时，他们就像契约仆人一样，很多人都已经实现了自由。除美国南方外，黑人对区域经济的发展并不重要。很多开国元勋，比如富兰克林和汉密尔顿，都是反对奴隶制的，这说明厌恶该制度的北方人有很多。新英格兰在宪法获批前就解放了奴隶，之后的十年间，大部分北方州也都逐渐通过了类似的法案。此外，部分奴隶主也有解放奴隶的倾向。在宪法辩论时期，美国最大的奴隶主——乔治·梅森（George Mason）组织集会抗议奴隶制，特别是对宪法中的相关条款。一些奴隶主在遗嘱里写明要解放他们的奴隶，其中就包括乔治·华盛顿。当然还有另外一些人，如杰斐逊，虽然大力谴责奴隶制，却只是解放了他的情妇以及他和情妇生的孩子。在接下来的近百年中，奴隶制在政治上仍然是个烫手山芋。大多数列席1787年制宪会议的代表都认为，如果直接攻击奴隶制，就没有可能与宪法达成一致。确实，"奴隶"及"奴隶制"这两个词从来就没有出现在宪法中。正如麦迪逊在制宪会议上说的那样，"不应在宪法里承认人可能是财产。"[111]

废除奴隶制在当时主要有四个阻碍。第一个就是金融上的，即便是最热衷于废除奴隶制的人,在提到收回奴隶主的财产所有权而不给赔偿时,也会变得畏首畏尾。协商赔偿异常艰辛,而且,鉴于新政府的财政状况,筹集资金也十分困难。在汉密尔顿改革之后,这一问题有了解决的可能。第二,美国的第四任总统詹姆斯·麦迪逊,也是杰斐逊的朋友,他成功地将"五分之三"条款写进了宪法。这个臭名昭著的条款没有明确提及奴隶,不过在每个州的代表人数(也就是在选举人制度下,能够给总统和副总统投票的人)分配上,采取这样的计算方式:"自由人总数,加上那些必须服一定年限劳役的人,其中不包括未被征税的印第安人和剩余人总数的五分之三的人。"[112] 人口数量影响投票权,进而影响政府决策。但社会对奴隶数的计算存在争议,"五分之三"条款就是对该争议的妥协。在当时的人口普查中,一个奴隶算作五分之三个人。直到1860年,"五分之三"条款就是南方的保护伞,让他们能在公民和投票人占比越来越小的情况下,有能力选出支持奴隶制的总统和国会议员。这样的条款,再加上总统投票由选举人制度而非普选决定,让选出的总统更倾向南方和支持南方的人。这种情况一直持续到林肯当选。第三,表面上废除奴隶制的意图很清晰,但美国宪法实际上保护了奴隶交易二十年。直到1808年,美国国会才宣布奴隶交易不合法。不幸的是,善意的做法却引发了意想不到的后果。很多种植园园主在宽限期内增加了自己的奴隶保有量。对奴隶交易的限制影响了美国奴籍黑人的供应,这直接导致了美国奴隶制中出现了一些最残忍的现象,包括在需求猛涨之时,培育新的奴隶。其他国家紧随美国的脚步,比如英国,就在美国政策出台几个月后,禁止了奴隶交易。虽然奴隶交易在很多国家直到19世纪后仍然合法,但另有许多国家,包括那些曾经交易很活跃的,如美国、法国及英国[113] 都同意采取措施禁止公海上的奴隶交易。[114] 第四,在19世纪的头十年,棉花种植业开始得益于1793年发明的轧棉机。这种高效的新机器能够将棉花籽分离出来，给棉花加工业带来了革命性的改进，使种植棉花的利润大大提升。

商业的力量与帝国的支持，使棉花的产量改变了世界上很多地方的政治关系。世界棉花的主要产地在美国、亚洲及非洲的种植园，加工地则集中于美国和欧洲。为了保障原材料供应并拓宽棉花销售渠道，控制海外市场的政治诉求被合理化，加上吸引来的巨量投资，一同催生了帝国的建立并对金融也带来了深远影响。北方的商人与农民希望通过银行为本地的生意和小规模农业生产融资，而南方的种植园园主却不太需要本地银行。南方人可以用来年的作物做担保，通过在纽约或伦敦的顾客做融资、发债和购买保险。和美国其他地方相比，这种对本地融资及社区银行业务有限的需求，解释了何以能在南方地区盛行银行分行的制度。[115]

在19世纪前60年，棉花对于美国南方，甚至整个美国经济都至关重要。在轧棉机发明后的两年间，仅仅从美国运往英国的棉花，就从3万磅飙升到了150万磅。[116] 1790—1860年，美国的棉花产量从基本可以忽略一直攀升到22亿磅，其中2/3的棉花都产自1800年还没成为美国领土的地区。到1860年时，全英国70%的进口棉花都来自美国。[117] 美国棉花出口的价值从1815年的1 750万美元飙升到1860年的1.918亿美元。正如道格拉斯·塞西尔·诺斯所言，1816—1820年，棉花占了美国总出口的39%，1836年甚至涨到了63%。对一个缺钱的国家来说，棉花贸易至关重要。在南北战争前的一段时期，棉花出口的贸易条款十分惠利，这就使得南方各州对进口商品非常热衷。由于棉花种植者很少进行轮耕，各州便迫切希望拓展疆域，开垦新的土地。[118]

40多年间，奴隶制始终陷于一系列政治旋涡的中心。针对废除奴隶制的提议，任何威胁到南方一票否决权的议程都被阻拦下来。当新领地要求作为州加入合众国之时，奴隶制被旧事重提。1819年时，美国共有22个州，其中11个是蓄奴州，剩下11个为自由州。在参议院，每个州可以投两票。到1819年，即使北方州在众议院的代表席位已经有所增加，南方州在数量上还是占优势，这主要是得益于"五分之三"条款。因此，南方施加了不小的政治压力，以维持蓄奴州与自由州的数量平衡。所以，当路易斯安那购地案创造出新的州时，北方希望让其成为自由州，这让南北分歧进入了白热化阶段。接踵而来的危机便是"密苏里妥协"，结果就是承认缅因州为自由州，而密苏里州是蓄奴州，以北纬36度30分划为分界线（也就是阿肯色与密苏里分界线的延长线），其以北的领土禁止蓄奴。这样，问题若需要最终解决就又拖到了下一代人的身上。

奴隶制问题在其他政治斗争中也有体现，有时甚至会引发国会大楼里的肢体冲突。大体上看，北方支持联邦项目，比如修建铁路、用联邦土地鼓励移民，或将英国制造的产品挡在国门之外。奴隶制使南方站在了这些项目的对立面。因为南方的经济依靠奴隶制，而联邦项目貌似只能让联邦政府更加强大，这就威胁到了各州视自身情况部署劳动力的权力。《宅地法》会吸引更多移民，这使总统与国会间的力量平衡向北方倾斜。最后，也可能是最重要的一点，虽然北方已经开始发展纺织业，但南方棉花最大的客户是大不列颠。尽可能多地向英国工厂出售棉花，并以尽可能便宜的价格购买英国制造的产品，是种植园商业模式的核心。总体来看，甚至连南方的资本家都对资本主义没什么热情，并对北方的幼稚产业理论没什么耐心，认为这些理论只会增加他们的成本与开销。这种态度可以追溯到汉密尔顿时期。

鉴于南方和北方经济结构的巨大差异，就算先搁置双方愈演愈烈

第一章
国外与国内的开端：内战中的殖民地

的道德分歧，奴隶制迟早也会让南北双方发生剧烈冲突。南方希望与北方在政治上享有平等的地位，这项要求引发的冲突在设立加利福尼亚州时爆发了。关于立州的辩论持续了 8 个月，当时大部分美国最重要的政客都被卷入其中，导致了一系列复杂的决议案，被称作《1850 年妥协案》，然而这个结果却让废奴主义者和奴隶主都不满意。因为其中有这么一条规定，要求加利福尼亚以自由州加入合众国，而其余"从墨西哥分离出来的"土地以对奴隶制没有限制的领地身份加入。同时，在哥伦比亚区废除奴隶交易而非奴隶制，并支持逃奴追缉法，更重要的是，宣告联邦在州际奴隶交易方面的权威不具合法性。[119]

不出所料，和平状态并没有持续多久。下一颗定时炸弹在 4 年后被引爆，民意使得《堪萨斯-内布拉斯加法案》取代了《密苏里妥协案》以及《1850 年妥协案》。在近 5 年的时间里，那些有权选择成为自由州或蓄奴州的地区开启了派系错综复杂的激烈斗争，为了确保该地区的投票倾向，很多人甚至被转移到其他地区。而最高法院臭名昭著的"斯科特判决案"更是给这场拉锯战火上浇油，让南北分界线（即梅森·迪克森线）两侧的公众都怒火中烧。该判决规定，奴隶即便逃到了自由州也还是奴隶，其所在的自由州有义务把逃跑的奴隶送回去，并且称《密苏里妥协案》是违宪的。

截至 1860 年，美国的人口已超过 3 100 万人，其中 72% 在北方。[120] 这些北方人全部都是自由公民，其中包括近 50 万的非裔美国人。而南方仅有 510 万白人自由公民。[121] 虽然关于奴隶制对美国经济增长的贡献这一理论众说纷纭，但是，有很多证据表明，奴隶制让南方的经济结构很不平衡，城市、移民以及新商业数量都有限，如果当时鼓励上述三项的发展，对于南方金融服务的需求可能也会增加。奴隶劳工被剥夺了自我发展和实现社会价值的机会，而南方对奴隶劳动力的依赖则造成了很多不可逆的恶果，即便当时让奴隶恢复自由，这些影响依然会持续到下一代。奴隶制对美国的人口、社会，甚至金融领域造成了深深的伤害，时至今日，仍隐隐作痛。

事已至此，美国历史上最具灾难性的战争已经一触即发。1860年的共和党大会明确表示，奴隶制已经直接或间接地与很多社会经济问题捆绑在了一起。共和党纲领的第八条公开谴责奴隶制。但是，对高关税、免费宅基地、公共工程以及修建一条通往太平洋的铁路的呼声压倒了限制奴隶制发展的声音。[122] 而就美加关系而言，那些身在加拿大已经获得自由的非裔美国人，以及英国在独立战争中用解放的奴隶作为武器，都对两国关系造成了伤害并使局势变得紧张，但相比强制劳工问题，经济措施带来的影响要更大。

奇怪的是，奴隶制引发的冲突可能对"边界以北"带来了更大的影响。内战的代价以及其经济后果从一开始就困扰着美国的金融业，而这些影响直到今天仍无法消除。这些悬而未决的问题就包括银行业的碎片化，以及对中央集权的货币和对税收管理的恐惧。时光飞逝，形成一个全国性银行系统的部分阻碍已被移除。但无论是经济、意识形态的原因，还是政治利益的原因，很多美国早期的金融理念与制度都被持久地、深深地嵌入了美国现今的监管架构中。

边界以北的殖民地在成为英属殖民地后，迎来了人口与经济的发展，且发展规模甚至大于美国。不过即便有这种规模的增长，加拿大地区的人均GDP也仅有美国的2/3（见附录1），这还是在美国部分地区存在奴隶经济的背景下所产生的结果。但是，这些殖民地已做好准备迎接改变。

过渡的十年：国家的诞生与重生

同室操戈

一次只打一场战争。

——亚伯拉罕·林肯对那些提议给英国施加更多威胁的顾问如是说。

美国内战对社会和经济生活产生的影响无论怎样强调都不为过。不过鉴于战争带来的巨大生命和财产损失，其对金融的态度和对金融体制的影响就显得较为有限了。从理论上说，美国内战和宪法第十三修正案粉碎了奴隶制，这一制度的存在是对美国所承诺的平等的嘲讽。在赋予奴隶公民身份的同时，人们也更加期待实现真正意义上的人人平等——而非加拿大在19世纪时抱有的幻想。

内战所造成的人员和经济损失令人震惊。连续4年的战火导致超过75万名士兵阵亡——超过美国其他战争阵亡人数的总和，美国总人口减少了约2.4%。[1] 超过40万人受伤，其中很多人终身残疾。[2] 亲人离散，贸易关系中断，这些损失历经数十年才得以恢复。尤其是在南方，很多农场和城市被付之一炬。全国多个港口和铁路线停止运营，尤以南方为甚。战争除了带来上述人员伤亡和物质损失外，也造成政府财政的巨大消耗。截至1906年，美国政府在战争方面的开支，包括退伍士兵救济金就高达113亿美元，约等于1860年以每人1 000美元的价格购买奴隶所需费用的3倍。[3] 更让人感到痛心的是，20多年后，这些表面上获得自由的美国黑人仍然处于同样甚至更为恶劣的劳动环境中。

奴隶制及内战的影响给美国社会和经济留下了不可磨灭的印记，催生出一个庞大的贫困阶层。此外，南方经济仍然极其依赖棉花，而棉花的价格在不断下跌。这就意味着，南方在发展基础设施、制造业、城市和金融等方面落后了几代人。

尽管代价远超人们的预料，但内战毕竟取得了重大成就。内战彻底改变了美国政治版图。南部十三州对北方独揽大权很是忌惮，试图脱离联邦取得独立，而亚伯拉罕·林肯的当选更是火上浇油。北方各州想要推行多项措施促进经济增长，林肯上台实质上终结了南方对这些措施的否决权。起初是因为脱离联邦，之后又由于宪法第十三修正案取缔了奴隶制，并废除了"五分之三条款"，使得南方白人在此后的10年对国家政治的影响力几乎为零。从某种意义上说，美国内战研究领域杰出的历史学家詹姆斯·麦克弗森（James McPherson）的话不无道理，他曾写道，"1865年之后，由于实现了国家统一，所谓的'联合众国（United States）'成了一国，但是政治和社会分歧仍根深蒂固，未曾消除。"[4]

因为南方的财政政策战后不再施行，所以我们会侧重讲述北方对政府和金融部门的重组。内战期间，共和党主导的国会通过了北方利益集团数十年来力图实施的多项立法。为筹集战争资金，政府急需增加财政收入，提高举债能力。1860—1865年，联邦政府的支出占国内生产总值的比重从2%上升到20%，约等于现在美国和平时期联邦政府的支出水平。[5] 除提高关税税率外，占国会多数的共和党设置了新的收入税和消费税，包括对房地产交易征收印花税，有些税种在国家紧急状态结束后也没有取消，而是继续存续了下去。[6] 关税税率按照完税价格的一定比例征收，从1830年起税率一直在降，但在1890年突然从20%增加到50%，这么高的税率只在1930年通过《斯穆特-霍利关税

第二章
过渡的十年：国家的诞生与重生

法》时才又出现过一次。[7] 此外，国会还采取了若干措施鼓励移民和基础设施投资。没有蓄奴州从中作梗，共和党通过了《太平洋铁路法案》（Pacific Railway Act），特许两家企业建造通往西海岸的铁路线。尽管政府在战争中耗资巨大，这两家公司还是享受到财政部的直接补贴并且获得了大量土地。

在共和党的主导下，美国国会修改了与银行和货币相关的法律。国会于1863年通过了《国家货币法案》（National Currency Act），1863年和1864年相继通过两项《国家银行法》（National Bank Acts），并对发行货币的州立银行征收禁税，使这些银行要么最终转型成为国家银行，要么不再发行货币。上述举措实际上取消了关于创立国家银行的立法要求，使得纽约州1838年的《自由银行法》具有了全国适用性。上述法律还要求新成立的国家银行发行银行货币要以政府债券作保，这就刺激了对国债的购买需求，扩大了国债市场，有利于联邦通过举债为战争融资。联邦政府开始统一印制国家银行货币，并分发给新成立的国家银行，以此换取联邦借贷资金，存储于财政部下属的货币监理署，货币监理署被授权监管国家银行。尽管美国推行了至少一种由政府债务抵押的统一货币——小额联邦纸币，银行券以及内战前金融体系的其他架构并未完全消失。对于未来美国银行业最重要的影响就是，负有监管职责的货币监理署规定，国家银行也应遵守其营业所在州的银行法规，从而避免了开设跨州分行的银行业务。总的来说，内战时期的金融改革推动了国家对银行业的监管，并实现了政府取代银行发行货币，这是巨大的历史进步。[8]

尽管本书不会详述南北战争的有关细节，但是有必要阐述一下美英两国之间的关系。在内战期间，北方对中立国的政策数次使美英陷入军事冲突的边缘。英国当时对美国内战的态度是颇为复杂的。英国国内绝大多数人对奴隶制深恶痛绝,然而1861年,林肯宣布内战的目的是维护联邦统一,而非废除奴隶制。此外,英国高度依赖与南方的贸易往来,尤其是对南方的原棉的需求。英国的纺织制造业规模庞大,特别容易受到牵累。1860年,53万名英国工人的生计直接依赖于棉花,间接依赖于棉花的人也不在少数。

英国4/5的棉花来自美国。[9]尽管战争开始时,纺织厂厂主拥有大量库存且利润丰厚,但1861—1862年的冬天,纺织业有近一半的工人下岗,依靠政府或私人救济才勉强度日。[10]虽然诸如技术革命等因素也导致了纺织生产的减少,但致使英美两国间的紧张局势达到顶点的是1861年10月的一次事件。当时,美国海军军官登上了英国特伦特号(Trent)商船扣押了两名来自美国南方的特使。事件解决后,一些英国政客,包括后来成为英国自由派首相的威廉·尤尔特·格莱斯顿(William Ewart Gladstone),还是想要承认南部各州独立,尽管他后来又表示反悔。同时,北方对南方从英国进口战争物资也很是不满;加拿大人则反对美国实施护照管制,并对美国的可能入侵感到忧心忡忡。虽然后来美国废除了护照管控,但是加拿大人明白,在美国国务卿威廉·H.苏厄德(William H. Seward)看来,北美应该全部属于美国。所幸英美两国最终是理智派占了上风。

英国既要防范美国对英属北美殖民地进犯的野心,又要对不远万里发动海陆战争持审慎态度。美国内战的大多数时候,英国政府都在努力维系着微妙的平衡,一方面是南方要求获得英国承认并从英国获得物资供应;另一方面,北方又威胁对任何外来干涉甚或是干涉嫌疑实施报复,与此同时,英国政府还要维护自身的经济利益和道义信仰。美国的威胁并非虚张声势,美国人时不时地会谈到吞并西北部地区,或者是干脆把边境以北地区一举拿下。美国对英国是友好较量还是恶

第二章
过渡的十年：国家的诞生与重生

意打压，其实是由英国的经济和政治动作决定的。1860年以前，英国在美国北方几乎不存在经济利益，因此也不愿意借钱给北方打仗。但让英国追悔莫及的是，英国给南方预支了部分购买棉花的资金。英国之所以愿意支持南方，是基于三个条件，即：北方不能有效实施贸易禁运，南方有望打赢，以及南方打赢后不会延续奴隶制。如果满足这三个条件的话，帮助南方实现诉求就应该符合英国的利益。[11]

1863年夏季来临的时候，上述条件无一实现。那时南方已经近乎与世隔绝，葛底斯堡战役的失败更是让获取军事胜利的希望化为泡影。最终让英国下定决心的，是林肯发表的《解放奴隶宣言》（于1862年9月宣布，1863年1月施行），宣布解放叛乱州的奴隶。北方在战争伊始时并不承认其目的是废除奴隶制，只要北方一直这么否认下去，英国就会将内战视作美国两个地区间的冲突，因为这两个地区都允许蓄奴。然而，在英国，公众舆论不允许政府为保留奴隶制的一场战争而作战。[12]另外，南方试图利用加拿大作为军事行动基地，以对北方发动袭击，这促使加拿大立法规定，要"守卫边界，防止美国入侵，逮捕并驱逐从加拿大攻击北方的邦联分子"。[13]不过对英国来说，南方抵抗运动的失败并没有一劳永逸地解决问题。战争结束时，北方坐拥百万之师，陆军规模世界第一，海军规模也位居世界前列。与1812年相比，1865年美国要是从陆路或是水路沿圣劳伦斯河挥兵北上，可以说是轻而易举。[14]

虽然胜负已定，但是内战还留下了一些悬而未决的金融问题。尽管南方落败后，开始实行北方的一些政策，但地区分歧和紧张局势仍在，联邦对南方的占领也于事无补。1870年，最高法院裁定，绿钞（Greenback）的法定货币地位违宪，引发了人们对美元是不是通用货币并由黄金来支持的热议。国家银行由于拒绝向农业利益集团提供可贷资金，尤其是针对南方，因此备受抨击，对创立真正的国家银行的政治支持也随之减少。[15] 美国公私债务高企，金融体系支离破碎，使得外国投资者望而却步。简言之，内战使美国金融处于一种不确定性之中。美国同其北边邻国的关系同样如此。随着南方权力的减弱，已经不可能用投票来反对吞并英属北美区域的提议。北方贸易保护主义者的胜利，自然引发了人们对美国吞并这一地区的担忧。此外，由于1860年共和党全国代表大会决定实施保护性关税，这也让涉及"天然产品"贸易的《互惠条约》命运堪忧，这份自由贸易协定是十多年前商定的。

国家的诞生

> 内战期间及之后，北方各州对英国的威胁，以及爱尔兰芬尼亚会会员（the Irish Fenians）在加拿大边境的所作所为都警告着加拿大，它的独立已经岌岌可危。
>
> ——乔治·麦考莱·特里维廉（G.M. Trevelyan），《英格兰历史》
> （*History of England*）

联系美国内战及其影响能帮助我们更好地理解加拿大联邦的创立。1867年7月1日，英国国会颁布了《英属北美法令》（The British North America Act），宣告加拿大成立联邦并成为第一个本土自治的英属殖民地，此时距离美国内战结束刚刚两年，而且美国尚未解除武装。加拿大联邦的创立并非一蹴而就，它经历了漫长的过程，其中大部分与南部边境的发展紧密相关，同时也是自身特殊利益和独特国情的产物。起初加拿大联邦掌管四个省份——新不伦瑞克、新斯科舍、安大略以及魁北克——并未成为一个统一的国家。虽然在加拿大存在"法国事实（The French fact）"（即对魁北克语言、宗教和民事法的特别保障），它与美国各州的自治权利存在相似之处，但与之不同的是这对加拿大的金融体系产生的影响要小得多。虽然加拿大和美国一样，政府都是联邦制，但是加拿大在宪政演进过程中选择了君主立宪制，而美国则在革命影响下施行总统共和制。从一开始，加拿大的核心价值观就与美国不同。加拿大主张"和平、秩序和良好政府",极力避免类似美国宣扬的"生命、自由和追求幸福"的口号可能导致的一些极端行为。

起步阶段

联邦制一直饱受争议,在沿海诸省和加拿大东部(魁北克)尤为如此。但联邦成立的消息带来的却是欢呼与庆祝。"那一天是英属北美历史上最伟大的一刻,从哈利法克斯的阅兵广场到圣约翰的军营广场,从多伦多的皇后公园到蒙特利尔的维多利亚广场和兵器广场,到处都人头攒动。举国上下,在各个市场、广场、公园和阅兵场,市长、市镇书记、地方长官、管理员都将阅读女王宣布联邦正式成立的公告。"[16]美国独立运动后有大批人口逃离,这种情况在加拿大并没有发生。英国议会的法令较为顺利地通过了,"这要归功于卡那封郡殖民地大臣及其自由党部下爱德华·卡德威尔(Edward Cardwell)的决心。"[17]由本杰明·迪斯雷利(Benjamin Disraeli)领导的新一届英国保守党政府通过了这一法令,但据《泰晤士报》称,法令主要是由帕默斯顿勋爵(Lord Palmerston)促成的,他自1859年执掌政权,直到1865年去世。

在加拿大以外的地方,这一天却是无足轻重的。《纽约时报》对此只有轻描淡写的两句话:"加拿大自治领下的每个城市和村镇发来的报道都同样欢欣鼓舞,建国日的庆祝活动也是热情高涨。人们一致表达了喜悦,这对加拿大来说是史无前例的。"[18]四天后,《泰晤士报》称,新任总理约翰·亚历山大·麦克唐纳爵士(Sir John A. Macdonald)(至1891去世前的24年里共执政19年)"处事得当,很显然他不仅目前是,而且在未来一段时间都会是政治格局的主宰者"[19],但是"在英格兰,这一话题没有引起人们的兴趣,也鲜有人谈论"。[20]

第二章
过渡的十年：国家的诞生与重生

对很多英国人来说，给予渐趋团结的英属北美殖民地以更大自主权是理所当然的做法。这会解决一些国内外的政治经济问题，包括减少加拿大军事防卫开支及投资。在美国内战期间，用于加拿大防卫的军事开支从每年25万英镑增加至每年150万英镑。英国投资者希望在加拿大投资建设以铁路为主的基础设施前，先看到一个更加清晰的政府结构。[21]

美国内战切断了一部分自1814年以来英美两国建立的经济纽带，美国成了英国强有力的经济与政治竞争对手，因而使得以上提及的问题变得更加复杂。在1812年战争之后，英国及其殖民地与美国之间基于大量共同利益，故而一直保持着友好的关系。虽然偶尔因边境和贸易问题发生争执，但双方都认为和平地做出妥协符合彼此的共同利益。随着一系列协议的达成，大西洋两岸后拿破仑时代的几代人都认为，此前英美的冲突实属不愉快的偶然事件[22]，即使美国西进运动带来了关于边境问题的敌对言论，他们的看法也没有改变。1818年，两国政府签署了《拉什-巴戈特条约》(The-Rush Bagot Treaty)，同意在五大湖区域解除武装。三十年后，双方和平地解决了长久以来美国与英国西部地区直至太平洋的边界问题。

1854年，在加拿大殖民地居民的帮助下，大英帝国和美国签订《互惠条约》。该条约开放了自然产品的自由贸易，并且中西部地区的产品也得以通过圣劳伦斯河运输出去。《互惠条约》增加了英美的贸易量，使美国暂时超越英国成为加拿大最大的市场及供应国。截至1860年，美国商品占到加拿大进口额的51%，而且加拿大57%的商品出口至美国，而十年前两个比例分别只有37%和35%。[23]但是在1866年，美国废除了《互惠条约》，美加贸易总量迅速下滑，但进口和出口下滑的程度并不同步。虽然加拿大从美国的进口量在19世纪80年代便超越了从英国的进口量，但向美国的出口量直到20世纪20年代才超过向英国的出口量，这是由于美国通过了加征关税的政策，对加拿大出口造成了影响[24]。再加上20世纪30年代美国臭名昭著的《斯穆特－霍利关税法》使美加贸易问题急剧恶化，结果，直到二战结束加拿大向英国的出口量都高于向美国的出口量。[25]

四年的美国内战让大部分人丧失了积极的心态，也撕毁了此前的一些协议。战争结束后，英属北美殖民地居民受到了"美国敌对态度和极速扩张"的挑战。[26] 随后又有几批爱尔兰天主教徒移民至美国，美国对英国皇室不忠甚至怀有敌意的人口比例进一步增加。芬尼亚会会员，也就是支持爱尔兰独立的美国人，从美国向加拿大发起了突袭。英国为了攫取利益为美国南方提供补给，南方人也利用加拿大领地来谋划对北方的袭击，美国各种族背景的人们对此早已恨之入骨。可以理解，人们越来越担心美国会销毁《互惠条约》——它也确实在1866年被废除——并计划重建在五大湖区域的武装力量（这一点并未实现）。

内战接近尾声时，爱尔兰民族主义天主教徒托马斯·达西·麦基（Thomas D'Arcy McGee）——他在三年后遇刺身亡，这在加拿大政治中实属罕见——道出了许多人的心声："共和制的美国在过去通过媒体、煽动者和政治家向我们发出通知，而最近她的声明则更加直接明了，例如废除《互惠条约》，武装五大湖地区，这些都与1818年条约的附录背道而驰。她还让我们去施行无理的护照体系，并公开表明要在尼亚加拉大瀑布附近开凿运河'供战舰从安大略湖通往伊利湖'，此外，她还通过美国陆海军队的扩张向我们发出最为骇人的警示。"[27]

对于美国社会矛盾的理解极大影响了加拿大人对本国愿景的看法，麦基的一生便凸显了这一点。麦基最初在爱尔兰马铃薯饥荒期间移民至美国，而且极力反对英国在爱尔兰的统治。但逐渐地，他在美国感

第二章
过渡的十年：国家的诞生与重生

受到了反爱尔兰的情绪，见到了这种偏见导致的频繁暴力事件，也看到了反移民政党得到大批选民的拥护，他的看法随之改变。在19世纪50年代，麦基鼓励爱尔兰人移民至加拿大，而非美国。他自己在1857年搬到了蒙特利尔，并很快当选为议员。英属北美多样的文化和宗教构成在某些人看来是对统一的威胁，但这同时也减轻了英国、爱尔兰和苏格兰的新教徒带来的反天主教移民的压力。麦基在加拿大看到了"生而自由与权威"之间更好的平衡。

麦基虽然持此观点，内战的混乱局面导致了美国经济增长小幅放缓，但在19世纪60年代美国的发展还是远优于加拿大（见附录2）。经济增长集中在诸如伊利诺伊和密苏里的中北部各州，以及像芝加哥和圣路易斯这样的铁路、水路运输枢纽城市。同一时期，加拿大正在面临多个问题，其中部分原因是省级政治僵局，还有部分原因是美国在1866年废除1854年的《互惠条约》而导致的经济困难。虽然英属北美殖民地，尤其是法国罗马天主教统治的区域仍然吸引着大量移民，人口出生率也居高不下，但同样地，在这十年间有大量殖民地居民从加拿大东部和海洋省份移民至新英格兰地区，或是从加拿大西部移民至临近的密歇根和纽约。

麦基极力拥护加拿大统一并支持向西扩张，他还支持保护性关税，为少数族裔的权利发声，他无情地批判爱尔兰新教和天主教之间的水火不容。这样的立场导致他于1868年在渥太华被芬尼亚会会员刺杀，这在加拿大的政治历史中实属罕见。[28]

兼有英美血统的温斯顿·丘吉尔（Winston Churchill）写道："美国独立战争……引起了加拿大人的恐惧，他们害怕热情高涨的联盟会超越国境……加拿大怎么能指望自己与美国划清界限而且还能成功自保呢？"[29] 有趣的是，丘吉尔不认为美国内战加剧了英国皇室与殖民地居民的矛盾。矛盾的焦点在于谁应当承担防卫开支，殖民地居民认为这是皇家开支，而英国当局则并不认同。在担任英国财政大臣期间，格莱斯顿作为墨尔本政府中小英格兰人（The Little Englanders）的领袖，认为殖民地不仅烧钱而且是战略累赘。殖民地主要的开支在于军队（就殖民者而言指的是民兵组织），以及跨殖民地的铁路投资。建立横跨殖民地的铁路是战略性的工程：一条全部途经英属领地的铁路能够避免穿过美国领土。由于其战略属性，并触及偏远地区，因此需要高额的政府补贴。罗伯特·劳（Robert Lowe），一名英国自由党议员预测，"正如十三个州'因为高额赋税从英国独立'，英国很可能'因为高额费用而抛弃殖民地'。"[30] 在1858年首次提出建立联邦的亚历山大·蒂罗舍·高尔特（Alexander Tilloch Galt）出任加拿大第一任财政部部长。他于1867年1月在伦敦写道："我听闻英国对于殖民地的看法，感到无比失望，我无法对他们试图摆脱我们的努力视而不见。"[31]

除此之外，铁路和电报等新科技的出现也为世界带来了巨大变化。铁路不仅让殖民地全年都可通往不冻港，也让加拿大可以通过修建哈利法克斯至蒙特利尔的铁路寻得战略保护，以此抵抗美国。"新的交通方式让大洲范围的联盟成为可能，所有人都希望摆脱现有的困境，刺激新的增长与繁荣。"[32] 这对海洋省份来说十分诱人，而对当时的加拿大西部，也就是如今安大略省的居民来说，从哈德逊湾公司（The Hudson's Bay Company）购买鲁玻特地（Rupert's Land）的广袤土地同样具有诱惑力。这片地可以让年轻的农民开垦自己的土地，同时保留英国身份而无须移民至中西部的美国。

让建立英属殖民地联邦变得更为紧迫的，不仅有美国的威胁、英国的漠然、科技的进步，还有人们对纯粹的加拿大政治观念以及政府僵局的担忧。主要问题就是加拿大西部主张实现"按人口比例计算代表数量"这一正常民主诉求,但是对于加拿大东部省份,尤其是法裔加拿大人来说,这并不公平。1841年通过的《联盟法案》(Act of Union)赋予了东西部同等的投票权,尽管19世纪早期的人口普查数据显示,西部人口至少要比东部多35%。1840年前,加拿大西部省份的优势与美国内战前南部各州的优势十分相似。

人与价值观：卡迪亚与麦克唐纳

卡迪亚曾将自己描述为"讲法语的英国人"。

——理查德·格温（Richard Gwyn），《约翰·A. 麦克唐纳：造就加拿大的伟人》（*John A.: The Man Who Made Us*）

麦克唐纳是一位顽固不化的亲英派：他爱英国，爱它的历史、文学、法律和政治体系，以及伦敦的喧嚣与繁华。

——理查德·格温，《建国者：约翰·A. 麦克唐纳爵士》（*Nation Maker: Sir John A. Macdonald*）

联邦制不仅是政治与经济的产物，也是个性的产物。正如美国政府的创建一样，加拿大政府的创建很大程度上也要归功于一些杰出的人物，尤其是乔治·艾蒂安·卡迪亚（George Étienne Cartier）和加拿大的第一任总理约翰·A. 麦克唐纳爵士。卡迪亚和麦克唐纳两人虽然是生活上的好友和政坛上的同事，但却有着截然不同的背景与经历。与一些最有影响力的美国开国元勋的观点不同，尽管他们在许多具体问题上存在分歧，但对这个新国家所持有的愿景却非常相似。

卡迪亚一家早在1759年亚伯拉罕平原之战20年前就来到了新法兰西。他们经历了这里向被英国统治的过渡。卡迪亚的祖父在美国独立战争期间曾与英国人并肩作战。当卡迪亚在1814年出生时，他的家人

第二章
过渡的十年：国家的诞生与重生

以乔治三世国王的名字给他取名为乔治，所使用的拼写为 George 而非 Georges（乔治的法语拼写方式）。在 1837 年起义期间，卡迪亚是"下加拿大（Lower Canada，如今的魁北克地区——译者注）"的起义分子之一。但据他称，参与反叛军是出于对庄园团体（Chateau Clique）权势家族群体的反抗，统治殖民地的英国总督对这些家族言听计从。与其他反叛分子不同的是，卡迪亚并不希望从英国独立出来。在 1849 年被称作"吞并运动（Annexation Movement）"的短暂抗议期间（本书之后会有进一步讨论），卡迪亚坚决捍卫法律、秩序及英国的制度。卡迪亚昭然若揭的亲英派作风在其着装品位上体现得淋漓尽致。在所有欧洲国家首都中，他最喜欢的城市便是伦敦。他对美国及其制度有着强烈的怀疑。他赞成建立联邦，并说道："我们有幸目睹了共和制施行以来的 80 年历史，见证了其缺点与不足，并坚信纯粹的民主体制不能保证国家的和平与繁荣；我们必须在联邦制下团结起来，组建一个能够延续君主制元素的联邦体制……对君主制原则的保留将成为我们联邦的伟大特征，而另一面则是人民和大众的意志成为主导意愿。"[33] 与麦克唐纳一样，卡迪亚也为英属北美和建立联邦倾注了巨大的心血。

与卡迪亚不同，麦克唐纳并非第三代公民。1820 年，麦克唐纳一家从苏格兰移民到加拿大，那年他只有 5 岁。他们一家在当时称为"上加拿大（Upper Canada）"地区的最大社区以及苏格兰移民聚居区的京士顿（Kingston）安家落户。苏格兰移民及其启蒙运动的传统对加拿大历史起到了至关重要的作用，并塑造了麦克唐纳对非盎格鲁-撒克逊群体的宽容。他声称在 1837 年的叛乱期间，曾作为私人民兵的他携带一把步枪反抗威廉·里昂·麦肯西（William Lyon Mackenzie）的叛军，尽管此后他在法庭上又改口为叛军做辩护。麦克唐纳在任何事情上都是一名温和的保守派，不喜欢走极端。作为一名加拿大保守派人士，他相信政府可以发挥积极的作用，但与美国的建国之父不同，他的意识形态使命感较弱一些。

有些人为麦克唐纳贴上反美标签，但正如传记作家理查德·格温所指出的，他其实并不反美，只是对美国漠不关心罢了。他认为美国中央政府过于软弱，而且他和许多人的观点一样，都不赞同全民普选，认为全民普选带来的只是"多数人的暴政"。[34] 麦克唐纳以及当时大部分加拿大人、自由派和保守派人士都认为，无记名投票、政教分离和直接民主制等美国理念会对社会秩序造成威胁。[35] 然而，麦克唐纳却欣赏美国盎格鲁-撒克逊人的性格和制度，并认识到与美国建立经济联系的重要性。虽然麦克唐纳可以隔着圣劳伦斯河眺望到美国，但他更喜欢到访英国。归根结底，麦克唐纳作为一名加拿大人，卓有见识地意识到加拿大夹在两个大国中间，一个是位于大洋彼岸的强大帝国，另一个是与之毗邻的世界未来强国。对他而言，对共同宗主国的形式上的顺从只是个很小的代价，换来的是在大英帝国保护伞下对美国的震慑。麦克唐纳在早期便产生了这样的想法，认为加拿大可以设置更有特色甚至更卓越的政府形式。要实现此想法，必须汲取美式实证主义和英国政治温和主义的优势，并且以微妙不张扬的方式从两国借鉴经验以满足加拿大的需求，对两国保持忠诚而不至于冒犯任何一方。[36]

尽管麦克唐纳在个人生活中遭遇了一些不幸，但作为一位老练的政治家，他熟谙如何发挥自己的魅力与演讲能力来征服在场的每个人，以及如何通过互惠来分配政治战利品。首先，他了解加拿大政治的现实，特别是平衡加拿大讲法语和英语的人口利益的必要性。所以，尽管他倾向于建立一个强有力的联邦政府，但最终还是做出了妥协。[37] 卡迪亚和麦克唐纳两位都是成功的从业律师。卡迪亚还担任多家银行、保险、矿业和铁路公司的董事。麦克唐纳在二十多岁时，便当选为米

第二章
过渡的十年：国家的诞生与重生

德兰区商业银行董事，该银行是"上加拿大"地区的两大主要银行之一。随后，卡迪亚和麦克唐纳都积极投身到政治事业中，并分别支持蓝党（bleus）和保守党。与美国的政客不同，在建立联邦之前，加拿大的自由党和保守党派在根本性经济和政治问题上并无分歧。他们之间的分歧主要在于宗教问题和当时的一些具体事宜，比如是否支持为罗马天主教建立单独的学校、回馈任命以及人口的代表权等。[38]麦克唐纳和卡迪亚均在19世纪40年代当选为省议会议员，只不过卡迪亚在加拿大东区，而麦克唐纳在加拿大西区。两人均在50年代进入各自的省内阁，并于1858年组建了第一个加拿大联合省政府。在包括西区和东区在内的加拿大省有两位联合省长，并且所有政府部门都有两位部长，一位英裔，另一位法裔。

在19世纪60年代中期，卡迪亚和麦克唐纳对建立联邦有着不同的看法，但双方都愿意做出妥协。卡迪亚认为有必要建立一种联邦——君主统治形式。其主要意图在于确保法语省份拥有自己的教育权利和司法体系，并且保证其宗教和语言能够得到保护。麦克唐纳则更倾向于建立一个统一国家，但还是对其好友与同事的卡迪亚做出了妥协，同意鉴于"法国文化事实"（加拿大东部地区独特的文化与语言特征）而建立联邦制。

两人带领的政党组建了一个强大的联盟。在1867年举行的首次选举中，麦克唐纳的保守党赢得了安大略省82个席位中的49个；卡迪亚的蓝党在魁北克取得了更大胜利，斩获62个席位中的48个。"卡迪亚从1867年开始直至去世（1873年），一直是麦克唐纳的左膀右臂，并常常替他扮演总理以及政府和下议院领袖的角色。"[39]他们的反对者包括上加拿大地区的改革党或晶砂党（Clear Grits）以及下加拿大的红党。晶砂党和红党都倾向于更大程度的民主并反对任人唯亲，但却难以携手合作，因为上加拿大的改革党更青睐"人口代表制"，而红党对此并不赞成。而且，改革党倾向于反法国和反天主教，因此使得合作难上加难。与美国不同，加拿大的各个政治党派并没有在联邦主义和金融等根本性问题上产生分歧。

与文化和物理距离的抗争：建立联邦的伟绩

加拿大联邦的建立是一项伟大的政治成就。其得以实现，是一系列事件的机缘巧合，每一个单独的殖民地在当时都陷入了其本身事务造成的危机中，政治统一是解决这些危机的共同出路。

——约瑟夫·希罗伊斯（Joseph Sirois），《罗威尔–希罗伊斯报告》
（*The Rowell-Sirois Report*）

虽然建立联邦制很大程度上归功于这两位政治家的智慧，但在先前协议的基础上建立一个加拿大国家却遇到了许多障碍，其中很多障碍都源自由三个不同阶段组成的漫长历史过程：第一阶段，从1760年的英国占领到小威廉·皮特（Pitt the younger）1791年的《宪法法案》；第二阶段，从《宪法法案》到1841年的《联合法案》（Act of Union）；第三阶段，从《联合法案》到1867年建立联邦。

法国根基

欧洲人在加拿大第一个定居的地方后来成了讲法语的魁北克。这个地区早在16世纪初期就被欧洲人"发现"，当时的一些欧洲基督教国家正将注意力从地中海转向大西洋对面的"新世界"。于是早在17世纪初期，该地区便成了欧洲人定居的领地，而且欧洲定居者在对动物皮毛和灵魂的探寻中一直将定居地扩张至俄亥俄河谷和墨西哥湾。在18世纪中期，北美一共聚集了55 000名法国人，他们分布在魁北克、伊利诺伊和路易斯安那地区。在"七年战争"初期法国与英国诸多交战中的第三场），就动物皮毛生产而言，法国最重要的贸易站点便是底特律。这场战争将英国与法国之间长达60年的对抗与斗争推向了顶峰。在这场战争中，北美的"白人部落"意图控制五大湖地区。就英国而言，1759年发生在魁北克城的亚伯拉罕平原之战是其在加拿大取得的最重要的一场胜利，由此将魁北克纳入了英国统治范畴。1760年，随着蒙特利尔也落入英国统治区域，英国已经占领了整个庞大的法属加拿大地区。1786年的《巴黎条约》（Treaty of Paris）对这些变化进行了正式承认，就此结束了法国希望在北美建立北至魁北克城，南至新奥尔良的庞大殖民帝国（包括现今的安大略省南部、伊利诺伊、印第安纳、密歇根、俄亥俄、威斯康星和部分明尼苏达）的美梦。在首个《巴黎条约》中，易手的美国领土超过了此前及此后的任何一个国际条约。

起初，英国小心翼翼地管理新法兰西这片新领土。英国政府在1774年通过了《魁北克法案》这项十分慷慨大方的殖民地法律，向被征服的人民保证其语言、宗教及民法（除刑法在外）方面的权利。这种做法与英帝国政策相背离，标志着"加拿大例外主义"的短暂时期的开始。[40]在美国殖民地的英国殖民者认为，这项法律与他们的利益背道而驰。正如第一章所探讨的，该法律也推动了美国独立战争的爆发。1774年的大陆会议对《魁北克法案》加以谴责，并邀请魁北克代表参加1775年的大会。在魁北克代表不参加会议时，美国对魁北克发起了攻击并攻下了蒙特利尔。然而，几个月后便被英国军队和加拿大最强大的武器——寒冬，赶出了加拿大。

第二章
过渡的十年：国家的诞生与重生

大批讲英语的居民的到来

美国独立战争对魁北克和加拿大造成了巨大影响。英国政府很快放弃了"加拿大例外主义"的政策，同新成立的美国而非其北美殖民地建立了良好关系。1783年的《巴黎第二条约》剥夺了加拿大五大湖以南的天然商业帝国，并且分割了易洛魁印第安人（Iroquois）的土地，战争带来的另一个结果是5万名流亡者从美国迁移至加拿大。这些人在美国被叫作"托利派和叛徒"，而在英属北美则被称为"联合帝国保皇派"。正如此前章节所讨论的，他们大多数在海洋省份定居，但还有很多从附近殖民地的边疆地区，尤其是纽约州搬到了魁北克或下加拿大。这些保皇派的未来并不在人口相对稠密的地区，而是在蒙特利尔北部更为空旷的西部内陆地区。随着保皇派的到来，《魁北克法案》的基础遭到破坏。该殖民地将不能再以法国文化为导向，而且殖民政策也不可能只是安抚那些讲法语的殖民者的利益。

1791年的《宪法法案》再加上其他一些因素将当时的魁北克省一分为二。史上的魁北克变成了下加拿大。大批联合帝国保皇派定居在魁北克地区西部较新的土地，这里成为上加拿大以及之后的安大略省。上加拿大与下加拿大的分裂为这个商业帝国引入了政治分歧，并使1783年达成的边界和解带来的商业问题变得更加复杂。此外，这两个辖区都设有选举产生的议会、任命的立法委员会，以及为总督服务的执行委员会（隶属于立法委员会）或内阁。"加拿大将接受英国宪法的祝福，并成为英国政治原则的灯塔。这一切的目标受众便是美国。"[41]

在这种新的制度安排下，生活一如既往仍在继续。蒙特利尔的英裔商业精英对法裔加拿大人的聚集感到失望；而在上加拿大，随着许多美国移民（后保皇派移民）的到来，这块新的土地逐渐得到开发。

1812年，由于种种原因，美国麦迪逊总统向大不列颠宣战。他承受着西部地区战争鹰派，比如约翰·C. 卡尔霍恩（John C. Calhoun）和亨利·克莱（Henry Clay）等人施加的巨大压力，但遭到新英格兰人的反对。这场战争主要在加拿大的国土上进行。对于1812—1814年的战争，美国首选攻击的对象是魁北克城和蒙特利尔，但结果大部分作战却发生在上加拿大，即如今的安大略省，其中约克遭到两次袭击。英军攻占了底特律和Michilimackinac（密歇根湖上游的一个岛屿）。大部分战斗发生在尼亚加拉半岛，但正如此前所述，英国士兵焚烧并洗劫了华盛顿，对美国军队在约克的所作所为以牙还牙。1814年签订的《根特条约》（Treaty of Ghent）结束了这场战争，规定边界保持不变，但却再一次从加拿大剥夺了俄亥俄谷。1818年的《拉什-巴戈特条约》（Rush-Bagot Treaty）使五大湖地区实现了非军事化。

从1812年战争和拿破仑战争结束到19世纪30年代中期这段时间，加拿大经历了人口增长、经济发展以及殖民统治。人口增长的推动因素包括来自英国的大规模移民（在19世纪30年代达到顶峰）以及下加拿大的高出生率。其中大规模移民的推动因素包括拿破仑战争结束后劳动力的释放以及加拿大殖民地经济的扩张与发展，尤其是在上加拿大地区。木材生产与贸易为经济发展做出了重要贡献。1800—1820年，加拿大在英国木材贸易中所占的份额出现爆发式增长，从不足1%升至81%，并一直保持到1830年的75%。木材占到所有英属北美殖民地向英国出口的40%。[42]这段时期也见证了上加拿大地区农业的迅猛发展，那里的小麦和面粉通过圣劳伦斯河运往英国。除了传统的皮毛贸易，制造业也有了初步发展，主要集中在磨坊、锯木厂、纺织厂、制革厂、铸造厂和造船厂。

然而，一场号召政府承担更多责任的运动，使得这种快速的人口增长与经济扩张相形见绌。对加拿大而言，负责任的政府意味着政府的行政部门要对民选代表负责，而不是对英国任命的总督负责。在上加拿大和下加拿大，英国总督会听取一小撮"受青睐的人"的看法和意见。在下加拿大，这些人被称为"庄园团体"，在上加拿大则被称为"契约家族"（Family Compact）。英国总督通常都是军人，他们很难应对法裔和英裔、新教和天主教之间剑拔弩张的关系，尤其是在下加拿大地区。为了推行改革，戈斯福德伯爵（Earl of Gosford）于1835年被任命为加拿大总督。戈斯福德反对爱尔兰的橙带党（The orange order）并努力在不疏远当地英裔少数群体的情况下，满足法裔加拿大人下议院的要求，然而他的努力收效甚微。

挫败与复兴

由于负责任政府的缺失，人民的挫败感不断酝酿，终于在1837年在上加拿大和下加拿大爆发了革命。此外，经济的衰退也是原因之一。当时农作物歉收、土地价值下降、铸币支付的暂停等因素造成了经济衰退。但反对派最难以忍受的是政府的形式，尤其是围在总督身边的内幕小集团让人反感。下加拿大的爱国者或反叛者在路易斯·约瑟夫·帕皮诺（Louis Joseph Papineau）的带领下发起了暴力反抗。上加拿大的叛军由多伦多的第一任市长威廉·里昂·麦肯西带领。两位反对派领导人都对美国宪法和安德鲁·杰克逊的民主民粹主义表示钦佩。革命被镇压后，帕皮诺逃到了美国，但只在那里待了两年。帕皮诺虽对美国表示钦佩，但他对其商业持敌对态度，他赞成建立一个封建领主式的政权。由此可见，逻辑绝非他的强项。[43]麦肯西也赞同杰克逊式的民主，但至少他比帕皮诺的立场要坚定。他也逃到了美国，但很快便幻想破灭，他写道："我对这个国家（美国）了解越多，就越对多伦多革命的尝试感到痛心疾首。"[44] 麦肯西被豁免后，于1857年返回了加拿大。

总而言之，正如加拿大历史学家H.v.内勒斯（H.v. Nelles）指出："1837年的反叛斗争走向了美国独立战争的相反面；权威获得了胜利，而革命却名誉扫地。社会秩序被迅速重建。而且这两位叛军领导者的古怪行为对革命也并无益处。"[45] 无论如何，这次事件对加拿大和英国殖民当局都敲响了警钟，英国殖民当局不能再对英属北美殖民地的诸多问题视而不见。1837年革命的一个关键结果是在1838年任命达勒姆伯爵、"激进分子杰克·拉姆顿（Radical Jack Lambton）"为英属北美总督。[46] 虽然英国政府于第二年就将其除职，但"激进分子杰克·拉姆顿"又在加拿大逗留了一段时间，完成了一份由其署名的著名抑或臭名昭著的报告。他在报告中提出，统一上下两个加拿大并对法裔加拿大人进行同化，这一提议当然招致了魁北克法裔人群的不满。此外，"达勒姆伯爵还得出结论，认为从改革需要的角度来看，在英国体制框架内可行的解决方案意味着要引入负责任的政府，这将是一项关键措施……他认为英国政府应该给予殖民地负责任的政府来防范独立运动，这样英国政府不仅可以终结这些不痛不痒的斗争，而且还可以重申并加强英国与其殖民地之间持久的联系。"[47] 总而言之，给予政府更大自治权，能够平息要求完全独立的呼声。虽然达勒姆伯爵在1839年被除职，但他撰写的这份报告成了1841年英国议会通过《联合法案》的基础。这份法案将此前分离的两个殖民地联合成为一个省，其中包括两个平等的部分：东加拿大（此前的下加拿大）和西加拿大（此前的上加拿大）。

为了更好地理解为什么1837年动乱带来了改革而非进一步革命，要从动乱的背景说起。当时大部分包括法裔和英裔在内的加拿大人都

第二章
过渡的十年：国家的诞生与重生

希望保持对英国和皇室的忠诚，只因加入美国利弊参半。不管从中能得到什么好处，都要付出政治或道德上的代价，而且最重要的是，这在很大程度上取决于一个人的观点。加拿大对美国民主的进程充满了担忧，也因此对美国民主的向往大大减弱。即使是达勒姆伯爵经常引用的一句话也要放到语境中去理解。在加拿大，他曾说过："在美国这边，一切都是忙碌再忙碌……在英属领地这边，除了几个喜欢的地方以外，一切看起来都是废墟与荒凉。"[48] 乍一看，这一评论令人惊讶，因为杰克逊总统的错误政策对美国造成了巨大的破坏，导致19世纪30年代末美国数百家银行倒闭。然而，达勒姆伯爵的观点可能反映出了加拿大文化和经济的多样性。虽然他在加拿大只停留了短暂的时光，而且几乎都是在货币危机的巨大冲击下度过的，此外他对美国的水牛城也只是进行了短暂访问。但无论从地理范畴来看，还是从他短暂的居住来看，他对北美殖民地生活是有所了解的。

与美国形成对比的是，加拿大在此期间并没有出现银行倒闭的情况，尽管在下加拿大，铸币暂停流通的时间比在上加拿大的时间要长，但却比美国铸币暂停流通的时间要短。[49] 这场危机也凸显出上加拿大和下加拿大经济状况的许多不同之处，而且不同的区域特征也造成了不同程度的经济收缩。这场危机在加拿大历史上有着不同寻常的地位，因为它在上、下加拿大都激起了武装叛乱。在加拿大历史上，与公认的权威发生暴力冲突是十分罕见的。

通往独立之路

加拿大的未来取决于大西洋两岸的诸多政治和经济发展。欧洲发生的一系列事件影响了英属北美的移民并导致了大英帝国内部贸易政策的变化。其中一个最主要的事件当属19世纪40年代的爱尔兰马铃薯饥荒。由于饥荒，一波又一波的爱尔兰人离开家乡来到北美，这大大加剧了边境南北地区的紧张局势。[50] 美国内战后，被美国吞并的威胁导致英国殖民者和英国殖民当局开始考虑建立一个由不同省份组成的在国内事务上独立于英国的联邦。

1848年，负责任的政府上台后，权力从殖民地总督（由一小撮殖民内部人士提供建议，并向一名英国部长负责）转移到英国式的民选立法机构，并对选举他们的人民负责。最初的加拿大领导人是罗伯特·鲍德温（Robert Baldwin）和路易斯·希波吕特·拉方丹（Louis Hippolyte Lafontaine）。两人都出生在加拿大，而且都曾经是律师。他们支持改革政策，为建立负责任的政府而奋斗。在19世纪40年代初，由于他们所任职的政府不直接向议会报告，于是两人毅然辞职。随着帝国政策的改变，鲍德温和拉方丹于1848年3月成立了一个新的议会，由立法议会中获胜党派的成员组成。在任职期间，他们见证了两项重要决定，一项由英国政府做出，另一项由新成立的负责任政府做出。这两项决定导致了一场不幸而短暂的兼并运动的发生。

英国殖民政策的变化，特别是对爱尔兰马铃薯饥荒做出的应对，对加拿大产生了巨大影响。发生饥荒时，英国的罗伯特·皮尔爵士（Sir Robert Peel）正处在第二任期。尽管遭到党内的强烈反对，皮尔还是在1846年废除了《谷物法》，这是19世纪英国最重要的立法之一。此举将英国从一个数百年来的重商主义的国家，转变为一个官方政策为自由贸易的国家。废除《谷物法》是为了在帝国之外开辟更多的食物来源地，并减少进口谷物（谷物在19世纪被叫作"玉米"）的成本和数量。其中一个意想不到的结果是对加拿大有利的殖民优惠政策被取消。从此以后，加拿大的小麦和面粉出口商必须在平等的条件下与

第二章
过渡的十年:国家的诞生与重生

美国出口商争夺英国市场。具体的《谷物法》规定可以追溯至1815年,而且最近一次修订就在四年前,即1842年。在此期间,加拿大一直享受"不同程度的保护",所以该法律的废除起初在蒙特利尔遭到了强烈反对。[51]

不仅如此,1849年,鲍德温和拉方丹领导的新一届负责任政府通过了《叛乱损失法案》,进一步加剧了紧张局势。该法案引起了效忠英国和英王室的英国商人的愤怒,因为它未能区分1837年支持叛军者和效忠王室者的诉求。当时的总督埃尔金勋爵(Lord Elgin)不仅相信负责任的政府,而且收到指令确保引入负责任的政府,于是签署了该法案,使之成为法律。[52]

这些不幸事件的叠加导致了一场短暂的抗议运动的发生。当加拿大不得不与美国在平等条款的基础上竞争英国市场时,一些显赫的蒙特利尔商人经营的业务就蒙受了损失。再加上新成立的"负责任"政府通过法律条款要求他们补偿因反叛运动造成的财政损失,使得这些蒙特利尔商人十分愤怒。他们联合起来签署了一份加入美国的宣言。甚至更进一步,他们烧毁了议会大楼,导致首都从蒙特利尔永久迁出,并以暴力威胁总督,即王室的代表。但随着加拿大经济的复苏,再加上英国的威胁以及美国的默然,支持兼并的呼声迅速烟消云散。[53]

或许更重要的是,在短短几个月内,加拿大的经济和政治环境发生了巨大变化,使得与美国合并的吸引力大大减弱。到1859年,英国的自由贸易与工业革命的发展使加拿大希望与英国建立密切联系并从中获益。大不列颠在科技、金融、贸易和贸易自由化领域发挥的领导力使其他国家相形见绌,这对加拿大而言意味着诸多好处。英国具有一个基于金本位承诺的庞大而监管良好的金融市场,一个多元化的银行业,以及稳健的会计和其他资本市场治理机制,这些使其成为世界其他地区最大的外资来源国。英国建立的殖民帝国横跨北美、亚洲和非洲，而加拿大属于其中一部分。虽然美国的地位正如新星般冉冉升起，但仍然被巨大的社会、政治和金融等不稳定因素所困扰。[54]

尽管美国面临种种不稳定因素，但加拿大通过与美国建立更紧密的经济联系，弥补了一些失去殖民地特权后产生的损失。总督埃尔金勋爵鼓励殖民地居民与他一同建立美国与英属北美殖民地之间"自然产品"的直接贸易。据说，1854年的《互惠条约》在觥筹交错的香槟海洋中通过，这些美酒由加拿大雇用的游说人士或当时被称为"国会特工"的人提供，以帮助获得国会的支持。由于对英国出口的下降，加拿大人并不需要香槟来激发他们对互惠贸易的热情。条约通过后，加拿大人将一大部分贸易从英国转移到美国，开创了非常好的局面。

不仅如此，政治方面的创伤也在愈合。1858年7月初，亚历山大·蒂罗舍·高尔特首次在立法机构提出决议，呼吁建立由北美所有英属省份组成的联邦。高尔特于1817年生于英格兰，并具有苏格兰血统。他的父亲与加拿大公司有土地开发方面的合作。高尔特在1828年和1835年随父亲访问过加拿大。后来，他在下加拿大东部城镇的舍布鲁克（Sherbrooke）定居下来。在进入政界后，他总是将自己定位为魁北克的新教徒和盎格鲁少数民族。高尔特是一位商业高管和铁路建设推动者，在19世纪40年代他作为加拿大议会的独立成员踏入政界。当时，加拿大人正在为建立一个负责任的政府而斗争，而各个政党也刚刚成立。支持负责任政府的人被称为"改革者"，对此怀有疑虑的人被称为"保守派"。当高尔特在议会中发表建立联邦的演讲时，他正是一名很有前途的议员。此后，他不仅成为联邦之父，而且是加拿大联邦金融构架的主要设计师，除此之外，他还短暂地担任过加拿大新自治领的首任财政部部长。[55]当高尔特发表建立联邦的演说时，"议会……

半信半疑地聆听着……在随后的辩论中，议员纷纷在原则上表示同意，但几乎没有人认为建立英属北美联盟的时机已经成熟。"⁵⁶两个月后，加拿大派代表团前往英国，要求英国接受英属北美联盟。代表团成员包括高尔特、新任省长以及最具影响力的法裔加拿大政治家乔治·艾蒂安·卡迪亚，还有约翰·琼斯·罗斯（John Jones Ross）、行政会议主席、大干线铁路公司总裁。在罗斯看来，主张建立联邦的最重要的理由是"比加拿大范畴更广的信贷基础，哪怕并非急迫的需求，也是理想的结果，可以帮助大干线公司保持偿付能力"。⁵⁷同年秋天，来自新斯科舍省和新不伦瑞克省的代表团也抵达伦敦发表了他们的观点。

1858—1867年，通往建立联邦的道路并非一帆风顺，许多因素使得这一过程充满曲折与坎坷。阻碍政府有效运作的一个严重障碍是政治僵局，这也使高尔特建立加拿大联邦的雄心壮志变得岌岌可危。19世纪60年代初，由乔治·布朗（George Brown）领导的晶砂党在加拿大西部占据了多数席位，而在加拿大东部，保守派势力更为强大。布朗是多伦多颇具影响力的报纸《环球报》（*The Globe*）的所有者和出版人。无论是保守党还是改革派都不能长期占据议会的主导地位，再加上因边境上强大的联盟军队造成的焦虑与紧张，晶砂党领袖乔治·布朗在1864年6月找到卡迪亚和麦克唐纳，提出建立一个伟大联盟来打破政治僵局。保守党接受了布朗的提议，并为建立联邦的谈判扫清了道路。

达成协议的过程经历了1864年秋季的两次会议，一次在爱德华王子岛的夏洛特城，另一次在魁北克城。会议产生的决议在各自的省议会中进行辩论，但没有进行投票。最后一次会议于1866年秋季在伦敦召开。这些会议就联邦和各省政府之间的权力分配达成了协议，并就联邦的财政基础达成了共识。

联邦银行业的责任与新建联邦的金融安排

《英属北美法案》明确赋予加拿大议会对"银行业、银行成立和纸币发行"的独家立法权。美国宪法中没有任何关于银行或银行业的条文,因此对这些机构的管控可能被认定为完全属于州政府的职责。

——威廉·孟洛(William Munro),《美国对加拿大政府的影响》(*American Influences on Canadian Government*),1929 年

从一开始,加拿大的殖民者便仔细审视着美国联邦制的优劣。任何联邦都始于各级政府之间的权力划分。英属北美普遍认为,美国形式的联邦制是有缺陷的,因为它并没有赋予联邦当局"剩余权力"(Residual powers),也没有将银行业划归为联邦职责。美国内战还体现出对某个州或省过度依赖的危险性。正如时任加拿大西部地区检察长的麦克唐纳在 1864 年的魁北克城会议上对美国作出的评价:"美国没有普遍的爱国主义情怀。在困难时期,每个人都紧紧依赖自己所在的州。"[58] 就金融稳定性而言,加拿大的联邦之父深知美国不仅因容易发生金融危机而闻名于世,而且危机每十年如期来袭(1837 年、1848 年和 1857 年);此外,自美国内战爆发后,美元兑加元的汇率一直处于较低水平。的确如此,就在夏洛特镇会议召开的前几个月,1 美元曾跌至不足 0.38 加元,这是由于南方联盟军队在朱巴·尔利(Jubal Early)将军的带领下逼近美国首都华盛顿,致使金库关闭。[59]

第二章
过渡的十年:国家的诞生与重生

当联邦之父在10月份的魁北克城召开第二次会议时,进一步的证据显示出美国金融体系的脆弱性。美国虽然通过了《国家货币法》(《国家银行法》),但在弗吉尼亚和密苏里都爆发了恶劣的斗争,不仅有数家银行倒闭,而且导致数千人死亡。加拿大人对边境南部国家的纷争与困境十分清楚。多伦多的《环球报》认为,将贸易、航海、货币、银行等权力的分配转移到联邦一级,似乎没有什么可争议的。[60]

加拿大联邦制的设计师们极力避免出现类似美国的错误。他们最先提出的三项联邦权力分别是在贸易、货币与银行业领域,这与早在1858年高尔特最初的提议[61]相一致。[62]因此,这项法案由帝国议会提出并通过时,规定货币和铸币以及银行业、银行的成立和纸币的发行都属联邦的职能,也就不足为奇了。[63]

但关于加拿大联邦的财政条款几乎没有成文的规定,这与美国关于宪法的辩论形成了鲜明对比。诚然,所有的会议都是闭门举行的,但仅凭这一点无法解释其中的差别。在美国,大量的日志、信件、文章、详细的报告和报刊文章等资料构成了美国联邦主义时期的编史学基础,但在加拿大却不见踪影。[64]这种一手资料的缺失令人震惊。W.L.莫顿(W.L. Morton)在他的加拿大百年纪念丛书《关键年份,1857—1873年》(The Critical Years, 1857—1873)中只用了一句话来描述这个话题:"支持债务负担的平均分摊以及向各省提供转移支付而非直接赋予税收,这种财政安排……在高尔特的指导下将会迅速进行。"[65]确定财政结构并非易事。与美国一样,财政问题引起了关于新政府形式的一些最激烈的辩论;但与美国不同,加拿大缺乏相关的历史记录,如1787年费城关于宪法的秘密辩论等类似的记录。然而,最近的克里斯托夫·摩尔(Christopher Moore)关于魁北克会议的著作进一步加深了我们的了解,尤其是高尔特在用联邦补贴取代地方关税方面取得的成功。[66]

高尔特与美国的汉密尔顿持同样的看法，希望债务集中在中央政府。他清晰地表明了想要实现的目标："所有省份应以同样的债务加入联邦；此外，所有省份的债务都要按照本金来计算，所以不能根据现存的债券来进行推进。"新不伦瑞克代表团领袖赛谬尔·莱纳得·蒂利（Samuel Leonard Tilley）是一名出色的谈判专家并将成为加拿大的财政部部长，他反驳了高尔特的声明："联邦政府将拿走所有的公共财产，并没有对此做出任何回报。"[67]得益于高超的谈判技巧，蒂利确保了新不伦瑞克在加入联邦时获得了慷慨的人均补助。

因为人们认为，中央政府将承担更大的责任并具有更高的收入来源，会议决定由自治领承担9 300万加元未偿还债务中的大部分。此前所有省份都背负着用于交通建设而产生的沉重债务负担。就加拿大省（包含当时的上加拿大和下加拿大）而言，花费主要用于建造圣劳伦斯河的运河和威兰运河，这些运河绕过了尼亚加拉大瀑布直接将安大略湖与伊利湖连通。对于加拿大省和海洋省份而言，铁路建设是一笔不菲的开销。"这些沉重的债务……严重危及各省份在伦敦货币市场上的信用。"[68]因此，一个根据大致平等的人均基础计算债务津贴的公式应运而生（见表2.1）。

表2.1 加拿大自治领在建立联邦时各省的资产与负债状况
（1867年7月1日，单位：千加元）

项目	加拿大	新不伦瑞克	新斯科舍	总计
加拿大自治领的债务	76 160	7 900	9 034	93 094
自治领获取的用于抵销债务的总资产	4 098	107	303	4 508
自治领承担的净债务	72 062	7 793	8 731	88 586
《BNA法案》规定的债务津贴	62 500	7 000	8 000	77 500

续表

项目	加拿大	新不伦瑞克	新斯科舍	总计
转移给自治领的总资产	62 763	4 754	6 123	73 640

数据来源：希罗伊斯，《自治领－省关系，皇家调查委员会》，42 页。

新的自治领承担的所有债务中，66% 是直接债务。自治领用来抵销债务的资产主要是现金（新不伦瑞克省的现金比例较低）和偿债基金（只有加拿大省采用）。向自治领转移的大部分资产以及唯一对所有三个省份都产生影响的资产是用于铁路建设的直接投资和贷款。运河、港口改善、公共建筑、道路和桥梁的责任也移交给了加拿大联邦政府。

就支出而言，如果把省和市级支出进行汇总，三个省份之间并无多大差别。[69] 超过 80% 的支出用于发展以及"传统职能"。债务费用成了发展的最大成本，但其他费用还包括交通、道路、桥梁、公共领域和农业发展。"传统职能"主要包括司法、立法和一般政府职能，也包括国防。此外，教育和公共福利领域也有少量开支。

正如《罗威尔－希罗伊斯报告》指出的那样，"三个省份的收入体系有明显的相似之处，而且其简单性也显而易见。各省几乎完全依赖间接税收……它们的主要收入来自关税和消费税。"[70] 由于新成立的联邦政府要承担几乎所有的债务和庞大的开支，各省只能改为征收直接税，尽管这种安排在当时并不常见。各省将从联邦政府获得人均拨款，以弥补省财政收入的不足。克里斯托夫·摩尔总结道："这些财政条款清楚地表明加拿大的领先……如果这些财政提议在会议开始时便提出，可能会引起激烈的甚至致命的分歧。即便在后期，建立联邦几乎已经是既成事实时，这些财政条款还是引发了艰难的商谈。"[71]

货币与银行体系的演变

> 长期的硬币短缺也推动了纸币的引入。最显著的问题是……新法兰西的卡币。卡币于 1685 年问世,最初的形式是将扑克牌根据面额剪裁成不同大小,并由殖民地官员签字。
>
> ——詹姆斯·鲍威尔（James Powell),《加币历史》
> (*A History of the Canadian Dollar*)

加拿大在有正式的银行体系及建国之前便有了银行和货币。法裔加拿大人对纸币有着深深的不信任,这一点塑造了其前英式金融体系。当加拿大还是法国殖民地时,英国船只经常封锁圣劳伦斯河。从 1685 年到 1719 年,再从 1729 年到 18 世纪 50 年代,在绝望中,人们用纸牌来充当货币,结果导致了严重的通货膨胀,进一步削弱了人们对纸币的信心。18 世纪的英属北美没有银行,商人充当着金融中介的角色。

1791 年《宪法法案》通过后,殖民地之间的货币标准化取得了一些进展。经过几次失败的尝试后,银行系统得以建立。首先就货币而言,一个具体的问题是货币有两种不同的评级：一种在哈利法克斯,另一种在约克,而且两种评级都是基于外国货币。哈利法克斯的评级将当时最常见的流通货币——西班牙银币估价为 5 先令。约克评级由从美国来的保皇派引入上加拿大,它把同样的西班牙银币估价为 8 先令。[72] 19 世纪初出现的另一个问题是选择使用美元、美分,还是使用英镑、先令和便士。随着银行的成立,他们倾向于在加拿大省两种货币都适用,但大西洋殖民地仍然使用英镑、先令和便士。[73]

第二章
过渡的十年：国家的诞生与重生

就银行而言，加拿大的第一家银行蒙特利尔银行在 1817 年成立，此前加拿大有过两次成立银行的尝试。1792 年，一群蒙特利尔商人试图建立加拿大银行公司。这一尝试为时过早，因为在下加拿大，法裔加拿大人根据他们使用卡币的经验，反对任何形式的纸币。在英国殖民地，虽然有建立银行的需要，但没有足够的稳定性。[74]

1808 年又有一次建立银行的尝试，而且蒙特利尔商人得到了魁北克商人的支持。这次尝试同样也以失败告终，但拟议的银行特许证幸存了下来，并与亚历山大·汉密尔顿创建的美国第一银行的副本进行了比较。"加拿大的法案是……美国法案的翻版。体现出加拿大人……受到汉密尔顿计划中许多美国理念的深刻影响……纵观加拿大银行业之后的历史，清晰地表明这些理念得到了永久采纳并成为加拿大银行体系的基础。"[75] 正如亚当·肖特（Adam Shortt）在其经典著作《北美银行业历史》(History of North American Banking) 中指出："加拿大的商业……与美国紧密相连。许多观念从美国传到加拿大，尤其是蒙特利尔。许多商人在美国从英国独立出来之前便来到加拿大；还有许多商人在美国独立后抵达加拿大……他们所接受的社会、经济和市政观点几乎没有变化。这些观点……既适合美国的自然条件也适合加拿大的条件。那些直接从英国来的人发现他们所处的环境已经被完全改变，于是很自然地抛弃了旧的观念，采用了更适合新国家风俗习惯和条件的新观念……蒙特利尔成了佛蒙特州和纽约州东北地区人们的天然出入境口……因此，蒙特利尔成为加拿大与美利坚合众国保持最频繁和最密切关系的城市。"[76]

在加拿大银行业发展的早期阶段，汉密尔顿思想的一些特征被加拿大人毫无保留地接受，然而，苏格兰和其他银行体系只接受了其中的部分观点，还有一些观点则被完全拒之门外。其中重要的一个是对有限责任股份制银行的观点。一直到 19 世纪，大多数国家只允许完全由合伙人承担责任的合伙制银行吸收存款和发行票据。汉密尔顿是第一批鼓励由股东出资组建银行的政府监管人之一，其中一些股东非常被动而且与银行保持非常疏远的距离，不愿承担银行行为的责任。美国和加拿大的银行家们制定了各种各样的制度来保护存款人的利益，使其免受无良或无能的股东和管理者的侵害，有限责任和广泛持股在美国和加拿大得到广泛接受，而且在加拿大被彻底接受。汉密尔顿得出的第二个关键结论是国家银行体系的重要性。但是纵观美国历史，国家银行业务仅仅由中央银行来完成——而且只是间歇性地——在加拿大，商业银行从来不受区域或省范围的局限。

之前，成立银行的两次努力均以失败告终，且并没有引发太多的关注；然而，蒙特利尔银行（BMO）的成立却吸引了许多人的注意。蒙特利尔银行成立的部分原因是人们对纸币的渴望。1812年战争期间所发行的军票，刺激了人们对纸币的需求。到1816年，人们将所有的军票都成功赎回，并迫切需要一种替代货币。1817年11月，蒙特利尔银行开业。当时该银行制定了章程，但其特许证则是直到五年后才获得。[77] 约翰·理查森（John Richardson）虽然从未在蒙特利尔银行董事会任职，但却是参与创建的一位关键人士。理查森出生于苏格兰，曾在纽约的斯克内克塔迪（Schenectady）当学徒，并在南卡罗来纳创办了一家企业。他在1787年到达蒙特利尔时33岁。在那里，他不仅在西部五大湖地区进行贸易活动，还参与了1792年和1808年的两次建立银行的尝试。蒙特利尔银行的初始股本固定在25万英镑。当时的美国已经有多达392家银行[78]，但要知道，加拿大1817年时的人口数量为80万，美国在拥有相同数量人口的时候，还未建立任何一家银行。而且蒙特利尔银行的股本是当时美国所有银行平均股本的10倍之多。这很可能是由于当时美国和英国的银行在偿付能力方面存在的问题以及

第二章
过渡的十年：国家的诞生与重生

可靠监管的缺失，使蒙特利尔银行从而引以为戒。蒙特利尔银行的创始人在其他方面也比较保守，例如极力避免对新兴的、投机型企业的投资，而主张向老牌企业提供短期资金。[79]

英属北美和美国的经济事务紧密相连，使得新成立的蒙特利尔银行在很多方面与美国联系在一起。美国在银行业方面的经验教训为加拿大熟知，而且相对于欧洲的经验来说，其对加拿大更有借鉴意义。在伊利运河建成之前，蒙特利尔是加拿大与佛蒙特州、新罕布什尔州和纽约州的主要贸易中心。蒙特利尔商人与美国的贸易往来超过了与英国的贸易往来，而且蒙特利尔的居民也是波士顿期刊报纸的忠实读者。蒙特利尔银行近半数股份都卖给了波士顿、纽约和费城的富裕家族，但只有蒙特利尔居民和英国臣民才享有投票权。[80]蒙特利尔银行的创始人在银行运营的多个方面都从美国取经，包括员工培训、第一批纸币的发行、印刷纸币的印版以及人才供应（雇用的第一位出纳员是美国人）。[81]

蒙特利尔银行成立后不久，又有四家银行陆续成立。其中两家创立于下加拿大——位于魁北克城的魁北克银行和位于蒙特利尔的加拿大银行。这两家银行都是由美国投机者创立，他们希望从蒙特利尔战后的繁荣发展中分一杯羹。另外两家银行位于上加拿大——京士顿银行以及上加拿大银行（Bank of Upper Canada）。然而，在英属北美获得银行特许证的第一家银行是于1820年成立的新不伦瑞克银行。[82]截至1822年，加拿大的所有五家银行都获得了特许证。但京士顿银行由于未能筹到所需的资本而不得不放弃其特许地位。与此同时，与政治体制密切相关的上加拿大银行不仅获得了特许证，而且还得到了政府投资，所以它比其他任何一家银行都更接近汉密尔顿模式。[83]

在接下来的20年间，又有几家银行陆续成立，并拥有不同的所有权结构。在新斯科舍省，哈利法克斯银行公司（Halifax Banking

Company）以合伙制形式成立于1825年，并且运营了50年，该银行并未获得特许证，此前两次（1801年和1811年）的申请努力都失败了。银行合伙人是哈利法克斯建制派成员，他们极力阻碍其他银行成立，直到1832年新斯科舍银行才获取了特许证。[84]同年，米德兰地区商业银行在京士顿成立。此后，该商业银行成为上加拿大接下来的45年里的两大主要银行之一。5年后，即1837年，英属北美银行（拥有皇家特许证的一家位于蒙特利尔的英属银行）也成立了，并很快在各个殖民地建立了分支机构。英属北美银行是英国海外独立银行的一个例子。[85]英帝国在世界其他地区还有许多类似的银行。另一个例子便是成立于同一时期的殖民银行，但该银行主要集中在西印度群岛，在圣约翰和哈利法克斯设有分支。[86]这些英属海外银行创建于19世纪30年代。其所有者主要是英国人，目标是在海外建立银行分支机构，并从伦敦远程管理。[87]

还有一些其他的银行在加拿大创建。其中有些不幸倒闭，有些特许证被撤销。到1840年《联合法案》通过时，加拿大一共有10家银行：5家位于上加拿大、5家位于下加拿大。其中最大的2家为蒙特利尔银行和英属北美银行，其分支机构遍布整个英属北美地区。这2家银行的实收资本都超过了50万英镑。位列第二等级的是银行实收资本20万英镑，包括安大略省的上加拿大银行和米德兰地区的商业银行以及蒙特利尔的城市银行。[88]蒙特利尔银行在1823年关闭了其多伦多分行，所以截至1840年，共拥有3家分支机构，分别位于魁北克城、京士顿和渥太华。在19世纪40年代，又增加了12家分行。相比之下，1837年的美国有1 600万人口和729家银行，加拿大的银行一共拥有1 250万美元的资本，按人均计算，与美国的资本大致持平，而且这一趋势将一直持续到未来。

在1791—1841年的英属北美，尽管银行的管理模式基于马萨诸塞州的惯例，但殖民地的银行法由英国的财政大臣控制。这不仅不可避免地导致决策迟缓，而且往往由于不了解当地情况而导致决策不当。例如，在1836年，由于预见到投机热潮带来的问题，财政部的大臣们采取了行动。他们不只是否决了许多法案（这些法案本可以大大增加该省的银行资本），还把法案发回以供重新考量。[89]

1837年对北美而言是个艰苦的时期。杰克逊总统否决了对美国第二银行延续特许证的决议，这一决定导致美国宽松的信贷政策和严重的经济下滑。这些问题也蔓延到加拿大，再加上农业收成不好和政治叛乱使得情况雪上加霜。因此，下加拿大的银行就像美国的银行一样，暂停支付铸币，也就是说，不再按需将纸币兑换成铸币。可兑换性不足的问题先影响到了下加拿大，而且持续时间比上加拿大更久，只是没有美国那么久。面临货币的不足，加拿大的银行反而进一步收缩了信贷，并在一定程度上导致了经济衰退。[90]

随着两个加拿大的分离状态接近尾声，上加拿大政府做出了一项重要决定：出售上加拿大银行的股份并就此正式切断与其的联系。政府之所以这么做，是因为其财政非常紧张，需要出售股票获取资金。[91]

在19世纪三四十年代，加拿大银行体系遇到了许多更广泛的问题。许多观察家注意到，纽约州和下加拿大在信贷供应、人口密度和房地产价值方面存在巨大差异，其中一些差异可能是由银行业的做法导致的。下加拿大（魁北克）面临的是资金短缺的严重问题。在那里，银行纸币的流通范围仅限于城镇之内，牧师仍然禁止利息支付，而且囤积硬币更是司空见惯。英国总督将加拿大的落后归咎于其金融体系，并特别指出了法国的影响。[92]

随着加拿大在1841年达成政治联盟，其货币改革的进展速度加快。在1842年，加拿大对英国面值1英镑的索维林黄金硬币（Gold sovereign）和美国面值 10 美元的黄金铸币（Gold eagle）达成了新的标准化评级。但有两个其他问题随即而来：加拿大是否应该采用十进制货币？政府发行的纸币是否应该取代特许银行发行的纸币或与之同时使用？19 世纪 50 年代初，殖民地决定将十进制货币用于政府账户，但英国政府将该法案推迟到了 1854 年。最终，通过的立法实际上允许十进制和英制单位，但该法律在四年后被修订，规定只允许元和分的十进制单位。之后，其他殖民地纷纷效仿，到了 1871 年，十进制单位成为通用的规则。[93]

1841 年，西德汉姆勋爵（Lord Sydenham）总督提出由政府发行纸币，但该提议被议会否决。由于加拿大已经建立了负责任的政府，当选议会的决定推翻了英国总督的建议。1860 年，时任加拿大省财政部长的亚历山大·蒂罗舍·高尔特再一次尝试推行政府发行的纸币，但没有得到议会足够的支持，最后也无疾而终。[94] 所幸，该提议在 1866 年经过修订后最终通过，尽管也曾遭遇过强烈的反对。与高尔特 1860 年的提议不同，这次银行不必放弃发行自己货币的权利。[95] 这项举措受到了改革派领袖乔治·布朗的强烈反对，他认为这将"对银行造成毁灭性的影响……更重要的是，应确保工业利益集团容易获得资金，而不是通过政府纸币计划为英国财政部保存资金，以确保财政部长不必向海外借款"。[96]

在此期间，尽管加拿大的银行体系继续处于殖民地办事处的管辖范围，并由财政大臣密切监测，"加拿大银行和货币委员会并没有全部采纳英国财政大臣在 1840 年制定的监管规定，这些规定旨在作为殖民地银行业立法的规范。"[97]

1850 年，时任监察长（财政部长）以及未来加拿大自治领财政部长的弗朗西斯·辛克斯（Francis Hincks）效仿纽约州在加拿大推出了自由银行制度。该制度允许在不审查申请人资格的情况下设立没有分行的银行。[98]这项举措在英国并不受欢迎，也因此英国并没有设立几家自由银行。自由银行制度在美国取得成功，却在加拿大失败了，并非由于英帝国的反对，而主要是由于加拿大的自由银行不得不与特许银行竞争，这种情况在美国并不存在。[99]1859年，加拿大财政部长高尔特决定任命一个银行和货币问题特别委员会，这表明加拿大殖民地的自治权正在日益增强。

在此期间，加拿大银行经历了两次主要的经济衰退：1847年的经济危机以及1857—1858年的经济崩盘。虽然1848年没有银行倒闭，但在金融危机期间，银行对放贷的谨慎态度加剧了农民和商人的困境。于是人们把责任归咎于银行。1857年的经济崩溃和1858年的经济大萧条通常被称为"第一次世界范围的经济大萧条"。19世纪50年代中期的经济繁荣和随后1857年的经济崩溃对加拿大的银行造成了尤为严重的损失。这些银行通过限制其业务，至少在一段时间内避免了暂停运营。亚当·肖特认为，银行限制业务的做法实际上造成了比暂停支付更大的损害，因为这种做法使合法贸易陷入停顿，阻碍了经济复苏。他将这种情况与美国的银行做法进行了对比：美国的银行暂停了支付，但在正常贸易条件下，在没有对贷款进行异常限制的情况下，成功地促进了复苏。[100]1857年的恐慌标志着安大略省历史最悠久的银行——上加拿大银行终结的开端，该银行最终于1866年倒闭。总体来看，"其破产并未引起人们的担忧。"[101]

加拿大的银行体系遭遇了一系列负面因素的影响，但仍然不断增长并繁荣发展。这些负面因素包括：1857年的恐慌、英帝国当局与殖民地监管规定的不同、1846年废除《谷物法》、1854年与美国签署《互惠条约》、1866年美国单方面废除《互惠条约》。虽然直到19世纪50年代中期加拿大才出现了新的银行,而且是西加拿大最初的银行——上加拿大银行已经倒闭,但到 1867 年,加拿大的银行数量已是 25 年前的 2 倍。西加拿大的另外一家主要银行——商业银行,正处于暂停营业的状态,并在随后的 1868 年被招商银行(Merchants Bank)兼并。还有一些规模较小的银行倒闭,包括:齐默尔曼银行(Zimmerman)、西加拿大银行(于 1860 年倒闭)、布兰特福德银行(1863 年倒闭)以及同样于 1863 年倒闭的国际殖民地银行。[102] 所有这些银行倒闭的主要原因都是"每家银行具体的错误与失误"而非"世界范围的……金融与投机动荡"。[103] 表 2.2 向读者展示了加拿大银行业在 1841—1871 年取得的发展。实收股本的激增证实了这一惊人的增长。另外一个显著的特点是加拿大的货币从英镑转向加元。

表 2.2 加拿大银行概况(1841—1871 年)

项目	1841 年	1851 年	1861 年	1871 年
银行数量(家)	9	8	16	19
货币	英镑	英镑	美元	美元
实收股本(000)	2 276.7	2 897.6	24 411.0	26 618.7
法案授权股本	0	0	35 266.7	37 466.7
负债				
本票无息票据	919.0	1 623.4	11 780.4	8 312.4
付息现金存款	54.9	565.3	9 545.3	13 938.4
无息现金存款	786.5	1 623.4	9 176.0	13 938.4
欠其他银行的债务余额	340.8	271.6	444.1	2 771.9
净利润或应急资金	146.4	59.8	0	0
未支付股息	21.0	0.9	0	0
除股票之外的总额	2 268.6	3 647.5	30 945.8	39 788.6
资产				
贴现票据	3 282.5	5 574.0	39 588.8	48 158.4

续表

项目	1841年	1851年	1861年	1871年
硬币、金条和地方票据	392.5	413.4	4 960.4	7 384.2
其他银行和机构所欠债务余额	203.6	218.5	4 157.3	5 068.6
未列入其他项目的银行欠款	0	0	4 064.4	2 297.4
政府证券	24.7	43.8	2 736.0	6 142.6
银行的不动产或其他财产	46.1	135.3	1 429.3	1 510.6
其他银行的本票或票据	148.3	144.4	1 136.2	1 651.8
总额	4 097.4	6 529.4	58 072.4	72 213.6

数据来源：布雷肯里奇，《加拿大银行业历史》(History of Banking in Canada)，85页。

在负债方面，最引人注目的是存款的急剧增加，尤其是有息存款。在资产方面，值得注意的是多元化程度的提高。虽然银行券与贴现票据仍然是主要的资产类别，政府证券也有了较大增长。不那么明显的变化是对于票据需求的灵活性在增加，这是因为美国经济具有高度的周期性，对票据的需求通常在9月和10月见顶，在5月跌到低谷。另一个显著特征是政府证券的大幅增加，这些证券通常用于支持铁路企业。布雷肯里奇（Breckenridge）指出这是"金融与商业银行"的开端。[104]

另一个显著的特点是，银行分支机构从1840年的寥寥无几大幅增加到1871年的逾100家，而银行总数目是19家。其中大多数分支机构都在安大略，魁北克只有不到12家，海洋省份有3家，另外还有2家位于不列颠哥伦比亚省。当时的不列颠哥伦比亚虽然也是英属北美殖民地，但还不是加拿大的一部分。蒙特利尔一家银行便占所有分支机构的1/3以上，主要位于安大略省，但到1867年大西洋省份也有，如圣约翰和哈利法克斯设立了分支机构。[105]

1869 年的第一部银行法案

> 一进银行，我就感到恼火。那里的工作人员让我恼火；办事窗口让我恼火；看到钱也让我恼火；关于银行的一切都让我恼火。
>
> ——斯蒂芬·里柯克（Stephen Leacock），《文学上的失误》（*Literary Lapses*）

《英属北美法案》的通过，造就了加拿大的新政府，并赋予新政府对新斯科舍省、新不伦瑞克省以及魁北克和安大略省的银行业的立法权。第一位提出建立联邦的亚历山大·蒂罗舍·高尔特，即当时负责监管银行业的财政部部长，于1867年11月7日（新国家建立后的四个月零一周）辞职。高尔特这么做是因为他认为政府应该向他作为股东的商业银行提供财政援助，以帮助商业银行继续运营下去。内阁拒绝了这一提议，他感到被背叛，愤而辞职。[106]

麦克唐纳总理向他在内阁中最亲密的朋友约翰·琼斯罗斯爵士寻求帮助，请他接替高尔特的职位。罗斯与哈德逊湾公司和蒙特利尔银行都有着紧密的联系，他更像是一位商人而非政客，这在政界并不常见。"在罗斯担任财政部部长的两年期间，一项重要议题是关于加拿大自治领首个银行体系的：是继续允许加拿大的各个银行拥有自由发行货币的权利（一项盈利的业务）还是应该由政府发行政府证券支持国家货币。"[107] 罗斯和蒙特利尔银行总经理（按照现在的说法，他应被称作"CEO"）埃德温·金（Edwin King）支持1863年通过的《美国国

第二章
过渡的十年：国家的诞生与重生

家银行法》。该法案规定应由政府而非银行发行货币。埃德温·金甚至在1867年11月公开表达了他对法案的支持。他的观点也得到了英属北美银行总经理的支持。[108]

除了支持用政府货币取代银行货币之外，罗斯还希望压制银行分支的业务，并鼓励创立小规模的乡村银行使蒙特利尔占据主导地位。下议院和参议院审查了这个替代银行方案，但都不支持政府成为纸币的唯一发行机构。

1869年6月1日，罗斯在下议院提出了加拿大的第一个银行法案。该法案得到了加拿大总理本人的支持。法案忽视了"向众议院委员会作证的专家所提出的建议……呼吁以《美国国家银行法》为范本制定自治领银行法。实际上，这份法案与蒙特利尔银行总经理埃德温·金的提议如出一辙。那份提议早在1867年便获得了蒙特利尔银行董事会的批准。"[109]

正如《加拿大传记》（*Canadian Biography*）词典中所解释的那样："6月1日仅一天的辩论便证明了反对力量的强大……人们将这场斗争解读为蒙特利尔与多伦多之间的冲突，前者致力于保持其国家金融中心地位，而后者则希望成为新一代的商业与金融中心。"[110] 于是战斗便拉开了帷幕。总部位于多伦多的《环球报》6月3日发表的头条新闻是："关于罗斯提出的银行决议的辩论……证明这份部长计划不仅在国家而且在众议院也不受欢迎。"[111] 一天后，《环球报》继续发起攻势："政府的银行业计划为整个国家带来恐慌，并对经济造成了巨大伤害。"

对这项立法的反对不仅局限在《环球报》。当时，人们对此持有强烈的看法，认为这项立法具有反安大略性质。威廉·麦克马斯特（William McMaster）是安大略一位杰出的商人和参议员，并在多家公司担任董事，包括安大略银行、惠灵顿（Wellington）、格雷（Grey）、布鲁斯铁路公司（Bruce Railway）、加拿大陆地信贷公司（Canada landed Credit Company）、多伦多和乔治亚湾运河公司（1865年后叫作休伦和安大略轮船运河公司）。[112] 1864年，他开始担任蒙特利尔银行的董事，这是当时最具影响力的董事会任命。不过，他认为蒙特利尔银行应该对安大略的企业信贷加以限制，以满足省政府的需要，因为蒙特利尔银行收购了省政府的诸多业务。1866年，麦克马斯特和蒙特利尔银行多伦多分行经理纷纷辞职并一同创立了加拿大商业银行。这家新银行于1867年开始营业，到1869年6月在多伦多地区已经享有盛誉，并筹集了200万美元的资本，使它成为多伦多最大的两家银行之一，尽管其规模只有蒙特利尔银行的1/3左右。麦克马斯特没有公开反对《美国国家银行法》，而是把这个问题留给了多伦多银行的司库（总经理）乔治·黑格（George Hague）。多伦多银行是安大略省一家规模相对较小的银行，实收资本只有80万美元。《环球报》的不断攻击，再加上麦克马斯特和黑格等人的反对，以及安大略商界大多数人的反对（无论所属党派），足以使《第一银行法案》在6月15日被"暂时"撤回。

新的加拿大自治领即将迎来两岁生日，其徒有监管银行的立法责任却没有出台一部银行法。没有人预料到这个羽翼未丰的国家很快就会失去第二任财政部部长。"罗斯一向与蒙特利尔的利益紧密相连，但他的立法提议遭到拒绝，使他感到信誉受损。这直接导致他做出辞去财政部部长职位的决定，该决定从9月份开始生效。他打算离开加拿大，进入国际金融界。"[113]

第一部银行法的失败也导致了加拿大最有权势的银行家的离开。"埃德温·金冷酷无情的商人形象降低了其对蒙特利尔银行的价值。1869年10月他辞去总经理一职，担任了更具象征意义的董事长一职。"[114]

此后不久，他便离开加拿大去了伦敦。[115]

随着 1869 年夏天的临近，麦克唐纳总理面临着严峻的挑战，其中包括但不限于：新斯科舍省要求"更好的条件"，而新斯科舍省是分裂主义最盛行的省份，许多人都希望废除联邦；居住在红河地区的原住民梅蒂人（Metis）带来的麻烦，他们对联邦制以及在其领地的土地测量员感到不安，这可能会导致武装抵抗并使西部处于危险之中；自由党反对派希望与美国建立一个经济联盟。此外，麦克唐纳面临的挑战还包括找到一位能使银行法在议会通过的新财政部部长，毫无疑问，这是一项艰巨的任务。

加拿大和美国都面临同样的挑战：找到合格的领导者并达成公共与私人责任的平衡。但在 1869 年两国都建立了金融体系的基本政治框架，这样的框架将延续数十年。19 世纪 60 年代的一系列事件和行动为一段非凡且跌宕起伏的经济增长期拉开了帷幕。

第三章

成熟阶段(1869—1914年)

19世纪从新兴到走向成熟的美加市场

从1885—1914年，加拿大的发展战略开始取得成效。加拿大人口增加了一倍，经济增长迅猛，"最后的大好西部"（西部省份）也加入了联邦。城市生机勃勃与繁荣发展的景象，吸引了大量移民。截至1914年，加拿大800万人口中有40%居住在城市。然而，如此巨大的转型不仅带来了新的紧张关系，也使旧的矛盾进一步加剧。

——玛格丽特·康拉德（Margaret Conrad），《加拿大简史》
（*Concise History of Canada*）

1870—1914年是美国和加拿大历史上具有重要意义的时期，虽然两国的变化并非总是同步，但只需修改一下日期和人口数据，上面这段引言用来描述美国也完全说得过去（见附录3）。

在美国，北方在内战中取得胜利，为"重建"的繁荣发展铺平了道路，也带来了促进增长的政治意愿。这种增长基于移民的涌入、基础设施建设、西部扩张、保护主义、出口和创新技术的发展。从1870—1914年，美国的GDP增长了近5倍，人口增加了150%，人均GDP也几乎翻了一番。道琼斯工业平均指数（DJIA）——1884年创立的一项衡量股票市场表现的指标，由12只股票组成，其中10只是铁路股——在创立之初的30年增长了将近1倍（按照20世纪后期的标准，当时的股息较高）。[1]

但是，这段时期并非一直繁荣发展和一帆风顺。其间不时出现恐慌，尤其是19世纪70年代的大部分时间。人们将其称为大萧条或长萧条，但大多数经济学家对这种说法都不认同。

对美国来说，西部地区的开发缓解了经济衰退和一场名副其实的商业革命带来的社会紧张情绪。[2] 正是在这一时期，美加和世界许多地区都经历了分销与生产的转型，并见证了更为复杂的大型企业组织的创建。这些企业主要得益于铁路和电报线路的建设以及金融与管理创新。[3]

虽然密西西比河以东的基本铁路网在南北战争时期就已经铺设好了，[4] 但从1870年到1910年，运营中的干线铁路从5.3万英里增加到26.6万英里，而这需要大量的资金投入和运营管理。在政府财政援助和土地补贴的帮助下，铁路系统的生产力翻了一番，不仅规模得到扩大而且设备也更加高效。[5] 到1917年，美国铁路公司拥有超过5亿美元的资产，规模远远超过通用电气公司（2.32亿美元）、福特公司（1.66亿美元）和国际收割机公司（International Harvester）（2.65亿美元），这些公司都创立于这个充满活力的时代。只有美国最大的制造业公司，拥有24.5亿美元资产的美国钢铁公司（U.S. Steel）接近资产规模最大的铁路公司——宾夕法尼亚铁路公司，其资产高达26.63亿美元。[6] 正如艾尔弗雷德·钱德勒（Alfred Chandler）指出，19世纪最后几十年以及20世纪的头几十年见证了世界许多地方性、大型综合分销与制造企业的崛起。然而，其他人也指出，尽管发生了这种转变，美国仍然有许多农民和小公司，他们对融资的需求与新的企业巨头相比大不相同。[7] 值得注意的是，所有这些经济发展对美国的金融体系都没有产生什么实质影响。

尽管这段时期美国的发展十分了不起，但加拿大的发展更加引人

第三章
成熟阶段（1869—1914年）

注目，其中部分要归功于加拿大稳健的金融体系。1869年，新成立的加拿大自治领从哈德逊湾公司手中收购了鲁玻特地，这是世界历史上规模最大的一笔房地产交易。鲁玻特地几乎是美国购买的路易斯安那州面积的2倍。[8] 此外，在帝国当局的推动下，新自治领于1871年承担了西海岸不列颠哥伦比亚省的责任，并承担了其庞大的债务，作为回报，承诺在10年内修建一条通往太平洋的铁路。这条新铁路将为北美带来第三条东西铁路线，以增强美国已有的两条铁路线。

加拿大的许多政治变革与美国都十分相似。1878年，约翰·亚历山大·麦克唐纳爵士宣布了一项由三部分组成的国家政策，与1860年美国在芝加哥举行的共和党大会通过的政策大同小异。这项国家政策包括保护性关税、通往太平洋的铁路，以及给予公民免费土地以促进西部地区的定居。关税政策最先施行，紧随其后的便是加拿大太平洋铁路公司的建立。关于宅基地的立法早在1872年便被载入法案，但西部地区的定居过程则更为漫长。

尽管加拿大取得了这些成就，但在1896年，威尔弗里德·劳雷尔（Wilfrid Laurier）领导下的自由党取代保守党上台。自联邦成立以来，保守党执政的时间只有4年。劳雷尔是第六代加拿大人，后来成为一名律师和政治家，也是第一个成为加拿大总理的法裔加拿大人。他在成为总理后不久就被授予爵士爵位，而且连续任总理的时间（15年）比任何一位加拿大总理都要长。他当选总理的时候，加拿大迎来了小麦的丰收季，正是在这样的背景下，他取得了政治上的成功。

1896年到第一次世界大战期间，小麦和面粉产量大幅增加，原因有三个：美国边境的关闭；开发出一种新的小麦品种马奎斯（Marquis），该品种不仅产量更高，而且在短暂的草原生长季节能够迅速生长；技术革新，特别是匈牙利的磨粉工艺，使得曼尼托巴1号硬质小麦能够被磨成可用的面粉。小麦生产带来的繁荣刺激了加拿大经济的快速增长。1870—1896年，加拿大的人口增长落后于美国，而1896—1914年，加拿大的人口增长速度则超过了美国（见附录3）。在美加两国，人口增长的同时也伴随着人口分布的变化，像温尼伯这样的新城市在蓬勃发展的加拿大草原省份涌现出来。

到第一次世界大战时，大约40%的加拿大人和美国人生活在城市（人口超过2.5万人的地区）。在联邦成立的头20年里，加拿大人均收入与美国人均收入相比下滑，但到1914年，加拿大人均收入增加至美国的83%，这一比例在20年前只有65%。在小麦生产繁荣时期，加拿大经济的增速几乎是美国的2倍。到第一次世界大战爆发时，加拿大的小麦出口量与美国旗鼓相当。1896—1914年，随着加拿大的城市化发展，制造业也逐渐取代农业成为经济支柱；蒙特利尔和多伦多等城市经历了快速发展。英国仍是加拿大出口的主要目的国和加拿大外商投资的主要来源国，但在19世纪80年代，美国超过英国成为加拿大进口的主要来源国。

加拿大的发展带来了人们所熟知的"劳雷尔繁荣"或"小麦繁荣"，加拿大的历史学家也对此进行了笔墨浓重的阐述，但对20世纪头10年的金融问题以及这一时期"非理性繁荣"带来的后果却没有多少论述。就经济增长而言，20世纪头10年的发展仅次于20世纪40年代，但期间也充斥着种种问题，比如1902—1904年的股市崩盘、1907年的信贷危机以及1908年的一系列银行倒闭事件。1907年恐慌是加拿大在20世纪最严重的经济危机之一，而且在美国广为人知，但在加拿大却没有得到多少关注。在20世纪头10年中期，加拿大见证了几起银行倒闭事件，其中规模最大的是永丰银行和安大略银行的倒闭。这段时期也经历了铁路建设的蓬勃发展，1871—1912年，铁路轨道长度增

第三章
成熟阶段（1869—1914年）

加了10倍。但这也加剧了一战期间的经济衰退，当时政府不得不将三条洲际铁路中的两条收归国有。而且，这种繁荣在很大程度上导致了一战后的萧条甚至大萧条。[9]

尽管面临这些问题，许多加拿大企业还是在国际上取得了发展。加拿大铁路公司和大型国际化通用事业公司巴西牵引光热电公司（Brazilian Traction Light Heat & Power）在伦敦证券交易所炙手可热。[10] 还有诸如蒙特利尔光热电公司和尼亚加拉瀑布电力公司等成为其国内和国际电力开发的领头者。在18世纪末到19世纪初，这一新兴领域的发展为社会生产和人们的生活带来了变革，但其发展需要大量资本的支持。[11] 加拿大国内的主要产业包括集中在布雷顿角岛和安大略省北部苏圣玛丽的煤炭与钢铁生产、太平洋海岸的矿业以及农具的生产。梅西哈里斯公司（Massey Harris）是英帝国最大的农具生产商，产品出口到德国和英国。1910年左右，加拿大许多非金融公司与美国公司相比，哪怕经过经济体量和人口数量的相对调整之后，规模仍然较小。在20世纪一些重要的经济增长领域，甚至都没有加拿大企业涉足。在这种情况下，银行企业是唯一的例外。关于这点，之后会有更多阐述。

银行业在两国都取得了迅猛发展，但形式却不相同。美加两国在批准并发展股份制银行方面远远领先于其他许多国家。银行分支机构的增加对加拿大金融体系的快速发展起到了重要作用。在19世纪的大部分时间里，在许多国家，小型单一制银行仍是常态。加拿大在建立分行方面引领了世界发展。除加州和一些南方州之外，在不允许建立分支机构的情况下，美国的银行规模甚至比加拿大银行小很多，而且银行数量众多。在18世纪末到19世纪初，美国有将近1万家州立和国家银行。[12] 在此期间，加拿大已经决定将银行业和货币事务收归联邦管辖，远远早于美国的此类决定。政府在银行和货币方面的责任在《英属北美法案》中有明文规定,但对银行法的确切性质却存有分歧。当时势力强大的蒙特利尔银行支持1863年国家银行法中的美国模式,但安大略省和大西洋省份对此强烈反对。直到经过了4年的争执与三位财政部部长的努力,《加拿大银行法》才得以在1871年通过。该法律在将近150年后的今天仍是加拿大银行业的基础。

吸引外国投资对美国和加拿大的经济增长都至关重要。该时期大部分时间,美加两国都处于贸易逆差态势,而银行在管理投资者预期方面发挥了重要作用,虽然采取的方法十分不同。投资者自然而然不愿在遥远而陌生的地方进行项目投资,这就为一些个人创造了机会,可以作为强有力的中间商参与进来。在19世纪的最后30年里,加拿大和美国利率下跌,与英国利率的利差减少,代表着在吸引投资方面取得的成功。利率下跌在美国尤为显著(短期利率也是如此),但回报率通常低于加拿大。[13]

银行法案之争（1869—1871年）

这些年来，在局势变得愈加复杂和令人沮丧的背景下，辛克斯独当一面，证明他有能力恢复社会秩序、调解利益冲突，并增强加拿大的银行业与货币体系，这一体系经受住了历史的考验，如今仍是加拿大的骄傲。

——亚当·肖特，《加拿大货币与银行业历史》

(*History of Canadian Currency and Banking*)

加拿大第一任总理麦克唐纳在任期的头两年在政治和个人方面都取得了不错的进展，但头顶仍有乌云笼罩。尽管他通过为新斯科舍省提供"更好的条款"成功地将该省反联邦制的领袖约瑟夫·豪伊（Joseph Howe）收归联邦内阁，但该省的分裂主义情绪仍然高涨。此外，西部的红河定居点也麻烦不断。随着加拿大自治领从哈德逊湾公司那里收购鲁玻特地的消息传开，越来越多的盎格鲁新教徒来到红河地区，联邦派来的测绘员对那里的土地进行重新测绘，然而当地的梅蒂人（Metis）原住民对这些新定居者和测绘者并不欢迎。年轻的梅蒂人领袖路易·瑞尔（Louis Riel）将一只脚踩在测绘员的测绘工具上，阻止他们工作。短短数月之后，这里便爆发了武装斗争，使整个西部地区的未来都陷入了不确定的境遇之中。雪上加霜的是，加拿大与美国就《互惠条约》展开的重新谈判也毫无进展。

尽管有这些阴云笼罩，麦克唐纳也必须按部就班地推进他所谓的

"打造内阁"的工作。他必须任命一位新的财政部部长,因为此前两任部长亚历山大·蒂罗舍·高尔特和约翰·琼斯·罗斯先后辞职,所以这是三年内的第三次任命。加拿大采用了英国议会制度,其内阁成员从议会中挑选而出。因此,麦克唐纳的选择范围并非全国,而是由252名成员组成的议会(180名国会议员和72名参议员)。实际上,他的选择范围更为有限,因为内阁成员通常从下议院选出,而下议院中他的支持者只有100名议员。

打造内阁的任务也需要在以下几个方面做出复杂的权衡:地区(海洋省份 VS 魁北克省 VS 安大略省),族裔(法裔 VS 英裔),宗教(罗马天主教 VS 新教),以及或许最为重要的一点,党派从属。麦克唐纳的政府是由保守党和自由党(曾经叫作改革党)组成的联合政府。在最初的13名内阁成员中,5人来自安大略省,其中3人属自由党,2人属保守党。保守党认为政府应该发挥积极的作用,大力打造铁路并在西部定居。在这方面看来,他们就像是亚历山大·汉密尔顿和亚伯拉罕·林肯这样的保守派。保守党也支持与大不列颠和皇室保持强有力的关系。在魁北克,他们的支持者被称为蓝派,而且得到罗马天主教堂的大力支持。自由党(有时也叫作晶砂党)相信小政府,反对恩惠,而且反对保守党所支持的罗马天主教独立学校。魁北克的自由党同盟被称为红派,被认为是激进的一派,支持对罗马天主教在政治上的影响加以限制。

尽管有以上各种局限性,麦克唐纳在任命重要的财政部部长一职方面仍有多个选择。其中包括再次邀请首任财政部部长亚历山大·蒂罗舍·高尔特爵士(他也代表魁北克省英裔新教少数群体);乔治·卡迪亚爵士,内阁中的法裔领袖;来自新不伦瑞克省的塞缪尔·莱纳德·蒂利,他当时任海关部长,之后于1873年成为财政部长。此外,还有理查德·卡特莱特（Richard Cartwright），未来的自由党财政部部长，当时他还是保守党议员而且并未进入内阁。

蒙特利尔媒体支持卡迪亚担任财政部部长，以防止该重要职位被来自安大略省的候选人占据。[14] 起初，"蒂利因其丰富的从政经验，被认为是财政部部长的最佳候选人。他也自认为能够胜任此职，但麦克唐纳是否会将此要职交给一位非加拿大裔还有待观察。"[15] 而且在1869年，麦克唐纳似乎并没有考虑任命蒂利担任此职。在所有非内阁成员的下议院保守党议员中，有一位议员脱颖而出，最起码在麦克唐纳眼中此人是优秀人选，那就是理查德·卡特莱特。理查德是 Lennox 选区议员，该选区毗邻麦克唐纳的选区京士顿。

第三任财政部部长的贡献

出于多种原因，麦克唐纳最终决定跳出议会的范畴，将财政部部长一职授予弗朗西斯·辛克斯爵士。在接受任命之时，他刚好到访加拿大。辛克斯有着杰出的从政生涯，曾在建立联邦之前的加拿大省担任总检察长（财政部部长）及省长。此后，他在国外的15年，先后担任巴巴多斯、风向群岛和英属圭亚那的帝国总督。

大多数历史学家认为，麦克唐纳做出这个决定的原因在于希望加强自由党和保守党联合政府中自由党的势力。如果的确出于此种目的，那么最终结果却事与愿违。该任命受到了许多自由党人，尤其是《环球报》乔治·布朗的猛烈抨击。与此同时，保守党人对辛克斯也无任何好感。然而，辛克斯有两项优势：他并非来自蒙特利尔；他具有"财政领域的经验，适合出任财政部部长一职"。[16]

当辛克斯宣誓就职成为加拿大3年内的第三位财政部部长之时，

他面临着令人困惑而且艰难复杂的局势。在安大略省，规模最大、历史最久的两家银行——上加拿大银行和米德兰区商业银行倒闭，使得该省的局势尤为动荡不安。而且，加拿大规模最大、实力最强的银行——蒙特利尔银行与其他大多数银行的关系都紧张而割裂。当时的一个重要议题是政府是否继续允许银行发行自己的货币，或者将发行货币权收归政府所有。此外，倾向独立的新斯科舍省对货币的看法与新政府的看法迥然不同。

在被任命担任财政部部长到次年二月向众议院提交提议这段时间里，辛克斯几乎一刻都不停歇。除竞选选举办公室[17]之外，他还与多个利益相关方举行了会议。众议院于2月15日复会。此前一天，辛克斯给势力强大的蒙特利尔银行发了一份提前通知，告知将于6个月后终止其特殊地位。此后，蒙特利尔银行将不再有以下权利：（1）监督货币发行，不仅包括其自身发行的货币还包括其他银行发行的货币；（2）作为政府的独家银行，即政府资金的唯一保管方；（3）作为英国财政部的殖民地财政中介。作为财政部部长，辛克斯将政府银行业务面向所有银行开放。

1871年3月1日，辛克斯"将政府的新政策汇报给对此期待已久的众议院"。[18]辛克斯面临的挑战不仅包括要打造一个单一货币和通用的银行业政策，还包括要解决由谁来发行货币这一极具争议性的问题。"他已经……成功获得了各个银行对这些措施的大体一致意见。"[19]就银行而言，最大的问题在于发行货币。辛克斯支持由政府发行所有的货币，这与前一任财政部部长的提议一致，但他知道该提议将面临来自银行业的巨大阻力。因此，他最终决定做出让步，允许银行继续发行价值4美元以上的货币（之后将其增至5美元）。流通中的银行货币占所有特许银行负债的15%—20%，因此对银行业至关重要。

第三章
成熟阶段（1869—1914年）

立 法

次年，联邦议会通过了《统一货币法》，将十进制货币推广到整个自治领，包括顽固不化的新斯科舍省。"英国索维林金币成为标准硬币，美国官方黄金硬币——金鹰，成为价值 $10 的法币。"[20]

联邦政府还通过了一份通用《银行法》，其正式名称叫作《银行及银行业相关法》（An Act Relating to Banks and Banking），主要目的在于整合并重新推出立法。然而，规模较小的银行敦促政府对这份 1870 年通过的法律进行一项修改：将所需资本量从 100 万美元降至 50 万美元。新的《银行法》规定废止所有与联邦货币和银行业立法相矛盾的省级法律，将联邦政府对银行业的监管进行了整合，这与美国的体系形成了鲜明对比。1871 年法案的一些关键条款在加拿大金融史上发挥了重要作用，这些条款是：

1. 最低资本要求为 50 万美元，其中 10% 是实收资本。

2. 有权发行面值在 4 美元及以上的货币，但发行量不得超过实收资本，而且该货币需由黄金或自治领货币做担保。[21]

3. 股东负债加倍，在银行倒闭变卖资产之前支付。这是美国一些州使用的方法，以应对一些机构有限责任产生的问题，因为这些机构一旦倒闭将产生广泛的经济影响。

4. 银行总负债不得超过资本的 3 倍，这一点不属于纽约或美国银行法律的规定；美国监管机构关注于借贷限制；全国《通用银行法》要求银行储备 25% 的资产。[22]

5. 要求议会必须对该法律每 10 年进行一次修订，这对于银行业立法来说非同寻常；该条款要求对银行法定期审议，无论是否面临危机。

6. 每股一票，为广泛的股东群体赋权。

7. 禁止对不动产发放信贷（直到1954年才取消该条款）。

8. 维持对贷款6%的利息上限。[23]

辛克斯的传记作者写道："他在银行业和货币领域取得的成功为其赢得了'加拿大银行业之父'的称号。"[24]《加拿大历史人物志》（*Dictionary of Canadian Biography*）记录道："辛克斯成功打破了僵局并建立起了通用立法的原则，对国家的所有银行和货币平等适用。"[25]

辛克斯也许称不上是一位金融天才，但他是"一名成功的金融管理者……作为总检察长，他为加拿大的财政打下了坚实基础，帮助加拿大恢复了良好的金融声誉。巴林兄弟及其他英国金融公司对他都有着高度评价。他为铁路建设和发展创建了良好的经济环境，并得到世人认可"。[26] 辛克斯最主要的功绩不仅在于使政府和银行就货币发行问题达成一致意见，还在于建立了定期审议银行法的原则，这点具有更深远的意义。

加拿大银行业概述（1869—1914年）

加拿大非常幸运，在20世纪初期便拥有了立法框架来支持稳健的金融体系并孕育了相当数量的金融机构。两者结合满足了企业家和不断发展的企业对资本的需求。

——乔·马丁（Joe Martin），《无休止的变革》（*Relentless Change*）

加拿大的银行监管展现出了极强的适应能力，因而不至于产生疾风骤雨般的动荡，这点实属难能可贵。从银行法的通过到1914年一战开始，加拿大的银行法经历了四次修订，每次都有一些改进。1880年的银行法修订（1881年生效）规定了关于每月回报的具体要求。1890年的修订（1891年生效）对董事的资质进行了更清晰的说明，并放松了关于所有董事必须是英国公民的要求，而只要求大多数董事为英国公民。"1900年的修订（1901年生效）认可加拿大银行家协会（银行业组织）为银行某些活动的监督和管控机构。"[27] 1913年，经历了一系列银行倒闭案后，新增条款规定银行必须任命外部审计师，甚至具体指出必须任命个人审计员而非审计公司。此外，为了应对战争，关于紧急流通的条款也延长至1914年。

在此期间，加拿大沿袭了英国的传统，遵循所谓的金融业四大支柱的做法，即商业银行、投资银行、信托服务和人寿保险的分离。但这四大金融服务分业经营的做法来源并不清楚。澳大利亚也采取了同样的做法，而且省或州的产生早于联邦，拥有最初的监管权力，从这个层面来看，又进一步加深了分业经营的合理性。加拿大的"联邦之父"做出决定，由联邦负责对银行和人寿保险公司的监管，而在当时的 19 世纪末并不那么重要的信托公司和投资券商则属省政府监管。

相对稳定的增长

从加拿大银行法的通过到第一次世界大战的爆发，加拿大银行业总体表现良好，虽然也发生过银行倒闭和整合的情况。1869—1914 年，银行总资产增长超过 14 倍，达到了 16 亿美元。[28] 虽然总体增长势头旺盛，特许银行业务占金融中介服务的比例却有所下降，略低于当时的美国。[29] 由于一些银行的倒闭和整合，加拿大银行的数量从 35 家降至 22 家，但银行分行（自从蒙特利尔银行创立之初便开始开设分行，建立分行一直是加拿大银行体系的一大特点）的数量却迅猛增长，从 1868 年的 123 家增至 1900 年的 750 家，到 1914 年超过 3 000 家。得益于小麦市场的繁荣，其中大多数增长都出现在加拿大西部地区，这也促进了加拿大草原省份人们的定居。那里曾经没有任何分行，但在 20 世纪初已经建立了 82 家，到 1914 年达到 800 家。规模较大的银行在英国和美国（通常在三至四个不同城市）以及法国、西班牙、墨西哥、加勒比和南美也有业务。[30]

从 1867 年建立联邦到 1914 年一战爆发，平均每两年便有一家加拿大银行暂停或终止业务活动，而首个遭此厄运的便是拥有 34 年历史的新不伦瑞克商业银行。而且，在 1907 年的信贷危机之前，有两年尤为糟糕，即 1879 年和 1887 年，每年都有 4 家银行倒闭。1879 年倒闭的四家银行中，三家来自魁北克，一家来自新斯科舍省。就当时的规

第三章
成熟阶段（1869—1914年）

模和名气而言，最著名的倒闭事件当属仅成立4年的加拿大统一银行（Consolidated Bank of Canada）。该银行实收资本超过200万美元，是19世纪加拿大联邦建立后规模最大的银行倒闭案。另外一个著名之处在于其总裁是弗朗西斯·辛克斯爵士。辛克斯的总裁职位虽然基本属于有名无实，但他还是遭到了指控并被定罪，不过经上诉被认定无罪，只"因疏忽而遭到谴责"。[31] 1887年倒闭的4家银行中，2家在安大略省，另外2家在海洋省份，规模都不及加拿大统一银行。这几家银行的实收资本从20万美元至50万美元不等。其中新斯科舍省的皮克托银行（Pictou Bank）自愿做出停业决定。

20世纪的第一个十年更为动荡不安。在1907年的信贷危机前后有七家银行倒闭。新斯科舍省的雅茅斯银行（Bank of Yarmouth）于1905年最先倒闭，紧随其后的是安大略银行，该银行有30家分行和150万美元的资产。该银行是安大略省历史最悠久的银行，因一名不诚实的总经理的行为导致破产，随后被蒙特利尔银行收购。到了1908年，又有3家银行倒闭。到目前为止，在所有倒闭的银行中，规模最大的是有着7年历史的永丰银行[32]，该银行实收资本高达300万美元，拥有85家分行，是当时自加拿大建立联邦以来规模最大的银行倒闭案。加拿大银行家协会认为其破产原因在于做法不当和管理不善，并建议由合适的机构接管。还有两家位于魁北克的小型银行倒闭，其中一家叫作圣让银行（Banque de St Jean），由于欺诈和能力不足而倒闭；另一家叫作圣亚森特银行（Banque de St Hyacinthe），主要由于能力不足而自愿停止营业。两年后，又有两家银行关门大吉，一家是新不伦瑞克省的小银行，另一家是拥有27家分行的安大略省农民银行，倒闭原因也是管理不善。由于这一系列的银行倒闭事件，1913年修订的银行法中加强了对外部审计的要求。

加拿大和许多国家一样，在一战爆发前的 20 年里见证了许多银行的整合。一些银行倒闭破产，另一些银行被兼并收购。主要的收购方是加拿大最大的两家银行：蒙特利尔银行和位于多伦多的加拿大商业银行。其中，发展更成熟的蒙特利尔银行除收购安大略省银行之外，还在 20 世纪初收购了 3 家海洋省份的银行。加拿大商业银行早在 1870 年便收购了汉密尔顿的高尔银行（Gore Bank），在 20 世纪初收购了不列颠哥伦比亚皇家特许银行和几家海洋省份银行，并在 1912 年收购了位于魁北克的东镇区银行（Eastern Townships Bank）。还有一些银行，比如新不伦瑞克银行和哈利法克斯联合银行，在收购了其他银行后最终也没能逃脱被收购的命运。

正是由于一系列的收购与整合活动，到 1914 年，加拿大的银行数量降到了 60 年来最低。[33] 蒙特利尔银行虽然与联邦建立之初相比主导地位有所下降，但仍是当时规模最大的银行。紧随其后的是发展迅速的加拿大商业银行（位于多伦多）以及发展更快的加拿大皇家银行。皇家银行于 1907 年将总部从哈利法克斯迁至蒙特利尔。三大巨头之后还有 5 家规模较大的银行，资产从 8 000 万美元至 9 600 万美元不等。在联邦建立之时第二大的银行——英属北美皇家特许银行，排名跌至第九（见表 3.1）。当时加拿大最小的银行是萨斯喀彻温的韦本证券银行（Weyburn Security Bank），资产只有 160 万美元。

表 3.1　加拿大特许银行资产，1914 年 12 月 31 日

银行	总资产（百万美元）
蒙特利尔银行	265.5
加拿大商业银行	240.0
加拿大皇家银行	178.4
丰业银行	95.7
加拿大招商银行	84.4

第三章
成熟阶段（1869—1914年）

续表

银行	总资产（百万美元）
加拿大帝国银行	81.8
道明银行	80.5
加拿大联合银行	80.3
英属北美银行	60.9
多伦多银行	59.5
12家其他银行	328.6

数据来源：《加拿大年鉴》（*Canada Year Book*），1914年，575页。

金融中介的其他形式

在加拿大，特许银行是主要的金融中介机构，但它们也面临来自其他金融中介机构的竞争。的确如此，银行占所有金融中介机构资产的份额从接近80%的高点跌至19世纪末的不到60%，其重要性相对减弱。在19世纪后期，按揭与贷款公司发展迅速，很大程度上是由于特许银行没有发行按揭贷款的法律权利。与此同时，大批定居者涌入安大略省，把未开垦的处女地变成有生产力的农场。为此，他们需要按揭贷款。按揭贷款公司的概念及大部分资本（主要来自苏格兰）是从英国引入的。到1880年，按揭和贷款公司占到所有金融中介公司资产的25%，规模相当于所有特许银行规模的一半。历史最悠久、规模最大的按揭贷款公司——加拿大永久和加拿大西部抵押贷款公司（Canada Permanent and Western Canada Mortgage Corporation），在1899年由4家公司合并而成。虽然规模不及最大的银行，但在20世纪早期，加拿大永久贷款公司是加拿大第六大金融机构，比任何一家人寿保险公司都大，也比一些银行大（如丰业银行和皇家银行）。其他大型贷款和储蓄公司包括休伦（Huron）和伊利（Erie）贷款与储蓄公司以及中央加拿大贷款和储蓄公司。

从 19 世纪末到一战期间,按揭与贷款公司在金融业的市场份额有所下降,不仅是由于银行的发展,而且由于寿险领域的快速发展以及新兴的信托公司的发展。其金融业占比不断下降的趋势一直持续到一战爆发甚至整个 20 世纪,主要由于以下几方面原因,首先,这些贷款公司过于依赖来自英国的资本。而随着利差的缩小,英国对北美的投资兴趣逐渐减弱。其次,这些公司未能预见到 20 世纪早期来自加拿大中部草原省份的庞大需求。其按揭与贷款业务主要集中在安大略省,它们对西部地区的蓬勃发展视而不见。随着 19 世纪落下帷幕以及西进运动兴起,该行业 90% 的未偿按揭贷款都集中在安大略省。这种以安大略为中心的发展战略在此前大获成功,在 19 世纪的最后 25 年里,总贷款量从 3 500 万美元激增至 2.38 亿美元。[34] 但是随着小麦生产繁荣的到来,西部草原省份的贷款业务急剧增加。截至一战开始前,按揭贷款规模又增加了 2.2 亿美元。虽然安大略市场增长了 60%,而且仍占整个加拿大市场的 60%,但西部地区见证了几乎不间断的增长,从 19 世纪初的 0.5% 市场份额增加至 10%,而且阿尔伯塔那时还没有作为市场计算进去。与按揭贷款公司根植于安大略省的战略形成鲜明对比的是,寿险公司大举进入西部市场,使其市场份额得到提升。

当时,信托公司开始成为金融中介领域一股新兴的发展势力,但规模仍较小。信托公司最早出现在 19 世纪 80 年代,但在 20 世纪得到快速发展。政府鼓励信托公司的发展,并积极推动将商业银行与信托服务分离开来以避免利益冲突。在企业家的努力和政府的支持下,信托公司开始繁荣发展并成为加拿大金融机构的重要组成部分。20 世纪初,信托公司占金融中介服务的比例只有 1.4%,但到 1914 年一战爆发,该比例翻了一番。最初,大多数信托公司在安大略省或魁北克省注册成立，但随着信托公司在全国各地的扩张，它们选择在联邦进行注册。在20世纪早期，只有一家信托公司，即多伦多通用信托公司（Toronto General Trust），大到足以跻身加拿大最大的30家金融公司之列。该公司成立于1872年，是加拿大历史最悠久的信托公司。然而，这家公司在成立10年后才开始营业。到了20世纪初，其资产达到2 000万美元，略高于皇家银行的资产规模。除信托活动之外，还包括在抵押贷款、加拿大政府和其他债券上的投资，信托行业的增长在很大程度上归功于其中介业务。由于这些新兴机会的涌现，一些储蓄和贷款公司也转变为信托公司。

图 3.1　加拿大的早期外商投资

资料来源：洛克伍德（未注明日期）。

加拿大和美国之间一个显著的区别是加拿大国内缺乏重要的本土投资银行。美国对州和国家银行分支机构的限制，尤其是对外国银行分支机构的限制，以及美国对多种外国资本的依赖，导致美国严重依赖范围广泛的私人银行来获取和监督外国在美投资。加拿大与美国一样甚至比美国更需要资本，以支持港口和运河的建设以及之后的铁路建设、农业与制造业发展。在加拿大，对资本的需求远高于本地资本供应。通常，加拿大企业会借助伦敦市场融资，不仅因为伦敦市场更加成熟，还因为那里的利率更低而且资本更充足。在美国和加拿大，巴林兄弟公司是早期的主要参与者，此外还有格林－米尔斯－科里公司（Glynn, Mills, Currie & Co）。随着加拿大经济的增长，在利差的吸引下，英国为其提供了所需的大部分资本。截至20世纪初，加拿大共接受了将近12.5亿美元的外国资本，其中85%来自英国，13.5%来自美国，而只有1.5%来自世界其他地区。[35]

由此英国进行了大量的贷款承销活动，而从中获利的加拿大银行主要是蒙特利尔银行，这点并不足为奇。蒙特利尔银行早在1874年就开始在伦敦市场承销债务。5年后，该行在纽约承销了一次债券发行。1893年，该银行接替巴林兄弟和格林－米尔斯－科里公司成为加拿大在伦敦的财政代理。然而，在进入20世纪时，加拿大有两个趋势凸显出来。一个是承销业务从特许银行转向独立的投资交易商，另一个是美国市场开始成为其资本来源。第一次世界大战开始时，美国向加拿大提供了近1/4的外国资本，而在20世纪初，这一比例仅为13.5%。1911—1915年，流入加拿大的外国资本超过15亿美元，是前5年的2倍，是前10年的5倍。[36] 一方面，美国的大部分资本是直接投资，而非组合投资，尤其是对工业、纸浆和造纸公司的投资。另一方面，英国的资本主要是组合投资，尤其是在铁路和工业公司的投资。[37]

19世纪末和20世纪初，加拿大的国内投资银行（称为投资交易商）也有了发展。他们开展的活动在许多方面与美国同行都有所不同。大多数加拿大的投资交易商在投资股票之前都先投资债券，在第一次世界大战之前，大多数公司既为自己的账户交易，也为客户交易。在加拿大投行发展的早期阶段，发挥重要作用的一家企业是中央加拿大

第三章
成熟阶段（1869—1914年）

贷款与储蓄公司，该公司由当时加拿大最伟大的金融家乔治·阿尔伯特·考克斯（George Albertus Cox）创建。除拥有自己创建的公司之外，考克斯还拥有并管理加拿大最大的人寿保险公司（加拿大人寿），担任加拿大第二大银行（商业银行）以及两家主要火灾保险公司的总裁。考克斯还拥有其他几家主要的寿险公司[38]，并且担任加拿大议会参议员。他的女婿A.E.艾姆斯（A.E. Ames）曾在中央加拿大公司工作，随后借助考克斯提供的资金创立了一家股票经纪公司。之后，艾姆斯公司的几名员工辞职后创立了道明证券（Dominion Securities）和汇达证券（Wood Gundy），加拿大历史最悠久的债券交易公司之中的两个。加拿大最主要的股票投资交易商是皇家证券公司（Royal Securities），该公司由麦克斯·艾特肯（Max Aitken），即后来的比弗布鲁克勋爵（Lord Beaverbrook）在哈利法克斯创立，在20世纪初他把公司迁移到了蒙特利尔。在去英国之前，艾特肯在加拿大参与了一系列企业合并，包括在汉密尔顿创建了加拿大最著名的钢铁公司——加拿大钢铁公司（相当于美国在匹兹堡的美国钢铁公司）和加拿大水泥公司。[39]

美国的货币与银行业（1870—1913年）

> 然而，国家银行体系并未能矫正在 BUS 消失后产生的稳定性问题。金融恐慌出现的频率比美国早期几十年出现恐慌的频率还要高。
>
> ——理查德·西拉（Richard Sylla）《扭转金融逆转》
> (*Reversing Financial Reversals*)

与其他国家一样，货币、银行法律和信贷紧密相连，是美国金融体系的关键组成部分。内战改变了其中许多要素的组成方式，但美国总体的金融体系仍然支离破碎、十分复杂，而且抵御危机的能力尤为脆弱。[40]1862 年早期（暂停将联盟货币兑换成铸币）到 1879 年 1 月 1 日，是美国的"绿币时期"，当时美元与其他货币挂钩，利率由市场决定并且每日浮动。美元不能保证可以兑换成硬币，但美元的使用没有限制，包括可以兑换成外币。黄金和其他大宗商品一样，唯一的不同之处在于黄金和外国支付相关联，因为许多与美国有贸易往来的国家都采用金本位制。尽管有政治压力要求美元保持浮动汇率，外界预计 1862 年停止黄金兑换只是临时举措。美国官方政策是希望恢复硬币支付，该目标终于在 1879 年实现。[41]

内战结束后，美国的金融体系仍然包括大量小型金融机构，而且后来又成立了很多新的银行。这段时期的立法改变了发行货币的主体以及与方式相关的规定。正如第二章所探讨的，《美国国家银行法》通

第三章
成熟阶段（1869—1914年）

过后，许多新的联邦银行建立起来，而且从1866年开始，州立银行需要缴纳银行货币税务（旨在迫使州立银行退出货币业务），这些新的变化刺激了国家银行的发展。在内战期间，随着国家银行法的通过，许多观察人士认为州立银行将很快彻底消失。州立银行的确遭受了损失，但并未退出历史的舞台，而是继续在美国的银行业发挥重要作用。[42]

州立银行在发行纸币方面的能力遭到削减，但得益于信贷需求的快速增长，这些银行得以生存下来。市场对廉价货币的需求加上黄金短缺，激发政府施加压力将货币与黄金脱钩，或者最起码转向双金属制（基于黄金和白银两种金属的货币体系）并且利用许多其他金融手段，例如更多地使用活期账户，以获取黄金最大的货币价值。由于更多本地化银行的出现，货币供应得到了增加。许多地区和城镇不希望除本地以外的银行来决定货币供应和可借贷资金量。正如一些以货币为中心的银行家和政客所希望的那样，内战后黄金恢复了可兑换性，这需要巨大的价格贬值和纪律性的货币政策，还引起了政治上的分歧。在一战之前的40年间，对美国坚持金本位的怀疑震动了美国金融市场，并占据了政治争论的中心。但是，随着更多金矿的发现以及采掘技术的发展，金价得以提升，美国也保住了金本位制，虽然过程充满了怨恨与挣扎。[43]

甚至最高法院都卷入了对于金本位的争论。首席大法官萨蒙·P. 蔡斯（Salmon P. Chase）做出了一项令人震惊的决定，判决他此前担任财政部部长期间将美元（纸币）作为法定货币（真正的官方货币，不受铸币支持）的决定不符合宪法规定。[44] 直到一年后，内战英雄及美国第18任总统尤利西斯·S. 格兰特（Ulysses S. Grant）将其支持者任命到最高法院后，蔡斯做的决定才被推翻。1879年，纸币开始与铸币以同等价值流通，银行也恢复了黄金支付方式，货币之争的问题暂时得以解决。[45] 与加拿大不同，从19世纪到20世纪的过渡阶段，美国并未对其金融体系进行调整以适应新的需求，这为此后其成为世界最大经济体带来了不稳定和不确定因素。

尽管面临巨大的资本需求，在经历了内战的改革和多重危机后，美国的金融体系仍然四分五裂，充斥着成千上万家小型州立银行，而其中大多数只有一个办事处。即便是那些新成立的国家特许银行，由于不得不遵守州一级的规定，只能局限于某一个州，因此也不过只有一家网点而已，与外国竞争对手相比规模较小。哪怕这些外国银行也受到诸多限制，在美国几乎没有任何业务。在美国，银行监管基本属于州一级的事务。有一些州的银行监管条例虽然没有联邦条例那么严格，但大多数州一级的条例对资本的要求都十分严格，因此银行活动很受限制。比如，大多数州不允许商业银行提供信托服务或跨国经营。将公共银行与世界联系起来的主要工作是由私人投资银行家完成的，他们通过个人关系网或家族关系，提供跨州或跨国界的金融交易。由于在最佳实践和具体立法方面缺乏共识，对公共证券发行、交易所和一般会计实务的大多数监管——如今已是司空见惯——并非该体系的固有部分。1870—1900年，尽管注册银行的数量增加了4.5倍，但当时还没有中央银行。州立银行法仍然指导着银行业务。1863年《美国国家银行法》颁布后，国家银行的数量激增，但其中是许多州立银行简单地转为国家银行，主要是为了避免对发行货币的征税，而大多数商业银行仍然保持州立银行的性质。即便国家银行也必须遵守其业务经营所在州的法律。1900年，除未注册成立的银行以及互助储蓄银行之外，美国有将近9 000家银行，其中5 007家是州立银行。自由银行与单一银行在大多数州仍占主导。[46]

所有的金融机构就划分为我们以上所描述的六大类别；许多机构提供的服务在当今仍然需要，也有一些服务早已不再使用。每类机构

第三章
成熟阶段（1869—1914年）

都有自己的优势与限制。由于每类机构可提供的服务都是有限的，许多不同类别的机构往往组成合作网络，携手为客户提供更为广泛的服务。由于银行的地理范围和服务种类都有局限，在19世纪末到20世纪初的企业兼并运动中，银行更多是作为中间商参与进来，而非成为收购的对象。抑或得益于美国银行业高度分散的特点，1870—1900年，美国的存款增长了6倍，货币供应量增长了3倍，这一切都发生在批发价格下降的经济高速增长时期。[47]

国家与州立商业银行

国家银行是在旧有的州立银行基础上建立起来的。为使其运行更为稳健，国家银行必须达到一定的法定存款准备金率，而且其股东也须承担双倍负债。起先，从州立银行到国家银行的转制进程缓慢，于是联邦政府就决定对州立银行票据征收2%的税（1865年提高到10%），结果很快就让州立银行这种获利颇丰的筹资方式难以为继了。截至1866年，只剩下不到300家州立银行。这些银行分布于市镇，在这些地方发行银行票据的业务量较少。然而，随着通过为贷款方开设存款账户以提供信贷的做法日渐普遍，除极偏远地区以外各地都在实施，发行银行票据以及是否获得国家特许已经不再那么重要。1870—1900年，国家银行的数量从1 612家增加到3 731家。

商业银行需要权衡注册成为国家银行的利弊。一方面，获得正式的联邦批准可以提升银行的声望，而且发行银行票据时也无须再缴纳繁重的税负。但是另一方面，成立国家银行的成本（受到更为严格的监管）又会造成负担，影响盈利。[48]

研究一下这段时期的花旗银行（曾叫"城市银行"，在1865年更名为"国家城市银行"),就能切实了解那些年银行业和银行业务的转变。国家城市银行1812年依据纽约州特许成立,意在利用美国第一银行关闭的有利时机,像当时的很多银行一样,国家城市银行是作为一种信用合作社为商人和政客服务的。1837年由于遭遇经济恐慌,差点倒闭。该行借助其位于纽约州——美国最具活力的州立银行市场——的地理优势,到19世纪90年代时发展成为美国最大的银行。尽管在美国规模很大,但是按照存款额来说,国家城市银行在第一次世界大战之前都没有排进世界前十。[49]

在那个时期,国家城市银行先后在三套监管体制下运营:1812—1852年,遵照两项州特许证;1852—1865年,作为州"自由银行";而自1865年起作为国家银行。各项体制设置了不同的限制。作为特许银行,其最低资本要求为国家银行的三倍多,但是并没有最低的准备金要求,也没有设置存款利率上限,此外也无须为流通的银行券提供抵押。对于国家银行来说,准备金率和存款利率上限分别为25%和2%。在转制为国家银行后,国家城市银行用于流通的银行券须以联邦政府债券做抵押。1890年时,对该行的总借贷金额没有限制,特许银行的总贷款额度则不得超过实缴资本的2.5倍,不过对该行给单个贷款人的贷款额度是有限制的,不能超过实缴资本和存留收益的10%。无论在哪种监管体制下都不允许开设分行。成为国家银行可提升地位,同时还能获得发行银行券的授权,除此之外,国家城市银行还可以作为联邦银行的存款机构,以存款的形式接收其他城市国家银行的储备余额。然而,或许阻碍发展的最大障碍不是来自国内,而是与国际业务有关。1914年之前,国家银行是不准许开设国际分行或进行国际贸易承兑的。当时普遍认为,国际交易风险太多。开设跨国业务不仅会与单一银行制的原则相冲突,而且还会促使大型银行进一步壮大实力。

第三章
成熟阶段（1869—1914年）

与之相反，私人银行则可以继续通过家庭关系或其他国外的联系提供国际服务。[50]

尽管不能开展国际业务，国家城市银行还是在大力拓展业务，其范围已远超纽约州。由于只能拥有一个分支，监管更为宽松的州立银行又抢走不少无担保贷款业务，国家银行转而为企业这样的大客户提供资本市场交易服务，企业客户本身也欢迎非中介化——省去中间人——所带来的诸多好处。[51]国家城市银行开始提供证券承销业务，积极发展美国的龙头企业成为客户。依赖其重要银行的地位和广泛的个人关系网，该行进行新证券分销，并向大型企业提供贷款。由此，大企业和富人的存款都流入了国家城市银行或类似银行的金库里。1905年，国家城市银行吸纳的存款是10年前的8倍。其中的56%来自14家公司，而这14家公司中又有10家为大型铁路公司。国家城市银行行长詹姆斯·斯蒂尔曼（James Stillman）是威廉·洛克菲勒（William Rockefeller）的密友，在洛克菲勒带动下，其他有钱有势的商界大亨也纷纷加入国家城市银行的董事会。国家城市银行拥有国际代理行网络，其中包括在加拿大的重要业务联系，因而能够为外贸提供资金支持，并开展跨境交易结算业务。[52]

当时加拿大最大的银行蒙特利尔银行恰好与国家城市银行形成有趣对比。1895年，蒙特利尔银行的资本为1 200万美元，远超国家城市银行的420万美元。国家城市银行没有分行，而蒙特利尔银行在总部所在城市开设有两处分行，此外在加拿大各地另有40家分行，还有位于伦敦的一处分行。蒙特利尔银行甚至还把分行开到了美国的芝加哥，在纽约有代理，此外还与多家代理行有业务联系。到19世纪80年代时，蒙特利尔银行约30%的投资都是投向加拿大以外的，其中对美投资占了相当大的比重。[53]蒙特利尔银行行长唐纳德·A.史密斯（Donald

A. Smith）是一位在加美两国铁路事业发展中举足轻重的人物，1895年，他仍在加拿大，但不久就要奔赴英国担任加拿大驻英国高级专员。尽管他继续保留着行长头衔，但与很多美国企业一样，这不过是一个名誉上的职位，银行日常运作是由总经理负责的。[54] 到 1914 年时，国家城市银行的资产已经超过蒙特利尔银行的 35%。而那时国家城市银行的资本较 1895 年已增长超过 10 倍。[55]

在加拿大，银行可以在全国开设分行，因此对地方银行的需求并不高。而在美国，州立银行可满足国家银行无法或不愿满足的需求。在 19 世纪的最后 30 年里，倡导开设新银行的人越来越依赖各州的规则，因为相比国家层面的规定，州一级的规则常常比较简便易行。1870—1900 年，州立银行数量从 325 个激增至 5 007 个。到 1913 年美联储成立时，美国全国上下约有 25 000 家正在营业的商业银行，其中 70% 为州立银行。[56] 州立银行提供诸如存款、贷款等各种银行服务，但是规模不及很多国家银行。

在联邦税开征之前，很多银行就已经退出了发行银行货币的业务。州立银行不仅设立程序更为简单，而且可满足小公司和农民的融资需求，这两种类型的客户对可售证券和国际交易并不太感兴趣。地方银行往往更为灵活，能够积极响应所在社区的需求，为涉农领域提供营运资金和过渡融资。某些州或地区对地方银行的监管限制较少，这些银行进行交易时也较少依赖跨越更大地理范围的大型业务网络。[57]

如表 3.2 所示，美国的大型银行集中在纽约、芝加哥和波士顿三市。尽管美国经济体量远大于加拿大，但有几家加拿大银行在规模上与在美国排名靠前的那些银行旗鼓相当，甚至略胜一筹。要是排一份北美前十大银行榜单的话，蒙特利尔银行、加拿大商业银行和加拿大皇家银行必然榜上有名，把美国前十大银行中的后三名挤出北美前十。

表3.2 1913年美国前十大银行的资产数额

银行	总资产（百万美元）
纽约第一国家城市银行	293.3
芝加哥大陆和商业国家银行	213.8
纽约国家商业银行	181.6
第一国家银行（纽约）	150.6
芝加哥第一银行	142.0
纽约大通银行	134.3
纽约国家公园银行	122.5
纽约汉诺威银行	105.9
波士顿肖马特银行	102.3
波士顿第一银行	92.2

数据来源：货币监理署。

其他国内借贷机构

在某些区域，借款方和投资者群体更是先行一步。为满足自己的银行业务需求，他们组织起互助协会，这类实体的所有权一般属于协会成员，而非股东，由受托人负责管理运营。在本节中，我们称其为储蓄与贷款银行（S&L），有时也称作储蓄银行、节约银行、互助协会、S&L等。尽管结构上并不完全相同（如其中一些为注册企业），S&L有两个共同特点：其成立是为了服务于某一群体的经济利益，业务侧重个人银行需求而非商业银行需求。名目各异的S&L在美国存续了很长一段时间。像在其他国家一样，这些组织帮助人们自力更生，奉行节俭，穷人尤其受益良多，而且对很多熟练工人和半熟练工人也有帮助，由此促进了社会稳定。[58] 但是与很多其他较小的金融机构不同，S&L（650家左右）集中分布于美国东北部。这些S&L像保险公司那样，往往注重对孤寡的帮扶。有些则将业务重心放在刚到美国不久的移民群体上，尤其是针对某一特定族群。在19世纪末到20世纪初，面对商业银行的广泛竞争，储蓄银行的市场份额开始缩减。20世纪前几十年私人储蓄和贷款增加，商业银行提供按揭贷款又面临种种限制，这就极大促进了储蓄银行的发展。到20世纪20年代时，S&L已经开始抢占人寿保险公司的住房贷款业务，"为其成员提供小额度分期偿还的新型按揭贷款，并接收储蓄存款。"[59]

信托等机构填补了银行体系的另一个"漏洞"。与商业银行不同，信托机构可作为债券本息的付款代理人（利用浮差赚钱），支付存款利息，并开展其他托管业务。信托机构与普通银行一样，可以吸纳个人和企业的存款，但此外还可以执行遗嘱和管理个人遗产。通过这些活动，信托组织得以控制很多金融资产，1914年之前商业银行是不准许进入此类业务的，商业银行提供的只是一般性的银行服务。由于银行法存在漏洞，信托机构乘机在这一监管空间开展业务，很多大型的公私银行也都急切地想要利用这一漏洞，因此纷纷成立了自己的信托机构。信托机构持有资金，使一些银行现金充裕（甚至应接不暇），进一步提升了商业银行的资金流动性。让人称奇的是，与国家银行和某些州立银行不同，这些信托机构，例如同在纽约的信乎银行和担保信托（Guaranty Trust）获准开设了国际分行，而且还开展了大量的外汇业务。纽约有一家名为跨大西洋信托公司的外资信托机构，由匈牙利三家大型银行组建，主要是在美匈牙利移民与其祖国匈牙利之间进行资金中转。[60]美国运通作为一家准银行，以为国内外的美国富人提供如转账和旅行支票等金融服务著称，其在多个外国城市建立了分支网络，对此，美国的那些大型银行就只能望洋兴叹了。

第三章
成熟阶段（1869—1914年）

外国商业银行

美国大多数州都对外国商业银行施加了种种限制。与其他银行一样，外国商业银行通常不得开设多家分行或者跨州经营。比如纽约州，可算是最理想的入驻地了，但外国商业银行直到1914年才获准建立分行。有的州则限制外国商业银行进行存贷款和票据贴现的业务——简言之，就是限制其开展银行业务。根据《美国国家银行法》，国家银行行长必须是美国公民，这样一来，在缺少各种现代通信设备的情况下，想要由外国总部控制美国的国家银行就难以实现了。大多数的外国大型银行都由美国代表与美国代理行往来，也有一些因贸易或美国投资而出现的例外情况。[61]

1812年战争结束后不久，外资就开始大量投向美国银行债券和州债券。美国第二银行获得特许的同一年，加拿大银行开始进入美国。成立于1817年的蒙特利尔银行[62]，是首家进入美国的加拿大银行。1818年，该行委派纽约州的代理机构普赖姆–沃德&金（Prime-Ward & King），后更名为普赖姆–沃德&桑兹（Prime-Ward & Sands）处理纽约州的硬币兑换和（美英）外汇业务。这家银行从一开始就为英属北美地区和美国之间的硬币兑换和外汇提供中间服务。蒙特利尔银行的银行券在新英格兰州和纽约州流通，但是在19世纪30年代，该行并未为这些业务在美投入大量资金。很快其他银行就开始复制蒙特利尔银行的业务模式。1832年，加拿大丰业银行成立还不到一年，就在纽约州指派了一家代理机构，四年之后，英属北美银行也选择了普赖姆沃德&金作为其在纽约州的代理机构。不过，与对美国银行的投资相比，加拿大银行的这些业务在对美投资总额中占比很小。[63]

到19世纪50年代时，其中几家银行在纽约州开设了自己的代理机构。据说蒙特利尔银行是当时纽约最大的银行,处理的货币市场交易量达数百万笔,或许是在牺牲本国资本需求的情况下来赚华尔街的钱。此时蒙特利尔银行也已经被视为北美三大银行巨头之一。美国内战之后,蒙特利尔银行成了北美第一大行。[64]

虽然外商独资的美国银行并不多见,1853年外商持有美国银行股权的现象则较为普遍,但相对总投资额来说,比重并不大。尽管美国有近1 000家银行有外国投资,外资持有的银行普通股仅占总量的3%。几乎所有准许外资持股的银行90%的股份都为美国人所有,证明外资虽然在美国银行业参与广泛,但是程度不高。[65]外资持股比例增加有时是通过破产程序或核心业务的补充而自动发生的。蒙特利尔银行的情况便是如此,当时该行通过在伊利诺伊州为粮食采购提供资金,收购了抵押贷款和应收账款。[66]在东北地区,外国投资者持有4家银行超过10%的股份,而在南部,这些人在5家银行中所持股份甚至更高,但从没有出现外资控股的情况。即使是在外商股权投资相对较多的路易斯安那州,外资平均持股也仅达到28%。[67]

对于银行领域的外国直接投资,有些州的态度相较纽约州而言显得更为友好。比如伊利诺伊州就准许外国银行和其他州的银行投资,加拿大银行对这种开放的态度非常欢迎。到1881年时,有4家加拿大银行在开展存款业务,成为美国金融机构强有力的竞争对手,尤其是在粮食贸易领域。蒙特利尔银行先行一步,加拿大商业银行在1875年紧随其后,1881年英国北美银行和招商银行(Merchants Bank)也相继开通了存款业务。几年间,这些新加入者提供了多种多样的服务,但是加入时间靠后的那些在1886年都关门大吉了,蒙特利尔银行成为芝加哥市硕果仅存的加拿大银行。19世纪90年代,包括丰业银行在内的其他几家外国银行想要利用伊利诺伊州较为宽松的银行监管规则再碰

第三章
成熟阶段（1869—1914年）

碰运气，结果到1914年时只有蒙特利尔银行和丰业银行幸存下来。这两家银行都没有常规的商业银行业务，尽管蒙特利尔银行在芝加哥市场占据重要位置。[68] 在加利福尼亚州，外国银行同样扮演了重要的角色。1876年，旧金山清算协会创始成员中的6个是外国银行，其中2家为加拿大银行。尽管1913年加州法律进一步收紧了对外国银行的限制，1年之后，还是有很多外国银行在旧金山开展业务，其中一家来自中国，名为香港上海汇丰银行，这是一家由英国出资创建的独立公司，此外还有一家名为横滨正金银行的日本企业。[69]

1914年之前，尽管美国金融领域有不少欧洲银行参与，但是几乎没有来自英国和欧洲大陆大型银行的直接投资。包括英国银行在内的欧洲银行在美国是通过代理行开展业务。全球顶尖的两家银行在1900年前想要在美国设立子公司，但均以失败告终。例如，在19世纪最后的25年里，里昂信贷（Crédit Lyonnais）在伦敦及欧洲、北非和中东的多座城市设有办事处。但是1879年在纽约州开设的子公司3年之后就倒闭了，表面上是因为其经营活动"不适应当地的立法规定和风俗习惯"，但可能还因为法国的一场危机。其在美国的大部分业务是通过与私人银行和股份制银行的代理行关系完成的，而这种关系又是由美国的独立代理人和法国的员工进行管理的。[70] 德意志银行也遭遇了类似的命运。该行进行了贸易工具的投机性投资，结果导致其丧失了在一家美国私人银行的股权。德意志银行先后同一名德裔记者、一位企业家以及一名土生土长的美国银行家联手，先是寻找合适的美国证券卖到德国去，后来又想要开展更大的投机项目，德意志银行几乎所有项目都是同美国私人银行或股份制银行来合作进行的。[71]

其他外国金融机构也在利用美国银行体系的弱点或漏洞。美国不允许国家银行以土地或房地产做贷款抵押，但是州立银行、信托机构和房地产投资公司却可以这样做,而且它们能够利用外国资金来提供按揭贷款。有几家英国企业以投资信托的形式设立,意图在美国提供房地产贷款,这与在加拿大的做法如出一辙。其中几家公司就是专门为美国和加拿大开展业务。这些公司大多数来自英国,但也有几家是在欧洲大陆和加拿大成立的。在19世纪的大部分时期,保险公司、储蓄与贷款银行是主要的机构出借人,但抵押贷款大多仍是个人之间而非机构之间的私人业务。就像现在的抵押信贷市场一样,很多资金都是从外国流入的,那些新进入者会直接购买较大的地块,而不愿接受多个小型地产的抵押,以省去额外的手续。鉴于提供抵押贷款是高度本地化的业务,外国投资者会通过有本地经验的非国家银行进行操作。它们的经营活动因所在地区不同而各有不同,也包括农场抵押业务。[72]

总之,外国银行开展了大量的银行业务,但来自股份制银行的直接投资相对很少。[73] 1914年有20家外国银行办事处在纽约成立(其中5家总部在加拿大),可被称作外国直接投资(FDI),这些办事处按照1911年的规定申领执照,开展重要的国际融资业务。然而,现在并不清楚这些执照可以带来什么好处,因为这些办事处不能像银行分行那样经营,不能开展存款、贷款或票据贴现业务。一些英国银行及一些重要的银行选择私下营业,不再向纽约州的银行监管部门注册。在所有注册的银行中,毫无疑问蒙特利尔银行在美国是最具影响力的。但是除伊利诺伊州和加利福尼亚州以外,美国再没有其他比较重要的外资商业银行(进行存贷款的银行)了。[74]

投资银行合作关系

鉴于美国针对本国和外国银行的诸多限制,国际投资银行业务对

第三章
成熟阶段（1869—1914年）

私人银行家的依赖也就不足为奇了。其他国家也有实力雄厚的私人银行家，但是都不像美国这样，在投资银行业和国家金融体系中起着如此重要的作用。没有其他任何国家像美国这样，对商业银行有如此严苛的限制，同时资本市场保护不够完善，资本短缺，却由此带来蓬勃发展的机遇。其中一些银行从美国商业银行业务起家，例如布朗兄弟公司（Brown Brothers and Co.）；有的则属于欧洲银行的分支；大部分都与英国有关联，如基德尔皮博迪公司（Kidder，Peabody & Co.）；或是德国，包括施派尔公司（Speyer and Co.）。J.S. 摩根（J.S. Morgan）是一家英国企业的美国合伙人，其子 J.P. 摩根（J.P. Morgan）后来成为纽约州的一名银行家，同时也是伦敦摩根银行的美国合伙人及代理人。J.S. 摩根去世后，J.P. 摩根成为摩根银行在纽约州的行长，而位于伦敦的银行（后称摩根建富，即 Morgan Grenfell）则成为在美国的摩根银行的英国子公司。有的银行靠家族纽带维系，如库恩罗布公司（Kuhn Loeb & Co.），有的则依靠宗教联系，还有的两者兼备。有些银行总部位于费城，例如德雷克塞尔（Drexel），有的位于波士顿，例如李·希金森公司（Lee，Higginson & Co.）等。饶是如此，纽约才是这些私人银行的核心聚集区。甚至纽约州以外的银行也在这里活动。[75] 这些银行所处的那个时代，既有马车在曼哈顿跑，又有了不起的国际大都市风范。由于很多金融服务还处于新生阶段，金融监管也才刚刚起步，多年以来，几乎所有的私人银行都在资本项目中身兼数职，助推巨额资金涌入美国早期的资本市场。

美国银行业结构和美国对外国资金的依赖，促使人们依靠新生的商业票据市场来进行短期融资。不同于英国的是，美国的贸易信贷不是基于银行承兑汇票，而是基于银行信用额度，以同一名称、抵押的本票的形式，可以较快兑现。对银行存款基础（单一银行制）规模以及国际银行承兑汇票使用的限制,催生了又一业务形式,即商业票据,这是一种在开放的客观市场进行交易的通用型无担保短期证券。美国率先发展商业票据市场为短期商业活动融资,时至今日已形成近2万亿美元的国际借贷规模,是企业贷款周期少于270天的主要融资方式。与私人银行的贷款不同,到19世纪后期,商业票据已经可以交易,从而为商业银行提供了一种新的投资工具,而且由于美国各地金融状况不一,还可以缓解地区性和季节性的现金短缺。这种短期融资形式尤其有助于企业打破美国西部和南部农村地区小银行的垄断。1913年之前(见本章结尾),美国国家银行不能接收汇票,买方(尤其是进口商)不得不转而依赖商业票据申请贷款,以获得购买商品的资金。但是那时(现在依然如此)商业票据的交易双方彼此独立,存在一定的距离,不像长期的银行往来那样拥有信息和关系优势。因而这种融资方式的利率和可得性往往要比银行贷款波动更大。[76]

铁路：颠覆性技术带来的苦与乐

铁路是美国第一批从本地区以外获得大量资本的私营企业业务。

——艾尔弗雷德·钱德勒，《有形的手》

(*The Visible Hand*)

铁路能极大地促进社会需求、生产力和管理创新，但也带来了许多金融不稳定性。

美国铁路建设的问题在于，在很长一段时间内，它造成的系统性金融风险比其他国家更严重。有时，铁路系统超量建设和过度杠杆化，暴露了美国在治理规范、破产法和其他监管方面的严重缺陷。美国各州和各市争相通过建设终端设施购买铁路债券和为其他债券提供担保来确保铁路通过它们的管辖范围。1860年后，联邦政府的补贴超过了各州出资。除数百万英亩的土地外，联邦政府还直接向各公司提供了高达1.75亿美元的贷款用于铁路建设，特别是建设横跨大陆的铁路线。在内战期间和结束后的初期，政府资金发挥了关键作用。[77]尽管在第一次世界大战之前的40年里，铁路公司得到了慷慨的土地和资本补贴，但它们的财务风险却有增无减，因为美国对投资和消费的需求超出了国内渠道或国内机构提供资金的能力。

在19世纪的最后30年里，美国对外国资本的需求，尤其用于铁路建设的需求大大增加。1869年，外国在美国的长期投资接近14亿美元，其中大约70%是联邦证券,不到20%是铁路债务或股权。[78]到1914年,美国欠世界其他国家71亿美元的长期资本是美国借给其他国家债务的两倍。[79] 71亿美元的债务中,有42亿用于铁路建设。[80]虽然在此期间,德国等一些国家加大了对美投资,英国仍然占美国总债务的60%。加拿大只占4%,而其中大约一半用在了北美铁路系统。[81] 1890—1895年,美国一些最大的铁路中一半以上为外国人所有。尽管这一比例可能在1890年,即19世纪90年代的危机之前到达顶峰,在1914年,所有铁路证券的票面价值仍有30%由外国人持有。英国投资者尤其喜欢将资金投到铁路上,德国、加拿大和荷兰的投资者也如此。[82]

美国的铁路与金融

美国对外国资本的依赖使美国及其债权人都经历了一段动荡不安的时期。1893年,超过50%的铁路长期融资以债务的形式存在。[83]到1900年,美国经历了三次铁路违约潮,每次间隔约10年:1873年、1884年和1893年。19世纪70年代初,在伦敦交易所发行的21只美国铁路证券出现了违约,其中有些证券在违约前一年才刚刚发行。[84]"仅在1893年,就有74家铁路公司进入破产管理程序,这些公司拥有18亿美元的资本和3万英里的铁路,几乎占了美国1890年铁路运力的六分之一,其一年的铁路里程几乎相当于前9年的总和。"[85]

铁路急需进行管理和重组,因而产生了许多管理和财务上的变化。铁路线路的详细经营报告和公开报告为当时的会计核算确立了标准。铁路对会计的影响是有据可查的。由于在土地、铁路线、火车车厢和车站上的投资巨大,有必要采用更详细的报告和更复杂的操作措施。为了服务所在地与总部之间的巨大距离,例如远至西海岸和纽约的距离,

第三章
成熟阶段（1869—1914年）

对财务报告的需求有所增加，而这对其他部门也产生了溢出效应。[86] 然而，多次金融危机暴露出一些弱点，例如相关线路合并财务报表的质量问题，以及对普通股和优先股不全额支付面值的做法，这两者都掩饰了许多公司的负债情况。

此外，铁路运营方面也有许多问题。许多铁路线规模较小而且缺乏互相之间以及同大型铁路的连通性。与其他行业一样，这些小型企业需要进行兼并整合。[87] 在1895年之前的5年，将近400家小铁路线与其他铁路线合并。虽然州和联邦法律通常会阻止这样的整合。

北太平洋铁路公司的传奇经历就是一个很好的例证。该公司于1864年成立，旨在连接明尼苏达州苏必利尔湖沿岸的航运中心和华盛顿州普吉特湾的航运中心，利用丰富的铁路和电报线路权，以及土地出让权，成为美国第二条横贯大陆的铁路线。然而发展的道路崎岖不平，北太平洋铁路公司在创立后的头30年里，经历了三次破产。在第二次破产的时候，以轨道长度来衡量，公司排名居美国第十。1896年，该公司控制的轨道数量是1883年的3倍，而1883年是它的第二次危机之年。与大多数大型铁路公司一样，其财务结构极大地增加了公司所承担的风险。1893年，其3.8亿美元债务的利息支出占总收入的40%以上。在公司发展的早期历史中，遭受了一系列问题，包括过于大的野心和腐败的管理及产能过剩，还有无法与该地区的其他线路合理合并。在经济繁荣时期和危机时期，州政府官员和破产法庭阻止了附属干线的合并。美国经济的每一次衰退，尤其是农业生产和信贷短缺，都威胁着北太平洋铁路公司的生存。公司在19世纪90年代获得大量的外国投资并面临严格的监管，不久以后，公司的所有者和债权人寻求获得美国监管部门关于合并的批准，但并未成功。其打算合并的第一个对象是其首个竞争对手——大北方铁路公司（The Great Northern），此后又寻求与联合太平洋铁路公司（Union Pacific）合并，然而法庭裁决此举反竞争并根据反垄断立法阻止了这个合并。北太平洋在管理和整合方面所做的努力实属国际化，该过程涉及德国最大的银行、纽约的主要银行家，以及加拿大铁路建设的三个关键人物：斯特拉斯科纳勋爵（Lord Strathcona）、芒特·斯蒂芬勋爵（Lord Mount Stephen）和加拿大出生的美国铁路大亨詹姆斯·希尔（James J. Hill）。[88]

许多遭遇财政困境的铁路线需要金融机构的支持，主要是减少公司债务和固定支出。有时，只有经过数年复杂而微妙的谈判，债券持有者才会愿意将部分债务转换为新的债券和股权，从而将部分债券持有者转换为股东。这一过程促成了一个更为分散的投资者群体的形成，他们不得不逐渐习惯于对公司收益有条件而非固定比例的分红，而且这一过程也催生了对会计信息和其他治理手段的新规则，也就是一些人所称的"股权革命"。也许最重要的是，危机暴露了美国管理在数量和质量上的弱点。[89]

投资者接受了金融重组，但前提条件是银行家对公司进行强有力的监督。遥远的外国股东经常对公司本地管理层和股东的无能感到震惊，更不用说更严重的利益冲突了。投资者，尤其是外国投资者，似乎非常愿意将他们的股票控制权交给由私人银行家领导的表决权信托机构，如J.P. 摩根和奥古斯特·贝尔蒙特（August Belmont），而不是任由更为"反复无常"的美国股东在关键的重组时期控制公司。许多私人银行，还有一些公共银行，如国家商业银行和德意志银行，多年来一直参与细致的管理事务。[90]

第三章
成熟阶段（1869—1914年）

加拿大的铁路与金融

加拿大和美国在铁路发展和融资方面有明显的异同。铁路建设在每个国家都有经济和政治目的。与美国一样，加拿大公司也依赖于外债，但加拿大最大的铁路公司加拿大太平洋公司（Canadian Pacific）则是个例外，因为该公司十分偏好股权融资。与美国相比，加拿大的铁路开支甚至更多。为了修建三条横贯大陆的铁路，加拿大花费了大量的资金。每条铁路都拥有一条从大西洋到太平洋长达4 000英里的干线以及一个巨大的支线网络。然而值得注意的是，加拿大整个国家的人口只有800万人。铁路建设的泡沫在第一次世界大战期间破灭，三条横贯大陆的铁路中有两条不得不收归国有。在美国和加拿大，政府都参与了铁路的建设和运营，但在20世纪以前，美国政府的参与不如加拿大那样直接。美国的铁路建设得到了政府的大力支持，特别是赠予的数百万英亩土地，但很多铁路建设都被卷入政府丑闻中。与之相比，加拿大政府采取更为直接的注资方式，这使加拿大避免了美国铁路公司破产造成的动荡。

加拿大最早发展铁路是在19世纪30年代，最初是为了将水运和轨道运输结合起来——对于像加拿大这样一个拥有众多湖泊和河流的国家来说，这是合乎情理的。包括酿酒商约翰·莫尔森（John Molson）在内的蒙特利尔商人提供资金，建造了加拿大的第一条铁路——尚普兰与圣劳伦斯铁路（C&SLR）。最初，由于缺乏资金且人口较少，铁路发展缓慢。而且还受到了1837年金融恐慌的影响。1849年，整个加拿大只铺设了66英里的铁路，其中包括如今的安大略省和魁北克省的南部。

与美国一样，一些关键的个人起到了决定性作用，两国的铁路都得到了政界人士各种形式和不同程度的支持。当时的监察长即财政部长弗朗西斯·辛克斯（后来成为加拿大第三任财政部部长）相信铁路将发挥重要作用，促进经济发展。他研究了英国和美国政府采取的措施。辛克斯在马萨诸塞州注意到，那里的政府投资了500万美元并获得了40万美元的利润，他对此记忆深刻。[91] 这一成功促使他推出了1849年的担保法案，该法案规定政府对符合条件的铁路发行的债券提供利息担保，这些铁路至少要有75英里长，并至少已建成一半。他对技术和英国工业的创造力深信不疑，这种观点在当时很流行。[92] 辛克斯认为，这项立法将刺激私营部门的投资。为了促进铁路建设，政府在1852年通过了《市政贷款法案》，赋予市政当局以本省的信用借款为铁路建设提供资金的权力。虽然这些项目旨在吸引私人资本，但不可避免地将铁路建设与政治联系起来。

在19世纪50年代，大干线铁路公司（GTR）建造了当时世界上最长的铁路，绵延超过500英里，从蒙特利尔到西加拿大（现在的安大略）的萨尼亚，并一直跨越到密歇根州。这是巴林银行首次大规模发行铁路债券，但结果却令巴林银行和投资者大失所望。[93] 为了应对运营方面的问题，1852年大干线公司指派查尔斯·J.布里奇斯（Charles J. Brydges）接管铁路管理。在他之后，又相继有数位英国人和美国人（大多数是美国人）担任加拿大铁路运营的经理。除提供外国资本和高级经理人之外，英国和美国还提供了铁路承包商、工程师和技师。

尽管《市政贷款法案》推动了铁路建设，但也催生了一波以债务融资为主的融资潮——在19世纪50年代末，大干线铁路公司的债务与资产（股本）之比为3∶1。在加拿大自治领于1867年成立之时，加拿大的领土上有2 300英里长的铁路。[94] 建立联邦在某种程度上既是铁路建设的产物，也是铁路建设的催化剂。实际上，促成最初的四个省加入联邦的一个关键原因就是联邦做出承诺，修建一条从新斯科舍省到

第三章
成熟阶段（1869—1914年）

蒙特利尔的跨殖民地铁路。加拿大成立联邦后不久，麦克唐纳提出修建一条通往太平洋的铁路，并因此说服了遥远的不列颠哥伦比亚省加入了加拿大联邦。

跨殖民地铁路和加拿大太平洋铁路在加拿大铁路融资方面呈现出截然不同的景象。跨殖民地铁路是一条战略铁路，其最初的目的是用来防御美国。因此，它必须远离美国边境，而且属于非商业性质。该铁路由政府建造和运营，这使得诸多问题变得更加复杂。整条铁路建设耗时9年，耗资高达8 000万美元，是最初估计的4倍。这条铁路从没有实现盈利，而且对新成立不久羽翼未丰的加拿大自治领造成严重的经济负担。直到一战期间，该铁路及其1 500英里的铁轨才由新成立的国有企业加拿大国家铁路公司（CNR）接管。[95]

加拿大太平洋铁路（CPR）则呈现出了不同的发展轨迹。起初，政府试图发挥主导作用建设该铁路，但却由于后人所知的"太平洋丑闻"事件导致政府垮台。对于不列颠哥伦比亚在1871年加入联邦之时联邦政府所做的承诺，新上任的政府并未努力履行。但是，当麦克唐纳爵士带领的政府赢得1878年大选连任后，其确定的要务之一便是修建一条通往太平洋的铁路。1881年，太平洋铁路通过一份特许而组建公司。该公司接管了现有和在建的铁路线，并获得了2 500万美元现金补贴和2 500万英亩的土地。该合同由政府、5名个人和2家投资银行（一家英国银行、一家法国银行）签署。其中的5名个人均出生在苏格兰，由蒙特利尔银行行长乔治·斯蒂芬领导。而斯蒂芬本人辞去了行长职务，出任铁路公司总裁。[96]

唐纳德·A. 史密斯（Donald A.Smith），即后来的斯特拉斯科纳勋爵被刻意排除在协议之外，因为总理认为史密斯在8年前曾背叛过他。但史密斯从哈德逊湾公司的最底层一路青云直上，直至担任该公司总裁，并随后接替其表兄乔治·斯蒂芬担任蒙特利尔银行总裁。他和斯蒂芬以及5位原始投资人之一理查德·安格斯（Richard B. Angus）一样，也是财团的一名重要成员。太平洋铁路的融资遇到了一些困难，主要是由于巴林兄弟公司和大干线铁路公司在伦敦交易所把太平洋铁路的财务前景描绘得十分暗淡。有时候，太平洋铁路的确看起来似乎要破产。在伦敦吃了闭门羹后，太平洋铁路开始转向纽约市场融资。1885年，正当太平洋铁路在破产的边缘徘徊时，被加拿大西北部地区爆发的一场暴乱拯救了。暴乱发生后，政府需通过铁路派遣军队到这些边远地区。在最艰难困苦的时期，太平洋铁路的巨大优势在于拥有像斯蒂芬和史密斯这样忠实股东的大力支持。他们两人承诺将拿出"个人资产……甚至砸锅卖铁变卖自己的黄金袖扣"。[97]暴乱被平息后，太平洋铁路公司的发展出现了转机，并且在1886年公司首次出现盈余。公司背后的投资者都不喜欢债务，因此极力避免产生债务，也避免了像其他多家铁路公司一样承担债务支出。在1889年公司进行了第一次分红并迅速发展成为加拿大规模最大、实力最强的企业，并顺利进入了伦敦市场。到1914年，公司大部分普通股和几乎所有的优先股都在伦敦市场交易。公司取得成功的另一个关键因素是任命美国铁路建造者科尼利厄斯·范·霍恩（Cornelius van Horne）担任总经理。他在短短5年的时间里完成了原本预计需要10年才能完成的建筑壮举。[98]

在进入20世纪之时，加拿大人口将近550万人，而且这个年轻的国家有1.8万英里的铁路和超过10亿美元的资本投资于铁路系统。从20世纪初到一战爆发的这些年里，加拿大经历了铁路建设的热潮，包括建设另外两条横贯大陆的铁路，导致铁路里程和资本投资翻了一番。有两家公司获得批准来修建横贯大陆的铁路，其中第一家是大干线铁路公司。当时的大干线铁路公司已经奄奄一息而且浪费了大量在加拿

第三章
成熟阶段（1869—1914年）

大的发展机会。但在1896年，公司聘请了一位美国人查尔斯·梅尔维尔·海斯（Charles Melville Hays）[99]来管理并"引入美国的方法"。[100]一直以来想要建造一条自由党铁路（太平洋铁路被认为是保守党铁路）的劳雷尔总理，在1903年宣布批准建设第二条横贯大陆的铁路。为此，政府专门成立了一家新公司，名为大干线太平洋铁路公司（GTPR），此举实属不同寻常。政府计划建造一条从新不伦瑞克省的蒙克顿到魁北克城的铁路，并继续向西建造，穿越荒凉的加拿大地盾（Canadian Shield），一直到温尼伯。这段铁路由政府租赁给公司。从温尼伯再往西，公司将继续建造一条通往西海岸的铁路。不出所料的是，这个公私合作的巨型铁路计划在战争年代破产，被加拿大国家铁路公司收购。

威廉·麦肯齐（William Mackenzie）和唐纳德·曼恩（Donald Mann）曾是太平洋铁路公司的承包商。在19世纪末，他们决定涉足加拿大西部地区的铁路业务，这使得加拿大的铁路行业变得更为复杂。1903年，他们认为可以获得授权，建造加拿大第二条横贯大陆的铁路。虽然结果事与愿违，但他们还是继续建造铁路，从强大的西部大本营朝着东部进发。起初，他们的资金来自政府担保和个人投资，还有加拿大商业银行为他们提供的股份资金。与大干线铁路公司一样，加拿大北方铁路（Canadian Northern Railway）在荒凉的加拿大地盾上修建的第三条跨大陆铁路，不得不在战争期间被政府接管。

到战争爆发时，加拿大已经打造了一个非凡的铁路网络：这个人口只有800万人的国家，有着超过3万英里长的铁路。加拿大的铁路系统建造在英国资本、政府税收、白手起家商人的财富以及管理技能的基础之上。加拿大铁路公司的许多高层和中层经理都是从经验丰富的美国铁路员工中选拔而来。

资本与争议：北美本土保险与外国保险

  然而，房屋火灾损失保险在实践中被证明对公众是非常有用而且有利的；我们投保此险，是为了我们共同的安全以及各位公民和邻居的共同安全和利益；为了伟大公众的利益，房屋火灾保险在平等条款的基础之上，脱离私人或单独收益与利益；我们对彼此的提议，得到一致的认可与同意，我们提出几个各自的契约、许诺与共识，也为了我们几个各自的执行者、管理者与受益者，形成、树立并达成一项业务，社会或共同性质……为了房屋火灾损失保险。

——本杰明·富兰克林，《文集》（*Papers*）

  文明的人类造了沙发，却失去了腿脚的作用。人类有拐杖的支撑，但缺乏肌肉支持……笔记本损害人们的记忆；图书馆为智慧增添压力；保险公司增加了事故数量。

——拉尔夫·爱默生（Ralph W. Emerson），《论自助》（*Self-Reliance*）

  在19世纪后半叶，企业变得越来越资本密集，生活越来越复杂，财富分配越来越广，能够利用资本并管理风险的国内非银行机构对整个北美变得越来越重要。保险业是美国经济中最具活力但也最复杂的行业之一。保险业的增长通过获取并投资大量的美国储蓄为美国的扩张提供了资金。正如这一节的题词所表明的，美国人对保险的态度和

第三章
成熟阶段（1869—1914年）

政策反映了对保险用途的认识以及对可能产生的道德风险的恐惧。

保险与美国的增长

海洋贸易对殖民地至关重要，而且城市的基础设施通常是用木材建造的，因此，海上保险——主要来自英国和本土的互助保险公司——甚至在美国独立战争之前便出现了。独立战争之时，美国的保险业已经超出了海上保险和本土互助保险公司的范畴。1792年，第一家股份制保险公司在宾夕法尼亚成立（北美保险公司，简称INA）。到1806年，美国共有50家股份公司，互助公司资本规模超过1500万美元。在第一次世界大战之前，美国最大的10家火灾保险公司中有9家是在内战之前成立的。此外，在1860年，许多外国公司通过自身的代理人或美国公司提供各种保险服务。英国公司在棉花贸易盛行的南方地区尤其活跃。1913年，有89家外国保险公司在美国经营，其中近一半是英国公司，另一半来自其他13个国家。其中有13家保险公司来自德国，它们取得了不同程度的成功。一些外国保险公司在美国的规模比在自己国家的规模更大。据估计，1870—1914年，英国财产与意外保险业务收入的40%来自美国。与大多数国家一样，美国人寿保险业务的发展速度与财产和意外保险相比来得较慢。[101]

内战结束后，美国人寿保险的需求有了快速增长。这主要得益于经济的发展、人口的增加以及工人薪资保险等新型保险形式的出现。1870—1895年，美国的人寿保险业务量增加了6倍。到1905年，保费占美国GDP的比重达到5%，约10亿美元。19世纪下半叶，人口预期寿命增加了25%，对保险的需求也随之增长，人们通过买保险来减少疾病或意外所带来的影响。这些美国的保险公司十分富有创意，它们擅长对新型人寿保险,如唐提养老金制(Tontines)进行市场营销,而且擅长雇用拿佣金的保险经纪人。这些做法使得美国的保险公司较早实现了国际化,但这项"成就"也带来了与国外甚至美国监管机构的矛盾。1850—1880年,有效的美国人均保险从英国的1/6增长到与英国相当的数额,而且美国保险覆盖的人口更多。随着美国本土保险公司数量增加,监管机构对外国保险公司设立了更多的监管障碍,这些外国保险公司在美国市场的竞争中面临重重困难,但这并未阻碍它们想在美国这庞大且迅速增长的市场中分一杯羹的愿望。来自英国、加拿大和德国的保险公司纷纷在美国内战后建立了更多的代理机构、分支机构和子公司。[102] 例如,在1913年,有高达89家的外国保险公司在美国经营火灾与意外伤亡保险业务。其中将近一半来自英国,还有许多来自德国、俄罗斯和法国。这些外国保险企业在美共持有1.84亿美元的许可资产。[103]

1905年,人寿保险行业受到来自公众的密切监督。因为人寿保险起源于社区服务,而且将钱交由任何一家机构长期保管都意味着对其有特殊的信任。对人寿保险行业的指责威胁到整个行业作为创新性金融服务的地位,以及其在国家甚至国际上的存续能力。债券持有人、投保人以及监管机构均对人寿保险持有疑虑,在此背景下,阿姆斯特朗委员会(Armstrong Commission)成立了。该委员会此后由成为美国最高法院首席大法官的查尔斯·埃文斯·休斯(Charles Evans Hughes)所领导。根据该委员会的调查结果,纽约成为保险承销的"黄金标准",而且截至1907年,美国29个州对许多人寿保险做出限制,包括将保费投资于工业股票。该委员会还提出了保单市场营销与管理方面的新政策建议。

美国的保险企业一直以英国为标榜,与英国一样,美国在一战之

第三章
成熟阶段（1869—1914年）

前基本没有任何本土发展起来的再保险业务。英国法律不鼓励将一家主要保险公司的部分风险（为保险公司提供保险）转让到另一家专门帮助其他保险公司进行多样化发展的公司。在美国，尽管有分散风险的迫切需求，再保险业务起步却十分缓慢。美国保险公司试图通过诸如保险交换和共同保险协议等烦琐的手段来避免灾难性事件的影响。再保险法律的许多方面仍不清楚。例如，其中一个争论点便是：如果主保险公司破产，再保险公司是否仍须承担责任。进入20世纪后，几乎所有在美国提供再保险的公司，如慕尼黑再保险公司和瑞士再保险公司，都来自欧洲大陆。自19世纪中期起，再保险的做法在欧洲大陆很普遍。到1900年，这些公司在成立法律实体前便已经在美国开展了广泛的业务。[104]

在1906年4月旧金山发生地震时，美国的再保险业如果已有了较大的发展，那么地震所造成的一些灾难性金融影响就可以避免。当年的地震是一场巨大的人类和经济灾难，对美国的保险和金融业产生了深远影响，甚至在一定程度上造成了8个月后的1907年银行家恐慌。1906年的旧金山人口只有40万人，但地震当日造成的死亡人数与2001年"9·11"恐怖袭击中的死亡人数相当。当时旧金山90%的房屋都是木质结构。据估计，地震造成了2 000万美元的直接损失以及4亿美元的火灾损失，占美国GDP的1.3%。许多保险公司因此破产，甚至许多大型再保险公司的生存都受到威胁。造成问题的部分原因在于对风险的定义和保险。损失是由地震（没有保险）还是火灾（有保险）造成的？如果一个房屋起火并倒塌到另一个房屋上，另一个房屋的损失是由火灾还是房屋倒塌造成的？美国的监管机构需要应对这些棘手的问题，鼓励保险公司对风险和损失做出更严格的定义，并且在更广的地理范围进行多元化发展。在这些方面，欧洲的再保险公司提供了宝贵的资本与技能。[105]

监管的两个方面十分具有美国特色。首先，保险监管曾经是也仍然是州级和联邦级法律的复杂混合体。不顾保险公司的反对意见，美国最高法院（保罗诉弗吉尼亚案，1868年）裁定保险不属于州际贸易（根据宪法中州际贸易条款规定），因此不属于联邦管辖范畴。该裁定不时受到监管机构和立法机构的挑战，比如1887年的《州际贸易法》、1906年的《赫伯恩法》（Hepburn Act）和1910年的《曼－埃尔金斯法》（Mann-Elkins Act）。所有这些努力促使联邦政府对保险公司的一些定价决策进行监管。这一裁决导致了美国保险监管的奇怪结构。与美国历史上大部分时间的银行不同，此时的保险公司的一个特点是可以跨越州界经营业务并进行承保活动，虽然其监管主要在州一级。不过，保险公司需要遵守全国范围内普遍适用的规则。这些规则由私营保险组织和全国保险委员会协调。此外，国家监管机构和法院仍不时威胁各州和企业，如果认为各州的监管力度不够，它们将接受更多的联邦监管。美国市场的第二个特点是保险公司只能经营单一险种，这种做法一直盛行到20世纪20年代。例如，如果一家公司承保了海上保险，就不能再承保火灾保险。[106]

虽然具体的储备限制和投资指南各州有所不同，但我们知道保险是美国投资资金的主要来源，其中大部分投资来自人寿保险公司。1905年，仅三大人寿保险公司——公平人寿、互助人寿和纽约人寿——就拥有13亿美元的资产，超过美国国内生产总值的4%。[107] 1900年，29家人寿保险公司的资产主要是按揭贷款（28.8%）和政府债券（32.2%）。[108]一战之前的资产总额数据基本无法获得，但在1925年，将近40%的人寿保险公司资产都集中在政府和企业债券，将近45%在按揭贷款下直接进入了房地产业。[109]

第三章
成熟阶段（1869—1914年）

加拿大的保险业发展历程

尽管加拿大和美国在银行业方面的做法截然不同，但两国的保险业却有很多相似之处。[110] 不出所料，加拿大历史上提及的第一种保险是海上保险。当时，与加拿大不同地区进行贸易的商人通常在欧洲（尤其是伦敦）购买保险，这是欧洲商人相对于加拿大商人的一个优势。加拿大提供的第一份火灾保险也起源于英国。伦敦凤凰公司（The Phoenix Company of London）于18世纪晚期开始在北美做广告，并于1804年在蒙特利尔、1805年在哈利法克斯开设了代理机构。[111]

加拿大的人寿保险业，与美国一样，在19世纪40年代开始腾飞。1842年，纽约互惠保险公司（Mony）获得了一份特许证。在接下来的8年里，其他保险巨头如安泰保险（Aetna）、马萨诸塞互惠银行（Massachusetts Mutual）和纽约人寿（New York Life）得到了蓬勃发展。1847年，在当时的西加拿大（现在的安大略省），加拿大第一家人寿保险公司——加拿大人寿——在汉密尔顿成立。在接下来的50年里，其他加拿大寿险公司也纷纷成立，但与美国不同的是，这些公司主要是股份公司，而非共同公司。[112]

1867年，新成立的自治领迅速通过了关于保险业的立法。某种程度上说，是由于此前西英格兰火灾保险公司的倒闭，政府不得已而为之。1868年5月，政府通过了一项立法，要求保险公司向政府缴纳5万美元的押金。这使得加拿大对英美保险公司的吸引力下降，为加拿大人寿保险公司的发展开辟了道路。该法律还效仿马萨诸塞州的做法采用了一套检查制度，并模仿纽约州采取年度估价制度。当时，火灾和人寿保险业务主要由英美公司主导。火灾保费是人寿保费的两倍。[113]

与美国一样，加拿大对保险业的监管也采用了一分为二的方法。

联邦政府监管联邦注册的保险公司和外国保险公司，但是省级政府对保险供应商和保险产品的销售发放许可证。19世纪70年代中期，加拿大又通过了有关人寿保险的额外立法。财政部下设了保险业监督办公室。其首位负责人是J.B.谢里曼（J.B. Cherriman）。谢里曼先生出生在英国，毕业于剑桥大学，后移居加拿大，曾担任多伦多大学数学系助理教授。[114] 此外，政府还通过了一项立法，要求联邦成立的公司提供年度报表、精算准备金和死亡率表格，要求在加拿大经营业务的公司必须保持足够的与负债相匹配的资产。[115]

1869年，加拿大的寿险业由英国和美国保险公司占主导，它们分别持有超过45%和近40%的有效业务，其余15%的业务由加拿大人寿公司持有。然而，由于政府规定这些公司必须缴纳5万美元的押金，许多外国寿险公司认为，这笔资金可以发挥更好的用途，因此退出了加拿大市场。由此产生的市场空白很快被新成立的加拿大保险公司填补。到1900年，加拿大保险公司持有超过60%的保险业务，美国公司市场份额不到30%，英国更是低于10%。这种模式一直持续到第一次世界大战期间，当时加拿大公司占有全国保费收入的63%，美国占有32%，英国只有5%。[116]

加拿大人寿是加拿大历史最悠久、规模最大的人寿保险公司，在20世纪初从汉密尔顿迁至多伦多。然而，到1914年，总部位于蒙特利尔的永明保险（Sun Life）在规模上就超越了加拿大人寿。两家企业都已经进军海外市场，海外业务主要集中在英国和美国。[117] 其他保险公司也逐渐崭露头角，例如位于多伦多的联邦人寿（Confederation Life）和宏利人寿（Manufacturers Life），以及滑铁卢的互助人寿（Mutual Life）和温尼伯的大西人寿（Great West Life）。[118]

著名的加拿大历史学家迈克尔·布利斯（Michael Bliss）指出，随

第三章
成熟阶段（1869—1914年）

着19世纪的结束，许多加拿大寿险公司发现加拿大市场规模太小、太有限。到了"19世纪90年代，加拿大人寿保险推销员周游世界，为其保单开拓新市场，将资本输入加拿大，在加拿大进行有利可图的投资"。永明保险公司和宏利保险公司便是其中的典型。"人们通常认为，在中国销售的第一份保单出自永明保险公司于1894年在上海任命的第一位全职销售经理之手……除永明保险公司之外，宏利保险公司也在努力开创巨大的中国新市场，并于1897年在上海任命了第一位总经理。"[119]

1880年，永明人寿在英属西印度群岛开设了一家分公司，开启了向国际市场扩张的步伐。此后，永明公司开始了一系列与公司名字相关联的国际活动，并于19世纪90年代初，扩展到了亚太和南美地区。1892年，永明公司的业务已经遍及东南亚地区，并于1893年进入英国市场。永明公司取得成功的一个原因是其做好了在中国向中国人售卖保险产品的准备，以及在印度"自由接受本地人"的准备。1895年，永明公司在底特律设立了其在美国的第一家办事处，并于同年进入了菲律宾、越南（法属印度支那）和泰国。宏利公司与永明公司一样，也早就将目光投向了亚太地区。1897年，宏利公司在中国销售出了第一只产品。然而，公司董事会对这个新市场充满疑虑并通过一项决定，规定"在未经董事会批准的情况下，不得再承接来自中国的任何业务"。[120]

1899年，加拿大修改了相关规定，允许寿险公司投资迅速发展的加拿大公用事业。这一改变解放了数亿美元的资金，用于投资这一需要大量资本的新兴行业。例如，在多伦多拥有分销垄断地位的多伦多电光公司（Toronto Electric Light Company）[121]，其所有债券均由三家寿险公司持有。[122] 美国的寿险公司尤其偏爱投资股票和各种债券，其2/3的投资集中在这些领域。加拿大的寿险公司则在股票、债券和房地产贷款之间进行平投资。当加拿大西部开放时，房地产业涌现出了大量机遇，然而按揭和贷款公司没能抓住这些市场机遇。

19世纪后期，加拿大的保险公司有一个不同寻常的特点，即任命政治家进入董事会，甚至有时任命其担任总裁，以增强公司的廉洁性。永明保险公司的第一位总裁是位显赫的蒙特利尔商人及国会议员，托马斯·沃克曼（Thomas Workman）。同样，联邦人寿任命弗朗西斯·辛克斯爵士（加拿大财政部长）担任公司首位总裁。更有甚者，北美人寿任命前总理亚历山大·麦肯齐爵士（Sir Alexander Mackenzie）担任公司总裁。但最厉害的要数宏利公司，任命加拿大在任总理麦克唐纳爵士担任总裁。

1905年成立的纽约州阿姆斯特朗委员会对美国和加拿大都产生了影响。当时，有一位富有魄力而且经常语出惊人的报刊出版商兼国会议员强调了委员会工作的重要性，并要求对加拿大的保险业进行调查。于是加拿大政府任命了一位皇家专员[123]，专门负责调查工作。委员会虽然质疑了一些保险公司的投资活动，但几乎没有发现任何不当之处。尽管如此，许多人在调查过程中声誉仍然受损，例如乔治·阿尔伯特斯·考克斯[124]议员、乔治·福斯特（George Foster）阁下。[125]

麦克塔维什皇家委员会提出了一些与阿姆斯特朗委员会类似的建议。这些建议主要强调了要增强保险公司投资、董事利益和薪酬的透明度，以及对投资资产类别加以限制。政府采纳了其中部分建议并加大了监督力度。[126]

专业金融服务公司在北美的衍生发展：
精算、咨询、会计和信用服务

随着商业活动变得越来越复杂，企业越来越需要新型的金融服务。许多新型金融服务公司起源于历史更悠久的金融公司。出于监管或商业目的，其中部分业务逐渐变得更专业化，于是分离开来，成为独立的金融服务公司。

随着保险业不断发展，保单承销商业化和专业化的趋势越来越显著。这与保险业的初衷相悖，因为大部分早期的保险活动出发点是提供社区服务而非盈利。许多美国人认为保险业应是一项不以追求经济利益为目的的私人（非政府）活动，因此对商业化的做法充满憎恶。早期的保险互助公司目的在于为社区中所有成员提供永久保险服务。而外国保险公司给本地公司带来极大压力，迫使这些公司更加商业化和数据化。保险公司通过越发复杂的数学算法来评估损失以及分散化的价值。精算学的发展也促进了其他服务的衍生与发展，帮助保险业变得更加专业化。无论保险公司还是监管机构都借助评定总局（General Adjustment Bureau）等独立的专业机构就保险损失提出建议和调整。这家机构如今仍在发挥作用。[127]

与此同时，其他专业咨询服务公司也涌现出来。早在1884年，最早的管理顾问之一弗雷德里克·温斯洛（Frederick Winslow）被"任命为米德维尔钢铁公司首席工程师，而且当时的美国只有一所大学教授正式的管理学课程"。[128]其他早期的管理专业从业者还包括吉尔布雷斯夫妇

（The Gilbreths），玛丽·帕克（Mary Parker）和哈罗德·史密蒂（Harold Smiddy）。他们的早期工作主要是提高生产率，并就金融公司对实业公司股权投资提供咨询服务。他们组成了咨询服务业的中坚力量，而且见证了该产业在20世纪20年代和30年代的腾飞发展。[129]

铁路公司及其他大型企业都缺乏训练有素的经理人来管理大型企业的多元化业务。这些企业不得不依赖工程师，尤其是那些有军事训练背景的工程师。在分销与生产革命的初期，具有丰富经验和广泛知识储备的银行家填补了管理人才的缺口，尤其是在19世纪末。此后，在20世纪初期的美国，银行家提供的管理技能逐渐被专业咨询公司所取代，而且在19世纪末和20世纪初成立的沃顿和哈佛商学院等也培养了一批管理人才，缓解了对管理人才的迫切需求。[130]

在19世纪的最后20年里，会计专业也应运而生。对专业会计人才的培养和提升工作从本地与州级层面转移至国家层面。当时在北美有关于会计准则制定方面的辩论，有些人支持效仿欧洲大陆的做法，由政府制定会计准则和程序，另外有些人支持按照英国的模式，由一家独立的专业机构来制定准则。辩论十分激烈，哪怕在会计群体内部都难以建立共识。争论的问题还包括如何界定有能力的从业人员、协调和管控其活动、提高会计地位与收入，与会计涉及的关键要素——例如，公司、银行和交易所——建立有效的关系。尽管几乎没有会计师有遍布全国或国际的业务，但精英（有大客户的大城市从业人员）与非精英从业人员的界限却被划分出来。大多数会计公司业务集中在东北部地区，毗邻大型银行、投资者、企业和交易所，正是这些机构在推动对会计报告和管理会计信息的需求。与法律和医学等其他职业不同，会计没有进入任何大学课程或传统教学活动中。[131]

虽然英国的会计行业在知识积累和企业发展方面都处于领先地位，

第三章
成熟阶段（1869—1914年）

但由于美国人厌恶"外来"入侵，使得美国的会计业难以与英国携手合作。富有经验的英国会计师事务所应邀来到美国调查所谓的"违规行为"和目标收购企业，一些美国会计师事务所因此受到冒犯。直到1883年才有一家英国会计师事务所（Thomas, Wade Guthrie & Co）在美国设立办事处，这家事务所主要与保险和铁路公司进行业务往来。普华永道（当时叫作Price Waterhouse）直到1887年才进入美国；在美国拥有最大市场份额的德勤于1888年进入美国。[132]

虽然与外国会计师事务所的竞争从某种程度上阻碍了行业团结，但美国的一批精英会计师在1886年成立了美国公共会计师协会（American Association of Public Accountants）。该协会提倡对会计标准、培训和执照进行审议。但此后，与之呈竞争关系的机构也纷纷成立。20世纪的第一个十年里，《会计学期刊》（Journal of Accountancy）发行了。该期刊致力于推进"会计科学"，并解决了许多棘手的经济和政治问题，如折旧率、资产负债表或损益表是否应包含更重要的问题，以及如何计算公用事业价格。直到1816年，一家新的综合机构——美国会计师研究院（American Institute of Accountants）才将该行业的不同分支统一起来。尽管该机构做出了许多努力，为所有上市公司建立了统一的审计和会计标准，但结果却参差不齐。到了1914年，还没有出台关于企业审计的要求，而且上市公司还可以使用几年来收益的平均值。[133]

更复杂的金融关系也需要有更精密的方式来评估信用风险，或最起码能够避开那些出售昂贵交易文件的银行。与英国一样，美国也使用商业信贷弥补硬币及银行信贷的短缺。尽管英国做了大量征信工作，但征信公司却是由美国发明的。邓白氏（Dun and Bradstreet）是两家公司在1933年合并的产物，而这两家公司可以追溯至19世纪中期。邓白氏公司几乎与征信二字同名。在美国和加拿大，商业机构参考书和布拉德斯特里特的商业评级书成为信用评级的标准参考。但在19世纪，这些报告最初并不是基于财务数据，而是基于对诚信、守时、稳健、节俭和透明等特征的评估。一家新的专业组织——全国信用人员协会甚至游说对债务人的付款记录进行更多共享。[134]令人惊讶的是，虽然银行在贸易票据的发行和贴现中履行了一部分信用职责，但银行似乎并未受到威胁，这可能是因为每笔交易的金额通常低于汇票金额。

在加拿大和美国，19世纪末见证了会计行业的发展。早在1858年，也就是加拿大自治领成立的9年前，一位年轻的苏格兰裔蒙特利尔移民P.S.罗斯（P.S. Ross）作为一名"会计、海关和佣金代理人"创建了自己的企业。[135]其会计业务最初专注于平衡一级账目，根据保护性关税计算税金。另一部分业务涉及破产问题。到19世纪70年代中期，罗斯家族已经有了一些初具规模的会计业务，客户包括制造业和土地开发公司，甚至包括蒙特利尔新教学校董事会。罗斯家族企业的一个重大突破是成为新成立的永明保险公司的审计公司，而永明保险公司在之后发展成为世界上最大的寿险公司之一。据一个流传的故事称，永明保险公司当时极度缺乏现金，竟然用保险单来支付审计费。罗斯企业的另一位早期审计客户是加拿大贝尔电话公司。[136]

罗斯十分关心职业标准问题，于是在19世纪70年代后期，在其帮助和支持下，于蒙特利尔成立了会计师协会。该协会在1880年获得了法定认可，成为北美第一家会计专业机构。罗斯担任协会主席长达13年。此后不久，安大略省特许会计师协会也建立了起来。这两家机构十分不同：蒙特利尔的会计师协会只允许执业会计师加入，而安大略省的协会吸纳的会员不仅包括执业会计师，还包括金融从业人士和批发贸易人士。在英国一家老牌会计协会的协助下，蒙特利尔和安大略省的这两家机构在亚特兰大举行的美国会计师协会会议上达成了一

第三章
成熟阶段（1869—1914年）

项协议，成立一家专门的会计师协会。除了在加拿大本土的斗争以外，安大略省会计师协会还与英国的会计师进行了斗争。英国的会计师认为他们在英国取得了资质，因此也应在加拿大得到认可。这场激烈的战斗使殖民地办事处卷入其中。到1911年，会计领域诞生了本行业的专业杂志《加拿大特许会计师》。

政府采取行动对会计职业进行规范。早在美国通过国家立法建立国家会计规范之前，加拿大政府就在1902年通过立法成立了特许会计师、精算师和金融协会。1907年通过的《安省公司法》极大促进了会计业务的发展。该项立法要求企业为股东提供资产负债表、收支表、审计报告等信息。[137]

精算学诞生于19世纪中期的加拿大，当时加拿大的第一家保险公司——加拿大人寿成立于安大略省的汉密尔顿市。该公司创始人曾是英国精算师协会的会员。加拿大新自治领成立时，任命了一名精算师担任保险监察长一职，表明加拿大对精算学的兴趣。该监察部门还招聘了一些精算师任职。当美国精算协会在19世纪80年代末成立时，38名会员中有4名是加拿大人。而加拿大精算协会直到1907年才成立，所有24名成员都在多伦多生活和工作。[138]

对镀金时代的批判：
进步主义者、民粹主义者与1907年危机

美国灾难带来的冲击在加拿大也有耳闻，必须记住的一点是：本周出现的问题是由美国银行系统的缺陷造成的。虽然我们国家的股票市场与纽约相联系，我们可交易的证券数量也要随之减少，尤其是在美国和加拿大交易所共同上市的股票，然而幸运的是，我们的信托机构没有被贪婪的投机金融家小团体所控制，我们货币托管机构的诚信与稳健，没有遭受公众怀疑。此外，加拿大的金融投资人并没有像美国那样大规模地进行投机活动，而且以保证金购买证券的行为实际上已经停滞了数月。

——加拿大《金融邮报》(*Financial Post*)，1907年10月26日

可以理解的是，资本主义与大企业的快速增长也引起了批评与诟病。19世纪末的巨大经济增长不时被严重的经济衰退打断。许多商品价格暴跌，尤其农民从中受挫。城市数量与浮华后的肮脏也逐渐浮现。1850—1900年，东部大城市人口迅速增长。例如，芝加哥的人口从3万人增长到170万人。1880—1910年，居住在城市（人口超过10万人的城镇）的人口比例翻了两番。随着商品交易变得越来越复杂，规则也需要进行修改。与此同时，收入不平等在加剧，产品销售标准却不明确。[139] 企业整合不仅局限在铁路领域。大型公司的创建以及新的分配和生产方式的出现提高了经济效率，但威胁到那些依附于规模较小、

第三章
成熟阶段（1869—1914 年）

相对更传统企业的人的生计和独立性。

金融改革者为所有权缺乏集中和控制权过度集中所困扰，他们害怕银行家，但又想要获得更多的信贷。最重要的是，他们希望便捷地获得美国的出口产品，而不受信贷方的牵制。改革运动的许多影响都超出了本书的范畴，例如肉类安全标准的问题。但改善工作条件的努力产生了一些直接的金融影响，如催生了新形式的保险产品。

无论如何，民粹主义者和进步人士都认为，商业已经变得过于庞大和强大。1895—1904 年，美国经历了历史上最大的兼并浪潮。标准石油公司（Standard Oil Trust）是第一个大规模兼并整合的产物，此后在其他领域也发生了大型兼并与整合。1888 年，新泽西州通过了一项针对控股公司的一般公司法，为监管提供了框架。在这些年间，大约发生了 150 次整合。这意味着 1 800 家公司消失在合并后的企业中，而且这些合并后的公司有 1/3 都控制着各自市场 70% 的份额。毫不奇怪，这些兼并活动也带来了许多担忧。但令人有些意外的是，只有少数担忧是关于那些推动重组并为其提供资金的金融公司。[140] 尽管内奥米·拉莫罗在 1985 年的研究中没有涉及与银行相关的内容，但 1994 年关于新英格兰银行业的研究填补了这一空白。尽管人们认为美国的银行过度扩张，但与其他许多行业的合并相比，银行合并规模较小，而且仅限于与特定地区相关的某些地区。不顾管理层甚至所有者的阻挠，银行过度扩张的地区经历了一场重组。位于波士顿的国家银行数量从 1895 年的 60 家降至 1910 年的 23 家。在普罗维登斯，该数字在同一时期从 25 降至 9，这大大提高了银行的平均资产和盈利能力。与之形成鲜明对比的是，波士顿的信托机构数量却有了增长。[141] 尽管在此期间许多保险公司合并或倒闭，美国仍有数百家股份制保险公司在经营财产保险和人寿保险业务。[142]

企业兼并运动是美国（及世界范围内）公司治理发展过程的一部分。在此过程中，大型企业的控制权逐渐从所有者转移至职业经理人以及分散在各地股东的代理人手中，并且对他们缺乏社会问责。到第一次世界大战时，美国最大的三家公司各自拥有超过 5 万名股东。而这具有复杂的意义。到 1913 年，美国有 750 万名股东，占美国人口的近 8%，人均持股比例稳步下降。[143] 甚至在第一次世界大战之前，不断扩张的股东数量就帮助美国公司达到了巨大的规模和范围。到 1913 年，仅 7 家石油公司持有的资产就超过了 5 亿美元。[144]

那些希望对美国资本主义进行重大改革的人通常分为两派：民粹主义者和进步主义者。两派有许多共同的关注点，但也有不同的发展方向和对大企业持不同批判意见的群体。这一时期见证了土地动乱的频发，以及随之催生的几场政治运动和民粹主义党派的形成。该党派最终在威廉·詹宁斯·布莱恩（William Jennings Bryan）的带领下于 1896 年与民主党合并。动乱带来了政治和法律层面的压力。民粹主义者希望通过限制铁路最高运费、设立农民合作社、增加美元流通、增加政府发行纸币的方式来推高农产品价格、减免农民债务、征收所得税、实行更严格的移民控制并与更多机构合作来提高农业利益。尽管一些研究认为，农民提出的利润率较低的观点在现实中并不成立，但农民更愿意将产品价格下跌和投入成本上升归咎于强大的工业和金融利益。[145] 这些担忧促使政府通过立法，对公司合并和铁路定价做法进行管控，但并没有推动金融改革。对一些改革者来说，本质上追求利润的金融存在着不可弥补的缺陷。

进步人士在改善政府和维护公共利益方面有广泛的公众基础。他们包括改革派共和党人、未来的新政支持者、揭露丑闻的记者、劳工领袖、知识分子，甚至商人。事实上，1912 年美国总统的三位候选人——

第三章
成熟阶段（1869—1914 年）

伍德罗·威尔逊（Woodrow Wilson）、威廉·霍华德·塔夫特（William Howard Taft）和泰迪·罗斯福（Teddy Roosevelt）——都认为自己是进步主义者。他们提出了许多适用于各级政府的广泛建议，包括降低关税，改革教育、卫生、医疗保健、用工制度，规范公共事业，打击公职腐败以及打造包括地铁、发电厂和蓄水池在内的基础设施等。这些建议本身大都超出了本章节的讨论范畴，但也有不少建议对金融业产生了影响。许多建议要想施行必须依赖政府大量发行债券进行融资，并由政府税收来支付。这使得税收对金融的作用变得越来越重要，也加大了对企业和个人收入征收累进税的需求。[146] 在 20 世纪头 30 年里，美国金融监管领域的大部分重大变化得益于进步派而非民粹主义者的推动和努力。

不出意料，进步派也在努力推动完善财务会计。美国在 20 世纪大部分时间都是在提供财务信息方面的全球领导者，然而在 19 世纪 90 年代时，美国在提供财务信息方面的要求却仍落后于其他一些国家。很难想象，在 1900 年，甚至连美国的上市公司都不需要提供年度审计财务报表。有些公司把多年的数据混在一起，还有些公司则根本不会提供任何报表。[147] 在 19 世纪的最后 10 年，会计从业者开始组织起来推进使用清晰的财务信息，以改善企业管理和监管。他们还推动会计理论和标准的应用，以帮助投资者评估公司的运营情况。从一开始，这个过程就深受英国会计师的影响，他们与一些美国同行密切合作，帮助建立了一些美国公司，制定会计准则，并推动公司审计。虽然外国的影响并不总是受欢迎，但加拿大的会计师和经济学家也参与了这一过程。"蓝天"成了许多改革者的口号，他们认为对于那些消息灵通而且地位显赫的"局内人"来说，开放是一种更好的控制方式，这种方式在美国和其他国家已经成为一种常态。尽管这种对透明度的推崇在大西洋两岸都受到了一些金融人士的批评，但从 20 世纪 30 年代到今天，美国公司治理的一个关键便是建立专业组织和标准。[148]

随着城市化和工业化的发展，加拿大也面临着许多与美国一样的问题，而正是这些问题激发了美国人对改革的热情。然而，加拿大的进步运动在19世纪末到20世纪初期间并未发生，而是在1911年的自由贸易协定失败之后才爆发。

在1911年的夏天，正在履行第四个任期的劳雷尔总理访问了蓬勃发展的西部地区。他所到之处听到的全是同样的声音：西部人民不喜欢保护性关税，他们希望降低关税以便有能力将产品销往美国市场。劳雷尔提醒这些西部人民，要想实现此目标须获得美国方面的同意。出乎他的意料，美国突然要求对扩大贸易进行探讨。在此之前，美国政府的态度截然不同。既然美国现在愿意讨论加强贸易自由，劳雷尔立即奔赴美国华盛顿进行相关谈判，并成功带着美国国会授权的贸易互惠协定返回加拿大。起初，互惠协定似乎是劳雷尔领导的自由党的制胜法宝，于是劳雷尔宣布在9月份举行大选。作为反对党的保守党派当然对该条约持反对意见。不仅如此，反对该条约的势力还包括一个名为"十八人小组"的集团，这是一个由显赫的自由党商人组成的联盟，其成员包括前内阁部长克里福德·希夫顿（Clifford Sifton）爵士。在选举日，劳雷尔的自由党被击败，互惠协议也付之一炬。然而，在新加入联邦的阿尔伯塔省和萨斯喀彻温省，有15位支持互惠条约的国会成员当选，只有两位持反对态度。在萨斯喀彻温省，投票结果为大约60%支持，40%反对。互惠条约的失败为进步主义运动奠定了基础。进步运动在20世纪第二个十年的晚些时候开始兴起，席卷整个中西部草原省份，以及安大略省甚至东至新不伦瑞克省。1911年互惠条约的失败导致了加拿大两党政治制度的终结，在农民要求公平的呼声中进步政党建立。加拿大的农民不喜欢在自由的全球市场销售产品，

第三章
成熟阶段（1869—1914 年）

而愿意在受保护的国内市场购买原材料。他们也不喜欢"四十二"团体对经济的控制。该团体由两个商业大亨群体组成。一个是与蒙特利尔银行和太平洋铁路有密切关系的蒙特利尔商人群体；另一个是与加拿大商业银行和加拿大北方铁路公司有紧密联系的多伦多商人群体。

与此同时，美国对互惠条约失败的反应则是震惊与恐惧。《纽约时报》《芝加哥论坛报》和《华尔街日报》等报刊都对此进行了大篇幅报道。而且塔夫特总统的选举形势都因此遭受负面影响。《波士顿旅行家报》指出："那些加拿大人在塔夫特总统最需要连任的时候剥夺了他赢得连任的最佳法宝，这是非常不仁慈的一件事。"[149]

1907 年的危机

1907 年的银行家恐慌事件将进步主义的注意力转移回了美国银行业。这不是美国内战后唯一发生的危机。多年来，人们感觉仿佛生活在 19 世纪 70 年代和 80 年代的萧条中，当时一些行业进行了重组，大宗商品价格停滞或下跌。在 1873 年、1884 年、1890 年和 1893 年，美国经济经历了严重的冲击，其间大量银行倒闭。在 1893 年的危机中，银行几乎都无法将存款转换成货币。这些危机有许多直接的原因，例如：铁路杠杆和产能过剩，以及外国投资者对美国金本位承诺的担忧。1907 年的恐慌似乎是始于银行业的第一次危机。几家监管宽松的纽约信托公司被发现参与了大宗商品投机活动，也使其他公司的偿付能力遭到质疑。无论如何，恐慌很快蔓延到其他地区，导致了短暂但严重的衰退。当时最著名的投资银行家 J.P. 摩根挺身而出，在州政府和联邦政府不作为的情况下，他组织了一个银行家委员会来评定各家信托公司是否有偿付能力，并确保整个银行系统的流动性。这是最后一次由私人银行家扮演此角色。因为总的来说,公众对此不但没有感激,反而对需要私人银行家插手相助而且拥有如此大权力感到震惊。[150]

在恐慌期间,正如其他几次危机一样,发生了大范围的存款停滞,导致货币供应下降。而在1879—1914年,唯一一次发生这种情况的便是1907年的恐慌危机。由于没有联邦银行来确保流动性,存款大幅下降。进步派虽然害怕金融中央集权,但更害怕私有的中央集权,所以他们把注意力集中在股份制银行和私人银行的活动上。有两个相互交织的问题必须得以解决,即货币的发放和银行对经济的控制能力。1908年,政府出台了《奥尔德里奇－弗里兰法案》(Aldrich-Vreeland Act),作为应对恐慌的临时措施。虽然民主党没有投任何一个赞成票,但在共和党占绝大多数的议会中顺利通过了该法案,允许国家银行可以在紧急情况下发行由任何债券(不仅是政府债券)担保的货币。许多人将该法案视为一种权宜之计,但该法案也创建了国家货币委员会(National Monetary Commission),而且委员会提出的建议最终带来了1913年的《联邦储备法案》(Federal Reserve Act)。[151]

1907年的恐慌以及J.P.摩根在平息危机中发挥的作用进一步加剧了人们的担忧,即强大的金融利益集团在控制着美国经济。危机后不久,美国众议院发起了一项针对"货币信托"的调查。负责调查的次委员会——普约委员会(Pujo Committee)发现J.P.摩根和其他几位私人银行家带领一个银行家团体控制了18家不同的金融机构,并且担任112家企业的董事,这些企业资产总额高达220亿美元(相当于美国一半的GDP)。[152] 美国最著名的进步派人士之一即后来成为美国最高法院大法官的路易斯·布兰戴斯(Louis Brandeis)将普约委员会的调查结果发表在其撰写的《别人的钱——投资银行家的贪婪真相》(*Other People's Money —— and How the Bankers Use It*)一书中,并促进制定了美国第三个中央银行的立法。

虽然不为大众所熟知,但加拿大其实也在 1907 年经历了一场信贷危机,见证了多起银行倒闭。危机虽然不像美国的那么严重,但仍然成为加拿大在 20 世纪经济最糟糕的年份之一。和美国一样,加拿大的主要问题是经济的商品属性,以及秋季运输农作物的巨大资金需求。长期以来,资本密集的基础设施建设蓬勃发展,进一步加剧了资金的短缺。由于信贷需求巨大,银行开始收紧贷款标准。这让加拿大西部地区经历了一段近乎恐慌的时期。加拿大当时的财政部长 W.S. 菲尔丁(W.S. Fielding)通过以下措施力挽狂澜,扭转了颓势。在他的推动下,政府出台措施允许银行在收获季节发行超出法定准备金的货币。具体而言,银行可以发行不超过其未动用实收资本和准备金 15% 的票据,但仅限于 10 月 1 日至 1 月 31 日。[153] 这种简单的权宜之计使加拿大经济度过了 1907 年"被遗忘的信贷危机"。加拿大政府在经历了 1/4 个世纪和大萧条之后,才决定有必要通过一个中央银行来制定货币政策。

美国创建"第三个中央银行"

虽然在 1907 年的危机后,美国各方达成广泛共识,认为美国的金融体系亟须修复,但仍需要富有技巧和智慧的政治谈判,才能通过关于美国"第三个中央银行"的立法。自建国以来便困扰美国金融业的遗留问题必须得到解决。立法过程是一场名副其实的审判,揭露了美国社会长期以来对金融监管的矛盾心理。各种议题都浮出水面:对中央权威和富豪政府的恐惧;对资本家迷恋硬通货的蔑视,这种迷恋剥夺了农村或城市里的普通人与生俱来的权利;对外国影响的怨恨;甚至是对过去英雄的尊敬。实际上,立法制定者甚至不愿把这个新机构称为中央银行，因为他们担心这个词给人带来联想。[154]

鉴于以上挑战的艰巨性，《联邦储备法案》的通过是具有进步意义的一项重要金融成就。该项法案与尼尔森·W. 奥尔德里奇（Nelson W. Aldrich）议员所提出的一项计划有很多相似之处，他是小约翰·D. 洛克菲勒（John D. Rockefeller Jr）的岳父。法案最终在由民主党控制的议会中获得通过，由伍德罗·威尔逊总统签署成为法律。尽管面临本党派的强烈反对，威尔逊总统一直以来都大力支持建立联邦储备。由于最初的计划是由一批大多数是私人银行家的团体提出来的，从提出之初便不受欢迎。初始计划中的一些关键要素不得不被舍弃。在1913年的时候，人们对有权有势银行家的反对情绪十分高涨，尤其反感保罗·沃伯格（Paul Warburg）所扮演的角色。沃伯格是来自德国的新移民，是M.M.沃伯格投资银行合伙人。沃伯格参与到联邦储备银行的建设之中，而且最终通过的立法复制了德国模式中的许多要素，这更加剧了人们对外国势力控制美国金融的疑虑。不仅如此，沃伯格还被任命为美联储的首批委员之一。最终，美国建立的美联储是一家由政府控制的中央银行，而非像当时的英格兰银行一样是由私有利益集团控制的机构，这点不同于建立储备银行的初衷。无论如何，从一开始，高度集中化的纽约银行家们对美联储事务便有极大发言权。出于对布莱恩和其他民粹主义批评者的尊重，最终的《联邦储备法案》没有将银行储备金和货币供应的权力集中化，这令大多数金融专家深感失望。许多反对人士恳请民主党人对该项立法投反对票，否则将是对安德鲁·杰克逊精神的背叛。对该法案的一些民粹主义性质的修订，例如《联邦存款保险》，要等到下一场大危机爆发之时才得以颁布。正如一位历史学家的精辟点评："《联邦储备法》的颁布虽然是美国历史中的一个具有标志性意义的事件，但并不意味着问题的终结，而只是休

第三章
成熟阶段（1869—1914年）

战。"[155] 的确如此，许多相关问题如今仍未得到解决，即便在最近的美国选举辩论中仍是激烈争论的话题，在当今美国动荡的政治局势中占有重要地位。

然而，美联储在1913年所履行的职责与现在相比更加谨慎，而且治理方式也与如今十分不同。最终通过的法案将货币的控制权交给了美国财政部，而非私人银行。现在的美联储可以发行新的国家货币，但多年来，政府发行的货币一直与私人银行货币同时存在。该项立法的反对人士与民粹主义者的观点一致，反对硬通货和私人银行家，认为货币发行必须属于公共职能，由人民的"需求"决定，而不是出于债权方的利益考虑。为确保吸纳各地区意见并且发挥多样性的作用，美联储体系分成了12个区域银行，负责各自地区会员银行的储备要求和流动性。美联储的使命是给美国商业的发展提供条件并促进价格稳定性（此后明确称之为"双重使命"），但这一理念一直以来并不清晰，当时与现在相比更加模糊不清。很显然，美联储需要确保银行体系的流动性，但美联储可以多大限度使用其银行储备金和贴现票据的能力来充当"最后的银行"则不明晰。美联储有权对银行票据（贷款）进行贴现，但这些贷款通常是短期的并与商业交易相关联的。

关于贴现水平以及所适用贷款种类（有些人希望将农业贷款也包括进去）的判断主要由区域银行做出，并由全国委员会进行审议。理论上来说，委员会可以否决区域银行做出的政策。多数人认为这种所谓的票据教条主义以及美国对金本位的承诺足以给过热的区域银行踩刹车，以避免通胀失控。然而，美联储作为"最后的银行"的角色定位到了21世纪仍是个棘手的问题。委员会中的6名非政府成员由总统任命，但需通过议会批准。直到20世纪30年代，美联储委员会一直由联邦政府紧密控制，财政部长和货币监理署署长均属委员会成员，而且是财政部长担任主席。所有联邦特许银行都必须注册成为美联储体系成员，它们将从美联储体系中购买股份并存储不计利息的存款。州级银行可以自由选择是否加入。该项立法也使其会员银行免于遵守此前的诸多限制，比如为国际贸易票据提供担保。[156]

建立美联储体系的过程漫长而艰辛。仅仅决定12家区域银行的地址就绝非易事，需要大量政治上的角力与妥协。与如今的事务一样，一些个人也发挥了关键作用。威廉·吉布斯·麦卡杜（William Gibbs McAdoo）虽然当时正任美国财长，建立美联储最初的支持者之一保罗·沃伯格，信孚银行前任总裁和纽约美联储首任行长本杰明·斯特朗（Benjamin Strong）都参与到建立美联储的事务中并且发挥了超越其本身职能的作用。最初的立法使许多权威界限模糊不清，致使此后委员会、区域银行和财政部对政策和做法的决定权进行了激烈争夺。[157]

《联邦储备法案》通过后仅8个月，新成立的美国央行便迎来了一项哪怕更有经验的央行都难以应对的巨大挑战：一战在欧洲爆发。虽然在美联储成立后，《奥尔德里奇-弗里兰法案》设立的紧急货币失去了意义，但由于美联储的12家区域银行直到1914年11月才开始运营，紧急货币政策仍然发挥了重要作用，缓解了欧洲宣战后引发的金融危机。1917年美国卷入一战后不久，自一开始便极具争议性的保罗·沃伯格迫于其德国族裔和多次政治斗争的巨大压力而辞去其委员职位。正当这场战争以及新的银行监管规定将美国推向金融市场的中心之时，美联储就这样失去了其最富有经验的国际银行家。[158]

尽管美国、英国和包括南非、澳大利亚以及新西兰在内的多个自治领都发挥表率作用设立了央行，但加拿大直到1934年才创建央行。加拿大姗姗来迟的背后有一些公共政策原因。加拿大有着货币和财政的稳定性。"加拿大银行家协会（CBA）不仅反对建立中央银行而且为银行体系的非正式政策指导提供了工具……现在称作'道德劝说'……此外，还有银行流通赎回基金（Bank Circulation Redemption Fund）来监测银行货币的发行。而且银行还……操作清算系统。"不仅如此，由于1914年通过的《金融法案》，银行还拥有一定程度的货币控制权。这点将在第四章进行讨论。[159]

结　论

> 1850年的加拿大人把资金借给美国，而非在未做好准备的情况下鲁莽地试图超越美国，我认为这种做法使加拿大更受益。甚至有人认为，19世纪在加拿大占主导的智慧力量帮助加拿大稳健发展，而不是像美国那样竹篮挑水——两头空。因此，到了20世纪，加拿大迎来了突飞猛进的发展。这意味着智慧也需与时俱进。
>
> ——布瑞·哈蒙德（Bray Hammond），《美国的银行与政治》
> （*Banks and Politics in America*）

19世纪60年代开始的一段时间，对大里约河以北的两个北美国家具有不同寻常的意义。随着亚利桑那州和新墨西哥州于1912年加入美国联邦，美国那时已经拥有48个州。亚利桑那州和新墨西哥州是半个世纪以来最后加入美国联邦的两个州。加拿大在1869年获取了鲁玻特地的大片领土，由此产生了草原三省；并且扩展了安大略省和魁北克省的边界。此外，加拿大还迎来了西海岸的不列颠哥伦比亚省和东海岸的爱德华王子岛。随着不断有人来定居，两国在此期间还见证了人口的快速增长，这得益于移民和高出生率两个因素，两国人口都翻了一番还多。美国在1871—1914年人口数量增长远超加拿大，到1914年人口已将近1亿人，而那时的加拿大人口刚刚超过800万人，虽然20世纪早期加拿大的人口增长速度实际高于美国。之后，美国人口增

第三章
成熟阶段（1869—1914年）

长速度又超过了加拿大，但到20世纪初，加拿大的GDP增长速度超过美国。到1914年，美国已经成为世界上无可争议的最大经济体。其经济体量是其他排名前几的国家，如中国、英国和印度的两倍。尽管加拿大的GDP要小得多，但按人均GDP计算，其仍是全球第七大富裕国家。

两国的经济增长很大程度上得益于蒸汽革命。蒸汽革命需要数十亿美元的投资，其中大部分投资来自海外。正是这些投资使得纵横数千英里的铁路线成为现实。铁路公司是美国和加拿大的企业巨头。就规模而言，美国铁路公司显然比加拿大铁路公司大许多。例如，加拿大最大的铁路公司——太平洋铁路公司的资产规模与美国第四大的联合太平洋铁路公司大致相当。一般来说，加拿大的企业主要集中在采掘业和电力通用事业领域。在美国，大型工业企业已经出现并进行合并，特别是在初级金属和石油领域（美国钢铁和标准石油公司）、食品领域，以及新兴消费领域，如汽车（福特和通用）、照相机（柯达）和家用电器（通用电气和西屋电气）等领域。然而，在美加两国，经济活动仍然在很大程度上依赖于个体农民和小企业。

在政治抗议方面，美国遥遥领先于加拿大。比如，在1912年的总统竞选中，美国有三名进步派总统候选人。这点并不奇怪，因为美国南方有片广阔的领土，而加拿大没有；此外，美国当时已经有了人口定居的西部地区。在阿尔伯塔和萨斯喀彻温加入加拿大联邦并成为省份之前的16年，美国的南达科他、北达科他和蒙大拿州已经加入美国联邦。1911年加拿大、美国互惠协议在加拿大中部省份选民的反对下遭到失败，这导致了20世纪20年代在加拿大以草原省份为中心的地区爆发了进步运动。

就金融体系而言，两国在保险等领域比较相似，但在银行业则大相径庭。在美国，有数千家没有设立分行的银行提供银行服务，而加拿大只有几十家银行，但这些银行有成千上万家分行。到 1914 年，美国建立了央行（那时加拿大还没有），银行需要在央行存储 15%—25% 的储备金。但是，这些特点并没有确保美国的银行体系比加拿大稳健。加拿大的银行资本最低要求是美国的 10 倍。此外，加拿大的银行股份分布更广泛，全国各地的利率都是均等的，法律规定需定期审查银行系统。最重要的是，加拿大的货币更有弹性，因此能够更好地应对贷款需求的季节性变化。[160] 第一次世界大战和此后的经济和政治混乱对美加两国金融的优势和不足带来了许多变化。转型的过程可以用一个农业上的比喻来说明——播种和灌溉总是在庄稼收获前进行。

第四章

"大无序"及不断增长的社会需求(1914—1945年)

一战的影响：短期与中期

> 我饶有兴致地注意到这里对欧洲局势的评判，令人惊讶的是，人们对此知之甚少。尽管这里的银行家和欧洲的同行一样用各种方法寻根问底，但他们似乎对欧洲局势不甚了解。我认为背后的原因在于缺乏对欧洲人的心理和做事方式的理解以及美国人对自身判断力的过度自信。他们完全不了解欧洲大陆的经济情况，并想用对英国的理解来衡量欧洲的一切。
>
> ——E. 胡利曼（E. Hürlimann），《美国游记》（*Bericht über Amerikanreise*）

> 1915 年"最引人注目"的发展是国内资本市场的扩张。1915 年 12 月的《经济学人》评论道："多年以来，加拿大一直是我们大不列颠的沉重债务国，如今却突然变成了我们的债权国。这可能是战争导致的最令人惊讶的经济转向。"
>
> ——理查德·罗伯茨（Richard Roberts），《拯救伦敦金融城：1914 年的金融危机》（*Saving the City: The Great Financial Crisis of 1914*）

要找到一个没有受到一战（1914—1918 年）严重影响的国家或地区几乎不可能。因为一战，一些国家不复存在，还有一些国家从此诞生，一些国家建成了全新的政府，还有一些国家对独立的渴望被唤醒或加强。这场战争带来了长达 30 年的动荡时期，战争、萧条、繁荣、外汇和利率波动，自法国大革命和拿破仑一世以来，欧洲和北美从未出现过像这 30 年期间一样如此严重的动荡。有些人把这段时期或其中部分时期叫作"大无序"时期。[1] 产生的冲击与影响更多是由于这场战争的历时长度与严重程度，而不是由于欧洲国家之间发生了"内战"。1914 年夏天，几乎没有任何观察家预见到欧洲会爆发一场持续 4 年的冲突并造成 1 700 万名平民和军事人员死亡，以及无法估量的财产损失。

一战对加拿大和美国都造成了十分严重的影响，但在时机、范围和价值上的影响并不相同。8 月 4 日，英国乔治五世国王宣布包括加拿大在内的大英帝国处于战争状态。起初，加拿大人满怀热情地接受了这个宣言。然而，随着控制措施的实施和伤亡人数的增加，这种热情逐渐消退。甚至在宣战之前，加拿大五大金融中心的股票市场就已经关闭。多亏联邦政府采取及时的行动才避免了一场金融恐慌。政府采取的措施包括通过《金融法案》，意味着向建立央行迈出了重要一步。该法案赋予政府发行无须黄金支持的新货币的权力，为战争提供资金支持并根据需求向特许银行贷款。[2]

战争爆发几个月内便带来了许多重要的影响，但许多后来才显现的影响却有着更深远的意义。1917 年成为加拿大在 20 世纪最为动荡的一年：政府引入了食品和价格管控；人力被征召到海外服役，骚乱也随之而来；三条横贯大陆的铁路中有两条收归国有——一条于当年刚刚完工，另一条才刚刚开始；妇女选举权开始实施；联合统一主义政府得以创建。政府由保守党人士和讲英语的自由党人士组成。同时，1917 年还进行了六年来的第一次选举，[3] 并通过了禁酒令（早于美国）和"暂行"《所得税法案》。这场战争不仅使借款大量增加，而且使债务从英国短暂转移到美国，并最终转移到加拿大公民身上。这场战争也标志着加拿大经济的重心继续从蒙特利尔向多伦多转移。在多伦多，

第四章
"大无序"及不断增长的社会需求(1914—1945年)

与纽约关系更密切的债券公司在筹集资金方面发挥了更大作用。战后不久,一场经济萧条导致了加拿大一家大型银行的倒闭和几家银行的合并。

同样在美国,战争的消息也带来了不少冲击,尽管美国直到1917年才卷入战争。在欧洲、大英帝国和日本宣布加入战争之前,美国的许多存款被从银行中取出来,转移到了英国。美国银行家在欧洲的金融工具被削减,美国证券遭到出售,资金回到欧洲国家。直到1914年7月31日,纽约证券交易所关闭(这是该交易所历史上第三次关闭)才止住了外国证券销售的大出血。而纽约证券交易所直到11月28日才重新开放,但对交易有很多限制,到1915年4月这些限制才得以取消。尽管面临额外的风险,黄金[4]还是从纽约的银行被运往欧洲,给英镑带来了很大的上行压力,这与2008年银行家恐慌之后美元的升值是同样的道理。这些问题持续了数月之久,令美国联邦储备委员会新上任的官员,甚至是经验更丰富的英国央行官员都感到措手不及。[5]尽管欧洲可能对新的战争相关产品有更大的需求,但金融动荡和其他因素使美国陷入了严重的衰退,失业率几乎翻了一番,并持续了将近一年。1914年,美国有100多家银行倒闭,关闭的银行数量达到了所有国家和州立银行的2%。[6]

战争极大地改变了美国与其他国家的金融关系。这是美国第一次允许(实际上是鼓励)其商业银行走向世界,在海外市场开展业务。美国查封了战争中敌国在美的财产,使美国许多企业在本国市场占据了主导地位,比如保险和再保险领域,同时也使一些企业发展成为国际上的强大势力。尽管孤立主义者并不情愿看到这样的结果,这场战争还是把美国推入了世界金融事务中,为美国带来了随后的经济繁荣与萧条,并催生了公共和私营机构对服务的新需求。在未来100年的大部分时间里，公关与私营行业会不时地进行合作，虽然这种合作关系并不顺畅。事实上，一些反战积极分子、德国银行家甚至历史学家认为，金融问题是美国在1917年加入协约国（英、法、俄之间的非正式联盟）参战的原因之一。[7]

与许多发达国家不同，美国在这场冲突中相对损失极小。部分原因在于美国有一种初生牛犊不怕虎的自信以及将其例外论向外输出的意愿，虽然这种意愿新出现时并且不坚定。第一次世界大战对美国的影响大多是积极的，与对加拿大和大多数其他参战国产生的影响不同。美国牺牲的士兵数量相对其人口量和其他国家的损失相比较少（少于加拿大），而且没有一场战役在美国的领土上进行。战争促进了美国出口的繁荣发展，并使美国从一个债务国转变为债权国。一战对美国金融体系的直接和间接影响十分广泛，但很难进行精确的衡量。

一战对加拿大及其金融体系带来的变化，虽不广为人知，但与美国产生的影响相比更为深远。几年之内，加拿大最初对战争的乐观情绪转变为一种沉重的情绪，一定程度上是金融方面的原因。[8] 即便战争结束后，加拿大也遭遇了一场比美国经济衰退严重得多的毁灭性经济萧条以及一场加拿大历史上最大规模的银行倒闭危机。

战争对两国的金融体系带来了两个同样的变化：对资本市场的更大依赖和联邦所得税的征收。在加拿大，战争的大部分资金来自借款[9]和通货膨胀，而非增加征税。与所有国家面临的挑战一样，加拿大通过征税为战争提供资金支持的能力受到极大制约。1914年，加拿大自治领政府收入的80%都来自直接税收，即关税和消费税。直到1917年政府才推出联邦所得税。在战争快结束时，除了商业利润税，政府几乎没有任何收入来自所得税。[10] 为了给战争提供资金，加拿大政府与美国的做法一样，将目光投向债券市场。这种做法将对加拿大人、债

第四章
"大无序"及不断增长的社会需求（1914—1945年）

券交易商和加拿大资本市场产生重大影响，正如其对美国的影响一样（见表4.1）。

表4.1 加拿大债券融资变化（1913—1918年，占总借贷的百分比，%）

国家＼年份	1913	1914	1915	1916	1917	1918
加拿大	12.2	12.0	43.7	33.5	74.6	94.9
美国	13.5	19.7	42.1	64.8	24.7	4.7
英国	74.2	68.1	14.1	1.5	0.6	0.4

数据来源：麦克米伦（Macmillan），皇家银行与货币委员会的报告，107页。

美国政府也依赖公众为债务融资，这增加了公众购买证券的兴趣。政府采取了激进的措施，鼓励人们购买战争债券。许多从未购买过任何证券的个人和小企业投资者现在开始持有金融资产。将人们对证券的兴趣转化成实际的购买只是相对较小的一步。1913—1929年，不仅美国股票市值占整个国家GDP的比重几乎翻了一番，而且股东人数也增加了一倍多。[11]

1917年3月至11月，加拿大的"债券市场急速恶化，亟需资金来资助战争……似乎有必要对债券销售引入一种特别的做法。因此，债券交易商协会提出了一项涉及全国范围的计划"。[12]计划得以实施，结果债券销售远超预期。1915—1919年，债券市场筹集了20亿美元的资金。也许对长期发展最重要的是，债券销售促使了金融活动从蒙特利尔转移到多伦多，这是20世纪加拿大金融业最重要的变化之一。[13]

然而，引入联邦所得税是两国金融体系最重大的长期变化。几乎没有人反对为战争征收联邦所得税。1917年，加拿大通过了《战争时期所得税法案》。根据该法案征收的资金要到1918—1919财年才能筹集。所得税对加拿大来说并非新鲜事物，一些省市早已经开始征收所得税，但从未在联邦层面征收过。所得税现已成为经济中不可或缺的重要组成部分，但颇具讽刺意味的是当时只是作为临时措施推出而且征收额度并不高。所得税只带来了930万美元的收入，仅占加拿大政府收入的3%，[14] 但这种情况很快便会发生变化。

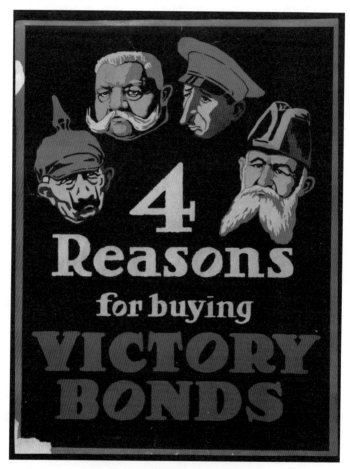

图4.1　一战期间加拿大债券海报

译者注：购买胜利债券的四个理由。
资料来源：世界数字图书馆（1917年）[15]。

战争结束后，美国也增加了对所得税的依赖。除南北战争和19世纪90年代的短暂时期外，联邦所得税直到1913年才开始征收。的确，

第四章
"大无序"及不断增长的社会需求（1914—1945 年）

许多人认为宪法并没有赋予联邦政府征收所得税的权力。但财政需求的增长和对更多服务以及累进税的期望使得第十六修正案得以通过，该修正案首次允许联邦政府征收所得税。该修正案在 1913 年得到了足够数量的州政府的批准。即使有了新的宪法权力，所得税率最初也很低，但随着战争期间财政需求的增加，各种收入的边际税率都上调了几次，所得税率也随之提高了。这些比率在 20 世纪 20 年代有所下降，但在大萧条期间又上升到一战时期的水平。如今，企业所得税、个人所得税和工资所得税几乎占美国联邦政府收入的全部，但只占加拿大联邦收入的 65%。两国之间的一个长期的区别是，美国从一开始就允许在所得税中扣除抵押贷款利息，而加拿大则不允许。

美国和加拿大的繁荣时代

相比之下，20世纪是紧急情况、灾难、临时措施和人为权宜之计的混乱年代。在1914年，短短几周之内，你便可以经历从风和日丽到疾风骤雨的剧变。

——大卫·兰德斯（David Landes），《解放的普罗米修斯》
（*The Unbound Prometheus*）

我们必须认识到，一战后的20年并非一段在政治上、金融上和经济上统一的时期，[16]而是分成多个不同阶段。正如查尔斯·狄更斯所描述的那样："这是最好的时代，也是最坏的时代。"1914—1945年，美国和加拿大在世界经济中的作用和地位发生了重大变化。19世纪末，美国超过中国成为世界上最大的经济体。20世纪初，美国超过英国成为世界上最富有的经济体。而这仅仅是个开始。尽管大萧条造成了巨大破坏，美国在二战后崛起，成为世界上占主导地位的超级大国，其经济规模比整个欧洲的总和高出60%，而中国经济在逐渐收缩，而非扩张。为了适应这一动态变化，美国从其早期的孤立主义政策转变为促进自由贸易、稳定的全球货币和安全的世界秩序的世界领导者。一战后，美国拒绝加入国际联盟；然而，二战后，美国便真正进入了国际舞台。不仅建立联合国的会议在美国旧金山召开，而且联合国总部就设在纽约市。作为战前的主要金融中心，纽约在战后超过伦敦成为

第四章
"大无序"及不断增长的社会需求(1914—1945年)

世界上最重要的金融中心。[17]

1919—1939年,加拿大自治领逐渐走向成熟。在此期间,加拿大在外交和国内政策上都实现了自治,并与美国建立了更紧密的联系。战争期间,美国对外投资总额及地理和行业分布增长了近50%,而加拿大仅增长了1/3。来自美国的银行投资翻了两番,但仍占加拿大外国投资总额的3%左右,在加拿大无足轻重。尽管经历了大萧条,到1940年,按账面价值计算,美国对加拿大的投资增长了近30%,占美国外商直接投资总额的30%。[18]第二次世界大战期间,加拿大成为美国最大的外国投资目的地。[19]

战争对美国的人口结构和经济都产生了深远影响。第十八修正案禁止生产、销售和运输酒类,但美国人对此并不畏惧,甚至还受到鼓励,致力于社会和经济变革,大规模生产加速,消费品、电力、新型电器、郊区住宅和城市摩天大楼反映出其似乎无穷无尽的增长机会。在一战之前,汽车被认为是一种新奇的东西,而到了1929年,汽车似乎成了中产阶级的必需品。1920—1930年,有室内抽水马桶的家庭从20%增至51%,有中央供暖系统的家庭从1%增至42%,有电力照明的家庭从35%增至68%,有洗衣机的家庭从8%增至24%,有吸尘器的家庭从9%增至30%,有汽车的家庭从26%增至60%。家用机械冰箱和收音机在一战之前几乎不存在,而到1930年,拥有家用冰箱和收音机的家庭比例分别达到了8%和40%。在蓬勃发展的20世纪20年代,汽车产量增加了两倍,促进了公路建设和郊区住宅的繁荣。所有这些都对美国金融体系产生了重大影响,其中最重要的是消费信贷的繁荣,人们可以"先消费,后支付"。对劳动力的强劲需求不仅带来了工作时间和工资的改善,而且还增加了对支票账户等银行服务的需求。最重要的是,1922—1929年是历史上最伟大的牛市之时。在此期间,标准普尔指数从100攀升至

309，股票价格与股息的比率从不足19%上升至超过27%。[20]

但这一时期带来的并非都是令人欢欣鼓舞的好消息。虽然对农产品的需求很高，但农民深受通货膨胀和高债务的困扰。尽管他们的实际收入保持稳定，但他们感觉自己并未从20世纪20年代的普遍繁荣中受益。1920—1930年，随着许多人为了就业和更多的机会搬到城市，美国城市人口数量激增。居住在2 500人以上的城镇的美国人口增加到5 000万人，加剧了社会矛盾。针对黑人、犹太人和其他少数群体的仇恨犯罪不断增加。针对移民，尤其是来自北欧国家以外的移民法律限制开始加强。尽管美国取得了经济的快速发展，而且世界许多地方都在经历政治动乱，移民美国的人口数量从1910年的每年100万降至1929年的不到30万。女性获得了选举权并大量进入劳动力市场，但出生率在下降，而且针对已婚妇女的工作限制在许多领域仍然存在。按照某些衡量标准来看，收入不平等加剧。即便如此，其带来的影响却很难评估。[21]

在这些年里，一些美国工业公司的资产和市场价值都超过了铁路公司，吸引了数百万的新股东。按资产和市场价值衡量，一些美国公司已经发展成为世界上最大的公司。这些蓬勃发展的企业包括阿玛尔公司（Armour and Co.）、国际纸业和电力公司、杜邦公司、标准石油公司、美国钢铁公司、通用电气公司，以及几家运输设备和公用事业公司，如通用汽车和美国电话电报公司（AT&T）。[22] 从1913—1928年，所有美国公司的股本从650亿美元增加到920亿美元，股东人数增加了一倍多。1928年，1 800万个美国人拥有股票投资。那年，美国最大的三家公司——AT&T、宾夕法尼亚铁路公司和美国钢铁公司分别拥有45.4万、15.8万和10.1万名股东。这引发了有关上市公司治理的新问题。1913—1929年，美国五大交易所的日成交量从2 000万股攀升至1.8亿

第四章
"大无序"及不断增长的社会需求（1914—1945年）

股。在20世纪20年代，美国OTC市场（未在有组织的交易所上市的股票，即新兴的纳斯达克）占股票交易总量的比例从6%升至14%。然而，在交易所上市的公司占公司总数的比例方面，美国仍然落后于英国和其他一些国家。在会计准则和审计等上市公司治理方面，美国也落后于其他相关国家。截止到1926年，纽约证券交易所的所有公司都提交了详细的资产负债表，但只有55%的公司列出了销售额，更少的公司公布了支出细节。此外，随着20世纪20年代股票上市数量的迅速增加，交易所执行严格规定的能力变得越来越有限。[23]

乍一看在蓬勃发展的20世纪20年代美加两国的比较数据，我们可能会认为加拿大蓬勃发展的力度比美国大，但事实并非如此。的确，从低点到高点，加拿大的经济增长速度超过了美国，但这并没有考虑到加拿大在一战后陷入的严重萧条。对比发现，从第一次世界大战（1917年）加拿大的经济高点到20世纪20年代（1928年）的顶点，人均GDP仅增长了7.7%，而美国经济增长了21.9%（1918—1929年）。尽管人们对后一战时期的印象是先盛后衰，但现实情况要复杂得多。例如，1918—1921年，加拿大人均GDP下降了30%。仅在1921年，人均GDP就下降了13.1%。[24] 毫不奇怪，这种经济动荡也反映在政治舞台上。阿尔伯塔省、曼尼托巴省和安大略省[25]都选举了民粹主义政府，并在下议院赢得了第二多的席位，有史以来第一次使保守党退居第三位。

在战争年代和20世纪20年代以及大萧条期间，加拿大的经济增长速度远不如美国（见附录4，附图4.3）。虽然加拿大的经济增长比不上美国，但确实超过了其他大多数国家。截止到1945年，加拿大不仅超过西班牙成为西方世界第七大经济体，而且在人均国内生产总值方面超过英国和澳大利亚，成为世界上第三富有的经济体，仅次于美国和瑞士。在国际上，加拿大因其对战争的贡献而成为一个有自主权力的国家，而不仅仅是英国的殖民地。1931年12月31日，帝国议会通过了《威斯敏斯特法案》，使加拿大等自治领在国内外事务上获得独立。[26]

加拿大的大公司比美国的小得多，而且通常是美国母公司的子公司，如加拿大的通用汽车公司和帝国石油公司（埃克森）。在加拿大，有一家企业——西格拉姆酒业公司（Distillers Corporation Seagram）表现出了跨越边境的海外强劲增长势头。

在20世纪20年代，加拿大在政治上和经济上都逐渐脱离英国而向美国靠拢。令人费解的是，尽管加拿大从美国进口的商品远远多于美国从加拿大进口的商品，但国会还是在1922年通过了《福德尼·麦库姆关税法案》（Fordney McCumber Tariff）。这项保护主义措施为加拿大带来了很多后患。尽管加拿大一直是美国商品和服务的主要买家，但在某些年份，加拿大向英国出售的商品多于向美国出售的商品。[27] 1922年，美国超过英国成为加拿大最大的外国投资者。到20世纪20年代末，美国在加拿大的投资比英国在加拿大的投资多1/3。此外，美国的投资是直接投资，而不是组合投资，尤其是在制造业、公用事业、[28] 采矿和冶炼以及纸浆和造纸方面。

加拿大和美国的银行业（1914—1929年）

> 我认为，美国财政部长及其在华盛顿的同事们鉴于对各种情况的考虑，通过了一项我们可以合理预期的慷慨政策，即英国利用从美国政府的借贷，在加拿大采购物品。
>
> ——加拿大财政部长托马斯·怀特（Thomas White），《加拿大战争财政的故事》（The Story of Canada's War Finance）

对加拿大的银行来说，20世纪20年代是一段整合与兼并的时期，尽管当时银行在整个金融中介市场的份额从60%以上降至50%。[29] 1925年发生了两次重要银行兼并，一次是皇家银行收购位于温尼伯的联合银行，使皇家银行有史以来第一次规模超过蒙特利尔银行。与此同时，蒙特利尔银行也在进行大举兼并活动，包括1922年收购招商银行以及1925年收购莫尔森银行（Molson Bank）。加拿大商业银行也不甘落后，收购了三家银行。或许其中最有意思的是收购位于温尼伯的Alloway and Champion——加拿大最重要的私人银行。[30] 在20世纪20年代初期，加拿大还有20家银行；到20世纪20年代末，只剩11家银行。[31] 正如《加拿大年鉴》所指出的那样："消除较弱的银行或者与更稳定银行的合并是加拿大银行业朝着更大安全度与自信迈出的重要一步。"[32]

除了整合以外，加拿大超过4 000家银行分行中的将近600家关门大吉，这种情况在加拿大西部地区尤为严重：关闭的分行中将近2/3

位于最近人口开始定居的草原省份。所有的大型银行在美国、英国和法国都拥有分行、子行或代理机构。皇家银行在拉丁美洲也有大量业务，在古巴有54家分行，在英属西印度群岛有20家分行，在包括西班牙在内的十几个国家都至少有一家分行。[33]

银行业的整合得到了公众与政府的普遍认可，这与美国加州的态度十分类似。然而，西方国家要求政府对银行进行检查的呼声不绝于耳，但均以成本为由遭到了政府的拒绝。1923年通过的每十年对银行法进行修订的规定只带来了一系列行政方面的改变和加拿大任职时间最长的财政部部长菲尔丁的不作为。

就在银行法修订后不久（其中包括否决了政府检查银行的提议），加拿大便见证了一家银行的倒闭。为爱尔兰罗马天主教移民创办的一家总部位于多伦多的银行——家庭银行的倒闭，成了当时加拿大最大的银行破产事件。"家庭银行的倒闭之所以成为一个如此著名的政治事件，是因为多伦多的少数几个自利的投机者用别人的钱来进行投机，这些钱是从全国各地的小额存款中收集来的……西部地区对来自东部的操纵感到愤怒，这点合情合理。"[34]

尽管这家银行倒闭，政府也向小储户支付了部分款项（500美元以下储户的35%），普遍的存款保险并未得到实施。赔偿问题引起了下议院和参议院的激烈辩论。出于对道德风险的担忧，小储户（500美元以下）的还款计划受到了限制。当时关注的重点是对小储户的同情，而不是制订普遍的存款保险计划。[35]

一个重要的结果是，政府最终在1924年引入了立法，设立了银行监察长办公室，而政府早在几十年前就设立了类似的职位来监管人寿保险。为了解决这个新职位带来的成本问题，政府规定免除对分行的检查并且所有成本由加拿大的银行来承担。[36]

第四章
"大无序"及不断增长的社会需求（1914—1945年）

1923年的另一个问题是1916年财政法案的延期。"修订后的法案规定在三年后自动恢复金本位，除非政府采取另外的措施。"[37] 前财政部副部长罗伯特·布莱斯（Robert Bryce）在对财政部的回忆中指出，该法案在国会议员没有充分理解，下议院也几乎没有进行辩论的情况下得到通过。[38] 但该法案确实使得加元回归到与美元基本持平的水平，直到1932年后又发生了变化（见附录4，附图4.4）。

加拿大在结构和监管方面的变化相对较少，与之相比，在美联储成立的前15年里，美国对本国银行业实施了四项重大改革。显然，第一个变化是建立了一个中央银行，作为美国金融的核心机构运行。之后两项改革都并非完全依赖美联储的存在，但也并非完全独立于美联储。第二个变化是美国银行业的国际化，第三个变化是一些美国银行相对于国际竞争对手规模大幅增长。第四个变化是国内银行活动的增加。

正如第三章所述，美联储在某种程度上是在1907年的银行家恐慌中诞生的。1914年1月，美联储成立不到一年，就陷入了一场新的、不同的、更加严重的危机。最终的法案于1913年12月签署成为法律，赋予新美联储相对具体的货币政策职责。美联储将作为支票的清算所，作为最后的银行家，提供充足的货币并贴现银行商业票据。美联储应对金融危机的能力可能受到了所谓的"真实票据教条"的阻碍。该理论认为，央行只应贴现涉及交易的银行欠条。在未来100年里，对在国家层面协调政策的需要超过对货币职能集中化的担忧，美联储在金融体系长期稳定方面的作用得到扩大，其职能包括对银行业和其他金融服务业的监管。[39]

尽管有关美联储职能的争论一直持续到今天，但其治理结构已经随着时间的推移发生了变化，而且仍然不同寻常。早在20世纪20年代，个别储备银行就从贴现银行贷款转向公开市场操作，出售短期国债。1923年,这些银行建立了开放市场投资委员会,成为美联储影响利率和信贷的主要手段。尽管这些活动使其更接近一个真正的央行,但人们对美联储和储备银行相对权力的争论仍在持续。1914—1945年,美国的经验不足和欧洲的金融问题使得全球金融事务的协调更加困难,给大西洋两岸的经济增加了更多的压力。举例说,20世纪30年代的危机管理不力,导致了美联储治理的首次重大变革。1935年的《银行法》取消了行政部门直接担任美联储委员的资格,并将其他委员的任期延长至14年。任命权力,尤其是对委员会的任命,仍然在美国总统和国会的手中。美联储官员必须定期向他们报告,但多年来货币政策变得更加复杂。在美国,金融事务的责任仍然相当分散。在许多方面,对银行的监管责任仍然由各州和多家联邦机构承担。[40]

1913年的最终立法包括了对美国银行进行国际业务很重要的几项条款。根据《联邦储备法案》的规定,国有银行最终可以开设外国分行,并参与国际银行承兑汇票业务。战争第一次为以美元以及英镑、马克和法郎交易的银行承兑汇票开辟了道路。美国的银行不仅建立了外国分支机构,而且还购买了那些已经从事国际业务的银行股权,例如国家城市银行购买了在中国、印度、日本、英国和其他地方设有分行的国际银行公司。1919年通过的《联邦储备法案》修正案《边缘法案》(The Edge Act)通过向从事海外银行业务和投资业务的银行颁发联邦执照来刺激出口,短期内提振了海外银行业务,但与美国接收的外国直接投资相比,总额较小,而且在20世纪20年代,人们对《边缘法案》的兴趣有所减弱。[41]参与海外业务的美国银行的数量从1914年前的少数几家增至1920年的180家,到1925年降至107家,然后在20世纪20年代末再次攀升。[42]仅第一国家城市银行就将其附属机构的总数从1914年的一家增至1925年的90家,然后到1930年增至近100

第四章
"大无序"及不断增长的社会需求（1914—1945年）

家——这一数目后来在大萧条期间减少了约20%。[43]

甚至在战前，一些州立银行监管机构，尤其是位于纽约的监管机构，开始放松对外资银行的限制。针对外国银行，美国并没有设立联邦法律，只有州一级的法律。两次世界大战之间的那段时期，美国对监管制度做了一些调整，但这对解决美国境内外资银行的匮乏问题作用不大，尤其是考虑到美国许多贸易伙伴的地位被削弱，一些外国银行，如蒙特利尔银行，甚至减少了在美国的投资。[44]

美联储刚刚建立运作不久，其国际经验方面的缺乏便受到了考验。1914年8月1日，美国的银行业官员不得不应对美国人在海外遇到的困境，因为海外旅馆和银行拒绝接受美元或美国旅行者的支票。国内严重的现金短缺加剧了这一问题。由于担心美元贬值，许多富有的游客将美元兑换成支票。随着战争的爆发，黄金的兑换和转让受到了威胁。与此同时，美联储仍在招聘人员处理日常问题，而且其高管在货币事务方面缺乏经验。[45]

然而，战争给美国带来的意外之财很快便显现出来。每年仅法国和英国就从美国市场借款20亿美元，到战争结束时总计90亿美元。大量黄金涌入美国，使美国的黄金储备增加了一倍，这让纽约联邦储备银行首任行长本杰明·斯特朗等人心生忧虑。他们担心这种新的失衡将破坏一战后的经济环境。[46]在战后数年的金融混乱之后，美国帮助安排了一项赔款计划，似乎足以鼓励公共和私人贷款流入战败国。[47]美国的银行发挥了领导作用，引导了大量的投资组合和外国直接投资。截止到20世纪20年代末，美国有超过150亿美元的公共和私人投资流入德国，其中大部分由于20世纪30年代的资本市场崩溃而未能赎回，进一步加剧了国际政治摩擦。[48]

美国的银行业在海外发展得如火如荼，与此同时，其他的变化也在悄然发生着。1914—1929年，美国银行数量减少而规模扩大，但美国银行体系仍然保留了许多汉密尔顿曾试图避免的结构性弱点。尽管银行数量减少了10%（约从2.72万家减少至2.5万家），但银行资产仍在继续增长，较美联储成立之日增长了近两倍。在1929年，只有1/3的银行加入了联邦储备系统，从而享有其带来的流动性和稳定性。[49] 但如果以存款为衡量标准，没有一家美国银行跻身世界前十。而到1925年，有两家美国银行的规模超过了欧洲大陆的所有竞争对手。[50] 第一国家城市银行的资产从1914年到1929年增长了5倍。[51] 甚至在1929年股市崩盘之前，银行倒闭的速度就已经加快，这主要是因为在大宗商品价格下跌时，银行对农业贷款的敞口加大。银行也开始提供一些新的服务，而放弃了其他的一些服务。银行参与了新型住房贷款和其他消费贷款，以及购买证券的保证金账户。随着信用报告的普及和完善，国内信用证对银行业务的重要性降低。

政治与经济动荡时代的保险业发展概况

> 世界正进入社会与商业重建的调整时期,超出人类历史以往的此类发展。在过去,从事与多数人利益紧密相关业务的人可以在应对日常问题时只考虑自身利益,这种时代已经一去不复返。
>
> ——阿尔弗雷德·M. 百思特(Alfred M. Best),在保险代理人协会所做演讲
> "百思特评论",1918 年 9 月 18 日

一战为美国的保险企业和市场带来了一系列变化。其中一些变化只是战前趋势的加速,而另一些则是全新的变化发展。在两次世界大战之间的那段时期,美国的国内和国外保险投资总额并没有大幅下降,但保险业确实见证了利益、细分市场、组成结构的重大转变,最重要的是,美国保险覆盖的接受者和提供者的国籍也发生了重大变化。[52] 就公司数量而言,一战几乎没有改变加拿大在美国的保险投资,但其业务变得更加不稳定。例如,在战争期间,保费收入和认可资产大幅增加,但在20世纪20年代,无论是按绝对数还是按非美国公司承保的保险百分比计算,二者都有所下降。[53]

欧洲战争的爆发对美国的保险业产生了直接和长期的影响。战争爆发一年后,美国保险公司发现自身承受着巨大压力。起初,战争扰乱了美国的生产和资本市场,但随着美国对交战国的出口增加,美国经济开始蓬勃发展,给保险业也带来了影响。战争增加了对保险的需

求和保险交付的限制，引发了保险行业的重组和对来往外国实体资金流动的担忧。⁵⁴

1917年美国宣战后不久采取的措施是把德国公司赶出了美国保险市场。与此同时，同年的俄罗斯革命切断了俄罗斯再保险公司的根基，导致了美国保险市场的真空。⁵⁵ 但可以想象，美国政府对外国保险公司的政策要比对敌国拥有的制造业或银行公司的政策复杂得多，执行起来也慢得多。那些制造业和银行业公司很快便被美国控制。几个重要州的保险部门建议对德国公司实施免于"与敌人交易的政策"，以保护在这些外国公司持有保险合同的200万名美国投保人。此外，德国公司雇用了数千名美国公民作为代理人和办公室职员。1917年秋，德国的保险公司继续在美国经营，但受到限制。但保险业许多企业对此仍持敌意，它们声称德国保险公司的业务将很快被美国公司替代。在强大的反对声面前，最初的政策被修改为在联邦当局的监督下清算德国公司的保险业务。⁵⁶

战争冲突与带来的影响使得投资发生了转移并带来了新的保险需求。火灾保险和海上保险仍是最常见的保险类型，但还有些新型保险涌现出来。例如，政治风险保险也成为超过300家国内和国外保险企业产品组合的一部分。⁵⁷

新兴的消费文化也对保险业和其他行业进行了重塑。1910—1920年，美国四大火灾保险公司——安泰保险，Great American，哈特福德火灾保险公司和住宅保险公司共同将保费提高了150%。在20世纪20年代，对保险公司来说，投资估值变得更加重要，但经济的繁荣与国际交流带来了许多不同类型的挑战。进步和民粹主义政治家质疑美国快速而混乱的经济增长带来的公正性和社会价值问题。甚至在20世纪20年代初，对不公平竞争、某些部门监管松懈以及未经授权的外国保险公司进入保险市

第四章
"大无序"及不断增长的社会需求（1914—1945年）

场的指控就层出不穷，并在经济繁荣时期持续不断。监管部门对保险公司的利润水平和计算方法也提出了质疑。[58]

人寿保险公司承受着全球流感暴发所带来的巨大压力。美国30%的工人都遭到流感侵袭，2.5%的人口死亡。如果这样大规模的事件发生在当今的美国，其经济损失将达到7 000亿美元。美国的生命、健康和社会都受到巨大打击，而且健康危机使得人们对人寿保险的兴趣增加并导致保费的增长。[59]

尽管如此，美国仍被视为相对安全的避风港。战争及随后的金融动荡使美国的外商投资增长放缓并改变了在美投资结构，但并没有阻挡投资发展的步伐。尽管出现了一些撤资现象，但在1929年，美国仍有99家外国火灾和海上保险公司，这也是外国保险公司集中的领域。保留下来的公司面临更加复杂的结构，运行结果往往是更低的利润。即便在一些外资保险公司退出的情况下，外国公司仍是美国在保险行业的一支强大力量，在20世纪20年代占到美国保费收入的大部分，但其市场份额在下降而且利润也不尽如人意。尽管有战争、疾病和民粹主义压力，但即使是脆弱的外国投资者也认为美国的增长前景比其本国市场要好。[60]

早在1920年，该行业的竞争和结构就已经变得十分复杂：许多新型保险政策涌现出来，企业的创立与重组、旧企业经营方式的改变更加频繁。许多在战前陷入困境的企业销声匿迹。但是，尽管面临许多挫折，共同基金在20世纪保险业的几个重要增长领域中还是发挥了重要作用。这些领域包括伤亡事故、健康和工人福利。部分原因是这些领域在成本控制方面有明显的优势，因此，在利润方面也有明显的优势。[61]人寿保险公司似乎已经将许多丑闻和流感置之脑后，继续保持强劲增长。第一次世界大战减少了来自德国公司的竞争，但也使美国公

197

司在中欧的一些业务变得更加困难。此外，一些美国公司购买的欧洲证券遭遇了贬值。[62]

对许多人来说，这段时期是一种非常美国化的现象——大众文化和大众营销的开始，保险也不能从中幸免。20世纪20年代，保险广告独树一帜。虽然与1945年以后的开支相比很小，但保险广告第一次刊登在主要的杂志上，针对目标市场展开营销。即使是大萧条时期也没有影响公司大幅增加广告活动的投资。[63]

增长领域也出现了新的问题。随着美国车主人数的急剧增加，汽车保险也得到快速发展。汽车盗窃虽然是一个相对较新的现象，但也成为火灾保险公司办理汽车保险的一个重要问题。车主们因为高额的保险费而拒绝购买保险，汽车制造商开始考虑为新车购买者提供自己的保险产品。美国东部的某个州甚至考虑建立基金，为本州的公民提供责任保险。[64]

汽车的普及也极大地促进了一般责任保险的发展。一些责任保险的销售要远早于车险，但这些保险通常是特种险。[65]到了20世纪20年代，一些公司开始承保不同种类的风险，如北美保险公司和安泰保险公司，这些公司的总部设在允许多种保险的州。[66]此前，一些州只允许保险公司经营单一险种业务，目的是通过专业化来提高业绩并保护那些经营其他保险业务的企业免受竞争，但这些州的立场也开始松动。在美国，针对汽车和房屋业主的需要而逐步发展的多险种保险已经司空见惯，但对于那些习惯了处理有限、单一风险的企业和监管部门来说，保险承销与监管变得更加复杂。[67]

与其他金融部门相比，加拿大的寿险行业经历了急剧增长，规模增长了一倍多。在寿险行业内，总部位于蒙特利尔的永明保险公司继续保持非凡的增长势头。永明保险公司以极大的热情进行海外扩张，

第四章
"大无序"及不断增长的社会需求（1914—1945 年）

进入的国家数量超过其竞争对手。特别是，永明保险公司在美国开发了一项十分庞大的业务。尽管该公司的业务涵盖了所有的寿险种类，但其在固定年金业务方面的表现尤为突出，即使与美国竞争对手相比也不逊色，更别提与加拿大其他的公司相比了。永明有充足的资金支持其年金业务，该业务为永明带来了大量的资产。[68]

在 20 世纪头 30 年里，永明人寿投资于股票的资产比例，尤其是美国股票，远高于该行业其他公司的这一比例。而这对永明保险公司来说喜忧参半。在 1929 年之前的 30 年里，永明保险公司占据了这一行业的领导地位。股票市场为其创造资本的速度优于竞争对手，资本重新投资于企业，为更快的增长提供了支持。但几乎每个人都知道永明在 1929 年的遭遇：股市崩盘几乎使其破产。

在 1929 年的股市崩盘之前，永明正经历着繁荣发展。在 20 世纪 20 年代，永明正在从主要的竞争对手那里夺取市场份额，尤其是抢占加拿大人寿和互助人寿公司的份额。20 世纪初，加拿大人寿拥有近 30% 的市场份额。30 年后，永明人寿赢得了同样令人羡慕的地位，而加拿大人寿的市场份额降至 12.5%，仍位居第二，但远低于历史高点。互助人寿也遭遇挫折，市场份额排名从第三名下降到第四名。其他主要的寿险公司——大西人寿、制造商人寿和联邦人寿等都实现了销售额的增加但却遭受了市场份额的损失。这不仅是由于永明人寿的发展，而且由于整个人寿保险行业正在更加分化，与银行业的整合发展截然不同。

加拿大有着保护其本国产业的民族传统，尤其是在金融服务领域。但不知为何，却从未注重保护其非寿险（财产和意外保险）行业。其他国家往往会保护其非寿险行业，但加拿大却从未如此。在非寿险金融服务行业中，英国公司继续发挥最重要的作用，其市场份额超过 40%，是加拿大国内公司市场份额的两倍，而其他"外国"公司，主要是美国公司，占据了36%的市场份额。在20世纪20年代末，有3家英国公司的保费都超过了200万美元，只有一家美国公司达到了这个水平，而没有任何一家加拿大保险公司达到过这个水平。另外还有7家英国公司的保费超过了100万美元，还有2家美国公司和2家加拿大公司也达到了100万美元保费的水平。在这10年中，风险几乎翻了一番。[69]

在这个时期，信托公司开始在加拿大金融中介体系中扮演重要角色。信托公司的一个独特之处在于扮演着受托人的角色。信托公司在19世纪末20世纪初的加拿大并不常见，这与美国的情况不同。加拿大的特许银行从未被赋予受托人的权力，这是两国的另一个不同之处。而《安大略贷款和信托公司法》[70]改变了这一点。1921年，这项立法授予特许银行发放无担保贷款的权力，也影响了联邦和魁北克未来的法律。该法案还允许信托公司吸收存款，使其变成了"类似银行"的形式。结果，在20世纪20年代，信托公司资产增长了近4倍，超过了火灾保险公司，几乎和抵押贷款公司一样大。

相比之下，抵押贷款公司的增长微乎其微，主要是因为其主要资金来自英国。随着北美和欧洲之间的利差收窄，这一资金来源不再像以前那样有吸引力。国内信托公司在20世纪20年代开始提供抵押贷款，这构成了信托公司的主要资产。

大萧条的成因与应对措施

那个时代的统计数字令人震惊。在大萧条最严重的时候,加拿大有一半的工薪阶层靠某种形式的救济生活。1/5 的加拿大人完全依靠政府救济。40% 的劳动力没有技能,当时人均年收入还不到 500 美元,而一个四口之家的贫困线估计是这个数字的两倍多。

——皮埃尔·伯顿,《大萧条》(*The Great Depression*)

20 世纪 30 年代的大萧条是现代史和现代经济学的分水岭。造成危机的原因到底是什么?是由于一战造成的失衡?银行和金融监管不力?过度坚持金本位?金融操纵?过度依赖真实票据教条?[71] 央行经验不足?大宗商品价格疲软?收入不平等?对 20 世纪 20 年代"非理性繁荣"的反应?还是各种因素的结合?这些争论如今仍在继续着。[72] 许多经济学家认为,随着 1930 年《斯穆特-霍利关税法案》的通过,[73] 总体上银行政策的失败、财政的节俭和美国的保护主义将一次股市的正常调整变成了世界性的萧条。[74]

大萧条带来的影响广泛而多样。从繁荣的顶峰(1929 年的美国和 1928 年的加拿大)到 1933 年的谷底,美国 GDP 下降了 28.6%,加拿大 GDP 下跌 29.6%。[75] 按照人均 GDP 来衡量,大萧条的影响更加显著。美国人均 GDP 下降了 31%,加拿大人均 GDP 下降了 35%。受危机冲击最大的欧洲国家——波兰、奥地利、德国和法国人均 GDP 分别下降了 25%、

24%、17%和16%。拉丁美洲的8个主要经济体下降了18%多一点儿，而欧洲的12个主要国家下降了11%多一点儿。英国经济仅收缩了6.5%。

对于不同国家和区域来说，大萧条的原因不同，造成的影响程度不同，且发生的历史背景不同，因此带来的政治变化也千差万别。例如，美国的应对措施主要以重大金融改革、财政刺激和重新思考贸易政策的形式出现，其影响在第二次世界大战后比在20世纪30年代更为明显，我们将在下一章深入讨论。尽管各国情况各不相同，对于世界大多数国家来说，大萧条仍然在政策讨论中占据重要地位，而且引起了人们关于此次大萧条与2008年金融危机相似之处的争议和热论。无论是通过电影、文学还是家庭故事，大萧条深深铭刻在大多数工业化国家的群体意识之中。

大萧条给美国和加拿大都带来了灾难性的影响。与1929年的峰值相比，到1932年美国标普股指下跌了85%。[76]加拿大股市价格下跌70%，其中纸浆和造纸业更是下跌97.5%。在美国，5年来一直持平的消费者价格指数在接下来的3年里以每年5%甚至更快的速度下降。美国的失业率在1929年为3.2%，在大萧条期间飙升至24.9%并在1940年之前一直在10%以上居高不下。[77]在大萧条最严重的时候，加拿大的失业率达到32%。在与底特律隔河相望的汽车城市安大略省温莎，失业率升至50%。[78]

加拿大遭受如此严重的经济萧条，不仅在很大程度上归因于全球大宗商品价格的暴跌（其中一些在经济危机之前便发生），而且还由于加拿大毗邻美国，并与美国存在密切的经济联系。1930年由美国总统赫伯特·胡佛签署成为法律的《斯穆特－霍利关税法案》将进口关税从39%提高至53%，达到历史最高水平。加拿大对美国的出口下降了70%，农产品和蔬菜产品的销售下降了93.5%，动物和动物制品下降

第四章
"大无序"及不断增长的社会需求（1914—1945年）

了81.5%。木材和纸张虽然仍是加拿大对美国最大的出口业务，但也下降了60%以上。大萧条对加拿大的主要出口商品造成了巨大冲击，受影响最为严重的商品包括牛肉、干鳕鱼、铜和小麦。而且随着加拿大脱离金本位，加元价值急剧下跌，对出口造成了更严重的打击（见附录4，附图4.4）。加拿大人的平均收入下降了48%，在大草原省份萨斯喀彻温省，平均收入更是下降了72%。[79]

尽管美加两国在经济上都受到了大萧条的重创，但政府的应对方式和经济部门受到的影响却存在显著差异。在两国的联邦、省和市三级政府中，许多在任的政客都被选民赶下了台，但选举结果却产生了奇怪的对称与不对称。在美国，富兰克林·德拉诺·罗斯福击败了赫伯特·胡佛，在大萧条期间一直担任总统，直到他在二战结束前不久去世。此后，罗斯福所属的政党又执政了7年。在加拿大，威廉·里昂·麦肯齐·金（William Lyon Mackenzie King）在1930年的选举中被击败，当时经济衰退刚刚开始两年。然而，在1935年经济复苏时，他再次当选，并一直任职到20世纪40年代末。因此，罗斯福和麦肯齐·金是两国历史上任期最长的领导人。尽管如此，他们两人的执政风格却大相径庭。虽然胡佛是共和党人，而罗斯福是民主党人，但两人都是激进派总统。麦肯齐·金是自由党派，1930年将其打败的R.B.贝内特（R.B. Bennett）属保守党派，但这两位加拿大总理在公共政策上绝非激进派。

两国的金融行业产生了严重的分化。当然，这与公共政策紧密相连。美国有数千家银行倒闭，而加拿大则没有银行倒闭。美国引入了国家证券监管机构（美国证券交易委员会），而由于英国枢密院上议院的决定，加拿大对证券的监管仍停留在省级层面。相对较新的美联储在美国举步维艰，加拿大政府银行则首次采取行动创建了央行。

美国特有的问题

1929—1932年，在不同的阶段并且由于不同的原因，美国有5 000多家（近三分之一）银行破产，全国7%的存款流失。仅在危机的最后一年1933年，就有4 000家银行倒闭，总存款量达35亿美元。当年3月，银行业被叫停。在一些州，这种情况零星地持续了好几个月。与此同时，美元贬值，政府禁止囤积黄金。[80]

政治上的影响也同样巨大。民主党总统候选人富兰克林·德拉诺·罗斯福击败了其共和党对手赫伯特·胡佛总统。以"美国人的新政"为口号，罗斯福获得了近60%的民众选票，并以472票对59票赢得了至关重要的选举团投票。此外，民主党控制了参议院并扩大了在众议院的多数席位。胡佛被永远地贴上了经济崩溃的标签，尽管他在经济崩溃前才上任6个月。

新政府上任5年内便通过了一系列旨在刺激增长并稳定经济的法案，并极大改变了美国。直到第二次世界大战后，人们才真正感受到新政对社会和财政的影响。尽管有悖于其所在政党的政纲承诺，但罗斯福还是启动了一系列基础设施项目。新政制订了多个就业和福利计划，包括联邦紧急救援署（为各州福利提供援助）、公共事业振兴署（抗洪等项目）、田纳西河谷管理局（电力工程）、《农业调整法》（农场价格和产量监管）和平民保育团（雇用年轻人的资源保护项目）。这些项目虽然都扩大了政府的官僚机构，但也极大地降低了失业率和摆脱了一定的经济困境。

新政也包括对美国劳动力和金融实践的巨大改革。《国家工业复兴法案》（National Industrial Recovery Act）试图通过限制公司降价的能力来提高价格和工资。该法案还试图减少工作时间，并建立一个经济

第四章
"大无序"及不断增长的社会需求（1914—1945 年）

部门的行为准则，其中包括有关最低工资和产出的政策。紧随其后的是 1938 年的《公平劳动标准法案》（Fair Labor Standards Act），该法案为最低工资和最大工作周制定了联邦标准。最高法院的人事变动以及罗斯福在选举中获得的多数优势使得最高法院取消了许多妨碍新政实施的宪法障碍。[81] 1935 年通过的《社会保障法》（Social Security Act）规定了联邦养老保险和其他福利，基于雇员缴纳工资的 1%（最高为 3 600 美元），以及雇主缴纳的部分。[82]

在金融方面，两项最重要的措施涉及银行和证券监管。除旨在赋予美联储更大权力，为陷入困境的银行充当"最后贷款人"，并设立联邦存款保险准政府机构——联邦存款保险公司（Federal Deposit Insurance Corporation）的措施外，美国国会于 1933 年通过了《格拉斯–斯蒂格尔法案》（The Glass-Steagall Act）。这项法案以民主党和共和党共同提案人的名字命名，有效地消除了投资银行和商业银行之间 50 多年来形成的关系。对许多美国人和一些重要的立法者来说，国际金融在资本市场上与"小人物"相比不断聚拢优势，并对美国陷入的金融困境负有责任。该法案不仅禁止商业银行（如大通银行）从事投资银行业务，还禁止私人银行和股份制银行之间在证券发行和分销方面的所有权利益和商业联盟。[83]

大萧条将永远与 20 世纪 20 年代的股市繁荣以及交易所和政府的管理不善相联系，虽然这或许有失公允。除了估值增加外，1929 年还发行了 90 多亿美元的新证券，大约是 20 年代头几年的三倍。54% 的证券是普通股，高于 1920 年的 20%。1929 年 10 月 29 日，也就是股市最终崩盘的那一天，有超过 1 600 万股股票易手，高于 1926 年 3 月创下的 380 万股的纪录。[84] 有关交易限制和其他交易所的详细记录则不那么为人所知。

公司治理和交易所治理却没能跟上交易量增加的步伐。1900—1930年，美国的股东人数从50万增加到1 000万。早在19世纪90年代，工业证券公司就开始与占主导地位的铁路股票争夺资本，但大多数投资者都非常富有，并有私人财务顾问提供指导，后者在资金过剩者和需要资金者之间扮演看门人的角色。但这种情况正在发生改变。随着交易所重要性的提升和股东人数的增加，对交易所的要求也在增加。民间流行着大量操纵市场的例子，强化了人们对于股市是卑鄙投机场所的印象。即使是经验丰富的投资者，也无法从经济或金融理论中找到依据，解释价格走势及其与财务基本面之间的关系。纽约证券交易所是美国最大的证券交易所，但不是唯一的金融交易所。波士顿、匹兹堡、辛辛那提，甚至盐湖城都有交易所。有些专门从事特定行业的股票，例如矿业股。其他则从事不同种类的交易，例如大宗商品。[85] 会计准则也含混不清。一些上市公司不提供损益表和资产负债表，而其他公司只提供年度平均数据。税务会计规范取得了较大进展，但投资者需要不同类型的信息。[86] 券商和银行向大大小小的投资者提供宽松的保证金融资，几乎没有限制或抵押品要求。纽约证券交易所向其券商和上市公司提出了新的要求，但所做努力收效相当有限。即使有了新政的改革，1929年创造的资本市场水平直到20世纪60年代才得以恢复。[87]

政府坚信缺乏市场准入和透明度是造成这场危机的原因之一，因此成立了美国证券交易委员会（SEC），负责监管交易所，确定上市公司应提供的会计信息，并批准所有证券公开出售。在1933年的《证券法》和1934年的《证券交易法》中，政府规定了会计报告、认证和联邦备案，并成立了证券交易委员会来监管上市公司的规则和上市要求。到了1938年，甚至场外交易也纳入了SEC的管控。在国会的赋权下，SEC转向会计行业协助设定上市公司的要求并设计适用于所有上市公司的审计

第四章
"大无序"及不断增长的社会需求（1914—1945年）

程序。事实上，取得公共会计师的认证已成为一项强制要求。[88]

但是，改革并非只是以上这些措施。事实上，这项改革措施的影响在第二次世界大战之后更加显著，这点将在下一章中更详细地讨论。1941年，国会创造了新的抵押贷款融资工具，减轻了小银行提供资金的压力，避免了许多抵押贷款违约，并让普通人有更多机会获得贷款来购买房屋。除了公共退休保险，国会还修改了共同基金的规定，以鼓励公民为退休储蓄。20世纪30年代和40年代初出台的住房措施，通过政府直接和间接的干预，减少了抵押贷款违约，总体上抑制了住房需求，使许多小银行免于破产。

大萧条对加拿大的冲击

在加拿大，大萧条的起源和路径从公共政策和财政角度而言，与美国大相径庭。加拿大的经济正从一战后的衰败中开始复苏，直到1928年大萧条开始。加拿大经济比其他国家早一年陷入萧条的一个主要原因是那一年小麦产量的急剧下降。当时，小麦是加拿大的主要出口产品。虽然美国的小麦产量更高，但加拿大是最大的小麦出口国。1930年的小麦产量比前一年有所下降，但价格暴跌了60%以上，并持续下跌，直到1933/1934作物年度，小麦价格跌至每蒲式耳0.35分，创下300年来的新低。其中，曼尼托巴省是英国市场的第三大供应方，该省小麦总体价格从1924/1925年度到1933/1934年度暴跌75%。[89]美国在1930年开始实施的惩罚性关税加剧了加拿大本已疲软的粮食市场。关税实施时正值加拿大的竞选期间，因此美国的惩罚性关税成为竞选讨论的一个主要问题，特别是在历来支持自由贸易的农业领域。加拿大的农业部门受到美国关税的沉重打击。结果，威廉·里昂·麦肯齐·金领导的自由党政府遭遇惨败,而前银行董事、加拿大有史以来最富有的总理 R.B. 贝内特[90]领导的保守党政府当选。

面对如此严峻的经济灾难,新一任的政府显然准备不足:由于一些基本和根本性的原因,加拿大没有一个国家财政政策。所得税由三个级别的政府征收,而作为联邦政府主要收入来源的关税和消费税在大萧条期间下降了 65%。此外,加拿大没有中央银行。而且,总理也兼任财政部部长,在如此重要的财政部竟然没有设立副部长(常任部长)职位。[91] 助理副部长处于监禁中,因此财政部的官职不足问题更加凸显了出来。这种糟糕的情况持续了两年之久。直到总理任命具有传奇色彩的威廉·克里弗德·克拉克(William Clifford Clark)担任副部长,使财政部的能力得到极大加强。而克拉克等人都支持建立中央银行。

除了这些根本性问题之外,政府还需应对巨大的财务挑战,帮助产业存活下去。具体来说,指的是加拿大国家铁路公司的营业成本问题。请求政府出手相助的还有西部地区种植小麦的农民以及东部海洋省份,这些省寻求政府对由加拿大东部运往中西部市场的煤炭提供补贴。联邦政府的棘手问题还不止这些。此外,省政府和市政府的收入远不足以应对危机带来的后果,也需要联邦出手相救。[92]

与南部盟友不同,加拿大在大萧条期间没有启动一系列引人注目的社会项目。贝内特在任期的最后一年提出了新政立法。他的继任者把该项事务交给枢密院,但枢密院宣布这种做法违宪。20 世纪 30 年代,加拿大的政策倾向于英国式的严格预算平衡,而不是美国式的泵水政策。尽管美国的征税力度大幅增加、预算欺诈以及凯恩斯主义措施遭到强烈反对,但与加拿大联邦政府形成鲜明对比的是,美国财政部在新政的大部分时间里都处于赤字状态。[93]

然而,在财政方面,越来越多的人认识到税收权力分配的缺陷,

第四章
"大无序"及不断增长的社会需求（1914—1945年）

于是政府成立了皇家委员会，这是加拿大历史上最重要的一个委员会，负责处理自治领各省的关系。该委员会通常被称为罗威尔·西罗斯委员会（Rowell Sirois Commission），其被赋予的职责是以过去70年发生的社会和经济变化为参照来重新审查联邦与各省权力与职责。

在货币方面，不断加深的大萧条激发了广泛的讨论，讨论的焦点是建立中央银行并对金融体系提供更多流动资金的必要性。[94] 1933年7月，政府宣布设立一个皇家银行和金融委员会，对银行系统进行10年一次的审查。委员会主席是英国法学家麦克米伦勋爵（Lord Macmillan）。[95] 加拿大许多皇家委员会的结构都反映了加拿大与美国的紧密经济联系，但该委员会不同，其不允许任何美国人任职。委员会在8月份开始举行公开听证会并在两个月后结束。在此期间，委员会走访了加拿大许多城市，从各种各样的团体中收集了近200份意见书，尽管委员会成员并没有进行任何原创研究。[96]

委员会以3∶2[97]的投票结果通过了成立央行的建议，而政府也采纳了这一建议，并推出了一项关于成立私有中央银行的法案。[98]议会对此唯一的争议在于银行的所有权问题。委员会中持反对意见的两名委员的观点并未受到重视。这项立法于1934年通过，并于1935年春天开始实施。格雷厄姆·托尔斯（Graham Towers）被任命为首位央行行长或首席执行官。他重权在握，因为董事会的所有决定必须经他同意才能生效。[99]

在1935年的选举中，自由党重新掌权。自由党政府开始对央行进行分阶段国有化，并于1938年完成了整个过程。[100]央行的主要职责是管控流通中的货币和信贷量[101]，此外还承担了央行应有的一些其他职责。央行成为特许银行的清算所并从特许银行那里接手货币发行权。新成立的央行还推出了每月统计摘要并拒绝向阿尔伯塔省提供贷款。[102]

209

此外，央行还就货币事务向政府提供建议。

成立央行是加拿大金融体系中最明显的变化，另一个重要变化是新住房政策的出台。这些政策对加拿大市场产生了深远的影响，尤其是在2008年的大衰退期间。让加拿大住房政策发挥关键作用的人是威廉·克里弗德·克拉克[103]，新任命的财政部副部长。克拉克的理念是"拥有自己的住房……应是对储蓄与付出的奖赏而非来自一个慈爱政府的礼物"。[104] 根据自治领按揭与投资协会提供的信息，克拉克起草了自治领住房法案（DHA）。在DHA出台之前，私人贷款机构不得发放超过房屋估值60%以上的贷款。根据新规，获得批准的贷款有资格从国家获得20%的额外贷款。[105] "DHA的重要意义在于……确保政府不会……参与直接借贷，但可以重点关注，确保住房与按揭市场的稳健发展。"[106]

加拿大不仅在住房立法上采取了与美国不同的做法（这点将在第五章进行探讨），而且在证券监管方面也与美国的做法截然不同。这并非加拿大国内做出的抉择，而是由英国枢密院做出的决定。在加拿大国内，联邦与省政府就证券监管存有分歧。各省有权根据1930年的《省级证券欺诈预防法》对涉嫌不当行为的公司和个人展开调查，而联邦政府对此发起了法律挑战。"在Lymburn诉Mayland案件中，宣判省级立法不得干涉联邦成立的公司……因此，宣判《安全欺诈预防法》（SFPA）超越了省级立法的权限。联邦政府胜诉。阿尔伯塔和安大略省对此判决结果表示不服，随即向英国伦敦的枢密院上诉，结果枢密院推翻了原判。Lymburn诉Mayland案件的胜利将证券市场监管的权力交给了省级政府。"[107] 法庭做出判决的理由是证券与财产和公民权利更紧密相关，应属省政府的职责。

大萧条也致使加拿大的股票交易所进行了重大调整。自交易开始

第四章
"大无序"及不断增长的社会需求（1914—1945年）

以来，蒙特利尔一直是加拿大主要的证券交易所，但其作为加拿大金融中心的全盛时期正在衰退。蒙特利尔交易所与纽约证券交易所一样在大萧条期间遭受重创。多伦多证券交易所也受到了影响，但其他因素也发挥了作用。多伦多还有一家专门从事矿业股票交易的交易所，叫作标准股票与矿业交易所（SSME）。人们对SSME的运营方式表示担忧。在安大略省检察长的鼓励下，新上任的安大略省证券委员会主席利用国家大义，说服了多伦多证券交易所在1934年接管SSME。同年早些时候，美国通过了《黄金储备法》，将金价推高了70%，对合并后的多伦多证券交易所来说是极大的利好因素，也推动了加拿大金融中心的第三次历史性转移，从蒙特利尔转移至多伦多。[108]

走出危机

许多人认为美国和加拿大在应对大萧条方面做得不够。1936年，美国国内生产总值虽然仍低于1929年的水平，但已大幅攀升，足以缓解一些困难。1937年，美国进入了一个新的低迷期，叫作"大萧条中的衰退"。[109] 政府增加了支出，但还不足以弥补经济中的各种疲软和不足。唯一采用约翰·梅纳德·凯恩斯（John Maynard Keynes）同名经济疗法的国家，是凯恩斯本人憎恨的德国。此外，一些观察人士担心，20世纪30年代采取的许多措施，尤其是反商业言论，实际上阻碍了商业投资，甚至抵消了积极改革的效果。无论如何，只有在准备下一场战争时产生的需求激增，才能结束这段低增长、高失业率的独特时期。

大萧条和随之而来的国际暴力冲突生动表明20世纪30年代金融和政治动荡带来的崩溃。例如，在股市崩盘和银行危机后，美国的保险业受到重挫。1929—1933年，直接意外险费率下降了30%，这一趋势在再保险公司中更为明显,因为总保费的损失促使许多主要保险公司提高了保费率,尤其是在预期损失较低的地区。[110] 与国内企业一样,外国企业的投资和相关收入也受到资本市场崩溃的冲击。几家近期才登陆美国市场的企业也撤了出去。然而,在 1934 年,没有任何一个行业比保险业对美国外来投资的贡献更大。[111] 到 1934 年,火灾保险费降至 20 年来的最低水平。美国让其货币贬值,有效地降低了外国公司的负债成本,但也减少了它们以本国货币计算的收入。[112]

或许最重要的是,大萧条的时间跨度与严重程度重新塑造了美国人对风险和保险工具的态度以及相关的政治辩论。无论支持还是反对新政的人都意识到,新政通过某种保险形式给美国的工薪阶级提供了更广泛的保护。美国所做出的应对不仅包括了政府与私营部门各自采取的行动和二者具有美国特色的合作(有些人认为这种公私联盟十分邪恶),而且还需要进行大量数据收集和统计分析。有些人认为,这对自由构成了挑战,或者最起码使我们的时代变成了"统计的时代"。[113] 虽然大多数具有里程碑意义的立法都是在 20 世纪 30 年代得到通过,但在二战结束后的几十年里,这些立法都发挥了尤为显著的作用。对保险公司来说,其计算风险能力的提高和人们抵御逆境需求的增加,都有可能带来新的客户与产品,尤其是在健康、养老金和工人薪资服务方面。随着对政府保险需求的增加,越来越多的人意识到保险是一项公共产品,保险产品的提供者只应获得很少的利润,而且保险提供的保护应该超出合同或者普通法规定的范畴。在罗斯福执政期间,保险行业的监管受到了政府更严密的审查,致使 1944 年美国最高法院审理的一起案件威胁到保险业的反垄断豁免。[114] 就像一战前的阿姆斯特朗委员会一样,20 世纪 30 年代和 40 年代的改革家们通过几项立法,试图以限制金融机构销售的产品、投资的地点等方式来削弱金融机构的

第四章
"大无序"及不断增长的社会需求（1914—1945年）

权力。与新的投资工具一起，这些措施产生了许多不可预见的利弊皆有的后果。[115]

也许由于银行体系更为稳健和多元化，加拿大对大萧条做出的反应不同于美国。加拿大和美国经济在1932年触底，但加拿大经济复苏更快，虽然直到1939年其GDP才超过1929年的水平。

虽然加拿大的银行也遇到了困难，但没有一家银行破产，也没有银行遭遇挤兑危机，而美国情况则完全不同，银行挤兑司空见惯。尽管加拿大在1967年之前一直拒绝采取明确的存款保险制度，但有证据表明，公众和私人监管机构将会在困难时期进行干预，防止金融体系的彻底崩溃。在困难时期，政府鼓励较强的银行帮助较弱的银行，这是很平常的。自1871年通过第一个银行法（其中包括双重股东责任）以来，不断地修订政策对其实行了更严格的资本要求、保守的贷款政策以及公共和私人监管。加拿大的银行，正如加州的银行一样[116]，拥有在大范围内设立分行与相应的分散化的优势。鉴于加拿大的银行在全国甚至国际的广泛分布，它们必须得到良好的管理。[117]就负债而言，银行更加注重定期存款而非活期存款；就资产而言，银行持有的联邦和省政府证券大幅增加，而活期贷款和短期贷款极大减少。[118]

但这并不意味着加拿大就没有经历困境。虽然加拿大的银行没有破产，但在20世纪30年代有1/5的分行被迫关闭，而且在受到严重冲击的草原省份情况更为糟糕：多达1/3的分行关门大吉。[119]通过回顾商业与帝国银行的历史，可以看出当时银行的首要任务是削减开支并"对成本设立了严格的控制"。[120]银行董事数量缩减而且薪酬也削减了15%。此外，股息也遭到削减。随着私人信贷需求的下降，银行更多投资于政府债券，这也意味着更低的利润。[121]加拿大丰业银行推迟了位于金街和贝街的多伦多总部的建设。该银行的历史记录道：

"1933年3月4日，即所有美国银行被勒令关闭的那一天，加拿大财政部长发表了一份令人安心的声明，称'加拿大的银行实力雄厚，流动性极佳，完全有能力满足任何要求'。"[122]

皇家银行，即加拿大最大的两家银行之一，处境尤为艰难，部分原因在于其在古巴有广泛的业务，而且"在整个1932—1933年基本在破产的边缘徘徊"。[123] 只有一家规模很小的银行在危机中消失，那就是位于萨斯喀彻温省的美国韦伯恩证券银行（Weyburn Security Bank）。这家银行被帝国银行收购，而当时的帝国银行由于在蓬勃发展的安大略省拥有诸多强劲的业务而正在取得不错的发展。同时，英国的巴克莱银行不久前刚刚在加拿大成立子公司，并且取得了相对不错的发展，其资产在1930—1935年增加了两倍多。现有文献对此成就是如何取得的鲜有提及，但我们知道当时银行的董事会主席是加拿大前任总理罗伯特·博登（Robert Borden）。他认为自己所处的职位很令人沮丧，因为人们不把这家银行视为一家加拿大性质的机构。

大萧条时期的人们对加拿大银行业和监管的成就深感自豪，这一点不足为奇。1934年任加拿大银行家协会主席的J.A.麦克劳德（J.A. McLeod）指出，帮助加拿大取得相对稳定发展的背后有五个因素：（1）"银行体系在单一立法机构之下运行"；（2）免于"事无巨细的监管条例"；（3）"加拿大《银行法》为加拿大银行规定的"最低规模和实力相关要求；（4）通过分行体系对银行经理人进行系统性培训；（5）通过分行体系，根据本地需求对银行资本进行有序的分配。[124] 三年前，在众议院，时任总理的贝内特（曾任加拿大财政和加拿大皇家银行董事）指出，加拿大的银行体系"基于这样一种假设，即银行从人民（即储户）那里借来的钱将使银行能够使用这些钱，并确保在储户需要的时候为他们提供有保障的资金来源"。他继续指出，加拿大

第四章
"大无序"及不断增长的社会需求（1914—1945 年）

的"分行系统，使得信贷能够实现从国家一个地方到另一个地方的流动性，使分行能够进行大规模的贷款，而贷款资金来自多种不同存款，并且有资金的流动性作为保障。这就是我们分行系统的优势所在"。[125]

保险业对永明人寿的未来充满担忧，而永明人寿是加拿大规模最大的保险公司，其规模甚至超过大多数银行。其增长主要得益于对美国股市的大规模投资，而这对加拿大保险公司来说并不常见。1929 年，正好赶上股市崩盘，永明人寿有 54% 的资产投资于美国股市。结果，该公司濒临破产，尤其是当其净盈余下降 90% 以上时，破产的命运迫在眉睫。其净盈余从 1929 年的 6 030 万美元暴跌至 1934 年的 590 万美元。加拿大政府认为本国最大的寿险公司"大到不能倒"，于是出手相助，修改了管理保险业的立法。在立法修订前，保险公司的证券需按保险监管者公布的市值计算。然而，根据该项法律第 67（2）条的规定，财政部部长可以授权"希望使用市值的公司可以按照超出市值的方法计算价值"。[126]

不足为奇的是，加拿大三个最大的省份都选举了民粹主义政府执政。[127] 一个名为合作联邦联盟（Co-operative Commonwealth Federation）的社会主义政党成立，致力于使银行系统社会化。选民将该党派成员选举至联邦议会和萨斯喀彻温省议会。在阿尔伯塔省，民粹主义的社会信用党（Social Credit Party）得以创立并在 1935 年获得选举胜利，执政长达 35 年。起初，为了应对大萧条的影响，该党派发行了"繁荣信用证"，但很快便大幅贬值，变成了人们所称的"搞笑货币"。社会信用党也通过了银行监管立法，但这些立法要么被联邦政府禁止，要么被规定为越权行为。只有一个例外，那就是至今仍存在的一家省立银行。"在加拿大的货币发展史上，阿尔伯塔省的社会信用实验是最有趣的畸变之一。"[128]

第二次世界大战对北美金融的影响

　　加拿大对二战胜利做出的贡献令人难以置信，因为加拿大只有 1 100 万人口。1939 年春天，加拿大军队有 1 万名士兵；而到战争结束时，有 100 多万人曾在军队服役。到 1943 年，加拿大皇家海军已经有 500 艘军舰，一度成为世界第三大海军。至少 125 000 名英联邦空勤人员在加拿大接受培训。就资金而言，加拿大对英国的支持也是惊人的。尽管加拿大的人口不到美国的 9%，但根据租借法，加拿大对英国的资金贡献却占英国所得所有资金贡献的 1/4。加拿大纳税人的负担几乎是美国的 4 倍。

　　——安德鲁·罗伯茨（Andrew Roberts），《讲英语人口自 1990 年以来的历史》（*A History of the English Speaking People since 1900*）

　　一战结束后仅仅 21 年，加拿大以及整个文明世界的大多数国家又一次陷入了战争。这场战争与此前的一战有很多相似之处，但也有深刻的差异。一个区别是，1914 年，英王乔治五世宣布大英帝国处于战争状态，而加拿大作为大英帝国的一部分也自然而然处于战争状态。1939 年，直到英国宣战一周后，加拿大议会才宣布加拿大也处于战争状态。[129] 这是由于《威斯敏斯特法令》的施行，它使加拿大在国内事务和国际事务中都获得了独立。尽管按不变美元计算，第二次世界大战的花费是第一次世界大战的 10 倍，但加拿大的人员伤亡有了极大减少。另一个关键的区别是征兵的方式。虽然一开始征兵是为了国内服

第四章
"大无序"及不断增长的社会需求（1914—1945年）

役，但在海外服役征兵开始之前，就该问题举行了全民公投。尽管反对海外服役的呼声依然存在，尤其是在魁北克，但这次的征兵决定并没有像第一次世界大战那样引发骚乱或死亡。

与美国的一个相似之处是，加拿大再次在军事上对战争毫无准备。然而，其在财政上却做好了为一场重大战争提供资金的准备。加拿大已经从20年前的第一次世界大战中吸取了教训。这一次，不会靠债务和通胀来打，而是通过征税和节约来对抗，这是一种"量入为出"的政策。财政部部长詹姆斯·伊尔斯利（James Ilsley）能够执行这样的政策，原因不仅在于一战后政府开始征收联邦所得税，而且由于联邦政府在1942年通过谈判达成了自治领省税协议（得益于罗威尔－西罗斯皇家委员会此前提出的建议）。这项协议使联邦当局几乎不受限制地获得所得税收入，而以前所得税是联邦和省共享的收入来源。战争期间，联邦所得税迅速增长——1939—1944年增长了7.3倍。此外，自治领政府还引入了超额利润税，这是"二战期间税收方面最引人注目的地方"。[130] 早在1942/1943财政年度，新税收就产生了超过4亿美元的收入——在所得税和超额利润方面，自治领获得了资助战争所需资金超过一半的预算收入——这与第一次世界大战的财政状况相比可谓天壤之别。[131] 此外，加拿大央行与私营部门合作，通过战争与胜利贷款（War and victory Looms）为借贷提供便利。新增借款总额达到150亿美元（按不变美元计算为1.3万亿美元）。其中只有1亿美元是在加拿大筹集的。[132] 而且战争一结束，加拿大就开始实行外汇管制（见附录4，附图4.4）。

在战争开始的时候，加拿大是英国在防御方面的合作伙伴。此后，加拿大的地位发生了变化，成为英国和美国之间的一个战略纽带，虽然英国对此并不总是乐意。美国于1941年参战后，加拿大渐渐朝着美

217

国的势力范围靠拢，但仍在这两个大国之间发挥中介作用。但有时候，尤其在魁北克城会议期间，加拿大的麦肯齐总理扮演的角色不仅是一位自豪的东道主。

1939年12月，加拿大与英国签订了一项协议，从而促成了英联邦的航空训练计划，简称"BCATP"。该计划"由加拿大负责，主要由加拿大出资，最终培训了13万名飞行员——几乎是英联邦机组人员的一半。因此，富兰克林·德拉诺·罗斯福总统后来把它称为'民主的飞行场'，这不无道理"。[133]

1940年，加拿大与美国签订了《奥格登斯堡协定》（Ogdensburg Agreement），两国间建立了常设联合防御委员会。同年，双方达成了《海德公园协议》，美国增加了加拿大的国防采购。这使得加拿大可以自主在美国购买战争装备，也增加了对美元的需求。除了这些北美协定外，谈判还促成了1944年的《布雷顿森林协定》，这是一项具有里程碑意义的协定，确立了国际货币和汇率制度。这些都使加拿大与美国的关系更加紧密而和英国更加疏远。

至于二战期间的私营部门，证券交易所并没有关闭。当时，多伦多已成为加拿大最主要的交易所[134]，甚至在股票交易数量上超过了纽约，尽管多伦多的股票价值与纽约相比仍十分不起眼。与第一次世界大战不同，金融市场从一开始就做好了准备，将加拿大的储蓄转移至战争用途和胜利贷款。

战争对特许银行带来了利好的影响。加拿大皇家银行继续与蒙特利尔银行争夺国内第一的位置，而蒙特利尔银行从竞争中胜出，在战后成为加拿大最大的银行。保险行业表现不佳，其产品供应似乎已趋于成熟。尽管在大萧条时期面临严峻问题，但永明人寿仍是业内遥遥领先的保险公司。非寿险公司的数量出现了明显的增长，这可能是因

第四章
"大无序"及不断增长的社会需求（1914—1945年）

为美国的企业在收购加拿大特许公司方面受到限制。[135] 信托公司和抵押贷款公司也在战争中挣扎。而对后者而言，这种局面是其需要长期面对的。战争开始时，投资交易商协会有123名会员，而在1944年该协会人数降至101人。

加拿大政府预料到了战后会发生大萧条，或者至少是经济衰退。所以，加拿大将一战中吸取的教训加以应用，而且得益于国家财政制度和已成立10年的中央银行及健全的私营部门金融制度，加拿大没有在战后遭受经济挫折。相反，加拿大开始了长达1/4个世纪的经济持续增长，而且增长速度远远超过了美国。

美国民众与加拿大民众的情绪形成了鲜明对比。在美国，反对加入另一场"浪费的欧洲战争"的情绪高涨。1940年的两位总统候选人都承诺避免美国介入，尽管1939年的道德问题比1914年的道德问题要深刻得多。直到日本袭击了珍珠港，才激发了美国的战争情绪，但其作战对象只是日本。12月8日，加拿大和英国对日本宣战，三天后，德国对美国宣战，为联军打击欧洲和亚洲的敌方战斗力量铺平了道路。

不说在美国参战之前，即使在欧洲宣战之前，战争的威胁已经对美国的经济和金融及美国与世界的关系产生了影响。对美国商品的需求再次刺激了经济，最终使美国摆脱了长达10年的萧条。

外国公司总部与子公司之间的各种财务往来变得更加困难。在世界各地，国家越来越多地参与商业，并且普遍地偏爱本国的公司。外来的公司获得签证和现金转账变得更加困难。不允许母公司人员对美国子公司的活动指手画脚，而且从美国向其他国家传送文件和信息受到严格控制。一些美国记者报道了外资保险和其他行业外资公司的危险。一些外国公司建立了复杂的控股公司结构。其中一些公司将总部设在美国，以保护其资产、跨境现金流和机密信息不受政府干预。[136]

比如，二战爆发后，尤其是美国参战后，美国与外资保险公司（数量远超银行）的关系受政治影响更深。加拿大公司从与美国日益密切的关系中获利，而英国公司提供了重要的情报。1941年，82家英国保险公司在美国的分支机构被用来担保4.25亿美元的重建金融公司（Reconstruction Finance Corporation）贷款。[137]然而，与第一次世界大战期间的争议不同，关于美国保险公司与外国保险公司的辩论较为温和。与1929年相比，由于监管限制、行业整合和糟糕的经济环境，外国保险公司也出现了更严重的人员流失。剩下来的大多是英国公司。虽然外国公司中没有德国公司，但有几家日本公司，一家意大利公司，还有许多来自最终被轴心国控制的公司。[138]

世界范围内的金融风暴加强了美国作为安全港的地位，吸引了一些在世界其他地方投资的美国人重新回到了美国。美国在海外的保险投资经历了漫长而曲折的历史。一家美国的"联合公司"在保险的国际化和创新方面走在了前列。美国保险业巨头美国国际集团（AIG）的故事引人入胜。AIG在美国保险业历史中称不上独树一帜，但也绝不是没有代表性。在保险业这个极少有光彩夺目的显赫人物的行业里，AIG在发展过程中就有两位这样的人物。AIG虽然是美国最具国际化的企业之一（毫无疑问是美国最具国际化的保险公司），却并非起源于美国。其长达100年的发展历程见证了保险业跨国发展与政治影响的方方面面。一战后不久，AIG由科尼利厄斯·范德·斯塔尔（Cornelius Vander Starr）在上海创立，最初是作为美国企业在中国的保险中介。不到10年的时间，在斯塔尔的带领下，AIG已经在亚洲建立了10个办事处，发展了诸多美国企业作为客户。早在成为流行的趋势之前，斯塔尔便对亚洲人和亚洲的机遇着迷，并开始大力发展亚洲客户，提拔当地人担任公司高管和董事。在动荡的20世纪30年代，他开始在

第四章
"大无序"及不断增长的社会需求（1914—1945年）

美国投资，购买了一些陷入困境的美国保险公司，并为之后 AIG 将总部迁至纽约以及进行国际化发展打下了基础。而且此举也使 AIG 从二战中复苏，并在其同样具有传奇色彩的继承人汉克·格林伯格（Hank Greenberg）的带领下，取得了之后数十年的成功发展。[139]

虽然战争对保险业的影响并非都是负面的，但大多数的确是负面的影响。在战争背景下，很难获得利润。公众对低成本保险的需求继续转化为政治压力。随着财产价值的增加，许多保单都是三年期和五年期。而在这期间，投保人不能提高其保单的价值，许多财产仍然面临严重保险不足的问题，从而增加了赔付率，但至少为战后的好时光带来了一些希望。然而，更严格的联邦保险监管和州定价压力表明，该行业正面临一场震荡，其影响程度可能堪比旧金山地震。[140]

简言之，哪怕繁荣和胜利都有不利的一面，但它们带来了新的责任，虽然不一定有相应的制度变化。对美国来说，二战和冷战并没有直接改变其金融体系，而是使其变成了一个比一战后更具支配性的经济和金融强国。再一次，正如一战产生的影响一样，二战对美国的影响在随后的几十年改变了美国与世界其他地区的关系。一战前后，美国反对世界各国是为了刺激增长和促进稳定。然而，二战后的数年里，美国领导人都在极力打造其在世界政治、经济和金融方面的核心地位。事实上，美国的监管机构甚至想要将其金融政策强加给其他国家，甚至是那些桀骜不驯的国家。美国对其国际责任的态度从1914年到1944年发生了巨大变化，正如本章节开篇所引瑞士再保险公司总裁胡利曼在1920年发表的言论，许多观察人士担心美国对世界的了解跟不上其新承诺的步伐。

尽管加拿大和美国都受到了大萧条的重创，而且受到的负面影响也比其他西方经济体大，但两国的政治反应却不尽相同。例如，美国的领导人推出了一项《社会保障法案》,其中包括对老年和失业保险的规定和鼓励人们拥有住房的若干措施。加拿大直到 5 年后才设立失业保险,12 年后才设立老年保险。[141] 此外,加拿大从未制定像美国那样独特的住房补贴政策。也许,与美国相比加拿大金融体系相对良好的表现(在大萧条期间,没有一家加拿大银行或保险公司破产)是两国采取不同措施的主要原因。然而,直到美国创建央行 20 年后,加拿大才终于成立央行。

短暂的美式和平(1945—2000年)

从华尔街到贝街
FROM WALL STREET TO BAY STREET

二战后的延续与间断

听任"无所不能"的美国摆布是不可容忍的,尤其是美国政府决心向其人民表明,美国年轻的战士们没有白白牺牲,不会允许帝国主义的恶行持续下去。然而,在布雷顿森林会议上,美国财政部长将这一历史性事件与美国的超级大国野心挂钩。英国人急于将自己视为美国的合作伙伴一同创造战后秩序的基本规则,但在布雷顿森林会议的每一步,美国都在以一种残酷的方式提醒英国,在新秩序中没有大英帝国残存光辉的一席之地。

——本·斯泰尔(Benn Steil),《布雷顿森林货币战》
(*The Battle of Bretton Woods*)

从某些方面来说,这一时期的金融史比前几章更容易讲述,也更容易让读者理解,因为其中很多仍然影响着我们的金融状况和当前的事件。但从其他方面来看,阐述这一时期的重要性则更加困难。金融在经济中的比重上升,大型跨国企业使各国之间的金融联系加强,金融业越来越多地受到复杂和快速发展的经济理论与技术的影响。金融机构之间及其内部的界限日益模糊,各种活动以复杂的方式交织在一起。虽然我们把这一章按时间顺序分成几个小节,但各小节之间的许多联系要求读者在各小节间反复参考。

与两次世界大战之间的时期一样,20世纪下半叶也经历了不同的宏观经济和政治阶段,北美的金融结构以及加拿大与美国之间的关系也发生了变化。尽管这些环境在本质上比两次世界大战期间的环境更有利于金融的持续增长和稳定，但环境变化的速度仍对金融和政治参与者都带来了挑战。世界贸易增长迅速，对全球 GDP 发挥了更大作用。因此，到 20 世纪 90 年代中期，出口占全球 GDP 的比重达到 17.2%，高于 1950 年的 5.5%。[1] 1950—1975 年，全球 GDP 增长了 3.1 倍，尽管基数较低。在接下来的 25 年里，世界 GDP 增长了 2.2 倍。[2] 在同样的 25 年里，加拿大的 GDP 增长了 3.2 倍，而美国的 GDP 增长了 2.4 倍。在 20 世纪的最后四分之一时期，两国的经济都增长了一倍多，但美国经济的增长速度略快于加拿大[3]（见附录 5，附图 5.2）。

1945—2000 年的大部分时间里，美国是世界上最重要的经济和政治的参与者，但其宏观和微观经济性能波动很大。[4] 然而，按照宏观经济衡量标准，二战后的 20 年与二战前及再之后的几十年相比表现都更良好，不仅在经济方面（虽然增长较缓慢），更在波动性与金融危机方面。在 20 世纪 50 年代和 60 年代，美国的通货膨胀率不到之后 20 年的一半。

二战后的世界秩序与一战后的世界秩序有很大不同。尽管 1919 年和 1922 年召开了凡尔赛会议和热那亚会议，但一战后的首脑会议似乎都无法重建旧的金融秩序，甚至无法就如何建立新秩序达成共识。不同的是，到了 20 世纪 40 年代中期，大多数自由工业化国家都支持建立新的政治和经济机构与组织，其中一些机构和组织，例如联合国一直延续发展到了 21 世纪。各国之间的这种团结可能是出于对 20 世纪 20 年代和 30 年代的经济和政治混乱以及极权主义政权的恐惧。

重建自由世界秩序的努力在战争结束之前便开始了。来自世界各地的代表聚集在新罕布什州的一个叫作布雷顿森林的度假小镇。因为美国国内的政治原因而选择在该地举行会议。这一重要会议在 1944 年

第五章
短暂的美式和平（1945—2000年）

7月举行。来自欧洲、北美和其他地区（一共45个国家）的700名经济和政治领袖汇聚于此，共同努力制定一个新的货币体系，能够防止货币混乱、不成熟或不切实际地遵守旧的金本位制、冻结资金、"以邻为壑"式的货币贬值和保护主义，而这些都是两次世界大战之间那段时期的特点。虽然代表们拥有共同的政治—经济使命，拥有很多共同的目标，但也有很多分歧。例如，美国一心想要瓦解大英帝国及其帝国贸易，迫使其偿还战争债务，并将金融重心从英国转移到美国。[5]

尽管有不同的政治目标，参加布雷顿森林会议的各国致力于将本国货币与美元的固定价值挂钩（美元可以以每盎司35美元的价格兑换成黄金）并致力于逐步减少贸易和资本流动的障碍。为此，需要新的国际组织：国际货币基金组织（IMF），帮助各国中央银行管理其汇率，以及世界银行刺激投资项目，减轻国际收支方面的压力。简言之，各国承诺放弃作为独立国家的一些经济特权，为接下来25年的世界金融秩序而共同努力。[6] 从一开始，确保参与国拥有充足的美元储备就是最大的挑战之一。具有讽刺意味的是，在某种意义上，这一体系在近30年后瓦解，而原因正是由于取得的成功。

加拿大是"自由世界"中少数几个在此期间大多实行浮动汇率的国家之一。出席会议的加拿大代表团及其领导人路易斯·拉斯明斯基（Louis Rasminsky，后来成为加拿大央行行长）在英美之间的斡旋中发挥了重要作用。具有讽刺意味的是，尽管加拿大在促成这两个主要国家之间的妥协方面发挥了作用，但加拿大与这两个国家的特殊关系使其特别难以遵守汇率限制。20世纪30年代的货币贬值和布雷顿森林体系下建立的强势美元，削弱了加拿大将与其他国家的贸易顺差带来的外汇收入兑换成美元以弥补其长期贸易逆差的能力。[7]

在IMF和其他机构的强烈批评下，加拿大是第一个脱离该体系的国家。1950—1962 年，加拿大保持了灵活的汇率体系。[8] 就在二战后，加元被重新设定为与美元等值。到了 1949 年 9 月，其重新估值为 91 美分，但持续的国际收支困难导致了国内物价和工资受到冲击，并引发国民对进一步的储备损失和贬值的担忧。很快，美国增加了在加拿大的直接投资，朝鲜战争也刺激了对加拿大产品的需求。这一需求起初加大了中央银行制定新汇率以遏制通货膨胀的压力。加拿大决定让加元自由浮动，让市场决定新的"票面价值"，而不是固定汇率。加元兑美元汇率上升 12%，至 1.02 美元。加拿大央行用于管控货币政策的直接货币工具有限，但由于道义劝说和银行监管而得到强化，其中包括对银行活动的密切监督。浮动汇率表现相对良好（见附录 5，附图 5.4）。1953—1961 年，加元兑美元在 1 美元和 1.06 美元之间波动。与此同时，加拿大的人均 GDP 增速超过了美国。面对日益恶化的经济和外汇情况、更大的资本流动性和关于货币政策的政治争议，在 1962 年 4 月，在国际货币基金组织、美国和英国提供的 10 多亿美元的一揽子援助的帮助下，政府恢复了 0.925 美元的钉住汇率制。[9]

尽管存在这些问题，二战后的加拿大还是引起了欧洲资本的极大兴趣。例如，西格蒙德·沃伯格（Siegmund Warburg）认为加拿大带来了一些有趣的机会。他是一名德裔犹太难民，伦敦投资银行界的领袖，也是大家公认的欧洲债券的提议者。对他来说，与其南部邻国相比，加拿大仍处于发展上升的阶段。此外，加拿大的商业环境以及职业公务员（而非政治任命）对欧洲人来说更加熟悉。沃伯格在战后对加拿大给予了极大关注。其第一家创业公司——拉蒙公司（Lamont Corporation）以失败告终，但之后成立的 Triach 则取得了不错的发展。沃伯格与一名叫作托尼·格里芬（Tony Griffin）的显赫的加拿大商人共同创立了 Triach。这家公司主要利用英国和其他国家的金融与技术

第五章
短暂的美式和平（1945—2000年）

资源对加拿大投资，并取得了成功。但遗憾的是，出于多种原因，包括他对加拿大管理层愿景的失望，以及20世纪50年代在其他国家发现的机遇，沃伯格最终对加拿大失去了兴趣。[10]

有趣的是，加拿大的宏观经济困难和政策虽然与当时的盟友步调不一致，却提出了维持固定利率的问题，以及加拿大所制定解决办法，即浮动利率制度。到20世纪60年代，许多全球经济学家以加拿大为例，指出浮动汇率制度应该如何顺利运作，并纠正国际商品、服务和资本流动中不可持续的失衡问题。

20世纪60年代末，布雷顿森林体系面临压力，加拿大再次脱离固定汇率制度，于1970年恢复浮动汇率制度，远远领先于大多数西方国家。奇怪的是，加拿大做出的不加入欧元区的决定几乎没有受到历史学家和经济学家的注意。相比之下，当代经济学家关注并赞扬了加拿大在非常时期保持稳定利率的能力，证实了詹姆斯·米德（James Meade）和米尔顿·弗里德曼（Milton Friedman）的观点。尽管加拿大在该时期的大部分时间里不参与固定汇率制度，却从布雷顿森林体系带来的经济增长和稳定中获益不浅，并在其固定汇率制度于1973年崩溃后开始的自由浮动汇率中收获极大。的确，加拿大的经验有助于所有开放经济体的宏观经济理论和政策，这些国家在1973年以后也开始采用浮动汇率。这一经历凸显出浮动汇率如何帮助一个国家，使其能够更容易而且以更低的成本应对外部冲击。这段经历还表明，一个独立的货币体系也可以实现低而稳定的通货膨胀。[11]

布雷顿森林体系也为其他国家带来了繁荣，并且该体系也在不断演化。到1958年，大多数货币都实现了可兑换。在此期间，中央银行的角色也发生了转变。有几种货币贬值，此外，还有一种货币，即德国马克被重新评估。由于越南战争和林登·约翰逊（Lyndon Johnson）

政府拒绝兑现其"枪炮黄油"（Guns and Butter）竞选承诺，美国的国际收支出现赤字，美国的流动负债迅速增长。在此背景下，人们开始怀疑是否所有的外币都可以兑换成黄金。此外，由于贸易原因，许多国家希望本国货币兑美元保持弱势。一些外国央行违背了自己的承诺，没有使用手中持有的美元购买美国黄金。尽管建立了一种新型的外汇储备（来自国际货币基金组织的特别提款权，简称 SDR），但这种情况仍不可持续。面对抵制美元的投机行为、缺乏信心的外国央行官员以及美国大选压力，1971 年 8 月，尼克松政府关闭了"黄金窗口"，这意味着外国政府不能再将美元兑换成黄金。这实际上终结了布雷顿森林体系，不过没人知道接下来会发生什么。尽管一些经济学家主张浮动汇率制，但监管机构仍抱有希望，认为价格和资本管制能够在新的、稳定的汇率制下创造足够的信心——即使没有美国黄金兑换的承诺。然而，此后两年内，美国的通货膨胀率大幅上升，而且外汇汇率开始直线下降。[12]

从某种意义上来说，正是由于布雷顿森林体系运转太过良好，才导致了它的瓦解。第二次世界大战后，西方国家失去了绝望感，这种绝望感促使国家利益在共同利益的名义下得到升华。商品、服务和资本流动的显著增加导致政府控制金融参与者的能力相应下降。此外，经济和经济理论的进步让政策制定者和私营部门相信，有足够的工具来管理私营实体和公共部门的风险。最重要的是，政府、企业和商业银行在处理问题时，更加相信其有能力运用财政和货币手段来优化经济和社会发展的矛盾。

此外，经济增长也掩盖了一些结构性问题。1950—1990 年的稳定发展极大地影响了中央银行的活动。随着冷战的进行和社会需求的增加，美国政府的支出占 GDP 的比例从 24.5% 升至 35.0%。1945—1990

第五章
短暂的美式和平（1945—2000年）

年，政府工作人员占总劳动力的比例几乎没有变化，但这些工作人员从事的活动发生了显著变化。在同一时期，联邦政府在收入保障、医疗和教育方面的支出增加了两到三倍。尽管越南战争爆发，但从20世纪50年代中期到冷战结束，美国军事支出占政府支出的比例（"枪炮对黄油"公式）从近50%降至冷战结束时的20%左右，反映出军事支出绝对值的下降以及其他支出的增长。[13]其他经合组织国家也经历了类似的过程。

二战后，随着政府债务水平居高不下，美联储承受着保持低利率的压力。战后随之而来的通货膨胀要求美联储具有更大独立性。然而，尽管美联储和财政部在1951年达成了一项协议，但美联储最关心的仍然是宏观经济的稳定和增长，这意味着提供足够的流动性资金以避免失业的增加。然而，直到20世纪60年代末，美联储在实施干涉主义货币政策方面的压力还相对较小。当时的经济繁荣发展，通货膨胀率低，在此背景下，美联储只需要遵循一个做法：在经济快速增长时提高利率，在经济放缓时降低利率。

挑战在20世纪60年代中期降临。美国经济出现了通货膨胀加剧、增长放缓的情形，而美联储对此负有部分责任。在20世纪50年代的大部分时间里，通胀率一直低于2%，但1965—1969年，通胀率攀升至4%，而后1970—1978年，通胀率超过6%，在1979年和1980年升至12%，但没有出现任何相应的经济增长。这种现象在当时被称为"滞胀"。突然之间，美联储不再是解决方案，而是造成问题的一部分原因。正如最近一位美联储主席所写的那样，"政策制定者对他们保持经济平稳发展的能力过于自信了。"或者，正如当时的一些人所说的，对其"调整"经济的能力过于自信。

1980年，为了降低通货膨胀，美联储必须采取激进的利率行动，这导致了美国战后最严重的经济衰退，甚至2008年的银行家恐慌。[14] 失业率在1982年达到近11%，但通胀率从1980年的逾12%降至1982年的4%，引发了一些人所说的"大缓和（Great Moderation）"。这一时期持续了20年。在此期间，物价和经济增长的波动被抚平，这样的成功可能强化了央行行长和其他人的观点，即社会科学已经掌握了管理经济周期的秘密。[15]

在战后的几十年间，加拿大和美国的关系发生了巨大变化。两国的许多商业领袖逐渐将两国视为就商业目的而言的一个国家，虽然两国都更追捧民族主义的经济政策。在20世纪50年代和60年代，美国对加拿大的投资有所增长，而且加拿大政府强调大洲投资政策，这意味着与美国的联系更加紧密。加拿大仍然对外国投资表示欢迎，尤其是对美国投资保持开放态度，甚至提供丰厚的补贴来吸引美国公司。[16] 截止到1970年，加拿大已成为美国对外直接投资的第二大目的地，只比美国在整个欧洲的投资少几十亿美元。[17]

综合来说，两国的投资模式都发生了很大变化。美国的繁荣增长以及对大部分医疗保险和退休计划的私有化促进了股市的复苏，但个人更多地以独立的方式重新回归股市。许多因素促成了这种增长：二战后的漫长牛市，对新政证券监管的信心以及对纽约证券交易所会员实行的更严格的规则。后来，政府出台措施刺激股票所有权，也进一步加强了以上趋势的发展。这些措施包括：1974年的《就业退休收入保障法》（ERISA），这将在之后进行讨论；1975年委员会放松监管；1978年，由雇主发起401（k）退休计划。纽约证券交易所放松了对会员服务广告和股票所有权的规定，这对小股东尤其重要。[18] 1952—1990年，美国个人持有股票的比例从1/16上升到1/4，持股人数超过5 100万人。[19]

银行业：监管与技术的革命

美国银行体系的规模和复杂程度令人震惊。其银行监管体系也同样如此。

——威拉德·Z. 埃斯蒂（Willard Z. Estey），《CCB 和北方银行倒闭的调查报告》（*Report of the Inquiry into the Collapse of the CCB and Northland Bank*）

要想理解美国金融业在 2000 年左右的发展以及世界大多数国家的金融政策，必须理解复杂的监管和技术转型，二者共同完善了 20 世纪下半叶的世界金融基础结构。的确，在二战后，美国银行业的发展历史在很大程度上就代表了世界银行业的发展历史。监管和技术允许银行和其他金融机构开展活动，为客户提供服务，而客户也变得更加多样化，分布在更广泛的地理区域和不同的服务领域。1950 年，美国的银行在国外的分支机构还不到 30 家，而现在，许多美国的大银行在世界各地都有成千上万的分支机构。但正如理查德·西拉所指出的，美国银行大量涌入欧洲，实际上更像是逃离美国的监管。在二战后的 25 年里，美国银行家在很多方面都令人羡慕，但他们利用以美元为基础的自然优势，以及管理和技术创新的能力，在美国都受到了束缚，因此，开始转向海外扩张，从而摆脱了国内产品和地域增长方面的严格限制。[20]

离岸市场

银行对外国直接投资的增加和离岸（欧元）银行业的大量增加对欧洲、北美和亚洲具有重要的政治和金融影响，也为一种新的超国家金融秩序奠定了基础，而这种秩序帮助塑造了美国乃至加拿大的金融业。[21] 尽管这些发展中有许多始于银行业，但有时会直接或通过溢出效应影响其他金融领域。我们目前采用的金融架构、金融工具和金融交易方式，在很大程度上要归功于离岸市场的发展和大型银行的跨国经营。

20世纪50年代，一些国家的监管机构开始在很大程度上允许本国的外币存款不受监管。他们选择了一条捷径来逃避布雷顿森林体系崩溃后复杂的国家监管。这一决定在20世纪50年代和60年代对英美银行业尤为重要。二战后，作为国际交易主要货币的英镑因其不稳定以及英国经济的趋于疲软，威胁着伦敦作为金融中心的地位。伦敦的银行家们将美元贷款作为一种解决方案，但为此，他们需要美元存款。尽管之前有过少量的美元存款，但银行对持有美元存款有了新的兴趣，而且美国将美元留在海外的需求也同时激增。出于多种原因，美国存款人愿意将资金存在海外信誉良好的银行，而且该国有强劲的法律保护体系。有些客户所处的国家与美国存在潜在或实际的冲突，这些客户发现离岸市场的政治风险较小。此外，一直到20世纪下半叶，欧元存款为美国银行提供了一种避免新政利率限制（Q条例）的方法，包括禁止对公司支票账户支付利息的限制，其中一些限制直到21世纪才完全废除。英国和其他国家的监管机构对这种做法睁一只眼闭一只眼，这样做不但没害处，而且还能极大缓解美元在海外短缺的问题。20世纪70年代，许多国家都欢迎以欧元融资的方式作为对本国融资需求的补充。[22]

第五章
短暂的美式和平（1945—2000年）

许多促进海外账户增长的原始条件都不复存在了，例如美国对资本流动的限制和征税以及石油美元的快速增长等，离岸市场已经在国际金融中占据了主导地位，不仅因其规模巨大，而且因其强大的创新能力。离岸市场成了催生新型融资方式的热土，而且带来的竞争压力进一步促使交易成本下降。其自我监管的做法由大公司和银行主导，这符合后布雷顿森林体系时代企业对对冲方法和灵活融资的渴望。在20世纪70年代混乱的金融世界中，银行及其客户需要新的工具来应对外汇和利率大幅上升等风险。欧洲市场促进了银行和客户之间顺畅、轻松的短期流通。

布雷顿森林体系崩溃前的10年里，欧元货币市场增长了15倍，但最引人注目的增长发生在20世纪70年代。早在1973年，欧元就达到了惊人的1 320亿美元。[23] 在短短的5年时间里，欧元存款增长了10倍，在20世纪80年代放缓至每5年增长100%，但是基数更高。虽然美元仍是全球主要货币，但几乎所有主要货币都与离岸银行业务有关。离岸银行中心已从伦敦扩展到纽约、卢森堡以及许多亚洲城市和几个加勒比海岛屿。如今，许多国际银行业活动都是短期的银行间业务，而在过去10年，银行内部业务基本上不受政府控制。这些以伦敦和纽约为基地的欧洲货币银行贷款，从1982年到2004年增长了10倍，达到近10万亿美元，使国际债券的规模缩小了6倍，而外汇日交易量从600亿美元攀升到超乎想象的1.9万亿美元。[24]

外商直接投资以及新政监管的瓦解

离岸银行业务的发展既是海外银行业投资增长的原因也是其结果。然而，事实不仅如此。贸易的增加和马歇尔计划资金的分配在初期发挥了作用，但大型银行更多是受到欧洲货币中心金融自由的吸引以及为满足其客户海外业务的需求。例如，1960—1975 年，美国的银行在海外的分支机构增加了 6 倍。[25] 反之，投资也更多流入美国。1975—1999 年，在美国经营的外国银行的资产从不足 500 亿美元增加到 1.2 万亿美元，几乎占美国所有银行资产的 20%。到 1996 年，美国银行的外国资产达到 1.1 万亿美元。

非美国银行的崛起也经历了相似的过程，但起步相对晚一些。[26] 离岸市场的竞争也迫使美国国内银行业发生了变化。在 20 世纪末，美国的银行监管还只是一个无足轻重的小问题，各州和几个联邦机构扮演着不同的监管角色，其中包括货币监理署、联邦存款保险公司和联邦储备委员会。然而，美国见证了其银行体系两大支柱的崩溃：对国家银行的限制以及商业银行和投资银行的划分。新政的改革使美国国内的银行变得安全但古板。取消对商业投资银行合并的限制是一个重要的改变，但 1970 年后，美国银行业坍塌的支柱并不只有这一个。早在《格拉斯-斯蒂格尔法案》(1933 年) 出台之前，美国的银行就对分支机构有限制，尤其是州际分支机构。在 20 世纪 50 年代和 60 年代，几部联邦法律加强了州的权力，留下了一个支离破碎的银行体系，并禁止以货币为中心的银行发展全国性的零售网络。[27]

废除新政和早些时候对银行进行限制的动力很大程度上来自人们越来越认识到美国的银行正在失去竞争优势。在美国和世界其他地方，外国银行显然有能力在更大的地域范围内提供更广泛的服务。美国的银行则应寻求新的资金来源。花旗银行和其他美国银行转向关注伦敦对美元存款日益增长的兴趣，以规避美国本土的监管限制。他们在那里设立了分支机构，拿下了渴望在那里存钱的客户，并将资金借给母公司。[28] 许多传统银行活动正在消失。

第五章
短暂的美式和平（1945—2000年）

其中一些变化与加拿大的发展十分类似。加拿大的银行部门和大多数国家一样，在战后的大部分时间里，仍然受到更多保护。在20世纪80年代，外国银行资产占加拿大总的银行资产的比例从2%上升至将近10%的高点。美国和加拿大的银行时不时地尝试进入对方的市场。在20世纪90年代，从花旗银行（从FNC更名为花旗）的国际扩张来看，加拿大似乎是个充满希望之地。加拿大的经济正在增长，银行业仍由五大特许银行主导，它们控制着全国近90%的银行资产。加拿大也有其他较小的银行，但与大多数国家的银行监管一样，《加拿大银行法》保护国内银行免受国内和国外新参与者的竞争。因此，加拿大的银行享有高利润。

1963年，花旗银行执意从荷兰国家商业银行手中收购了莫肯特尔银行（MB）[29]的控股权。而此前，加拿大财长[30]和央行行长[31]警告其在《加拿大银行法》十年定期审议完成之前不得进行收购活动。收购MB银行后，花旗银行认为可以借此机会进入整个加拿大市场，而这是其他美国的银行难以复制的。当《加拿大银行法》审查结束时，对银行施加了10%的第一单股东持股限制（包括国外和国内资本），[32]但花旗银行获得了豁免，允许其持有莫肯特尔25%的股份。虽然所有权限制影响了花旗银行进入加拿大市场的策略，但这些限制规定也阻止了一些潜在的美国竞争对手，如大通——进入加拿大市场收购另外一家大银行。[33]国际投资不仅帮助花旗银行解决了其资金需求，而且还帮助花旗银行应对新的商业信息系统对银行业的革新。一拨新的商学院毕业生利用信息技术对行业变化进行了密切关注，此外还有一大批新的竞争对手及其客户也对新的发展趋势十分关注。[34]分支机构的扩张包括更加集中和更广泛的服务。例如，20世纪70年代初，美国银行的海外业务约占美国境内业务的30%。[35]

表 5.1 资产规模最大的"自由世界"银行（1962 年）

排名	银行	国家	资产（百万美元）
1	美国银行	美国	13 417
2	大通曼哈顿银行	美国	10 932
3	第一国家城市银行（花旗银行）	美国	10 280
4	制造商汉诺威	美国	6 532
5	巴克莱银行	英国	5 756
6	摩根担保信托股市	美国	5 312
7	米德兰银行	英国	5 276
8	纽约化学银行	美国	4 811
9	加拿大皇家银行	加拿大	4 678
10	劳埃德银行	英国	4 648

注释：在布雷顿森林体系的鼎盛时期，随着美元的强势和欧洲货币账户的不断增长，美国和英国的银行主导了排行榜，但有一家加拿大银行进入了前 10 名，另一家进入了前 20 名。一些欧洲大陆和亚洲的银行在 20 世纪 70 年代的排名有所上升，但当时还没有进入前 10，而是进入了前 20 名。

数据来源：《美国银行家》（*American Banker*），1963 年 8 月 7 日。

为了进入外国市场，一些银行在代理行和直接投资之间做出了妥协。德国、法国甚至英国的银行都需要克服最初的顾虑，在伦敦和其他欧洲货币中心设立分支机构，以进入这个利润丰厚的市场。二战过后很长一段时期，欧洲银行进入美国市场或重新进入美国市场的尝试愿望更强，通常以合资和战略联盟的形式出现。到 1971 年，五个大型银行群体聚集在一起，共同获取国际投资。大多数群体只包括欧洲银行，但还有些包括日本、加拿大和美国的银行。有几个银行在许多国家都设立了分支机构。虽然他们的主要目的是服务国内客户的国外需求，但有些银行直接或通过附属机构，如 EBIC 联盟的美国分支机构、欧美银行（EAB），向国内外客户提供广泛的服务。但无论是通过直接投资还是通过合资，这一切都仅仅是个开始。[36]

第五章
短暂的美式和平（1945—2000年）

表 5.2 资产规模最大的"自由世界"银行（1979年）

排名	银行	国家	资产（百万美元）
1	法国农业信贷银行	法国	104 997
2	美国银行	美国	103 919
3	花旗集团	美国	102 742
4	巴黎国民银行（BNP）	法国	98 859
5	德意志银行	德国	91 188
6	里昂信贷银行	法国	91 085
7	法国兴业银行	法国	84 914
8	德累斯顿银行	德国	70 331
9	巴克莱集团	英国	67 474
10	第一劝业银行	日本	66 581

注释：到动荡的20世纪70年代末，美国、英国和加拿大的许多银行已经被欧洲大陆和日本的银行所取代。排名前20位的银行中没有一家是加拿大银行，其他银行主要是日本和欧洲大陆的银行。

数据来源：《银行家》(The Banker)，1980年6月。

20世纪60年代和70年代就美国银行的规模而言是个动荡的时期。与外国竞争对手相比，美国银行的金融影响力发生了根本性的变化。如表5.1和表5.2所示，在20世纪60年代早期，美国的银行是世界上最大的银行。到下一个10年末，与亚洲和欧洲大陆的银行相比，由于汇率和外国投资的变化已经降低了美国银行的相对规模。在20世纪80年代和90年代，美国银行会恢复相对规模方面的一些损失，但带来的代价是安全性的降低。

解除《格拉斯－斯蒂格尔法案》对商业银行和投资银行业务的分离以及对美国银行业长期实践施加的其他限制有许多原因，也经历了许多阶段。早在20世纪50年代，银行就成立了控股公司来规避州际和其他方面对其业务的限制。在美外国银行投资的增加，以及美国人为其海外投资建立一个公平的竞争环境的愿望，促成了1978年的《国际银行法》。该法律为外国银行和美国银行奠定了公平竞争的基础，但要求那些想要进入美国市场的银行所在国给予美国银行同样的优惠。美联储有一项长期的政策，规定商业银行子公司证券承销和交易量不得超过该行总收入的 10%。1988 年，美国联邦最高法院对该政策予以支持。到 20 世纪 80 年代，大多数州已经通过或计划立法取消州际银行的限制。1994 年的《列格尔－尼尔州际银行和分支机构效率法案》（Riegel-Neal Interstate Banking and Efficiency Act）正式取消了联邦政府对全国性银行州际持股的限制。[37] 1999 年的 Gramm-Leach-Bliley 法案（也叫作《金融服务现代化法案》）允许商业银行、投资银行、证券公司和保险公司正式合并，从而开放了银行、证券和保险公司之间的市场。多年来，欧洲货币账户及其外国子公司的存在，使这些银行得以规避美国国内的限制。

美国的银行为欧洲带来了许多便利，包括专业的美元融资的便利。直到最近，人们仍然认为美国和英国的金融市场是世界上最好的，它们在流动性、安全性和回报之间的均衡吸引着外国投资者。[38] 这些市场的深度在很大程度上得益于创新以及用于长期储蓄的私人资金的存在。矛盾的是，后来的"创新"还包括允许银行在内部交易复杂的金融工具，而这一举措将导致 2008 年的金融危机。

许多监管改革允许美国和英国的银行在利润丰厚的金融领域进行交易，尽管其中一些增加了而不是减少了原本想要阻止的风险。例如，美国和英国带头创建了衍生工具和市场，并对银行交易衍生品视而不见。2000 年 12 月，共和党控制的国会和克林顿总统签署了一项两党法案，允许银行在正常资本市场监管机构监督范围之外交易衍生工具。2000 年通过的《商品期货现代化法案》（Commodity Futures Modernization Act）将很大一部分衍生品交易置于商品期货交易委员会（CFTC）和证券交易委员会的监管之外。该法案是在就如何监管衍生品进行了长达 10 年的辩论后通过的，并得到了财政部长罗伯特·鲁宾（Robert Rubin）、美联储主席艾伦·格林斯潘（Alan Greenspan）和其他"经济梦之队"成员的大力支持。其支持者的观点基于以下几点：场外（OTC）衍生品将继续大幅增长；对于标准化合约不足的衍生品使用者而言，现有的场外交易和产品构成了必要的联系；场外衍生品交易给美国银行带来了巨大的竞争优势；最重要的是，银行的自我监管提供了充分的管控，并模糊了有组织的市场和私人市场之间的区别。[39] 尽管该法案的许多倡导者对他们曾经的支持表示遗憾，也有许多人指责布什政府削减了金融监管预算，但最新一轮改革对场外交易的影响尚不明朗。

2000 年，由于许多市场和监管方面的原因，美国不仅在大型投资银行方面处于世界领先地位，而且还建立了一个全国性和国际性的零售和批发客户网络。此外，美国和英国的金融领导地位在一定程度上也得益于非银行金融机构的实力。新政的金融改革包括鼓励银行机构以外的私人储蓄。通过一系列的立法，养老金和共同基金获得了优惠的税收待遇，这是一项促进多样化的战略，使多样化作为确保谨慎投资的主要手段。虽然这些基金经理在投资方面有很大的自由空间，但这些基金所能持有的公司股权比例，以及可投资于一家公司的自有资本数额，都面临着相对严格的限制。[40] 根据这些规定，政府并不鼓励对投资机构的积极监管，但直到这些机构投资者出现几十年后，个人和企业资金的涌入才使它们成为金融市场的重要参与者。养老基金和共同基金成立后，加强了依赖多样化和数学模型作为治理工具的趋势。

技术与其他监管的变化

每种说法都是正确的。这不是经济学;不是数学;不是商业。而是某种与众不同的事物。是金融。

——哈里·马科维茨(Harry Markowitz),《组合理论》(*Portfolio Theory*)

银行业也受到了技术变化的影响。计算能力和通信速度的提高使银行能够处理更多的远距离交易,并增加新的零售和批发服务。银行用自动化服务取代了许多传统的交易工具。信用卡和自动提款机只是批发和零售服务革命中对消费者而言最显而易见的方面。在世界许多地区,信用证和支票实际上已被国家内部和国家之间的电子转账所取代。金融机构成为计算能力的最大使用者之一。这些创新并不只在美国发生,但美国在许多创新方面的确是领军者。

和世界其他地方一样,加拿大的银行也需要在技术方面进行重大投资。美国公司将它们的一些创新在加拿大进行了尝试应用。国际商业机器公司(IBM)在多伦多测试了一些最新的主机,加拿大皇家银行在一台机器上运行了 10 个应用程序,而花旗银行在 10 台机器上运行了一个应用程序。加拿大皇家银行对其"强大的技术基础设施"感到自豪。"由于我们在客户关系管理战略和由此产生的创新客户服务能力方面的卓越表现,我们是 IT 专业技术刊物《CIO 杂志》[41]评选的全球 100 家公司之一。"[42] 到 20 世纪末,加拿大帝国商业银行(CIBC)甚至将

第五章
短暂的美式和平（1945—2000年）

电子商务和技术业务作为其四大业务之一，占其总收入的14%以上。2000年，CIBC在技术上投资1亿美元，帮助员工处理与客户的关系。如今，加拿大的银行比美国的银行更早地准备迎接智能卡的到来，并在个人自动交易领域处于全球领先地位。加拿大也被认为是计算机化证券交易的世界领袖，这是一个新的业务部门，突出了技术的重要性和将银行活动扩展到相关金融服务的重要性。

计算能力的发展推动了金融理论的进步。随着美国金融改革的进行，衡量和控制风险的传统方法被新的、更复杂的统计方法所取代，其中许多方法依赖于交易量大且障碍相对较少的证券。新政的金融监管使得强大的金融玩家干预上市公司的公司治理变得更加困难。这些规定的目标是建立机构和大型组织，使中小投资者能够很容易地分散投资，从而将风险降到最低。到20世纪70年代，关于分散证券所有者的风险和回报管理方面的新的金融理论得到发展。20世纪50年代，美国经济学家哈里·马科维茨在优化投资组合方面取得了进展，他准确地展示了投资者如何在给定的回报水平上降低标准差（风险）。反过来，他还展示了如何在保持一定风险水平的情况下提高回报率。[43] 在他的一部分理论基础之上，W.F. 夏普（W.F. Sharpe）和 J. 林特纳（J. Lintner）开发了资本资产定价模型，这是对风险定价的一个重要发展。[44] 与此同时，金融理论家们收集了各种形式的被称为有效市场假说的证据，认为股票价格体现所有可用信息并随机移动的想法潜移默化地鼓励人们对个体资产相对市场的运动进行数据分析，打击了通过基本面分析而超出市场回报率的做法。因此，从市场价值的随机波动中优化回报的做法受到青睐。[45] 后来 F. Black，M. Scholes 和 R. Merton 的研究似乎释放了期权和其他复杂金融工具的力量。他们用计算机给出了一个快速且相对简单的公式来计算连续时间内的期权价格（显然是用计算机作为辅助）。[46] 加之布雷顿森林体系结束后的市场波动加剧，这些技术变革为银行和其他金融机构创造了设计新的金融工具的机会，将他们的活动从传统商业银行服务转向更多的投资和咨询服务，从而扩大了金融部门的规模。

金融交易的数量和市场规模都得到了飞速发展。20世纪末和21世纪初的一些数据清楚地表明了这一发展趋势。1980—2005年，世界债务和股票持有量从3万亿美元分别上升到35万亿美元和44万亿美元。政府债务和银行存款也以相近的速度增长。[47] 2007年，金融业占美国GDP的7.7%，几乎是1947年的3.5倍。从1980年到20世纪末，两国的银行资产占国内生产总值的比例保持相对不变，而股票市值占国内生产总值的比例在加拿大增加了2.5倍，在美国增加了3倍。[48] 尽管大部分增长来自银行以外的市场和机构，但监管已经允许银行参与其他金融领域。[49]

过去40年，金融领域发生了如此大的变化，但变化的核心在于复杂的衍生工具取得了巨大发展，其中许多衍生工具不在公开交易所买卖，监管也很宽松。衍生工具是一种价值基于其他工具的金融产品，包括很多种类，如：期货、期权、掉期和远期等。这些产品已存在多年，但随着布雷顿森林体系终结带来的金融动荡，这些产品在稳定金融市场中发挥了作用并逐渐兴起。尽管全球金融资产（银行存款、政府债务、私人债务和股票）的价值在2005年上升到大约140万亿美元，但衍生品市场前景更加乐观。到2006年，衍生工具的名义价值（标的资产的价值，而不是衍生工具的市场价值）飙升至所有其他工具（标的资产）总和的近4倍。在这些交易中，超过80%是场外交易（即私下进行、相对不受监管的交易），而且大多是银行交易，而不是有组织的市场交易。银行交易衍生品的增长在很大程度上涉及利率衍生品交

第五章
短暂的美式和平（1945—2000 年）

易方式的某些技术性问题，以及市场交易衍生品标准化导致的对冲缺口。[50] 大宗商品和外汇交易曾在衍生品交易中占主导，但现在利率衍生品合同则占了最大份额。然而，一个相对较新的领域呈现出极快增长速度，即现在臭名昭著的信用违约互换（CDS）。这些 CDS 推动了证券化的发展，并催生了由抵押贷款等资产支持的公共金融工具，而这些工具推动了跨境金融和最近爆发的金融危机。在 2006 年之前的 10 年间，证券化资产在美国增长了 5 倍，在欧洲增长了 15 倍。[51] 银行衍生品和证券化工具的增加，构成了银行业务从直接放贷转向服务和交易的一个重要组成部分。1984—2003 年，信贷机构的非利息部分占总收入的比例在英国从 36% 增至 46%，在美国从 25% 增至 45%。在另外一些国家，这种增长甚至更为显著。[52]

随着银行产品和地域范围的变化，也产生了新的国际银行业监管。然而，国际和欧洲监管的加强并没有阻止跨国银行利用"监管套利"和自身资源的不均衡来获利。巴塞尔银行监管委员会制定了关于资本充足率的国际标准。该委员会成立于 1975 年，旨在协调各国央行之间的发展。布雷顿森林体系解体后，各国政府面临银行倒闭的压力并呼吁加大对银行体系的支持。在这种压力下，各国监管机构寄希望于巴塞尔银行委员会。然而，该委员会几乎只关注资本充足率和信贷风险，而这两项措施并没有从根源上解决银行问题。委员会没有采取其他控制风险的措施，这使英美两个不愿接受国际管控的金融大国发挥了优势。这很快导致在没有其他控制措施辖区的银行将业务模式转向巴塞尔资本充足率没有涵盖的风险更高的业务。此外，巴塞尔委员会和其他超国家机构在实施国际标准方面缺乏监督和执行权力。[53]

在 20 世纪 80 年代，美国和加拿大都经历了两种相互矛盾的监管方式，一种是加强国际监管，另一种是加强自我监管。随着国际规则的实施,许多大型商业银行从传统的贷款转向产品设计、咨询和交易。这些银行帮助开发和使用新的统计技术来评估风险,如在险价值(VAR)。监管者也利用这些工具来管控银行。但另一方面,这些做法不断挑战旧的会计规则,如钉住汇率制。所有这些任务在很大程度上依赖于计算能力、银行内部管控以及对复杂模型的信心。[54]

跨境资金转移变得更容易、更有利可图,因为跨境交易有助于吸收巨额固定成本。20 世纪的最后几十年,经合组织国家几乎都取消了对国际流动资本的管制。在此期间,计算能力得到提升,也提高了交易速度和迅速转移资金的能力。高计算投资增加了固定成本,这反过来又需要更多的交易来证明其经济的合理性。IT 投资使得自动处理大量交易变得更加容易。定价和风险评估也是如此,复杂的统计模型基于前沿的金融创新,如 Black-Scholes-Merton 期权定价和在险价值模型。许多国家向外国银行放开了从本国央行获得低息贷款的限制力,这是国际银行业的一个新特点,这提升了跨国银行在一个国家获得低息贷款,在另一个国家通过附属机构获得更高利率贷款的能力。

二战后的加拿大银行业

在此期间,加拿大银行业的变化必须放在加拿大最初的立法背景下审视。自 1867 年建立联邦以来,银行监管的责任就落在了联邦政府的肩上。自 1871 年《加拿大银行法》颁布,议会必须定期审查其条款,最初是每十年一次,自 1992 年开始则是每五年一次。在第二次世界大战之后,《加拿大银行法》的这一审议规定致使加拿大发生了一些渐进的变化。从 1954 年开始,银行首次获准发放抵押贷款,以满足加拿大战后对住房的需求。对加拿大银行业最重要的一次审议发生

第五章
短暂的美式和平（1945—2000年）

在20世纪60年代初，当时成立了一个由安大略上诉法院首席大法官达纳·波特（Dana Porter）担任主席的皇家银行与金融委员会。[55] 1980年的修订放宽了对外资银行的限制。然而，最引人注目的变化发生在1987年，加拿大经历了自己的"小爆炸"，与英国的"大爆炸"截然不同，主要侧重于消除金融机构之间的界限。"小爆炸"开始瓦解加拿大金融业的四大历史支柱：银行、信托公司、保险公司和投资交易商。5年后，1992年通过的一项立法实际上结束了这四大支柱。从此，四大支柱不再分离，银行开始迅速收购投资交易商和信托公司。随着20世纪接近尾声，政府开始采取措施限制大型银行的进一步扩张，阻碍五大银行中的四家进行更多兼并活动，理由是防止形成"大到不能倒"的银行。[56] 此外，还有一些政治考虑，例如避免国会议员所在选区分行倒闭带来的影响。

二战后的加拿大银行业呈现出变革和延续性的特点。在1945年，10家加拿大银行的总资产为72亿美元（按当前美元计算为1 000亿美元），虽然以占金融资产60%的份额占据主导地位，但没有一家银行拥有信托公司或投资交易商。其中最大的银行是加拿大皇家银行，第二大银行是蒙特利尔银行。这两家银行总部都位于蒙特利尔，在过去的25年里，它们的排名一直是第一和第二。第三大银行是总部位于多伦多的加拿大商业银行，规模仅为皇家银行的60%。这三家银行再加上丰业银行和帝国银行，共同组成了加拿大银行业"五大"巨头，占加拿大银行资产总量的84%。1945年，加拿大最大的10家银行规模不一，从资产达30亿美元的加拿大皇家银行到资产不足其7%的蒙特利尔区域和储蓄银行（Montreal District and Savings Bank）。[57] 在20世纪末，加拿大皇家银行与其长期的竞争对手蒙特利尔银行的合并被政府阻止，但在11家国内银行和40家外资银行组成的竞争更为激烈的市场，加拿大皇家银行规模仍排名第一。2000年，五大银行仍然主导着加拿大银行业，那时的监管改革允许银行进入金融的所有阶段——除了银行业，还包括保险、信托和证券交易。此外，这五家银行都有活跃的境外活动，主要是在美国。由于托管养老金计划和共同基金的规模大幅增加，这些银行总共只占金融业全部资产的不到50%。[58]在20世纪末，加拿大五大银行雇用了近30万人，拥有1.3万亿美元的资产，净收入89亿美元，市值1 135亿美元。[59]另一个主要的变化是金融中心不断地从蒙特利尔向多伦多转移。

正如在美国一样，住房需求也在加拿大发挥了重要作用。在二战后，人们对住房的需求不断增加，尤其是受到"婴儿潮"的推动。抵押贷款资金的供应开始超过来自传统贷款人的供应。因此，加拿大政府修订了《国家住房法案》（NHA），允许银行办理抵押贷款。最初，银行反对这项措施，"这是加拿大银行家与政客之间传统关系的奇怪的角色逆转"——奇怪之处在于，对于政客们强加给银行的新业务，银行表示抗拒。[60]然而，1954年修正案通过后不久，银行迅速成为仅次于寿险公司的第二大抵押贷款融资来源。到2000年，加拿大逾70%的抵押贷款由银行承销，占该国银行总资产的20%。[61]

美加两国有许多相似之处，但也有很多显著差异。2008年之前，加拿大几乎不存在次级抵押贷款市场或房地产泡沫。2000年，住房需求最大的两个市场之一的多伦多，才刚刚从长达10年的房价下跌中恢复过来。2008年，多伦多的房价仍未达到20世纪80年代末的水平。与美国的银行不同，加拿大的银行在资产负债表上的抵押贷款是5年期的，出于匹配的目的，这给了银行更大的动力来筛选和监控借款人。此外，与美国的抵押贷款相比，加拿大的大多数抵押贷款是有追索权的，也就是说，借款人的所有财产，都处于风险之中，不仅仅是抵押

第五章
短暂的美式和平（1945—2000 年）

的房屋。相反，无追索权贷款保护债务人免受其他资产的损失，并减少偿还房屋贷款的压力。

在此期间，加拿大采取了许多措施来加强银行监管。与同期的许多国家一样，央行的独立性问题在加拿大变得更加重要，但加拿大却发生了独有的冲突。20 世纪 60 年代初的科因事件（Coyne Affair）引发了加拿大政府与央行行长之间的一场激烈争论，争论的焦点是谁负责财政和货币政策。结果，政府成立了一个皇家银行和金融委员会，即波特委员会（Porter Commission），进行十年期审议。[62] 经过两年的审议，政府又花了两年半的时间并历经两任财长之后，才将委员会的意见加以落实。波特委员会是加拿大历史上对加拿大银行系统的一次最广泛审查。委员会的目标是效率、竞争力和独立的审慎监管。委员会建议银行继续实行自我监管，因此银行的监察长依靠独立审计员的工作，而独立审计员又依靠银行自己的监察人员。[63] 此外，委员会还建议取消对资金自由流动的限制，提倡更大的竞争，禁止银行之间的利率协定，并加强银行监察长办公室的工作。委员会还提出了许多其他建议，其中最重要的是取消 6% 的利率上限，而该限制有着 150 年的历史，这一举措对加拿大银行业未来发展的影响令人难以想象。[64] 在布雷顿森林体系时期，美国的利率也被削减。银行使用了许多手段来规避这一限制，其中一些措施促进了离岸市场和后来的影子银行的发展，但美国对利率政策的限制在 20 世纪 70 年代和 80 年代逐渐减少[65]，直到 21 世纪才完全取消。

银行体系渐进式的发展到了 20 世纪 80 年代演变为更为突然和剧烈的变化。第一个这样的变化发生在 1980 年对银行法的定期修订，源自 20 世纪 70 年代末发布的《加拿大银行业立法修订白皮书》。1980 年通过的《银行法》开创了加拿大金融服务和竞争的新时代，外国银行现在正式获准进入加拿大市场。[66]更具体而言，该法案为一种新的银行类型——被称为B类银行的外资子公司做出了规定（现有银行被归为A类银行）。在接下来的4年里，60家B类银行应运而生。

图5.1　加拿大金融体系传统的四大支柱

资料来源：加拿大经济教育基金会《加拿大的货币与货币政策》（多伦多，1994年），7页。

尽管银行数目增加，但政府并没有拨出经费增加银行监察长办公室的工作人员数量。第六章将对此问题进行更详细的讨论，介绍这一遗漏在20世纪80年代中期对银行倒闭产生的影响，以及如何促成了金融机构监管署（OSFI）的设立。鉴于各金融职能的整合，OSFI将所有的金融监管进行了整合，这样做是十分必要的一步。

如前所述，早在1933年《格拉斯－斯蒂格尔法案》颁布之前，加拿大的金融机构就由于法律的规定和传统的影响而划分为四大支柱（见图5.1）。造成这种分化的原因之一是监管结构。银行受联邦监管，而投资交易商和信托公司受省级监管。[67]此后，这种情况发生了变化。

第五章
短暂的美式和平（1945—2000 年）

1987 年 6 月 30 日[68]，联邦政府通过了一项法案，允许其他金融机构全资拥有投资交易商，部分原因是财政部高级官员担心加拿大政府债务问题可能依赖于美国承销商。其后果是立竿见影和戏剧性的，1987 年的市场崩盘更是加剧了这一后果，所有的投资交易商都受到了影响。在新法案施行和市场崩溃的一年内，六大银行中的五家都收购了加拿大的投资交易商。[69]

当银行监管审查的期限从 10 年缩短到 5 年时，打破四大支柱的进程开始加速。一些观察人士认为，此举几乎是不加掩饰地帮助银行。这些银行是"大佬"，新立法实际上是为了让银行占据主导地位。正如一位加拿大银行业权威人士所言[70]，对非金融业务投资的限制阻止了加拿大银行成为德国式的全能银行，但在 20 世纪末，就连德国人也发现，这种模式的某些方面在全球金融市场上代价高昂。[71]

1996 年 12 月，基于每五年修订一次的预期，政府任命了一个金融服务部门的特别工作组，计划将于 1998 年 9 月出具报告。可以理解的是，当两家大银行试图在报告出来之前合并时，政府感到很尴尬。政府在 1998 年 1 月了解到，加拿大最大的两家银行——加拿大皇家银行和蒙特利尔银行有合并的意向。[72] 就在蒙特利尔银行和皇家银行团队宣布合并的几小时前，他们向当时的联邦财政部长保罗·马丁（Paul Martin）通了气。在许多人看来，两家银行的领导者误解了马丁这位政治家。当被问到时，马丁显得很生气。在一次记者会上，马丁称合并计划"有些为时过早"。他说，两家银行的合并声明，扰乱了各银行正在进行的银行审查。该工作组以其主席哈罗德·麦凯（Harold MacKay）的名字命名，叫作麦凯工作组，其任务是出具关于金融服务行业未来的报告。马丁表示，他担心合并会使特别工作组的工作脱轨。另一些人认为，令财政部部长不悦的原因是他没有预先得到关于这笔交易的消息。"对于一个耗时近一年的工作来说,这是一个不祥的开端。"[73]

三个月后,加拿大五大银行中又有两家——帝国商业银行和道明银行(TD)也宣布了合并的计划,而只有丰业银行对合并计划表示反对。1998年12月14日,也就是臭名昭著的"蛋奶酒协议(Eggnog Agreement)"[74]签订近一年之后,马丁宣布了政府禁止合并的决定。[75]但随着20世纪的结束,政府的确允许道明银行与加拿大最大的独立信托公司加拿大信托(Canada Trust)合并。丰业银行首席执行官郭沛纯(Peter Godsoe)是唯一反对合并的银行家,并称预计在21世纪联邦立法改革后会有更多的合并尝试。[76]

与此同时,加拿大银行业在全球的角色似乎正在发生变化。有人担心在20世纪末的大型银行的国际排名中加拿大银行正在下滑。事实上,并非全部如此,一些加拿大银行的排名有所上升。加元的贬值导致以美元计价的银行排名在下降。但最重要的是,加拿大的银行仍然是世界上最具盈利性的银行之一,部分原因在于对竞争的限制使得银行体系更加稳健。[77]

正如之前所讨论的,加拿大的一些大型银行几乎从创立之初便走出国门开拓海外市场,但诺伊费尔德(Neufeld)指出,这些大银行在两次战争中间的时期相当被动。[78] 1949年,加拿大银行的国际活动达到最低点,当时外国贷款仅占贷款总额的5%多一点,加拿大的银行只有105家外国分行。[79]然而,到了20世纪50年代末,随着零售和商业市场等国内"唾手可得的果实"被摘取,外部机会再次成为银行关注的焦点。加拿大的银行在20世纪60年代迅速进入西欧,把重点从传统的短期贸易融资转移到为跨国公司和各国政府的中长期信贷需求提供服务。在20世纪70年代,他们成为欧洲美元市场上的强势参与者,但在之后却带来了麻烦。[80]

第五章
短暂的美式和平（1945—2000年）

大约在2000年，所有的大银行都制定了某种国际战略。在这些大银行中，加拿大皇家银行的非加拿大资产比例最低，为30%（TD紧随其后）；蒙特利尔银行的非加拿大资产比例最高，为44%。然而，各银行的国际战略非常不同，5家银行中有4家以美国为重点，虽然是在不同的地区和业务部门。国际业务方面最为著名的银行是丰业银行，它也是唯一一家对其国际业务的财务数据进行分离的银行。丰业银行在一些欠发达的国家开展业务。在20世纪末，其39%的资产位于加拿大境外；在2000年，37%的净收入来自非加拿大业务。[81]

与大多数国家一样，战后加拿大对外资银行的准入限制逐渐放宽。1980年《加拿大银行法》的修订为外国银行开辟了道路。到1990年，外资持有全部银行资产的近10%，但到20世纪90年代，这一比例减半。虽然如此，在2000年的时候，汇丰银行[82]在加拿大所有银行中排名第八，花旗银行排名第十，其次是德意志银行、法国巴黎银行、美国银行。[83]尽管自20世纪90年代末以来，有关外国银行子公司和分行的规定得到了进一步的放宽，但这些外国实体的经营受到许多不适用于国内实体的限制，包括在业务方面的选择限制、对吸收存款的限制以及被排除在政府存款保险之外的限制。[84]尽管有这些限制，到20世纪末，仍有50多家外国银行实体在加拿大经营。[85]有报道称，在21世纪限制措施有所减少，但就在2008年，外国银行的子公司和分支机构还仅占加拿大所有银行资产的4.9%。2009年，外资银行约占加拿大银行资产的5%，而美国的该比例为18%。在美国的许多州，包括一些加拿大银行在内的外国银行是零售银行市场的重要参与者，而外国银行在加拿大的情况则不同。[86]

从蒙特利尔向多伦多的转移

布雷顿森林体系解体后,加拿大的地理和经济活动发生了重大转变,金融中心最终从蒙特利尔转移到了多伦多。虽然美国和加拿大在战后都经历了政治动荡,但加拿大的动荡对其金融体系的配置产生了更大的影响。第二次世界大战结束时,蒙特利尔仍然是加拿大最大的城市和商业中心,这是19—20世纪,蒙特利尔一直保持的地位。大部分金融机构总部位于蒙特利尔。加拿大五大金融机构中的四家总部设在蒙特利尔,其中包括加拿大最大的三家银行中的两家——加拿大皇家银行和蒙特利尔银行以及加拿大最大的保险公司——永明人寿(其规模几乎是排名第二的竞争对手——加拿大人寿的四倍)。此外,加拿大最大的两家信托公司——皇家信托和蒙特利尔信托也位于蒙特利尔。其中较小的蒙特利尔信托规模与丰业银行相当,比位于多伦多的帝国银行、多伦多银行和道明银行都大。许多人指出,勒内·莱维斯克(Rene Levesque)领导的分裂主义政党魁北克党(Parti Quebecois,PQ)在1976年的选举是蒙特利尔衰落的催化剂。1976年,加拿大商业中心的转移已经是既成事实。

加拿大金融中心从蒙特利尔向多伦多转移的历史可以追溯到1869—1871年《银行法案》之战中多伦多对蒙特利尔的胜利。第一次世界大战期间,总部位于多伦多的投资交易商带头出售了数十亿美元的胜利债券。战争融资使多伦多成为债券市场的中心。大萧条期间,多伦多突然超越蒙特利尔,成为全国最大的证券交易所所在地。这在一定程度上是因为多伦多是矿业股票的先驱,当罗斯福总统把黄金价格从20.67美元提高到35.00美元时,矿业股票大涨。

二战后,包括保诚保险(Prudential)和纽约人寿在内的保险公司

第五章
短暂的美式和平（1945—2000年）

开始从蒙特利尔迁往多伦多。还有一个微妙的变化也表明了这种转移趋势，那就是法律、会计和公共关系等服务型公司对办公地点的选择。到1961年，排名前六的律师事务所中有五家位于多伦多。此外，排名前十的广告公司中有九家位于多伦多。[87]不仅如此，八大会计师事务所中有六家也位于多伦多。

蒙特利尔的衰落和多伦多作为加拿大金融中心的崛起是各种经济和政治因素结合的产物。蒙特利尔曾是加拿大主要铁路公司、加拿大铝业公司和贝尔公司的总部所在地，但在20世纪，多伦多吸引了美国的直接投资，尤其是大型汽车公司和大型石油公司。此外，多伦多有一个充满活力的零售部门。在20世纪70年代中期，多伦多的非金融公司总部数量是蒙特利尔的两倍。

政治在这一转变中也发挥了重要作用。战后是空前的政治动乱时期。尽管魁北克的法语人口众多，但英语是商业语言。蒙特利尔证券交易所和银行总部（加拿大皇家银行和蒙特利尔银行）位于圣詹姆斯街或附近，现在称为圣雅克街，当时被称为"加拿大的华尔街"。

20世纪60年代，法裔加拿大人的激进主义高涨，标志着魁北克寂静革命（Quiet Revolution）的开始，这是一个社会、政治和经济剧烈变革的时期。"自己当家做主"成了省选举期间的一个流行口号。同时，联邦政府任命了一个双语和双文化皇家委员会。1960年，激进的马列分离主义组织魁北克解放阵线（FLQ）开始了长达7年的暴力运动，包括爆炸袭击、银行抢劫、绑架、炸弹和枪击杀人。1964年，伊丽莎白女王在访问魁北克市时遭遇人群的一片嘘声。

那些年，魁北克省的政治和语言混乱导致许多总部位于蒙特利尔的公司将员工从加拿大其他地方调到多伦多，而不是蒙特利尔，并将总部迁往别处。1969年2月，恐怖分子将他们的注意力转向金融界，尤其是蒙特利尔证券交易所，并制造了最大的一起爆炸案，造成了巨大的破坏，使 27 人受伤，并阻碍了今后向该地区的资本流动。

在 1970 年的省选举期间，也就是后来的"Brinks 政变"期间，由 9 辆 Brinks 装甲车组成的护卫队将皇家信托证券数十亿的资产从蒙特利尔送往多伦多。此后，一名英国贸易专员和魁北克副省长被绑架，为蒙特利尔带来了更大冲击。政府根据《战争措施法》颁布了紧急状态条例，这是加拿大在和平时期唯一一次使用该权力。"人身保护令被暂停，政治集会被禁止，加入 FLQ 组织被列为刑事犯罪。"[88] 此外，FLQ 组织杀害了副省长，这是加拿大历史上第二次政治暗杀。

在魁北克党于 1976 年当选为该省执政党时，国际经济历史学家查尔斯·金德尔伯格（Charles Kindleberger）提出了一个问题。他想知道"多伦多是否正在成为加拿大的单一金融中心，这一进程的持续时间是否比其他国家长得多，或者这两个中心是否已经在一种特殊的合作关系中稳定下来"。[89] 金德尔伯格对自己的问题进行了回答："似乎现在看起来，多伦多已经超过了蒙特利尔。然而，必须清楚的是，尽管这种转变可能在一定程度上由政治和文化推动，但本质上这只是一群英裔金融家从一个加拿大城市到另一个加拿大城市的转变而已。"[90]

1976 年分裂主义魁北克党的当选加速了金融中心从蒙特利尔向多伦多的转移。在此期间，没有任何一个北美城市像蒙特利尔一样，在金融和人力方面向多伦多提供了如此多的资本。随着人口和企业纷纷离开魁北克，加元也随之走低，从略高于美元的水平跌至 0.85 美元左右。1980 年 5 月，魁北克党政府要求举行独立公投。尽管投票结果是 59% 对 40%，击败了分裂主义，但加上极不明智的国家能源政策（惩罚生产商，奖励消费者），导致加元再次下跌，最后跌至 0.69 美元的低点。

在魁北克的这场混乱中，多伦多巩固了其作为加拿大金融中心的

第五章
短暂的美式和平（1945—2000年）

地位，正如100多年前纽约取代费城成为美国金融中心，30年前法兰克福击败德国柏林一样。和美国、德国以及许多其他国家一样，加拿大的金融中心并不是其政治中心。[91] 五大银行的总部均设在多伦多。到2000年，特许银行已经收购了主要的投资交易商和信托公司，这是1987年"小爆炸"的结果（见下文）。此外，大多数已经私有化、合并和国际化的人寿保险公司总部也都设在多伦多。多伦多证券交易所也正在进行私有化，为之后21世纪的扩张，包括收购蒙特利尔证券交易所做准备。

信用合作社

1900年，阿尔方斯·德斯贾丁斯（Alphonse Desjardins）在加拿大魁北克的莱维斯建立了第一个信用合作社。他是一名魁北克记者和报纸业主，同时也是政府议会程序的记录者。他也在美国新罕布什尔州曼彻斯特市建立第一个信用合作社的过程中发挥了重要作用。[92] 德斯贾丁斯参考了来自德国、法国和英国的欧洲模式。当时的想法是建立一个类似合作的组织，允许财力有限的公民以合理的利率借贷。这种合作社的模式在魁北克以及后来合作运动特别强大的加拿大西部很受欢迎。

20世纪末到21世纪初，加拿大信用合作社的资产为1 310亿美元，几乎占加拿大储蓄机构全部资产的10%。加拿大是世界上人均信用合作社成员最多的国家，大约1/3的人口属于信用合作社。在魁北克省，70%的人口属于合作社成员，而在大草原省份萨斯喀彻温省，该比例为60%。然而，就资产规模而言，最大的信用合作社都位于不列颠哥伦比亚省。与所有其他"银行业"不同，该行业主要由省级政府而非联邦政府监管。所有信用社的主要业务都是由会员的存款提供住房抵押贷款。[93]

信用合作社最初是随着加拿大移民来到美国的。在德斯贾丁斯的鼓舞下，一群法裔加拿大人于 1908 年在新罕布什尔州的曼彻斯特成立了圣玛丽信用合作社。而且德斯贾丁斯参加了这家信用社的开业仪式。目前，美国有 6 000 多个信用合作社，拥有大约 1 万亿美元的资产，受到州和联邦两级的监管，在美国金融业中发挥着重要作用。超过 1 亿名美国人是信用合作社的成员，在国民中分布范围十分广泛，从服兵役的军人到宗教团体和私人公司都有分布。[94] 凭借相对保守的投资程序和监管体系，信用合作社在 2008 年的危机中表现相对良好，尽管有一些最终被政府接管。

对管理风险和提供新型服务的诉求变革了金融业

> 奇怪的是,我们总能看到美国人对幸福的狂热追求,看到他们似乎总是被一种模糊的恐惧所折磨,担心自己不在通往幸福的捷径上。
>
> ——亚历西斯·托克维尔(Alexis de Tocqueville),《论美国的民主》(*Democracy in America*)

二战后,美国不仅对商品的需求增加了,对服务的需求也增加了,甚至需求程度更高。部分需求由政府直接满足,其他则通过半私人和公共措施来满足。尽管这些期望和满足这些期望的方法在许多发达国家都很重要,但这些因素重塑了美国金融业,使整个经济,尤其是金融体系与众不同。美国例外论和金融创新为其金融机构和组织同时赢得了美誉和恶名。

美国的养老金和共同基金

针对新型投资机构的立法基础早在新政期间便已奠定,但其对美国金融体系的首次重大影响则发生在二战之后。养老基金和共同基金的历史可以追溯到几百年前。许多政府为一些公民提供退休收入,特别是士兵和公务员。多元化投资基金在英国、美国和其他一些国家很受欢迎，但新政和战后政策使它们在美国以一种独特的方式结合在一起，为发展投资者与上市公司之间的新型治理关系奠定了基础。共同基金必须在美国证券交易委员会登记，并通过1940年的《投资公司法》加强了对这些基金的管理。共同基金如果将收入的90%分给投资者并保持多元化的投资组合（拥有任何一家公司的股份不超过10%），那他们也可以享受免除公司股息税的待遇。这样做的主要目的是避免让他们参与所投资公司的治理。[95]美国用于退休、医疗和住房保险的一些方法是其独有的，利用金融创新来防范新形式的风险，并促成私营部门和公共部门之间不同寻常的合作。

在美国证券法和税收减免的帮助下，美国私人养老基金在20世纪下半叶取得了突破性的发展。美国的大公司提供利润丰厚的养老金计划，通常代替加薪。养老金福利立即从企业收入中扣除，仅在支付给退休人员时才征税。在新政的后期，共同基金对养老基金更有吸引力，因为强制多样化的要求以及在基金分配之前免除基金收益税的待遇。养老金和共同基金在发展中相互联系。各种类型的共同基金——股票、债券甚至货币市场或开放式基金（而非封闭式基金）——是集团或个人养老基金的主要投资工具。它们共同为资本市场的重大创新做出了贡献。1945—1965年，共同基金以每年18%的速度增长。20年前，新的机构投资者（养老金和共同基金）在美国股票总额中所占的比例微不足道，但在1970年，它们占美国股票价值（0.9万亿美元）的16%。这种转变一直持续到20世纪末。到1998年，这一比例升至31%。[96]

机构投资者的投资策略发生了变化。在所有养老金资产中，近50%为普通股，远高于1948年的5%。1948年，这些投资中约有75%投资于政府、政府机构或私人债券，而在1990年，这一比例已降至30%。到20世纪80年代末，已有4 200万名美国公民拥有由雇主或工

第五章
短暂的美式和平（1945—2000年）

会赞助的私人养老金计划，尽管有1.6亿美国人享受社会保障，所有工人享受联邦强制退休金，还有2 000万人享受公共州、地方和联邦计划，但并非所有计划都得到了资金支持——也就是说，资产等于未来债务或某种保险的现值，结果产生了一些破产的丑闻和对新监管规定的不满。与许多其他投资者不同，这些新的机构投资者在投资领域相对不受约束，只要他们尊重对基金规模或所控制资产的限制即可。到20世纪末，它们在国际上以及在投资活动类型（如风险资本）方面都实现了多元化发展。[97]

在20世纪70年代和80年代，大多数私人保险计划进行了重组，并增加了创建个人保险计划的新机会。在那之前，大多数私人和公共养老基金都是固定收益（未来的收益是有保障的），而不是固定缴款（计划中规定缴款数额，但收益取决于投资结果）。我们之后将讨论，20世纪70年代和80年代对税法和养老金法的修改加强了私人养老基金从固定收益向固定缴款的转变，其主要推动因素是风险。为日益增长但又不可知的未来债务提供资金的问题困扰着许多美国公司、工会和其他组织。除了社会保险之外，公共退休基金也没有足够资金支持，而且不用披露它们的负债程度。美国最大的一些养老基金是州一级为当地工人设立的。[98]

到了20世纪80年代，大多数美国家庭也通过某种私人养老基金直接或间接地参与到资本市场，尽管（或许是因为）私人基金的结构发生了巨大变化。两项重大改革通过改变固定收益和固定缴款计划之间的成本收益关系给养老基金带来了改变。1974年的《雇员退休收入保障法》将税收优惠扩展到那些支付公共保险担保的公司，但这取决于该计划的资金规模。该法允许计划持有者可以自由投资，但加强了对公司自己股票的投资限制，对债务工具的质量设定了限制，并增加了新的基金治理要求。然而，该保障法对公共计划进行了豁免。1986年的《税收改革法案》对固定收益计划的减税范围进行了限制，并扩大了固定缴款计划和个人退休账户的减税范围。美国的固定收益保险计划数量曾经从1956年的3 000份激增到1973年的近35 000份，但鉴于对风险的新认识，这一数字随后急剧下降。[99] 到1987年，大多数公司已从纯固定收益计划转向固定缴款或固定缴款补充计划。公共部门没有参与。直到1998年，90%的州和地方政府工作人员还享受固定收益计划。早在1987年，所有养老金计划的2/3仍是固定收益，但其中3/4是政府雇员计划。[100]

向固定缴款和私人账户的转变并没有减缓养老基金的增长。到2005年，养老金资产占美国GDP的121%，几乎是英国该比例的两倍，法国的20倍，德国的30倍和世界平均水平的3倍。[101] 虽然养老金和共同基金是两个截然不同的金融机构，但对其中一个机构的监管，对另一个机构也产生了巨大的影响。共有基金有很多种，但都需要允许较小的投资者通过将资金集中到一个较大的证券投资组合中来分散风险。[102] 到2007年，超过8 800万名美国人拥有共同基金股份。401（k）计划中超过一半的资产和个人退休账户中几乎一半的资产是共同基金。这些基金控制着超过11万亿美元的资产。

共同基金的发展既是促进证券市场兴起的原因之一，也是证券市场兴起带来的结果。共同基金适应了不断变化的消费者需求和监管规定，为不断壮大的中产阶级提供了一个有用的投资工具，尤其是在退休后。投资公司在20世纪20年代的牛市期间首先在美国流行起来。1924年，一种新型的投资公司——开放式共同基金或共同基金问世。开放式基金做好准备在股东的要求下回购（赎回）股票，价格基于基金投资组合的当前价值（当前净资产价值，简称NAV），并根据该价

第五章
短暂的美式和平（1945—2000 年）

格不断发行新股。马萨诸塞州投资者信托公司（MIT）是第一个真正的共同基金，由其受托人管理，只发行普通股，并不断向投资者发行新股。20 世纪 20 年代末，封闭式基金开始繁荣。1927—1929 年，该类基金的股权增长了 9 倍。在这两年里，基金的数量从 75 只增加到 181 只，资产从 6 亿美元增加到 27 亿美元，年销售额从 1927 年的 1.88 亿美元增加到 1929 年的 16 亿美元。到 1929 年年底，162 只基金中有 143 只是封闭式基金。与共同基金相比，投资者更青睐封闭式基金，这可能是因为封闭基金的高杠杆率及股票溢价交易历史较长带来的高回报率，尽管风险也较高。不过，封闭式基金也有一些问题，例如筹集资金的成本通常很高，资本结构过于复杂。公司间的持股像拼图一样令人迷惑，使得利润更容易被隐藏。

大萧条带来了许多改革。第一个是 1933 年和 1934 年的证券法。它们赋予联邦政府广泛的权力来监管证券的发行和交易。1933 年的法律指定联邦贸易委员会（FTC）为证券监管机构。1934 年的《证券交易法》设立了一个新的联邦机构——证券交易委员会来执行 1933 年的《证券法》，并授权美联储制定保证金制度。该法律还授权美国证券交易委员会部分（而不是全部）拥有对交易所的直接联邦控制权。

这项立法带来了一些具有讽刺意味的和意料之外的后果。尽管该法案对共同基金几乎没有直接影响，但其间接影响却十分深远。1933 年和 1934 年的法案要求对新发行的证券及其上市市场进行披露。法案还通过监管投资市场来保护投资者。但事实证明，1934 年的法案对共同基金行业至关重要，因为它创建了一个独立机构，其唯一责任是为了投资者的利益。这有助于增强公众对机构和市场的信任，但还需要做更多的工作。1935 年，在《公共事业控股公司法》中，美国国会指示证券交易委员会研究投资公司行业并向国会提交建议。然而，1936

年的《1936年税收法》对共同基金产生了更重要的影响。该法律将合格信托机构（开放式共同基金）收到的所有股息排除在外，有效地消除了从公司到合格共同基金，最后到信托投资者的股息的双重征税。

整套立法表明了新政的目标：向小投资者提供多样化投资的手段，并保护投资者不受投机活动的影响。然而，《1936年税收法》只向共同基金而不向封闭式基金提供税收减免，这对1940年的《投资公司法》的颁布起到了推动作用。该项法律管理共同基金和其他投资公司的结构与日常运营活动，并对基金和投资限制进行界定，包括对任何一家公司的投资占总基金的比例以及对任何一家公司所持股份的比例。

20世纪下半叶，新政改革的总体效果充满戏剧性而且呈多面化。1950年，养老基金在美国金融资产总额中所占比例不到4%，截至1990年，这一比例飙升至近15%。同年，其他吸收储蓄的商业银行和保险公司的替代品，如货币市场账户和联邦支持的抵押贷款池，跃升至总金融资产的34%，高于1950年的15%，使商业银行占总资产的比例只有27%（低于1950年的50%）。[103]

加拿大的养老金和共同基金

1970年，养老金计划成为加拿大增长最快的金融中介机构之一，反映了人们普遍希望在退休后享受有保障的收入。[104] 1970年以来的增长率甚至比第二次世界大战和1970年之间的增长率还要快，养老金计划的规模在20世纪80年代初期就超过了人寿保险公司。早在1945年，大多数养老金计划由人寿保险公司出售，政府只提供基于经济状况的计划。如今，加拿大的退休收入体系由三部分组成，包括政府计划、雇主/雇员计划以及个人储蓄计划。

第五章
短暂的美式和平（1945—2000年）

作为战后重建计划的一部分，加拿大政府于1951年出台了《全民老年保障法》。和美国一样，该法律也不时地对从英国兵团退役的士兵做出规定。当加拿大第一家人寿保险公司加拿大人寿在19世纪40年代开始营业时，延期年金是其产品的一部分。[105]

1957年，加拿大政府推出了注册退休储蓄计划（RRSPs），以鼓励个人为自己的退休进行储蓄。在此之前，只有属于雇主赞助的注册养老金计划的个人才能从其应纳税收入中扣除养老金缴款。

20世纪60年代中期，加拿大联邦政府和魁北克省政府推出了政府养老金计划，首次在加拿大提供全民退休养老金。这些计划过去是、现在仍是强制性的，而且是供款性质。筹集的资金分配给各省，用于进行其认为合适的投资。在魁北克，这笔资金通过魁北克储蓄投资集团来进行投资。该投资集团是专门为投资魁北克养老金计划而设立的。随后，该集团也被委托管理魁北克的其他基金，例如政府和公共雇员养老金计划，并已成长为证券交易所最大的股票购买者。

《经济学人》（*The Economist*）最近的一篇文章将加拿大的养老基金描述为"枫叶革命"和"去政治化的主权财富基金"。[106]加拿大的养老金管理新模式出现于20世纪90年代中期，当时通常难以合作的联邦政府和省政府终于联合起来拯救了加拿大养老金计划（CPP）使其免于破产，并为该计划建立了坚实的财政基础。[107]其他举措包括设立独立的CPP投资委员会、安大略省教师退休金计划、公共服务投资委员会和安大略省市政雇员退休制度。除了规模庞大（CPP是世界上最大的养老金计划之一）的特点之外，这些基金还自主管理资金[108]并在世界各地投资，专注于在不承担过度亏损风险的基础上实现最大回报率。

第一只开放式共同基金在大萧条最严重的时候登陆加拿大，该基金叫作加拿大投资基金有限公司，但却是由卡尔文·布洛克（Calvin

Bullock）在美国所创立的。[109] 在二战刚结束时，89% 的基金是封闭式基金，但 25 年后，76% 的基金是开放式共同基金。[110] 开放式基金不断发行新股，客户可按当前净资产估值赎回已发行的股份。

美国和加拿大的市场在两个方面有所不同：美国的共同基金市场，就像大多数经济活动领域一样，比加拿大的市场更加专业化；此外，美国市场的集中度要低得多。加拿大的皇家银行和金融委员会（波特委员会）1964 年的报告指出"少数几家公司的主导地位"，并指出 1962 年 8 家大公司占了该行业的一半。[111] 7 年后，这 8 家公司占据了该行业近 80% 的份额。[112]

到目前为止，最大的共同基金是投资者辛迪加（Investors Syndicate）。该基金成立于 1926 年，是总部位于明尼阿波利斯的投资者辛迪加公司（IDS，或投资者多元化服务公司）的加拿大办事处。该基金不是作为一家共同基金公司，而是作为定期储蓄计划的提供者而运营。1940 年，母公司在美国出售了第一只共同基金。

1950 年，加拿大投资者辛迪加公司[113] 开办了共同基金业务。20 世纪 50 年代，企业家们创立了许多新的小型共同基金。投资者辛迪加公司的不同之处在于，就像一家人寿保险公司一样，它有自己固定的销售团队，而不是依靠独立的财务规划师。该行业直到 20 世纪 80 年代中期才开始腾飞。

最初，共同基金公司几乎全部投资于普通股。从第二次世界大战结束到 20 世纪 60 年代，股票的市场价格以稳定的速度上涨，共同基金也呈现出同样的上升趋势。与美国不同，加拿大在 20 世纪 60 年代中期推出了一个全民养老金计划，因此加拿大人不必像美国人那样十分关注退休储蓄。20 世纪 70 年代，两国股市陷入停滞，共同基金也陷入困境。到了 20 世纪 80 年代，货币市场账户的出现极大地推动了共同基金

第五章
短暂的美式和平（1945—2000年）

行业的发展。这里的货币市场账户是指利用保罗·沃尔克提出的抗通胀举措中高利率的共同基金。

20世纪90年代，共同基金行业取得飞速发展，从1990年250亿美元的管理资产（AUM）增加到世纪之交的4 260亿美元[114]，并随着利率下降变得更有吸引力，也因此超过了人寿保险行业规模。金融体系中没有其他任何行业经历过如此快速的增长，甚至养老行业也没有。产生这一现象的一个因素是：加拿大在经历了1987年的"小爆炸"后，许多大型特许银行便进入了共同基金领域。起初，这些银行对共同基金行业不感兴趣，而是集中精力收购信托公司和投资交易商，但随着利率下降，以及它们通过数千家分支机构建立的庞大分销网络的发展，后来开始大举进军共同基金业务。

尽管所有权比以往更加分散——到20世纪末，25家共同基金公司控制着95%的管理资产，但最大的共同基金公司仍然是投资者辛迪加公司。该公司于1986年被德马雷（Desmarais）家族的鲍尔集团（Power Corporation）收购。到2000年，五大银行、国家银行和汇丰银行都进入了共同基金业务。此外，五大银行中有三家——加拿大皇家银行、道明银行和加拿大帝国商业银行——跻身加拿大最大的8家共同基金公司之列。银行的大部分业务是货币市场基金。除了投资者辛迪加公司和三家银行外，加拿大共有4家独立公司[115]和两家美国公司[116]跻身加拿大共同基金行业的前十，这些公司占加拿大资产管理规模的70%以上。[117]

美国的住房

长期以来，美国人一直十分注重自有住房。弗兰克·卡普拉（Frank

Capra）执导的经典电影《生活多美好》(It's a Wonderful Life) 就是这种观点的缩影。政府制定了多项政策，以帮助融资并促进私人拥有住房，实现多个目标。近100年来，这些政策拯救了房主、银行和建筑行业，将金融体系推向了世界其他地区难以想象的方向。此外，住房贷款还被用来对其他购买行为进行融资，有些与住房有关，有些则无关。但正如美国金融的许多方面一样，大萧条刺激了经济活动。住房贷款的目的是从银行债权人手中购买再融资困难业主的长期抵押贷款。在20世纪20年代的房地产繁荣之后，银行债权人在20世纪30年代初也陷入了财务困境。1929—1933年，有5 000家银行倒闭，其中大部分是农村小银行。凭借发行债券的能力，美国住房业主贷款公司（Home Owners' Loan Corporation）在其鼎盛时期持有美国全部抵押贷款的10%。到2005年，政府和私人部门对非农业抵押贷款债务的证券化比例分别攀升至40%和20%。[118]

早在20世纪30年代之前，政府就已经参与购房，但大萧条和随后的新政使购房发生了革命性的变化。在那之前，买房的债务融资也是通过地方金融机构进行的，通过可变利率和短期贷款。这些贷款依赖于本地存款，并需要大笔预付款项（约为房屋购买价格的50%）。由于30年代房地产市场的崩溃和整个金融业的危机，政府创建了两个机构来进行干预。一家是住房业主贷款公司（HOLC），用于购买并将违约的抵押贷款重组为20年期贷款；另一家是联邦住宅管理局（FHA），用于为新的抵押贷款提供违约保险，有效地转移了储蓄机构除利率风险以外的所有风险。到1936年，HOLC逐渐缩减其作用，并在某种程度上被联邦全国抵押贷款协会（FNMA，即后来的房利美）取代，由保险公司和养老基金等长期债券投资者提供资金，从储蓄机构购买FHA支持的抵押贷款。[119]

第五章
短暂的美式和平(1945—2000年)

两国的住房政策是两国诸多差异中的一个很好的例证。特别是，我们可以对比两国受外国模式、社会政策对金融和制度依赖的影响。大约在2000年，美国住房融资是一个融合了国外模式和国内期望的复杂混合体。大多数美国殖民地最开始是殖民者和股东的财产。那些以契约仆役而不是奴隶的身份来到这里的人，是土地所有者的佃东，他们在自由后也会获得一块土地，但在拥有土地之前，他们不是殖民地的正式成员。相反，那些自费来到新大陆的殖民者将会被赠予一块土地。在后来的几代中，许多地区利用土地赠予来吸引自由的白人移民，这种做法导致了与蓄奴州的政治冲突，蓄奴州的经济模式受到了小块土地所有权和自由劳动力浪潮的威胁。土地所有权也与奴隶解放运动有关。北方人鼓励以前的奴隶向政府索要"40英亩土地和一头骡子"，这既是奴隶新自由的象征也是现实。[120]

在合众国成立初期，美国殖民地的土地价格低廉，房屋简陋，因此美国几乎没有抵押贷款市场。如有需要，个人之间可以订立贷款的私人合同。因此，抵押贷款对美国金融系统的影响很小，但到20世纪这种情况发生了变化。虽然英国移民把"房屋信贷互助会"（Building Society）的概念带到了新大陆，但到1900年，机构投资者手中只有15亿美元的抵押贷款债务（约占美国国民生产总值的5%），其中大部分机构投资者属协会性质。第一次世界大战后，美国借鉴法国和德国的模式，越来越多地呼吁美国政府机构采取集体行动，解决住房短缺问题。美国政府的一些购房激励措施，如税收优惠，在美国也实属不寻常。从美国开始征收所得税和抵押贷款利息开始，在计算应纳税所得额时就将贷款利息从收入中进行了扣除。这与加拿大和几乎所有其他国家都不同。此外，直到1951年，作为抵押贷款主要机构的储蓄机构还被免除了联邦税。

大萧条是美国住房政策的分水岭，在世界其他许多地区也是如此。然而，住房措施在二战后产生了更大的影响。从长远来看，美国政府对抵押贷款证券化提供的便利可能是对自有住房所有权提供的最大帮助。

尽管早前曾试图让联邦政府参与证券化，但20世纪30年代美国房市的崩溃致使政府出台许多支持房屋贷款的措施。联邦政府成立了几个组织，允许小银行通过建立次级抵押贷款市场发放更多贷款。这些措施旨在为借款人以及贷款人同时提供帮助，但也导致了后来发生的问题。在20年代末和30年代初，被赎回的非农业私人住宅的数量增加了两倍。1932年通过的第一项措施是建立联邦住房贷款银行，向储蓄机构提供贷款，鼓励他们放贷，但由于缺乏资源，这项措施没有达到预期的效果。1933年，在《房主贷款法案》(The Homeowners' Loan Act)通过之时，将近一半的住宅按揭贷款违约。这项法案增加了管理资源和资金，以便对贷款进行再融资。新创立的机构可以用免税债券来购买不良抵押贷款，并在购买贷款后，对其与其他债务一起进行重组。次年，随着银行存款保险的实施，联邦政府为合格的抵押贷款设立了保险计划。鉴于首付相对较低，即使付了保险费也不是很大一笔钱，因此保险计划很受欢迎。1938年，政府成立了联邦全国抵押贷款协会并加大以上措施的力度。该机构后来演变为房利美，其使命是收购所有抵押贷款。[121]

在第二次世界大战期间和之后，联邦政府扩大了这些活动，以对退伍军人提供便利。1954年，房利美被赋予了一项额外的任务，即利用联邦和私人资金创建一个次级抵押贷款市场，为那些无法获得住房的社会阶层提供可接受的住房。那时，这些活动大部分已经被私有化。但在10年后，为了减少政府支出，约翰逊政府游说国会将联邦全国抵

第五章
短暂的美式和平（1945—2000年）

押贷款协会的次级抵押贷款活动进行私有化，使得政府国民抵押贷款协会（GNMA，即吉利美）的特别援助、管理及清算功能部门成为联邦住房和城市发展部（HUD）的一部分。房利美要求最初的发行者购买该机构的股票。私有化并没有完全切断住房市场与政府的联系。房利美仍致力于为中低收入者提供住房支持。有了住房和城市发展部的批准，房利美就可以在债券市场筹集资金。1971年证券化开始大举进行起来。此外，在所有"1至4户"类型的家庭住宅中，超过30%由政府承保。1982年，房利美和房地美购买了45%的住宅抵押贷款。房地美是政府于1970年创建的另一家私人融资机构，旨在帮助刺激二级住房抵押贷款市场。

在20世纪的最后20年里，房价翻了一番。在接下来的8年里，房价又翻了一番。在2008年，1/3的新抵押贷款是次级抵押贷款，或者是由资质较差的购房者持有，这些买家无法获得保险或旧标准下的抵押贷款。首付比例从20%降至零，在许多情况下几乎为零。到2007年，60%的非优质贷款几乎或完全没有有关借款人信用可靠性的文件。一年前，几乎1/3的新增抵押贷款是次级抵押贷款。这种情况肯定难以为继。2006年，负资产抵押贷款开始迅速攀升，在2007年达到6%。一年后，贷款拖欠率翻了一番。[122]

当危机冲击房地产泡沫时，泡沫全面破裂。2008年10月，银行间贷款的溢价上升了7倍。随着政府向市场注入大量流动性资金并推出其他稳定措施，2009年，银行间贷款利率回落到危机前的水平。但楼市崩盘也拖累了其他行业。标普指数一年内下跌了一半。从2007年到2008年年底，失业率从低于5%升至10%以上。[123]

加拿大的住房业（1945—2000 年）

加拿大和美国在住房政策上的差异对两国的金融体系都产生了巨大的影响。尽管两国有不同的住房金融政策，在 20 世纪下半叶，两国的住房拥有率却很相似，美国的住房拥有率略高于加拿大，直到 2008 年加拿大的住房拥有率超过了美国。[124] 的确，尽管美国的住房补贴更高，但在当时的大部分时间里，加拿大的住房拥有率实际上更高。加拿大的住房政策是在 1935 年由加拿大历史上最具影响力的财政部副部长 W.C. 克拉克（W.C. Clark）制定的。他写道："拥有自己的住房……应是对储蓄与付出的奖赏而非来自一个慈爱政府的礼物。"[125] 从这一理念衍生出来的公共政策是促进市场健康而非像美国那样促进私人住房所有权，虽然其在 20 世纪 70 年代也暂时脱离了轨道。

虽然加拿大在 20 世纪 30 年代没有"新政"，但确实制定了一个战后重建计划，政府也更多地参与到经济活动中。第二次世界大战后，大量的退伍军人刺激了对抵押贷款的需求。当时，银行不允许提供抵押贷款。人寿保险公司是抵押贷款的主要来源，其次是信托公司。为应对这一需求，政府创建了一个新的"皇冠企业"（国有企业），叫作中央抵押贷款和住房公司（CMHC），后来更名为加拿大抵押和住房公司（英文简称仍是 CMHC）。它的基本职能是"管理《国家住房法案》……并为贷款和抵押贷款公司提供折扣工具"。[126]

CMHC 的成立并不意味着联邦政策偏离了私营市场的做法。相反，其主要任务是协助加拿大房地产领域的私人市场。CMHC 的第一任主席曾是永明人寿的一名抵押贷款检查员，曾与克拉克副部长共同起草了 1935 年的《自治领住房法案》。他带领 CMHC 重点关注通过为私人建筑商和贷款机构"消除风险"来发展加拿大的房地产行业。[127]

第五章
短暂的美式和平（1945—2000年）

住房需求持续增长，尤其是战后"婴儿潮"时期，抵押贷款资金供应的问题开始浮出水面。传统的贷款机构无法满足需求。因此，加拿大政府银行修改了《国家住房法案》，允许银行发放抵押贷款。在联邦住房管理局和退伍军人管理局在美国推出抵押贷款保险制度20年后，该法案也推出了这一制度。该修正案于1954年通过，银行迅速成为仅次于人寿保险公司的第二大抵押贷款融资来源。

通过允许特许银行进入抵押贷款市场，并提供贷款保险系统，法案的起草人希望将更多的资金引入抵押贷款市场。[128] 该保险体系将由CMHC管理，因此得到了联邦政府的明确支持。这些变化带来了直接和重大的影响。1955年，贷款机构发放的住房贷款增加了1/3，其中大部分是特许银行发放的。

在20世纪60年代，抵押贷款市场政策得到进一步完善。政府取消了收益率上限，该上限在当时限制了市场自主设定抵押贷款利率的能力。同时，政府也降低了政府担保抵押贷款的最低期限。[129] 这些政策既是对1964年波特委员会的建议的回应，也是对利率急剧上升的应对。20世纪50年代末，由于利率攀升至6%以上，银行因利率上限而无法放贷。CMHC对这种情况反应迟缓，其结果是，"建筑行业更难提前规划，不必要地迫使建筑成本和工资上涨。"[130] 1967年的附加改革允许银行发放"传统的"抵押贷款（那些不在《国家住房法案》保险范围内的贷款）。

从20世纪60年代末到20世纪80年代初，有一些迹象表明，加拿大政府正在把重点从促进市场健康转向促进私人拥有住房。1967年，加拿大总理莱斯特·皮尔森（Lester Pearson）下台，皮埃尔·埃利奥特·特鲁多（Pierre Elliott Trudeau）继任总理一职。保罗·赫利耶（Paul Hellyer）是特鲁多争取担任自由党领袖和总理的反对者之一。特鲁多要求赫利耶制定一个解决住房问题的新方法。赫利耶很快就写了一份报告，呼吁联邦政府发挥更积极的作用。关于联邦政府有责任为有需要的人提供住房这一观点，特鲁多并不赞同。特鲁多作为一位宪法方面的专家，认为住房是省级政府的责任。[131]

然而，尽管特鲁多持这样的立场，联邦政府还是出台了旨在建设公共住房和帮助新购房者的措施。[132] 此外，加拿大的税收政策也进行了修订，对除主要居所以外的所有房地产征收资本利得税。由此可见，政府政策的重点是住房所有权，而不是将房地产作为投资。20世纪70年代末，由于资助房屋所有权的成本增加，出现了一些问题，因此该计划被逐步取消，反映出联邦政府在直接促进私人住房方面的作用进一步削减。到20世纪80年代中期，加拿大又回到了"市场管家"的角色。

在20世纪的最后20年，加拿大仍然延续着作为市场管家的角色。这一时期的特点是，联邦政府在住房问题上发挥了重要但消极的作用。政府活动一般局限于抵押贷款保险计划和发展一个适度的抵押贷款支持证券市场。CMHC继续关注抵押贷款保险，大幅提高了抵押贷款的投保价值。1985年，CMHC勾勒了未来住房政策的方向，指出联邦的作用将是支持私人市场提供住房解决方案，这是对前几年政府对住房市场干预失败的反应。20世纪70年代的经历，加上联邦政府日益严峻的经济挑战，使这一方式颇具吸引力。虽然CMHC的任务范围因此受到限制，但其对市场的财务参与深度继续加深。1980年，CMHC的资产为106亿加元。到2000年，该数字已经增长到220亿。其有效的住房保险已经攀升10倍，超过2 000亿加元。

证券化一直是加拿大住房政策中最引人注目的发展之一，但作为资金来源，其规模远低于美国。1986年在《国家住房法案》的修正案

第五章
短暂的美式和平（1945—2000年）

中引入抵押支持证券（MBSs），目的是降低抵押贷款成本。这些修正案允许《国家住房法案》担保的抵押贷款打包出售给投资者。这种证券化过程与美国的做法十分类似，正是通过这种方式美国为住房抵押贷款提供了大量资本。然而，MBSs 在加拿大的作用要小得多。2000年，抵押支持证券仅占加拿大住房抵押贷款的 10%，而美国的这一比例接近 60%。

两国证券化程度的不同可能有以下几点原因。首先，有人认为，加拿大强大而集中的金融体系在确保稳定方面发挥了关键作用。加拿大的房屋所有者一直可以从信誉良好的大型国家银行获得资金。在 1954 年的修正案之前，住房贷款主要由大型的保险和信托公司提供。自从引入修正案以后，特许银行越来越多地承担起了这一角色。与美国分散的金融体系相比，加拿大集中的借贷环境降低了对证券化的需求。

另一个原因在于，在 20 世纪 80 年代末以来加拿大的监管环境发生的变化，当时创立了加拿大金融机构监管署。加拿大的贷款机构（银行、保险公司和抵押贷款与信托公司）及其投资都受到该监管署的监管。监管署还为这些贷款机构设定资本化指导方针，并对风险管理进行监督。这已被公认为加拿大金融体系的一种根本力量。[133]

简言之，加拿大采取的政策在几个关键方面与美国不同。上溯到 20 世纪第二个 10 年，在两国引入个人所得税的时候，美国的抵押贷款利息是可扣除的，但加拿大不行，美国财政部每年为此损失 750 亿美元。美国的创新通常是其宽松还款计划的一种委婉说法。"房地美"和"房利美"在美国促进了住房所有权，而 CMHC 在加拿大促进了市场健康。从历史上看，加拿大借款人可以从大型国家保险和信托公司，以及自 20 世纪 50 年代以来的国家特许银行获得广泛而雄厚的资金。而在更加分散的美国金融体系中却没有这样的机会。不仅仅是房地美创立本身带来的影响，而且在解决多个社会问题上也发挥了作用，使其在美国金融史上占有重要地位。1992 年的一项法案规定了房利美和房地美在再融资抵押贷款发行方面的量化目标。在 21 世纪，人们对住房抵押证券的投资兴趣，加上监管部门对贷款发放标准的疏漏，为私营部门提供了套利机会。[134]

加拿大住房制度和联邦住房政策一直以来关注的重点是促进健康的私人市场的发展，并相信这种市场将为大多数加拿大人提供最佳的住房问题解决方案。这一传统可以追溯到 W.C. 克拉克，正是他起草了加拿大第一部住房法。加拿大政府体系许多方面的特点赋予其制定该法的能力。因为加拿大政府中永久的官僚体制（公务员）与当选的政客所发挥的临时作用不同，他们可以发挥关键作用。偶尔，联邦政策也会促进政府在房地产市场上发挥更积极的作用。然而，这些政策往往是零星而短暂的。

这种立场与美国的体系形成了鲜明对比，美国更加注重住房的可负担性以及促进私人住房所有权。至于两种不同立场的根源所在，则超出了本书的分析范畴，但产生的影响一直可以追溯到最近与住房相关的危机。此外，美国政府体系中当选政客发挥了更积极的作用，也是危机的促成因素之一。

其他形式的消费者债务

20 世纪下半叶，美国金融的许多其他特点在第二次世界大战之前就开始出现了，这些特点旨在确保所有美国人都能获得越来越多的"必需品"。美国在积累私人债务和消费者融资方面远远领先于世界其

第五章
短暂的美式和平（1945—2000年）

他国家。实际上，在许多方面，美国的金融体系通过偏袒急切的债务人而不是乐观的债权人的利益来鼓励债务。19世纪，亚伯拉罕和斯特劳斯（Abraham and Strauss）以及梅西百货等美国零售商开创了分期付款销售的先河。20世纪20年代，通用汽车公司成立了通用汽车承兑公司（GMAC），以刺激汽车贷款。其他公司也采用了同样的模式，利用银行贷款为自己的客户信贷融资。通用汽车、北极牌（Frigidaire）和美泰克（Maytag）等公司甚至在国际市场上使用了这种销售方式。[135]

布雷顿森林体系的崩溃以及随之而来的滞胀导致了其他形式私人债务的激增。正是由于这些问题，政府出台鼓励消费债务以刺激经济的公共政策，这种做法长期以来是美国应对金融衰退的解药，也有助于应对个人收入增长缓慢的问题。个人贷款在二战之前就已经存在了，但在20世纪，借贷者以贷款资金为抵押进行借款或出售这些贷款的能力大大增强，使之成为一项利润率很高的大业务。用债务为"美国梦"融资是这一体系的惯用手法。不仅仅使房地产市场获利，银行、政府和个人都参与其中。早在2008年之前，具有美国金融体系特点的政策就显示了不稳定性。在战后经济增长的全盛时期，1945—1970年，几乎没有参与者预见到银行和公共市场积累大量债务会有任何危险，因为人们认为随着收入的不断增加，消费者能够偿还汽车、电视机和房子的债务。在20世纪80年代之前，所有债务的利息都可以抵税，而且税率很高，使得税后成本相对较低。在20世纪的最后25年里，收入停滞和更高的医疗和教育成本助长了借贷的动机，而税收优惠则有所下降。在20世纪的最后10年，未偿还的消费信贷，从2 000亿美元增长到1.6万亿美元。考虑到美国在此期间的低储蓄率和银行系统的弱点，如果没有证券化，美国根本不可能有这么高的消费债务。[136]

如果没有金融创新，尤其是证券化和其他衍生品，美国的消费信贷需求就不可能得到融资。随着美国储蓄率下降,机构投资者面临可投资证券种类的监管限制,将资金投向有需要的人变得更加困难。债务人和债权人之间曾经紧密的地理和种族纽带消失了。此外,由于外国投资者寻求高回报,而美国的大部分储蓄掌握在机构投资者手中,投资仅限于高质量的捆绑式证券,因此证券化可谓是天赐良机。问题在于,这些拯救储蓄机构、保持抵押贷款和其他放贷活动的努力,给纳税人带来了巨大的隐性成本。抵押贷款市场对显性或隐性政府担保的依赖,是短期私营部门力量的来源,但也造成了长期的社会脆弱性。[137]

通过将债务证券化并创造公共债务工具,银行家们将美国消费信贷市场从对地方存款的依赖中解放出来。许多其他国家的投资者不仅被更高的收益率所吸引,而且被这些工具的相对安全性所吸引。这些工具不仅拥有隐性的政府担保,还有大量新的衍生工具帮助其规避无法控制的风险,或者至少帮助它们谨慎地选择自己愿意承担的风险。再一次分析导致2008年金融恐慌的数字,人们发现,这些创新从最初的不起眼之处开始,逐渐成为金融体系不可或缺的一部分。1996—2006年,证券化债务从不足7 000亿美元跃升至近3.2万亿美元。[138]这些数额包括许多种类的证券化,但住房占了很大一部分,并推动了其他种类的消费贷款,这些消费贷款也从证券化中获利。这种额外的借款刺激了消费者的需求,并给人一种错觉,即相信借款人有能力偿还无担保债务。购房数量与房价的飙升与其他的债务形式交织在一起。简言之,到2008年,美国建立起了一个庞大的生成债务网络,其中对债务人的监督已经让位于一个保险合同(衍生品)构成的体系以及"自动的数字化的标准"。这种体系的一个显著优势就是脱离实际资产进行便捷的应用,而证券的价值就从这些实际资产那里衍生出来。

布雷顿森林体系期间和之后的保险业发展

美国二战后的经济发展为保险公司既带来了机遇又带来了威胁。战后的新稳定加上自由化发展产生的结果甚至超过了一战之前。需要保险的消费者数量在蓬勃增长；新的私人养老金体系在企业的慷慨供款下得到强化。这一切都意味着对美国的资本市场产生了多方面的革命式的影响。在二战之前，美国已经成为世界上最富有的国家并拥有强劲的保险业。战后，美国即将打造一种新型股权与保险文化，虽然这种文化实际上充满了脆弱性。[139]

随着布雷顿森林体系解体，前景看起来并不那么光明。20 世纪 50 年代和 60 年代的损益状况和投资环境使企业对 70 年代的亏损与通胀动荡毫无准备。多项立法带来了新的保险形式和更多的保险公司合并。然而，费率之争几乎让家庭保险化为灰烬，而美国内陆城市的骚乱也加剧了保险风险，这有助于政府加大对保险覆盖范围的干预。[140]

在战后的几十年里，美国人寿保险公司专注于国内市场，这与其在一战前的海外扩张以及在二战后对其他商业部门的兴趣形成了对比。[141] 美国本土市场机会众多。1945 年，国会通过了《麦卡伦·弗格森法案》（McCarron Ferguson Act），不仅将保险监管责任从联邦政府转移到州政府，还放宽了《谢尔曼法》（Sherman Act）的规定，允许保险公司共享评级信息。保险公司开发了飓风保险等新险种，而且政府放松了对不同险种的打击。1965 年，寿险合同总额几乎是 1945 年的 3 倍。例如，在二战后的 25 年里，汽车保险费（偷窃、损坏和赔偿责任）增长了11倍，而且此期间几乎没有通货膨胀。与此同时，包括健康保险和年金在内的人寿保险增长了8倍。[142]

在20世纪下半叶的大部分时间里，美国的保险公司似乎更愿意与外国公司合作，以避免国家壁垒和外国直接投资的额外成本。在两次世界大战之间，一些美国公司，如北美保险公司（INA）和AFIA等在与外国公司合资的基础上，寻求海外业务。[143]例如，在20世纪80年代中期，美国两家大型保险公司合并后的信诺保险公司（CIGNA）收购了AFIA，并经营近100家外国实体，以满足比预期的规模更大的海外保险需求。但直到1984年，美国保险公司在外国直接投资方面还落后于其他行业的公司。尽管该行业比银行业拥有更多的外国分支机构和雇员，但美国保险公司拥有的外国收入和资产（占其总资产的比例）远远低于银行业、制造业和其他服务行业。[144]

美国保险业的海外直接投资相对薄弱，但其中有两个值得注意并相互关联的例外。第一个是美国国际集团，其业务遍及92个不同的国家，在拉丁美洲和亚洲享有独特优势；第二个是离岸专属自保保险公司的创立。在二战结束后的几十年里，美国国际集团收购了一些新公司，并以控股公司的形式重组了一批复杂的企业，这是基于两次世界大战期间许多公司经历的政治风险的考虑。美国国际集团由公共和私营实体组成。多年来，它一直为一家巴拿马公司所有，并在百慕大对公司进行管理。美国国际集团的名字成了国际多元化和创新以及不透明和鲁莽的代名词，与此同时，保险业也在艰难应对一系列的挑战。[145]

20世纪70年代，美国国内再保险行业的竞争态势更为激烈，竞争方向也发生了调整。尽管许多美国公司建立了自己的再保险部门，一些本土的纯人寿公司也在美国以外的地方投资，但外国公司仍然在这一领域发挥着重要作用，在战后迅速发展到对美国经济有相当影响力的规模。[146] 但是，美国对保险业的影响也体现在一些微妙的方面。美国对商业教育、技术发展和其监管具体方面的重视推动了专业知识和标准的形成。[147] 在 20 世纪早期，保险行业的领军者开始投资于经理人的教育和资格认证。该投资在 20 世纪下半叶使保险业从风险管理、技术和理论专业化的进步中获得了巨大的收益。[148] 作为一个信息高度密集的领域，保险业是第一批从数字革命中受益的经济部门之一。技术的发展与风险管理的革命齐头并进，因为风险管理的方法依赖于广泛的计算能力。由于与诸多因素共同作用，几乎所有的新定价风险理论都起源于美国，对全球保险承保和投资产生了影响。[149]

简言之，20 世纪 70 年代初，布雷顿森林体系的崩溃刺激了保险需求和创新，但竞争和恶化的外部环境最终削弱了盈利能力。"滞胀"与宏观经济的不稳定导致了令人失望的预期和一系列看似无能为力而且不一致的政府政策，对保险产生了广泛的不均衡影响。[150]

责任保险危机与其他方面

20 世纪 80 年代中期，由于多种原因，美国的保险公司面临新型责任保险以及赔偿款极大增加的状况。这种美国现象影响了全球。一系列的法律变革使得美国的责任诉讼更加容易。从医疗事故到产品责任，证据标准和罪责学说的扩展极大地增加了诉讼数量和赔偿金额。对制造商的要求不再是过失标准而是要承担严格责任。甚至在著名的贝沙达诉约翰 – 曼维尔（Beshada v. Johns-Manville）石棉案中，最有力的辩护也被驳回。公司不仅要利用现有的知识，还要有预见未来的知识。此外，公司不再必须完全承担责任。轻微的"罪恶感"让他们有机会提起诉讼，导致法律界对任何与受害者有模糊联系且又有资金的人都穷追不舍。一些控制成本的措施，如无过失保险，实际上反而增加了欺诈现象的发生。到1982年，一些保险公司将25%的保费收入用来支付法律费用，高于1960年的5%。在20世纪下半叶，美国的侵权成本占GDP的比例从0.6%上升到2.2%。保险公司对风险进行承保的时候，对诉讼的数量、类型和金额有着完全不同的假设。此外，一些公司陷入了承保更多风险、从保费中赚取更多现金的恶性循环，它们寄希望于高投资回报能够抵消未来更高的亏损这一不切实际的理想。[151]

　　经济和法律的动荡重新引发了新旧监管问题。巨额财产保险和意外险的失败引起了公众和国会的注意。全国保险委员协会（NAIC）的预算主要来自保险公司，它无法就提高监管效率和一致性的提议在行业或公众中达成共识。尽管当时人们的普遍态度是限制联邦监管，并倾向于各州在保险监管方面发挥中心作用，但更多公众开始认为，州政府总体上过于软弱，或者与保险公司关系过于亲密，以至无法抵制保险公司要求放松监管的压力。尽管20世纪90年代早期的自然灾害，如安德鲁飓风和一系列的地震，加剧了本已黯淡的保险损失上升和利润下降的长期趋势，但一些国会提案针对的则是保险定价。甚至在新一轮监管热情高涨之前，欧洲人就发现美国的保险法规明显地支持消费者，增加了保险公司提供保险的行政成本，降低了盈利能力。更严格的投资标准的目的一方面提高了公司偿付能力，但另一方面也会增加支出。在一些地方，由于政治强加的价格，私人保险变得难以获得。政府越来越多地直接参与保险活动，其中包括政府组织的和补贴的基金，例如剩余汽车和工人补偿基金，以及授权的灾害和健康保险提案。对保险公司来说，甚至退出市场的过程也十分复杂。但这也不全是坏事。保险公司按照更高的保费和新的风险种类得以出售更多的保险产品。一些公司增加了新的保险范围限制，或者干脆放弃了一些高风险

第五章
短暂的美式和平（1945—2000年）

领域。[152]

自保险的增长可以认为是一种对于责任险危机和监管变化的回应。与证券化一样，这种非中介化的形式也为保险公司带来了机会，并带来了新的、更大规模的外国投资。在危机最严重的时候，由于无法获得责任保险，在保险公司顾问的帮助下，更多公司选择了自保险，通常是通过离岸实体和承担过多风险的第三方保险公司和再保险公司来进行的。到20世纪90年代初，自保险占另类保险市场的75%。其中增长最快的是工伤补偿，但一般责任和商业汽车保险也逐渐成为自我保险的一部分。同银行业一样，保险业的非中介化现象大部分起源于美国，这是由于美国的一些特殊情况，因为商业公司越来越有能力将金融职能内在化。[153] 许多客户开始认为财产保险是一项不必要的开支，这降低了保险公司的利润。1986—1992年，美国向专属保险支付的保险费翻了一番，占所有保险费的40%。尽管该比例增长的部分原因是保险公司决定放弃某些业务，另一部分的原因是一些监管方面的变化，但这些公司主要出于成本和其他考虑，才使用专属保险和自保险。[154] 专属保险的发展促进了保险活动和专业知识大量转移到海外，如百慕大，这一举动重新调整了美国乃至全世界的保险格局。再保险公司积极地帮助这些专属保险公司摆脱不必要的风险，并承担其母公司的大部分财产、工人的赔偿、责任、医疗保险，甚至雇员的人寿保险。虽然离岸保险业务抽走了部分传统业务，但却成了保险业最重要的增长领域之一。一些保险公司通过建议来帮助客户设立专属保险公司，使其化逆境为机遇。2002年，专属保险的净保费收入超过600亿美元，占商业风险支出总额的一半以上。[155]

尽管美国保险业仍是世界上集中度最低的市场之一，但总体上出现了新的参与者和进一步的整合。尽管在20世纪的最后几十年里，保险的分配基本上没有改变，但监管（或放松监管）鼓励了新的参与者进入市场。许多新的金融中介机构，如养老金和共同基金，在此期间进入了成熟期。许多商业公司和个人大胆承揽了曾交给保险公司的业务，如普通财产保险和退休规划。寿险公司开始受到新的竞争、资金短缺和客户偏好的困扰。寿险公司的减少在很大程度上是相对的，而不是绝对的。许多大公司利用更为宽松的监管规定，从互助型转为股份制，并将业务范围扩展到一系列新的金融服务和房地产领域，甚至对它们来说是全新的保险领域，比如残疾保险和集体养老金。虽然一些公司被迫退出了保险行业，但时代发展总会吸引新的竞争对手。[156]

总体而言，20世纪90年代，服务行业并购（尤其是跨境并购）的增加相当惊人。强劲的股市既是一波整合浪潮的催化剂，也是其产物。可以肯定的是，美国及其他国家的保险公司长期使用各种方法（一些方法由于国际统计的流动而很难衡量）实现国际化发展，比如再保险或与外国保险公司建立合作伙伴关系，以获得国际规模，同时避免本国的限制并减少直接营销的成本。与跨国银行一样，并购活动是保险行业增加重点业务和规模的最直接方式。在过去30年里，几项国际商业条约消除了跨境交易的许多障碍，使外国直接投资成为一个更受青睐的选择。收购热潮构成了全球股市繁荣的一部分，这让许多美国共同基金处于明显的竞争劣势，并导致许多公司的"去互助化"。1990年，安联保险集团以33亿美元收购了消防员基金保险公司。最大的再保险交易是1996年慕尼黑再保险公司以33亿美元从KKR集团手中收购美国再保险公司。这笔交易使慕尼黑再保险公司一跃成为美国再保险市场的第三名。当年早些时候，苏黎世保险集团以20亿美元收购了坎贝尔公司（Kemper Corp.），而其早在1989年就收购了马里兰灾害保险集团，一年后又收购了另一家保险公司，合并后的公司将拥有一支约 1.5 万人的销售队伍,在美国销售保险和进行其他金融服务。1995—1998 年,美国共完成了近 50 笔财险再保险并购案。[157]

加拿大的保险业:从"互助化"到"去互助化"

由于多种原因,加拿大的保险业并没有发生负债危机。然而,加拿大保险业在此期间经历了几次重要的监管变化。在人寿保险领域,联邦政府在 1957 年推出了互助化政策,作为一种民族主义和保护主义的措施来抵御大多数美国竞争对手的入侵。40 年后,政府态度反转,开始允许"去互助化"。在 20 世纪 80 年代晚期和 90 年代初期,政府还采取了两项重要做法,也对保险业产生了影响。正如此前所讨论的,这两项做法包括创建金融机构监管署以及打破加拿大进入体系的"四大支柱"。

人寿保险公司"互助化"的条款必须放在美国收购小公司的浪潮中来看待。20 世纪 50 年代,至少有 5 家加拿大小公司被外国投资者收购。[158] 人们担心,加拿大一些最大的公司很快也会面临同样的命运。加拿大人寿保险官员协会(CLIOA)提出,加拿大人寿保险需要通过"互助化"来保护本国公司不被外国(美国)公司收购。1957 年 11 月,加拿大政府通过修改相关立法允许"互助化"来阻止收购。此外,立法还规定,每家保险公司董事会的成员必须多数是加拿大公民,董事会可以禁止将股份转让出加拿大。[159] 加拿大主要的人寿保险公司占加拿大保险销售的 25%,它们利用这一条款进行了"互助化",其中包括最大的公司永明人寿,以及制造商人寿、加拿大人寿和联邦人寿,而大西人寿和伦敦人寿则没有采用同样的做法。具有讽刺意味的是,一方面,人们在很大程度上忽略了这一点,即加拿大是所有国家中最欢迎外商直接投资的国家之一,尤其是来自美国的非金融行业的投资;另一方面,加拿大也最敌视外国公司拥有本国寿险公司和银行的所有权的国家,虽然银行并不是非寿险保险公司。1965年,加拿大政府采取措施,进一步保护本国人寿保险行业利益,将加拿大联邦注册的人寿保险公司的外国所有权限制在25%以内,并将任何一个股东的外国所有权限制在10%以内。[160]

加拿大金融监管的整合也对保险行业产生了影响。1987年,当加拿大政府设立金融机构监管办公室时,1875年设立的保险业监督办公室与银行监察长办公室一起被置于新成立的监管机构之下。加拿大的监管框架根据多个建议进行调整,不断适应该国的金融系统,对金融职能一体化的要求也越来越高。[161]

在讨论银行业的章节曾提到,加拿大在1987年经历了自己的"小爆炸"。除了立即允许银行收购投资交易商外(五大银行中的四家照做),"自由化"立法还取消了对某个"支柱"金融机构进入其他"支柱"的所有限制。

在20世纪90年代处于守势和需要资本的情况下,一些大型保险公司想要扭转20世纪50年代的政策实现"去互助化",以便巩固和获得更大的规模经济,以吸收技术方面的大量投资。1996年6月政府首次表示愿意接受"去互助化",并强调希望公司能够获得资本。根据1997年的立法,金融机构监管署的监管和监督实践部门开始制订新的监管框架。该框架于1999年获得批准并付诸实施。该框架包括一套全面的、基于风险的方法,用于监管所有行业中受联邦监管的金融机构。该法案明确规定了联邦监管下的大型人寿保险公司可以在多大程度上实现私有化,而且框架明确规定了政府在保险业监管中的作用。[162]

政府政策在其他方面也对保险业产生了影响。与美国不同的是,美国的医保和工人补偿主要是由私营部门出资——虽然对工人补偿是国家的强制规定——在加拿大,这些保险领域主要是由政府经营。早

第五章
短暂的美式和平(1945—2000年)

在1914年,安大略省政府就通过了《工人补偿法案》,成立了一家提供工人补偿保险的省级皇冠公司(一家国有企业)。在安大略省立法通过后的4年里,其他4个省也相继效仿——新斯科舍省、不列颠哥伦比亚省、阿尔伯塔省和新不伦瑞克省。之后,有更多省份开始效仿。因此,加拿大实现了一个由政府提供的全国范围的工人补偿保险制度。到2000年,安大略省和阿尔伯塔省的补偿委员会和不列颠哥伦比亚省的保险公司拥有40亿—100亿美元的资产,规模达到大型私人非寿险公司的规模。[163]

来自政府的竞争和"互助化"发展并不是私营保险增长的唯一障碍。战后不久,人寿保险行业继续分化,但仍在增长。不过,尽管如此,人寿保险在金融服务业中的重要性有所下降,养老金计划和共同基金的规模超过了人寿保险。相比之下,非人寿保险虽然一开始规模较小,但却一直保留了其所占份额(小于人寿保险)。不同寻常的是,排名前7位的寿险公司在1980年的排名与25年前竟然完全相同。[164]

然而,在20世纪即将结束之际,原本波澜不惊的保险业正在发生巨大的变化。10年前有7家大型企业占主导地位,现在有5家,而且很快就会只有3家。邦联人寿由于管理不善而破产;伦敦人寿被大西部人寿收购。此外,永明人寿和制造商人寿、加拿大人寿以及互助人寿(现叫作明信人寿)都进行了"去互助化"。[165] 这5家公司占该行业资产的85%,其余15%几乎在49家加拿大公司和67家外国分公司之间平均分配。规模较小的加拿大公司包括总部位于魁北克市的工业联盟和总部位于哈利法克斯的海上生活保险公司。但美国两大保险公司——大都会保险(Metropolitan)和保诚保险已不在规模较大的公司之列。大都会被明信收购。资产规模在550亿美元以上的三大保险公司分别是宏利人寿、大西人寿和永明人寿金融服务公司。这3家公司也有十分发达的海外业务。[166]

每家公司都有各自的国际化发展战略。大西人寿主要注重发展北美市场，其资产 60% 在加拿大，剩余 40% 在美国。该公司于 1906 年落地北达科他州，从而进入美国市场并在 1979 年成立独立的美国子公司，总部位于科罗拉多。在 2000 年的时候，大西人寿有两名联合总裁和两名联合 CEO，一位在美国，另一位在加拿大。而宏利人寿和永明人寿则追求不同的发展战略。两家公司都只有 1/4 的业务在加拿大，而在美国的业务规模是加拿大的近两倍。永明人寿在英国也有很大的业务规模，与加拿大业务量几乎持平；而宏利人寿有 12% 的资产位于亚洲，并计划在 21 世纪极大增加亚洲发展规模。作为该战略的一部分，宏利人寿在 20 世纪 90 年代初成为首家在中国设立代表处的加拿大保险公司。4 年后，宏利人寿与中国中化集团（Sinochem Group）成立了一家合资企业。1996 年 11 月，宏利人寿与中化集团的合资企业在上海开设了第一家办事处。尽管永明人寿在亚太地区[167]的历史可以追溯到 19 世纪，但在那里的业务并不多。在 20 世纪末，该公司在中国香港和菲律宾设有业务部门，但在亚洲仅持有略高于 1% 的市场份额。按保费收入计算，该公司是菲律宾最大的寿险公司。永明人寿于 1995 年进入印度尼西亚市场并着眼于在 21 世纪向亚洲扩张。

从某些方面来看，加拿大的非寿险领域在这段时期保持了其发展特点。该行业由 200 家公司组成，加拿大公司是非加拿大公司的两倍，但非加拿大公司规模更大，占所有资产的近 2/3。与寿险部门不同，非寿险资产不仅在绝对值上有所增长，而且在所有金融部门资产中也保持了 2.5% 的份额。所售保险中，大部分是汽车保险（54%）和个人及商业保险（29%）。4 个省级政府参与了汽车保险业务，占全部汽车业务的 25%。尽管当时并没有真正占主导地位的公司，但有 8 家公司承销

第五章
短暂的美式和平（1945—2000年）

了50%的业务，低于1980年的26家。在这8家公司中，3家来自英国，3家是加拿大本土公司，2家来自欧洲大陆（分别是荷兰和法国）。此外，还有27个称为兄弟利益的组织出售非人寿保险。[168] 在20世纪末，两家最大的非寿险保险公司分别是加拿大的兄弟组织 IOF [169] 和荷兰国际集团（ING），而后者在二战后不久便在加拿大积极展开了业务。

金融交易所与股权融资

除了衍生品交易的激增和内部化以及机构投资者的增长之外,布雷顿森林体系崩溃后还发生了几次股权持有和市场结构的重大转变。虽然美国的变化更为剧烈,但加拿大在某些方面也感受到了一些余震,并在另外一些方面发挥了领导作用。我们将对每一个转变进行单独解析,但任何一种转变都不能被孤立地看待,也不能脱离环境中的其他变化,例如金融理论的发展。金融交易所的发展不仅说明了金融体系中不同要素是如何相互联系的,而且还说明了它们与国内和国际技术、政治和经济变革之间的联系。

在几乎整个美国历史上,"华尔街"不仅是美国所有金融交易所和"美国股票文化"的简称,而且正如本书书名所示,它还代表了整个美国金融体系。这夸大了华尔街的作用。实际上,华尔街的诞生源自对丑闻的应对。为了清理其交易业务,交易商和拍卖商于1792年5月在华尔街68号的一棵树下开会并签订了《梧桐树协议》,为买卖证券建立了一个正式的交易所。1818年,该交易所挂牌5种美国政府证券、1种纽约州证券、10种银行发行证券、13种保险证券和几笔外汇交易。[170]在美国诞生后的头30年里,费城是一个比纽约更重要的金融中心,是美国前两家中央银行的所在地,也是许多早期银行和保险公司的所在地。[171]波士顿是最大的银行聚居地之一,芝加哥则是最大的商品期货交易所。

华尔街目前的地位很大程度上要归功于 J.P. 摩根和小约翰·洛克菲勒等许多杰出人物以及其在四个关键时期的发展。尽管费城在早期

第五章
短暂的美式和平（1945—2000年）

是金融业首屈一指的城市，但到了19世纪40年代，纽约成为美国最大的港口，这在很大程度上促成了纽约作为多种金融工具（不仅是股票）交易最活跃的中心地位。在接下来的60年里，交易主要集中在铁路行业。市场交易主要限制在大型投资者范围内，这些投资者风险容忍度高而且狡猾又善于伪装。

19世纪末和20世纪初见证了市场向成熟迈出的第一步，如设立早期的会计准则和反垄断立法，但过程并非一帆风顺，而且伴随着许多动荡。华尔街的扩张由多个因素推动，包括美国新兴行业的领跑者，小型和大型公司的整合以及创业者的退出，所有这一切增加了公开发售股票的数量，而且与此同时，中产阶级财富的崛起也产生了潜在的新股东和金融机构。许多大公司仍然由少数中介机构和投资者（信托）控制，这一方面增加了远方投资者的信心，但另一方面引起了人们关于利益冲突的怀疑。以摩根大通为代表，这个美国银行巨头在很大程度上由大型投资者组成的财团控制，这有助于稳定市场，但也促使人们呼吁减少内幕者控制和垄断权力。1900—1920年，产生的净效应似乎是积极的。在股市崩盘前的高点，道琼斯指数在不到10年的时间里重复了这一增长速度。在1920年后尽管道琼斯指数出现下跌，但仍上涨了66%。20世纪20年代的繁荣发展增加了人们对股票的需求并带来了小股东，其中许多人通过债务实现融资。此次股灾引发的反应和监管控制措施旨在限制内部投资者的权力。如前所述，这种控制措施削弱了银行与证券业务之间的特殊关系，增加了其他中介机构在资本市场上的金融影响力，为20世纪50年代和60年代的另一轮繁荣奠定了基础。

此外，此次危机还暴露了国内会计方面的不足与利益冲突，同时也暴露了危机的国际影响力。危机的罪魁祸首竟然是一位富有个性的瑞典金融家伊瓦尔·克鲁格（Ivar Kreuger），他利用复杂的持股结构来隐藏其金融负债，成功地愚弄了大西洋两岸的投资者。[172]

尽管推出了改革措施，但道琼斯指数直到1954年才回到1929年的峰值。推动股市并恢复做市商的繁荣仍面临许多障碍。20世纪30年代中期，经济和股市开始复苏，但在1937年再次崩溃。一些华尔街人士指责证券交易委员会将其制定的改革强加于纽约证券交易所，使交易所成员的权力受到限制。其他新经销商指责垄断公司的统治以及金融富豪对一些重要行业的控制。欧洲笼罩的战争阴云也对交易产生了影响。随着新发行股票数量的减少以及竞价投标的引入，经纪商的利益也受到影响。[173]

新的牛市、熊市和动因：大型企业集团浪潮、私募、风投、互联网泡沫和对冲基金

20世纪50年代，美国股市开始了一场历时最长、最具活力的牛市。从1945年到布雷顿森林体系结束，道琼斯指数增长了大约9倍。[174]价格和交易的反弹由多个因素推动：公司利润和收益率上升；通货膨胀率在上升，但仍然处于低位；政府支出增长快于整体经济增长。尽管有这些方方面面的增长因素，但在20世纪80年代之前，交易所的结构几乎没有改变，一个重要的变化是并购活动的增加。一些十分成功的公司，其交易价格是净利润的40至50倍。它们发现，在强劲的市场中，可以利用自身的高股价来收购前景暗淡的公司——账面市值比较低，看起来像是"便宜货"的公司。通过将这些公司的利润合并进来，来增长母公司利润，是一种低成本的成长方式。[175]

并购活动的增加很好地阐释了金融的各要素，如理论、银行业务和科技如何一起发挥作用并带来了变化。这些并购活动在很大程度上

第五章
短暂的美式和平（1945—2000年）

归功于金融理论观点的转变。"多样化"，一个从金融投资组合优化理论借用的术语，成为大公司的口号。从20世纪50年代开始，一直持续到60年代，巨大的企业集团开始成型，是一个经济部门的，更重要的是不同经济部门活动的保护伞。持有负相关性的证券将降低投资组合波动性，从这一金融观点出发，公司理论认为在一个商业周期中，一个经济领域的损失将与另一个领域的收益相平衡，从而使整个公司收益更为平滑。然而这种理论忽视了一个重要事实：与证券不同，公司间的相关性不是由长期统计分析决定的，而是必须对公司本身加以管理。有些组合是良性的，有些则是不利的。ITT公司的哈罗德·基尼恩（Harold Gineen）和W.R.格雷斯（W.R. Grace）推动了这一联合企业运动。消费信贷的增长也为股票需求提供了资金。容易获得的债务帮助推动了股票所有权的增长。股票经纪人开始吹捧这些"多样化"的公司是包赚不赔的。[176]

20世纪60年代末，牛市与一系列经济和政治现实发生了冲突。政府支出导致了通货膨胀，人们对美元丧失信心，从而导致固定汇率的崩溃，并引发了这段时间更多的通货膨胀和更多的外汇波动。原材料价格的飙升提高了制造业国家的投入。许多证券市场上受宠的大企业集团，因为滥用市场优势，成为东道国和母国监管机构的目标。此外，这些公司的"多样化利益"似乎剥夺了股东权益，而不是给股东创造价值。随着利率上升，银行开发出收益率更高、安全性更高的新产品，而股票则丧失了其大部分吸引力和竞争优势。随着对股票的需求减少以及各种压力的增加，股票佣金随之降低，经纪公司开始倒闭或合并。[177]

熊市一直持续到里根政府。从20世纪60年代末到20世纪80年代初，股价在剧烈的波动中最终又回到了起点。但人们可能只是将15年视为漫长的牛市中短暂的停顿而已，而且那15年或许也是随后出现的华尔街历史上最好 15 年的前奏。金融理论再一次发挥作用，帮助人们恢复了对牛市的乐观情绪。

学术因素并不是股市反弹的唯一贡献者，虽然确实发挥了些作用。新的金融理论对合并运动背后的一些核心概念进行了攻击。市场发现合理价格和管理风险的能力受到了赞扬。当时有两个十分著名的理论，即资本资产定价模型和有效市场假说。这两个理论都削弱了通过购买不同行业的企业而进行多样化发展的观点。此外，还提醒投资者自己也可以很容易地进行多样化投资，并且驳斥了通过购买"廉价"公司来轻松提升股东利益的观点。许多金融观点的发展也推动了期权定价的进步。该理论向市场参与者展示了如何在不拥有衍生工具标的资产的情况下进行投资、对冲风险，甚至还可以帮助建立公共和私人市场并进行交易。与这些观点相伴而来的是另一种观点，即代理理论，该理论强调了距离遥远的被动股东拥有所有权的成本，并反过来强调了自己上手管理的好处。[178]

20 世纪 80 年代的许多收购和资产剥离都与代理理论有关。不管是市场变化的产物还是原因，这一理论总是与新一波收购、杠杆收购（叫作 LBOs，或以目标公司资产为抵押借入高债务）及其分支——管理层收购（MBOs）联系在一起。该理论假设，如果股东和管理层的利益得到统一，就像工业化发展初期的情况一样，公司将获得价值增长。私募公司专门收购那些被动股东广泛持有的公司，出售部分股权，并小心控制经理和主动股东留下的现金流——这些公司很容易就能找到许多被低估的目标。KKR 等公司尤其擅长寻找、收购和管理 Tobin's Q 值较低的上市公司。Tobin's Q 值指的是股价与每股资产重置成本之比。

收购热潮在很大程度上与债务的发展有关，债务经常被用来为收

第五章
短暂的美式和平（1945—2000 年）

购提供资金。20 世纪 70 年代和 80 年代，活跃的欧洲债券市场吸引了北美和欧洲以外的银行和客户，在这种压力下，美国监管机构使得美国公司更容易在美国进行债务的联合与承销。国会一直坚持废除《格拉斯－斯蒂格尔法案》，直到 20 世纪 90 年代末才改变了这一立场，但美联储为企业和银行创造了一种发行证券的途径，使它们根据美国证券交易委员会第 415 条的规定，通过暂时登记的方式可以不必长时间持有这些证券。这一决定允许美国和外国的金融机构在债券发行前获得预先批准，而不必实际上市并立即出售。这增加了灵活性，允许投资银行及其客户等待最成熟的时机，降低了银行长期持有证券的需要。商业银行再次涉足华尔街，与经纪人和纯粹的投资银行更加密切地合作。同样，金融从业者也在金融理论中找到了正当的理由。当时的金融理论强调的是由利息提供的税盾效应所带来的经济利益，哪怕其他所谓的利益是虚幻的。[179]

有一种新型的垃圾债券出现，即与收购相关的最臭名昭著的债务创新，尤其是对杠杆收购和管理层收购而言。垃圾债券存在已久，但一直以来并不是融资工具。"堕落天使"是一种以大幅折扣出售，有着高收益率并低于投资级的正常债务。迈克尔·米尔肯（Michael Milken）和投资银行德崇证券（Drexel Burnham）在 20 世纪 70 年代首先进行了这一创新，目的是利用新发行的高收益债券作为 20 世纪 80 年代复杂收购融资的一部分。与许多竞争对手相比，他们在这一领域的优势不仅在于创新，还在于销售能力和分销能力。到 20 世纪 80 年代末，复杂的、分层的、几乎没有股本的债务融资被用来收购许多小公司，甚至一些美国最大的公司。由加拿大商人 F. 罗斯·约翰逊（F. Ross Johnson）领导的 RJR Nabisco（资产总额 246 亿美元）就是一个这样的例子。该组织的资产单独管理比集中在一起似乎更有价值，其管理层由过度投资一些项目获得的回报连资金成本都不够。交易规模超过数十亿美元的项目变更多了。1989年，美国市场有将近2 000亿美元的杠杆收购（超过400个独立的交易），而在20世纪初这样的交易几乎为零。[180] 未偿垃圾债务的数额从1983年的70亿美元增加到1992年的2 500亿美元。[181] 许多公司不复存在，许多人失去了工作，至少在美国情况是这样的，并引发了一片批评之声，但高经济增长率和低失业率使得批评未能转变成限制性立法。即便是导致德崇证券垮台、米尔肯入狱的内幕交易丑闻，也只是减缓了收购的速度，并没有终结债务融资收购的浪潮。[182]

交易所本身做出了很多适应性调整并取得了迅速发展。除了对旧的公司重组以外，新成立的公司需要资本，创始人再一次寻求退出。由于美国贸易赤字庞大，许多外国投资者有兴趣购买美国股票。事实上，20世纪最后30年很多美国公司都被外国公司收购。风险投资蓬勃发展。1984—1997年，仅对私营企业的风险投资承诺就从30亿美元飙升至100亿美元，养老基金、保险公司、个人、外国投资者、捐赠基金和公司都踊跃参与其中。[183] 全美证券交易商自动报价协会（纳斯达克）成立于1971年，旨在利用计算机技术的进步来加速价格的发现，而人们将永远把20世纪80年代末和90年代的牛市与纳斯达克的兴起联系起来。最初的设想是打造一个先进的电子网络，用来比较2 500种场外交易（不在交易所交易）的股票交易商之间的报价。但很快该机构自身变成了一类交易所，增加了人们对场外交易股票的信心。交易的证券必须得到美国证券交易委员会的批准，但参与的公司只需要三个做市商——愿意进行交易的经纪人和交易商——并满足资产、资本和持股方面的一些最低要求。[184] 尽管有人指责投资者不能依赖纳斯达克的545家做市商，但纳斯达克通过降低交易成本和买卖价差实现了

第五章
短暂的美式和平（1945—2000 年）

快速发展。科技公司和生物科技公司的首次公开募股（IPO）浪潮极大推动了纳斯达克的增长。虽然道琼斯指数从 1980 年到 2 000 年上涨了 10 倍，但 2000 年年底，纳斯达克 100 指数似乎不可避免地涨到了 5 000 点，上涨了 50 多倍。

对投资银行家来说，股票价值、交易和利润的增长并非一帆风顺。在 20 世纪 80 年代，股票市场遭受了自 20 世纪 30 年代以来最严重的冲击，股市在 1987 年 10 月 19 日经历了黑色星期一。在西欧股市大幅下跌之后，纽约证券交易所下跌 508 点，市值蒸发 23%。股市暴跌有许多原因：对通胀和投机的担忧，市场从 8 月高点下跌，对技术、宏观经济和政治方面的担忧。投资者承受了巨大的损失，但并没有引发全面的银行崩溃。美联储宣布将为银行提供紧急资金援助。整体经济并未受到影响，但有一些金融活动例如杠杆收购遇挫。股价反弹相对较快。尽管许多经济学家担心此次暴跌预示着新一轮萧条的开始，但 1989 年春，道琼斯指数达到了崩盘前的高点，开启了长时间的牛市。此次股市危机带来的两个主要变化是交易的刹车（熔断机制）和对"格林斯潘卖看跌期权"（The Greenspan put）的信心，即美联储通过注入流动性来稳定市场的能力。[185]

由于股市繁荣和技术的发展，不仅经纪商在合并，交易所的所有权结构也发生了很大的变化。在 1990 年，大多数交易所由市场参与者（经纪商）所有，属全国性的交易所。到 2010 年，大多数交易所都成了上市的跨国企业。例如，1992 年，纳斯达克与伦敦证券交易所实现互联，建立了第一个洲际证券交易互联机制。2000 年，美国全国证券交易商协会将纳斯达克剥离出来，成立了一家上市公司，后来发展为纳斯达克 OMX 集团。很快，全球各地开始效仿纳斯达克与新兴公司打交道的经验及其国际联系。欧洲形成了伊斯达克（EASDAQ）。纽约证券交易所与泛欧交易所合并。其他的合并也在考虑之中，包括纳斯达克与纽约证券交易所的全部或部分合并。

加拿大的股票交易

如第四章所述，加拿大人在第一次世界大战之前也创建了交易所。在19世纪的最后30年中，蒙特利尔和多伦多交易所的发展增强了加拿大人对其新国家的信心。这两个城市的交易所是由经纪人组织建立的，为经纪人提供了一个收集和交换信息以及进行证券交易的平台。交易所成员之间打交道可以减少竞争并提高可靠性。虽然当时许多股票没有在交易所交易，但渐渐地越来越多的公司意识到了交易所的价值。新的交易所也应运而生，专门从事投机性采矿和石油公司股票交易。股票所有权范围不断扩张，不再是富人的专属领域。尽管有许多声音支持加强监管以防止欺诈和虚假信息，但加拿大人更倾向于选择宽松监管或自我监管。往往危机过后会出现更多的自我监管。1912年，曼尼托巴省成为第一个通过"蓝天法案"的司法管辖区，该法案模仿堪萨斯州的立法，建立了特别法庭来监督向公众发行的证券。同时，电话等新技术降低了交易成本。第一次世界大战期间，加拿大政府不得不大量借贷，这推动了公众对证券的需求。在20世纪20年代的繁荣时期，加拿大人满怀热情涌入资本市场，直到1929年的股市崩盘才使投资者意识到欺诈问题的普遍性。

加拿大金融市场的许多变化与美国相似，但也有许多不同之处。如前所述，两国的一个主要区别在于对银行的监管和政策，另一个是对证券的监管。在加拿大，证券监管是省一级的职责。证券监管在二战后的加拿大发挥了越来越重要的作用。和美国一样，加拿大的股票

第五章
短暂的美式和平（1945—2000年）

价格在20世纪20年代暴涨，然后在20世纪30年代初崩盘。1939年，股价仍然徘徊在1926年的水平。二战后，随着加拿大经济的快速增长，按照某些标准衡量，加拿大的股价增长了近10倍。股价增长的一个驱动因素是更多投资者拥有更多的可支配收入。加拿大不仅购买股息可靠的"蓝筹股"，还转向"未经证实"的非股息石油和矿业股票，其中许多股票仅在多伦多的场外交易。对透明度和可靠性的要求促使联邦和省级政府通过新的法律，对新发行证券的质量进行审查，并增加了信息披露方面的要求。[186]

但即使在二战以及美国证券交易委员会成立之前，加拿大的大多数省份就已经颁布了防止证券欺诈的法案，要求经纪人和销售人员登记并指明可能带有欺骗性的做法。如第四章所述，1931年安大略省成立了一个特别委员会来监管证券交易，这个机构后来改名为安大略省证券委员会（OSC）。几年后，OSC迫使有着"赌场氛围"的标准股票和矿业交易所（Standard Stock and Mining Exchange）与更可靠的多伦多证券交易所合并。[187]此前，第四章还讨论了1929年股市崩盘产生的结果，并见证了股票交易从蒙特利尔的圣詹姆斯街转向多伦多的贝街。

二战后，改革的步伐加速。按照美国的做法，OSC修改了证券法，要求"全面、真实、坦诚地披露有关新发行证券的所有重要事实"。该法律还要求OSC对经纪人和销售人员的登记进行审查，赋予其撤销有违反公共利益行为的登记人的权力。美国人的做法对加拿大采取的措施也产生了影响，但加拿大当局享有的资源要少于美国证券交易委员会。在20世纪40年代和50年代，美国人抱怨多伦多对可疑股票的监管松懈以及一些股票销售的做法不妥。成立20年后，在许多加拿大人和美国人看来，OSC仍然太过被动，其手脚被它本应管控的对象所束缚。[188]

1977年以前，纽约证券交易所不允许外国企业加入。1950年，两家总部位于多伦多的公司 Wood Gundy 和 A.E. Ames & Co. 得以从纽约证券交易所的禁令中豁免，并跻身美国顶尖的承销公司之列。[189] 到 20 世纪 80 年代晚期，纽约证券交易所解除了对加拿大银行证券交易的禁令，于是加拿大的大型银行纷纷开始直接在纽约进行交易。

20 世纪 50 年代，两国都放松了一些监管控制。然而，事实证明自我监管在加拿大和美国都不足够。安大略省证券交易委员会很可能比美国证券交易委员会更加积极，但多伦多证券交易所直到 1958 年才加强内部管控，例如上市要求。20 世纪 50 年代末和 60 年代初，两国发生了一系列丑闻和令人担忧的事件，包括内幕交易等，导致美国修改了证券法。相应地，安大略省政府在 1963 年成立了金伯委员会（Kimber Commission），审议无良交易的影响。该委员会建议对证券法进行几项修改，包括：任何对一家公司 20% 以上股份的竞购，都应保持 21 天的公开时间，以便让股东有更多时间认真考虑收购要约。委员会的建议致使政府在 1966 年通过了一项新的证券法案，要求公司披露更多的高管和大股东的权益。[190]

尽管美国法律规定，收购交易的比例超过 10%（后来降至 5%）需要进行披露，但实际上通过放松用于收购目的的借贷而鼓励了并购交易。而 20 世纪 60 年代，加拿大重启收购交易热潮，引发了人们对用债务为收购融资的担忧。这些担忧更多的是与对潜在合并交易的信息披露要求薄弱有关。然而，来自金融界的阻力阻碍了加强披露的立法。20 世纪 70 年代，随着并购交易数量的不断增加，安大略省证监会再次试图加强对投资者的保护，尤其是针对大股东做的特殊交易。[191]

美国的反垄断法规推动了关于固定费用佣金的讨论，但加拿大的反垄断法没有那么严格。1966 年的《证券法》规定，OSC 有责任监督证券交易所的细则，但很少有监管机构和做市商明白，其中包括佣金的规

第五章
短暂的美式和平（1945—2000 年）

定。到 20 世纪 70 年代初，OSC 广泛参与了佣金水平的制定。在短短几年内，参与市场的成本大幅上升，以至两国的监管机构都被迫考虑修改此前的严格规定，来允许企业在交易所拥有席位。长期的市场参与者受到收购的威胁，这引发了人们对不合格交易所会员的担忧，尤其是外国会员。机构投资者对市场特权和市场操纵等问题负有责任。[192]

20 世纪 30 年代，多伦多证券交易所已成为加拿大主要的股票交易所，而且不断发展壮大，在 20 世纪的大部分时间里都是加拿大最主要的交易所。1977 年，多伦多证券交易所引进了世界上第一个计算机辅助电子交易系统并在 20 年后成为北美第一个完全电子化的主要交易所。之后，传统的实体交易大厅被关闭。到 1980 年，多伦多证券交易所占加拿大全部股票交易的 80%，年交易量为 33 亿股，价值近 300 亿美元。[193] 20 世纪 90 年代中期，多伦多证券交易所成为北美首家引入十进制交易系统的交易所。1997 年，当其实体交易大厅关闭时，该交易所成为最大的无交易大厅和电子（或虚拟交易）环境的证券交易所。[194]

随着千禧年的到来，新的技术需求和全球化发展为加拿大的证券交易带来了巨大的变化。到 1999 年，加拿大的 5 个城市都有交易所，每个交易所交易的证券种类繁多。作为会员制机构，这些交易所的主要目标是保持交易的低成本，这个定位限制了交易所的创新能力和竞争力。这些交易所发行证券的服务很差，几乎不会采用任何营销手段来吸引新的发行人或向现有发行人展示其价值。此外，它们对数据请求的回应很缓慢，不断推迟基础设施投资，而且倾向于减免会员的佣金。

随着交易量的增加，漏洞开始显现出来。利益相关方均不愿出资为这 5 家交易所更新设施。许多人担心，如果加拿大不大胆尝试开发交易所交易的衍生产品，其他国家就会抢先实现。利率产品的开发特别重要，因为这些产品在决定加拿大央行和其他金融机构用来制定利率政策中发挥着关键作用。最终各方达成了一项协议，将温哥华、卡尔加里以及后来的温尼伯合并为一家总部位于温哥华的加拿大风险交易所，并将大盘股和衍生品交易分别集中在多伦多和蒙特利尔。这种安排将使各交易所得以专业化，增加流动性，降低市场参与者的成本，并对各方都有切实的好处。多伦多的交易量得到了实质性的提升，通过利用现有的基础设施，改善了流动性，提高了效率。然而，衍生品并不是其业务的重要组成部分，指数产品也未出现。蒙特利尔交易所收到了一笔均等化款项，以弥补其交易收入的损失，这为交易所带来了急需的现金，用以取代老化的交易体系。它还成为加拿大衍生品清算公司（Canadian Derivatives Clearing Corporation）的唯一股东，该公司努力开发自有新产品，并将逐渐成为蒙特利尔交易所的一项战略性资产。将初创公司集中在风险交易所上，为早期公司创造了一个生态系统，这将有助于它们吸引投资者，并为交易较为冷清的市场增加流动性。考虑到当时的市场结构和舆论环境（所有利益相关者都是非营利实体），各方都没有考虑为该协议指定一个期限。律师们主张引入时限，于是各方就10年期限达成了一致。[195]

加拿大股市在20世纪下半叶表现良好，基本上与纽约股市相仿，甚至在20世纪80年代和90年代初表现更为强劲，但在21世纪初互联网泡沫破裂时表现较弱。在此期间，加拿大的银行资产有了巨大的增长，甚至远远超过了美国的银行，特别是在20世纪80年代末90年代初，加拿大金融体系的"四大支柱"格局被打破之后。这些银行先是收购了投资交易商，然后是信托公司，之后进入了消费金融、保险和共同基金领域。与银行资产增长同样惊人的是，养老金计划在1990—2008年增长了近5倍，而共同基金增长了逾25倍，这在很大程度上得益于利率下降以及通过银行分支网络增加了分销业务。

第五章
短暂的美式和平（1945—2000年）

在加拿大，金融的快速增长掩盖了其中的一些结构性弱点，美国同样如此，虽然程度更甚。正如我们将在结论中详细讨论的那样，尽管加拿大的证券监管看起来比美国更弱，但加拿大的金融体系和市场规避了对美国体系造成困扰的大部分过度行为。[196]可以肯定的是，美国催生了许多新的公司和金融工具，但对背后的代价认识不足。包括训练有素的经济学家和金融分析师在内的太多观察人士，轻率地忽视了许多警告信号，比如银行倒闭数量的增加、不切实际的股票估值，以及不受监管的金融机构和做法。美国的许多创新和动态增长都是在不考虑现有风险的情况下实现的，甚至还增加了一些新的风险。

第六章

2008年之前北美金融的连续性与非连续性

在美国，财富很容易轰然倒塌而后重获新生……现在，任何大胆的举措都可能使其行为人的财富陷于风险之中，这对于其支持者来说也一样。这些把商业上的鲁莽当成美德的美国人，无论如何都不能再去指责那些行事鲁莽的人。

——亚历西斯·托克维尔，《论美国民主》

(*Democrary in America*)

自满的风险

在20世纪的最后几十年和21世纪的头十年，北美金融业的声誉经历了过山车般的起伏，对美加两国经济产生了不同的影响。尽管加拿大的发展较为稳定，但诱人的新经济机遇也带来了一些负面影响。与早期时候一样，美国和加拿大虽然在金融和其他方面有很多共同的经历，但两国不仅在金融危机的数量和程度上，而且在应对危机的方式上都有很大的不同。不出所料，危机本身以及随后对危机的应对都受到历史和态度差异的制约，这也是我们在本书中努力强调的观点。美国制定的体系旨在实现服务便利与创新的最大化，而加拿大的金融体系则愿在这两点上均做出一些牺牲以换取更大的稳定。金融问题过去是、现在仍然是美国公众热议的话题，而加拿大人更相信本国的政治和金融精英有能力在债权人和债务人之间找到对社会有益的平衡。也许最重要的是，加拿大人从最开始就非常愿意从南方的邻国那里吸取经验和教训。

鉴于2008年的恐慌和"大衰退"，我们往往会忘记，在那之前的20年里，很多时候虽然艰难，但也激发了人们的乐观情绪，甚至骄傲自满，因此我们高估了自己对经济和政治的控制能力。尤其是在20世纪的最后十年，各种事件似乎都证明了繁荣的合理性，这种状态直到2000年才发生变化。对一些人来说，这是一个时代的开始与结束。[1]这些事件包括民主资本主义在世界大部分地区的传播；温和通胀；科技发展；活跃的股票市场；成功处理新兴和发达国家的金融危机；在世

第六章
2008 年之前北美金融的连续性与非连续性

界大部分地区，对旅行、资本、商品和服务流动的跨境限制普遍放松；新货币区的诞生以及前竞争对手为确保世界和平而共同努力的意愿。尽管日本经历了"失去的十年"（自 1990 年以来糟糕的经济表现）、许多国家的不平等在加剧、发生了几场金融危机、互联网泡沫破灭、世贸中心遇袭、原材料价格上涨、伊拉克战争爆发等，此前的乐观主义情绪在很大程度上仍然延续到了 21 世纪，并体现在政治与监管方面。[2] 对于许多政策制定者乃至普通民众而言，虽然市场机制仍有动荡，但其带来的经济增长，以及能够解释和控制这一机制的经济理论的进步，已远远超过了其带来的负面影响。

第二次世界大战后，人们对美国资本主义作为"资本之都"的地位恢复了信心，这主要建立在几个支柱之上。其中包括美国在会计可靠性和透明度方面、评级机构以及美国资本市场的总体治理方面，一直享有世界领先的声誉。通过《格拉斯－斯蒂格尔法案》等将投资银行和商业银行分离开来的措施，美国将投资银行和商业银行从公司治理业务中剥离出来，代之以其他政府和私人组织作为中介机构，来管控信息并确保多样化。新政改革带来了独立审计以及专业会计规则的发展，使得美国的会计师比其他任何国家的同行都拥有更大的工作范围和更大的权力。管理共同基金的规则要求其使用标准化的证券质量衡量标准。这一裁决使美国评级机构在评估公司及其证券方面具有优势，并在 20 世纪末将该领域发展为全球业务。美国证券交易委员会有权为交易所和公司制定证券交易规则，尽管美国在公司建立方面的规则并不统一，但仍然远远领先于其他国家。然而，在 2008 年之前，这些支柱出现了许多裂缝。[3] 正如亚历西斯·托克维尔的题词所述，美国人一直对不计后果的商业创新表现出极大宽容，这令包括加拿大在内的国家感到不解。

为公共产品和私人消费提供资金就是一个很好的例证。令人惊讶的是，美国和加拿大在住房和收入支持等公共产品上的支出占 GDP 的比例大致相同（2005 年，美国该比例为 15.5%，加拿大为 16.2%）。[4] 在教育和医疗保健方面，美国的人均支出要高得多，但两国的优先事项（在质量、机会均等、私人和公共支出之间的平衡以及成本控制方面）却大相径庭，融资方式也十分不同。在加拿大，大多数社会服务由税收资助。2000 年，加拿大税收收入占 GDP 的比例比美国高出 20% 以上。在美国，债务所占比例更高。或许最重要的是，公共部门和私营部门通过危险的"合作关系"实施复杂和高风险的融资计划。2008 年危机爆发前不久，美国债务总额占国民收入的比例比加拿大高出 25% 以上。[5]

在布雷顿森林体系崩溃后，世界许多地方都出现了银行倒闭的情形，并在 20 世纪 70 年代和 80 年代的大部分时间里加速倒闭，这反映出全球范围内债务融资的增加和宏观经济的不稳定。美国银行率先向欠发达国家提供贷款（LDC 债务），而加拿大的银行在这一新兴领域也非常活跃。回收的石油美元处于欧洲美元食物链的中心。在布雷顿森林体系和石油危机结束后的 10 年里，银行及其客户都在寻找新的业务和更高的收益率。因此，它们向巴西、阿根廷、墨西哥和尼日利亚等新兴市场借出了近 1 万亿美元。其中一些国家本身就是石油生产国，但其支出超过了收入，尤其是在油价开始下跌的时候。花旗银行董事局主席沃尔特·瑞斯顿（Walter Wriston）曾有一句著名的谬论，称"国家不会倒闭"。以花旗银行为首的英国、瑞士、美国甚至加拿大的银行都纷纷向高通胀国家发放债务，而这些国家的美元不足以偿还其大部分的美元债务，导致发放贷款的银行背负了堆积如山的坏账。到 20 世纪 80 年代中期，这些国家无力偿还债务，导致了违约、准违约、

第六章
2008 年之前北美金融的连续性与非连续性

债务重组和痛苦的坏账注销。遭受损失的主要是一些大型银行，但也包括一些中小银行。

除了国际投资受挫之外，美国国内金融业许多曾经的弱点也暴露出来。美国高度分散的银行体系再次对整个金融业构成了威胁。在新政立法实施后，有一些表现良好的金融机构——储蓄与贷款机构，在二战后的 40 年里将其金融资产份额翻了一番。[6] 20 世纪 70 年代末，美国政府增加了联邦政府担保的存款规模，并解除了对储蓄贷款机构投资资金的诸多限制。由此导致的可贷资金来源和用途的不匹配，成为道德风险的一个经典例证。小储户失去了检查银行和储蓄贷款机构质量的动力。储蓄贷款公司的经理们发现，他们可以通过支付较低的安全存款利息并将资金投资于高收益风险资产（如垃圾债券和 LDC 债券）来轻松提高利润率。到 20 世纪 80 年代末，这导致了一波银行违约潮及政府接管和重组美国银行系统的大规模计划。尽管救助计划的最终成本没有最初担心的那么高，但清算 744 个储贷机构还是为纳税人带来了高达 870 亿美元的成本。[7] 在 20 世纪 80 年代末，银行破产率接近 10%，这是自 20 世纪 30 年代以来或在 19 世纪大部分时间里都罕见的境况。但这些倒闭的银行往往规模较小，占总存款的比例约为 1%，远不及大萧条最糟糕时期的 8%。[8] 交易所也陷入了困境。如第五章所述，1987 年 10 月，纽约证券交易所发生了大规模恐慌，股市下跌 23%，按绝对值计算，创下历史最大单日跌幅，从峰值到谷底下跌 40%，[9] 尽管全年股市总体略有增长。

20 世纪 80 年代，加拿大也发生了一些金融灾难，但在很大程度上已被人们遗忘。这些灾难包括但不限于 LDC 债务问题、国内石油危机、信托公司倒闭，甚至银行倒闭。[10] 所有这些不仅导致了对加拿大金融体系的监管和监督的全面改革，也导致了加拿大金融四大支柱的终

311

结和全能银行的创立。伴随着回收的石油美元而产生的 LDC 危机的故事众所周知，但加拿大在其中发挥的作用则鲜为人知。加拿大银行的 LDC 贷款占国内生产总值的比例是美国的两倍，仅次于瑞士，高于英国、法国和日本。在联邦政府的鼓励下，加拿大的银行像中了邪一样。它们愚蠢地相信，可以从石油出口国那里轻而易举地获得资金，然后把这些资金再转贷给石油出口国和进口国。正如加拿大银行家协会前任 CEO 所写的那样，"在银行的国际部门中，新一代炙手可热的贷款人没有应用翔实的分析或根本没有做任何基本面分析，采纳的数据也是不充分的。"[11] 在 20 世纪 80 年代后期，金融机构监管署要求加拿大银行为其 LDC 债务提供贷款损失准备金。随后，加拿大的银行采取了不同的重组方式。1989 年，这些银行总共拨付了 52.6 亿美元——有些银行（如加拿大皇家银行）随着时间的推移挺过了危机，有些则立即对损失进行了处理。[12]

当加拿大的银行因国际贷款而陷入危机时，加拿大政府采取了不当的[13] "国家"能源政策，进一步损害了银行的利益。由于银行在政策公布前就向油气行业发放了大量贷款，这些银行和油气行业都受到了影响。在 20 世纪 80 年代早期，加拿大遭受了自大萧条以来最严重的经济衰退[14]，对经济带来的破坏甚至超过了 2008 年的金融危机。[15] 人们对 20 世纪 80 年代中期阿尔伯塔省两家银行的倒闭已经做了很多分析，这两起倒闭事件在一定程度上都是"国家"能源政策带来的后果。这是加拿大 60 年来第一次发生银行倒闭事件。然而，通常被忽视的事实是，另外还有三家较大的银行不得不被其他银行收购。[16] 正如在第四章所讨论的，尽管加拿大监管机构试图减轻可能会造成更多银行倒闭的系统性压力，但并没有对银行进行拯救（事实上是他们让这两家银行倒闭的），也没有拯救储户，而是在整个 20 世纪 80 年代将重点放在防

第六章
2008年之前北美金融的连续性与非连续性

止问题的系统性蔓延上。[17]

信托公司遇到的问题加剧了以上这些困境。从历史上看，监管机构不允许加拿大的银行设立信托部门，而是将这一信托职责留给专门的信托公司。而信托公司逐渐变得更像银行，开始吸收存款并履行其他的银行职能。这些信托公司不像银行那样受到严格的所有权限制，一些所有者利用信托公司的优势来达到其投资者的目的。在1982—1985年，加拿大存款保险公司共遭遇了10起重大事件，赔付了32亿美元。[18]

当时，在加拿大银行体系一片混乱的情况下，政府任命由最高法院法官威拉德·Z.埃斯蒂（Willard Z. Estey）担任主席的一个调查委员会负责调查这些银行的倒闭问题。该委员会提出了诸多对监管体系进行重大改革的建议。当时普遍的看法是加拿大的银行体系总体稳健，但委员会认为加拿大不应该仅仅依靠自我监管。因此，政府于1987年创建了加拿大金融机构监管署，对此前由银行检察长和保险司承担的职责进行了合并与强化。曾在加拿大领先的审计公司Clarkson Gordon[19]担任高级合伙人的迈克尔·麦肯齐（Michael Mackenzie）被任命为第一任署长。他迅速采取了行动，迫使银行拿出巨额贷款损失准备金，并制定了更为严格的资本充足率，甚至高于《巴塞尔协议》（由一系列建议组成的《巴塞尔协议Ⅰ》）的要求。[20]

此外，加拿大还成立了金融机构监督委员会（FISC），旨在加强对金融体系的监督，并鼓励金融机构抱有更大的"行动意愿"。这与加拿大一个世纪以来的自我监管做法相比是一项重大变化。在这一变化之后，加拿大金融业传统的四大支柱——商业银行、投资银行、人寿保险公司和信托公司——也随之瓦解，开始允许银行和保险公司收购投资交易商。[21]加拿大金融体系的监管方式因此发生了巨大变化，这使得加拿大在2007—2009年的金融危机期间表现相对良好，与美国等其他国家经历的严重市场创伤形成了鲜明对比。

但从这些危机中幸存下来，引发了一种新的，或许有些夸张的乐观情绪，至少在美国如此。这种情绪有时被称为"华盛顿共识"（Washington Consensus），主要以美国为中心，但延伸到了世界大部分地区。其基本原则是深信自由资本主义的价值和传播，用集体行动的力量来抵御金融危机和其他经济挑战，通过知情和理智的参与方式在开放市场中提高发展经济和减少风险的能力，并运用高科技作为古老金融问题的解决办法。许多方面的发展进一步坚定了这种信心。首先一个发展便是挺过了20世纪80年代的挑战。到了20世纪90年代，LDC债务危机虽然尚未解决但也得到了控制，多伦多、纽约和波士顿的银行在20世纪90年代初都经历了一次商业房地产危机。许多受打击最严重的国家已经走出了宏观经济困境。大型银行已充分对其资产负债表和业务进行重组，似乎脱离了崩溃的边缘。主要金融大国已经就基于贷款风险的资本充足率国际监管标准（《巴塞尔协议Ⅰ》）达成了一致，旨在防止另一场放贷狂潮，并正在进一步完善这些标准（《巴塞尔协议Ⅱ》），制定更复杂的风险衡量方法。艾伦·格林斯潘对金融危机的处理得到了广泛赞誉，并让人们看到了希望：借助巧妙的货币政策，可以很容易化解类似的冲击。

如前所述，大多数主要国家的金融市场似乎逐渐趋于一致，减少了国家之间的监管和机构差异。全球会计体系建设取得重大进展，八大会计师事务所合并为四大会计师事务所。也许最重要的发展是日新月异的技术创新。在生物技术和半导体行业创新的推动下，医疗保健水平和经济生产率都得到了大幅提高，并在20世纪90年代的大部分时间里推动了股市的持续繁荣。

第六章
2008 年之前北美金融的连续性与非连续性

大型创新对冲基金公司——长期资本管理公司（LTCM）的倒闭，似乎也证明了政策制定者对市场机制和合作努力的信心。LTCM 公司生动地说明了金融理论的黑暗面，即对统计数据和模型的过度自信，而这也是导致 2008 年金融危机的原因之一。LTCM 公司有两位诺贝尔奖获得者作为合伙人，正是由于他们的贡献，LTCM 持有风险越来越大的头寸和更高的杠杆率，持续了几年的高利润，但随着俄罗斯贷款违约而蒙受了灾难性损失。美联储和各大银行通过共同努力，防止了 LTCM 商业模式（建立在前沿金融理论和最先进交易技术基础上）的失败拖垮其他金融机构。事实上，在 2008 年之前，针对许多处于政府控制边缘或完全不受政府控制的新金融机构和组织，美国的政治家和监管者表现得事不关己。尽管金融趋同与全球化在不断推进，但相对而言，加拿大几乎没有所谓的"影子银行"。虽然富有的加拿大个人和私人机构可以享有加拿大境外组织的服务，但加拿大国内的银行已经可以提供广泛的服务。此外，加拿大的监管机构，尤其是自 OSFI 成立以来，采取了覆盖所有金融服务的监管措施。在 21 世纪以前，加拿大人似乎就明白了对金融机构进行协调一致的公共监督的重要性，而且私营部门的克制文化为社会带来了长期的益处。

2000 年前后，全球金融体系出现了更多裂缝。甚至在千禧年结束之前，对"千年虫"的恐惧已经削弱了人们对高科技和市场交易的信心。纳斯达克指数在 2000 年 3 月 10 日达到 5 132 点的峰值，并在一年内暴跌 60%。几个月后，"9·11"袭击使交易所暂停营业，并引发了美国与其他国家和地区对未来金融市场遭到袭击的担忧。一年后，安然和世通这两家曾经是做市商宠儿的美国大公司名誉扫地，使美国一些最重要的金融守门人的声誉遭到侵害，甚至导致其中部分公司不复存在。虽然加拿大也存在一些会计违规行为，但在加拿大发生的欺诈程度远远不及美国。美国很快通过了立法，旨在对薄弱控制环节加以强化。

《萨班斯-奥克斯利法案》（Sarbanes-Oxley Act）于2002年夏天成为法律。按照该法律，创建了一个新的监督委员会——美国公众公司会计监督委员会（PCAOB），对会计师施加更大压力来发现错误，并要求高管承担更多的个人责任，但此举引发了大西洋两岸的批评声。会计师可能是第一类受到攻击的美国金融守门人，他们颠覆了人们对这个行业的长期信任。1946—1961年被称为会计职业的黄金时代，人们对会计师事务所和会计准则的信心遍布了整个自由世界。一些起源于英国和美国的会计师事务所，即所谓的"八大"，是跨国合并的产物，并获得了国际范围的认可，甚至深得民心。随着公司不断发展壮大并通过多样化战略进入其他领域，特别是咨询领域，竞争和利益冲突也随之增长。到20世纪70年代，一系列丑闻撼动了会计行业。到1974年，八大会计师事务所正在对抗多达200起诉讼，并接受政府的调查。这导致了《梅特卡夫报告》（Metcalf Report）的诞生，其中包含了许多对会计公司的严厉指控。通货膨胀和商业宏观经济环境的其他变化也使许多会计准则受到质疑。20世纪90年代，八大会计师事务所通过合并被削减为"六大"，在安然和其他诉讼之后，又进一步削减为"四大"。更糟糕的是，一些批评人士提出了这样一个问题，即当时的审计公司是否已经失去了存在的价值。[22]

尽管加拿大的会计公司并没有类似美国发生的那些恶劣行为，但这些以美国为中心的对会计行业的冲击，也的确影响到了加拿大。加拿大境外的交易产生了一些重组，此外，加拿大图什·罗斯（Touche Ross）会计公司还强烈鼓励其美国的公司寻找合并伙伴。图什·罗斯为美国部门引荐的工作，超过了美国为其在加拿大带来的工作，因此希望其美国同行在美国市场发展壮大。虽然对德勤（Deloitte）的合并提议有些吃惊，但加拿大的图什·罗斯答应了该提议。而澳大利亚的公司选择了与毕马威（KPMG）合并，英国德勤公司选择了与永道会计师事务所（Coopers & Lybrand）合并。亚瑟·杨（Arthur Young）在加拿大的成员公司拒绝与加拿大的安永会计师事务所（Ernst & Whinney）合作。亚瑟·杨和图什·罗斯一样，为美国同行引荐了更多的工作。因此，加拿大的安永会计师事务所选择了与毕马威合并。当安达信（Arthur Andersen）因安然审计丑闻导致解体时，世界大部分地区的安达信合伙人转而加入安永，但在加拿大，他们却与德勤（Deloitte & Touche）合并，进一步加强了德勤在加拿大市场的卓越地位。

尽管于2002年出台的美国《萨班斯－奥克斯利法案》旨在纠正审计师与管理层关系中的许多缺陷，但会计师的独立性仍受到抨击，在美国尤为如此。互联网泡沫的破裂，以及安然和世通公司的会计欺诈和其他不当行为的发生，使人们对公共会计信息的透明度和效用产生了质疑。此外，《萨班斯－奥克斯利法案》还包括其他一些条款，以应对美国董事会和整个监管体系中存在的一个严重缺陷，即委托内部人士来照顾股东的利益。[23]这是一个众所周知的"让狐狸看守鸡窝"的例子。出于对利益冲突的担忧，除德勤以外，所有大型会计师事务所都出售了自己的咨询业务，但在2008年，又开始了重建咨询业务。

通往 2008 年金融危机的不同道路

正如 2008 年的恐慌所表明的，这些改革并没有消除美国和全球金融不稳定背后的驱动因素。美国几乎没有任何政治或金融领导者意识到，美国和世界的金融机构和组织已经发生了翻天覆地的变化，严重危及世界金融稳定。即便是本·伯南克（Ben Bernanke）这样精通金融史的领导人，也只是继续关注利率政策和跨境流动，而不是传导机制。[24] 经济增长放缓和不平等加剧似乎证明了放松抵押贷款和其他消费信贷要求的合理性。如第五章所详细讨论的，这种现象，加上银行直接融资的短缺，意味着资金必须来自机构投资者和外国，而这增加了抵押贷款和其他消费者债务的证券化。这是一种金融工程，鉴于这些产品的创造、销售、管理和监管方式，能够带来巨大的利益和更大的风险。用证券化工具为抵押贷款和其他债务融资，为 2008 年的银行家恐慌埋下了伏笔。而监管机构哪怕考虑到了这一威胁，也实属低估。随着《商品期货交易改革法》（2000 年）的出台，有更多的衍生品得以在公开市场之外创造和交易，有助于满足管理内部利率、外汇和信用风险的需要，同时也为对冲基金和投机提供了机会。在世界大部分国家和地区的金融实践中，整个激励体系鼓励参与者忽视（实际上往往是培养）向个人、政府、商业公司和其他金融机构草率发放贷款的做法。该体系鼓励参与者寻找可疑的风险评估方法，如依赖相互冲突的评级机构，并最终使用不透明的定价方法，这种方法由大规模内部化交易提供。市场对评级机构的依赖是错位激励的一个极好例证。许多机构

第六章
2008年之前北美金融的连续性与非连续性

投资者由于在投资高评级工具方面受到限制，但又渴望获得更高的收益率，于是他们对这样一个事实视而不见：评级机构的收入正是来自它们所评证券的发行者并且评级业务竞争激烈。[25] 银行将资本市场内部化的能力得益于美国证券交易委员会允许银行杠杆率达到其股本的40倍。2007年，未偿付的衍生品总量达到了世界经济产出的10倍。[26]

与美国和其他一些国家一样，加拿大也使用了衍生工具和基于变量的补偿（两者都被列为2008年金融危机的原因），但加拿大处理这两者的方式则更为谨慎。尽管加拿大在衍生品定价方面拥有深厚的专业技能，但加拿大的银行及其监管机构并无多大兴趣在新的和相对未经考验的资产和负债方面建立大规模头寸。这些产品没有一个有组织的市场，其价格（价值）只通过复杂的数学模型得出，由此带来巨大的对手方风险敞口。对银行家的激励在两国并不相同。尽管加拿大银行家的薪酬在数量和结构上与美国同行相当（至少在商业银行家而非投资银行家之间是如此），但银行家获得奖赏所需完成的任务似乎不同。无论薪酬是工资、奖金还是股票期权的形式，都不能脱离组织的总体目标来看待。美国高管和交易员的薪酬似乎偏向短期利润，几乎不会针对风险进行调整，而加拿大人则在短期股东价值和长期社会稳定之间取得了更好的平衡。[27] 话虽如此，但历史警告我们，或许下一次危机就会暴露出加拿大的某个致命弱点，比如房地产泡沫，这是监管机构和薪酬体系都忽视的一个领域。

虽然加拿大参与了一些加剧过去30年动荡的金融活动，但也避免了许多其他活动，特别是严重依赖证券化和衍生品。加拿大在过去30年里经历的金融创伤没有美国那么严重，但的确在20世纪80年代经历了一段具有挑战性的时期，并因此开始采用一种新的金融机构综合监管体系。据国际货币基金组织[28]和其他全球权威机构研究，在最近一次危机中，几乎没有哪个经合组织国家比加拿大表现得更好。尽管如此，加拿大在信用违约互换方面确实遭遇了严重问题。该问题于2007年年底触发，被称为资产支持商业票据（ABCP）问题，但ABCP危机在加拿大以外几乎没有受到关注。

为应对2008年的金融危机，加拿大实施的改革数量比美国少。加拿大并不需要做太多改革，或许是因为20世纪80年代的混乱和90年代初的商业房地产危机对加拿大来说仍记忆犹新。2008年，加拿大银行体系的基础与20年前相比更加稳固。加拿大的住房融资体系更加合理，因此抵押贷款市场建立在更加坚实的基础之上，既没有抵押贷款利息，也没有房地产税减免或抵押贷款追索权。尽管在2008年金融危机爆发前的8年里，加拿大的抵押贷款融资规模大幅增长，但那些账面上有贷款的加拿大银行却没有忽视信贷资格审查，也没有玩弄利率等花招。[29]全国性的银行网络使加拿大的银行减少了对各种贷款的批发融资和证券化的依赖。总体而言，加拿大银行的杠杆率往往低于许多其他国家的银行。与美国不同，加拿大的金融监管并没有分散在众多相互竞争的机构中。[30]加拿大这样的现状得益于20世纪80年代为了应对LDC危机、多起信托公司违约和几起银行倒闭而采取的变革。

大多数学术观察家将加拿大的金融优势归结于"路径依赖"，即基于历史偏好或获益而对某种产品或实践的沿用，这点可以追溯到早在19世纪加拿大做出的明智决定。[31]这种解释有一定的道理，但却忽略了这样一个事实，即加拿大的成功也得益于在20世纪80年代金融崩溃中吸取的宝贵教训和采取的纠正行动。历史上，加拿大银行系统的监管并不严格。1871年通过的第一部《银行法》并没有规定设立银行监察长办公室（OIGB）。直到1923年一家大型银行倒闭，该监管措施才得以实施。[32]事实上，在这家银行倒闭的那一年，加拿大政府曾明确反对

第六章
2008 年之前北美金融的连续性与非连续性

在银行法案 10 年一次的修订案中设立监察长，尽管早在 19 世纪 70 年代已经设立了一名保险业监督员。20 世纪 60 年代初，波特皇家委员会建议 OIGB 继续依赖于独立的银行审计师，而独立的银行审计师反过来又依赖于银行内部检查员。这是一种非侵入式的轻监管方式。加拿大于 1980 年对《银行法》进行了修订，以鼓励包括外资银行在内的更多银行的创建，但没有为 OIGB 增加人手的规定，该机构因难以应付增加的工作量而陷入困境。然而，20 世纪 80 年代的灾难促使加拿大设立了金融机构监管署，负责监督整个金融系统。

尽管这些措施加强了加拿大的金融监管，但随着美国和欧洲金融市场的恶化，加拿大还是出现了一些问题。2007 年 9 月，美国次贷危机引发了加拿大 320 亿美元 ABCP 被冻结。ABCP 是由短期商业贷款偿还支持的短期工具，很像抵押贷款支持证券。真正的问题并不是 ABCP 本身，而是用于担保这些票据的 CDS。如第五章所述，CDS 是一种复杂的衍生工具，用于保证其他工具的价值。有一家机构，即魁北克储蓄机构广泛使用 CDS。魁北克储蓄机构是魁北克的一个政府机构，成立于 1965 年，负责管理多个政府养老金计划。到 2007 年，魁北克储蓄机构已经发展为加拿大第六大金融公司，仅次于五大银行。其持有价值 132 亿美元的资产支持商业票据，占未偿付资产支持商业票据的 40% 以上。魁北克储蓄机构迅速采取行动，号召多伦多著名律师珀迪·克劳福德（Purdy Crawford）主持一个由其他票据持有人和国际银行组成的委员会，将本机构面临的困难变成了一个全国性的问题。[33] J.P. 摩根担任该委员会顾问，并且所有委员会成员都签署了后来被称为《蒙特利尔议定书》的文件。[34]

当 CDS 的卖方不能依照合同规定，履行为 ABCP 原始购买提供保险的义务时，问题就出现了。CDS 的初衷是提高资本市场的效率，但批评者认为其规避了监管。在加拿大央行 2004 年的一篇论文中，作者总结道："CDS 有助于金融稳定，因为它有助于促进信贷风险的对冲，提高多样化，同时还允许那些最愿意承担信贷风险的人持有信贷风险。"[35] 然而，经济学家约翰·钱特（John Chant）辩称，资产支持商业票据有几个问题，包括监管力度不够、渠道机构缺乏信息披露、信用评级不合理，以及销售人员兜售连他们自己也不明白的产品。[36]

在政治和金融精英的共同参与下，加拿大以其独有的方式找到了一个解决方案。"在全球范围内，这是唯一的私营部门重组……与面临资产支持商业票据问题的其他国家不同，加拿大的解决方案不涉及政府的直接干预。"[37] 重组方案获得批准，尽管参与重组的企业数量众多，但魁北克储蓄集团和德意志银行占主导地位。重组为这些票据创造了一个市场，需要现金的持有者可以立即出售票据，但出售的人必须承担损失。随着市场恐慌情绪的逐渐消除，在重组后几天内购买了这些票据的投资者获得了丰厚的利润。[38]

美国的金融领袖、金融家、中央银行家和监管者则有更多的担忧。回顾过去，鉴于大多数"非理性繁荣"的金融领袖对风险的累积是如此盲目，2008 年的恐慌也就不足为奇了。危机前和危机期间采取的许多保障措施，如国际银行资本标准和货币政策，在美国的机构和组织金融架构面临巨大变化之时，似乎都苍白无力。[39] 按国际标准来看，美国银行的表现相对较好。2004 年，根据一级资本排名，最大的银行中有三家是美国银行。[40] 按百分比计算，大多数美国银行都超过了《巴塞尔协议 II》的要求。[41]

随着美国房地产和其他市场在 2007 年和 2008 年趋于疲软，银行和其他金融机构开始面临一场恐慌。这种恐慌并非大家争先恐后在各网点排队的恐慌，而是在公众看不到的大范围内的一种恐慌，具有诸多

第六章
2008 年之前北美金融的连续性与非连续性

新的原因和影响。越来越老练的投资者不再愿意评估大型机构的交易风险，因为这些机构持有大量复杂的证券和衍生品，让他们产生了怀疑。财务报告的"逐日盯市"规则已变得面目全非，无法反映出一家银行真实的资产负债表。部分原因在于，用于计算资产负债表的模型假设（例如基础资产的价格波动）似乎不再适用。与 1907 年的情况不同，私人和公共部门的金融领袖们无法在短短几周内确定哪些银行[42]可以被拯救，哪些银行可以被淘汰，而这是确定银行是面临流动性短缺还是资不抵债的必要步骤。[43]

没有以上这些关键信息，所做的决定似乎就具有随机性，并增加了市场恐慌感。因此，提供更多流动性的努力更像是火上浇油，而不是扑灭大火。许多处境最危险的组织并不是银行，比如跨国保险公司 AIG。还有一些机构，比如房利美和房地美等最初是政府的产物，甚至在 2008 年政府出手相助之前，就已经与联邦政府有着潜在的联系。回顾过去，我们应该感谢政府采取的紧急措施避免了美国走向更大的危机，但我们也应该质疑，为什么这么多富有智慧与知识的人对这么多重要的制度发展视而不见？为什么应对实质上是流动性危机，而非偿付能力危机的计划如此之少？2008 年的危机实际上是一场银行挤兑，需要采取一系列提振信心的措施。8 亿美元的问题资产救助计划（TARP）资金全部得到偿还的事实便可以证明这一点。起码可以这么说，政治和监管领导人吸取经验教训并加以应用的程度是值得怀疑的。[44]

虽然在跨越三个多世纪的历史长河中，8 年可谓白驹过隙，但可以看出，在这 8 年间，加拿大的发展优于美国，无论是人口还是 GDP 或者加强货币，减少而非增加了联邦政府债务（见附录 6）。

在恐慌过去近 10 年后，金融市场已经稳定下来，但仍有许多值得担忧的理由。各国央行似乎陷入了低利率政策和购买银行资产的困境，想要从中脱离出来并非易事。虽然多数衍生品交易通过交易所或清算所完成，但市场的总体规模已经扩大，许多仍是场外交易，透明度较低。美国、欧洲和20国集团国家通过的许多改革措施仍未得到实施，各国仍依赖于曾经使用过的相同逻辑。改革本身也极其复杂，这些改革措施由监管机构起草，而正是监管机构的自满导致了最近的崩溃。高频交易似乎难以控制，甚至可能会导致不稳定。旨在防范恐怖主义的控制措施增加了成本，并导致隐私的丧失。更糟糕的是，从低利率国家到新兴市场的反贸易主义再一次加剧了发展中国家的不稳定。无论好坏，在撰写本书时，美国资本市场和美元仍相对强劲，但导致2008年危机的许多问题仍存在于金融体系中，尚未得到解决。北美，尤其是美国，仍然处在一位经济学家所称的世界金融"断层线"的震动中，但与此矛盾的是，美国仍被视为资金的避风港。

历史教训的借鉴与滥用

或许，更好地理解金融体系的组成部分以及两国长期发展的不同路径，将有助于更好地融合稳定与创新。这是我们的愿望。我们所阐述的一个教训是，原则应根据特定的国情而调整。但是，正如我们多次指出的，从本书的引言部分到这一章，并反映在本书的标题中，从亚历山大·汉密尔顿到著名的商业银行家沃尔特·里斯顿（Walter Wriston），金融思想无论好坏，从南向北由美国传到加拿大。然而，鉴于美国金融体系的脆弱性，正如2008年危机所展露的那样，美国金融体系在其历史的大部分时间里付出了许多代价，并在全球范围内产生了影响，或许在下一次危机到来之前，我们有必要将目光投向加拿大。遗憾的是，帮助我们从历史中汲取经验教训的证据却是混杂的。实际上，对金融稳定肩负重大责任的人没有充分意识到私人银行家、政治领袖、选民、经济学专业人士和监管者的"集体"责任，以避免一场金融大风暴。对随后出现的疲弱、不稳定的经济环境，人们似乎也缺乏关注。这是我们的金融体系发展的后果，它应与全球变暖一样，成为社会关切的重点。不愿承担责任，可能是我们当前金融体系中普遍存在的道德风险的一部分，也是那些似乎"未受浸染"或未受过去影响的人们政治诉求的一部分。

正如引言中所指出的，比较不同金融体系的发展大有益处，但也十分困难。这些系统是复杂的政治和社会结构的产物，其本身是一系列事件、文化偏好、外来影响和路径依赖的结果。无论文化或地理位置多么相近，没有任何两个国家会以同样的速度或按照相同的路径发展。一个国家的金融体系与其国家总体的愿景和能力之间有着深刻的联系，同时后者也会带来政策制定上的制约。其中重要的一点是，由于历史的差异，一个国家很难将另一个国家的机构和组织移植到自身上。

我们根据北美历史上重要的时间节点来进行本书的阐述，但是这些时间点的选择难免有些随意。这些时间点对两个国家的意义往往不一样，这增加了单纯按时间顺序叙述故事的难度。

美加两国在政治、社会和经济环境结构上有几个十分显著的差异。美国的系统比加拿大的更大、更复杂、更古老。美国，作为一个独立国家，在很大程度上诞生于一场革命，而这场革命使美国从人们眼中的暴君统治下得到解放；加拿大的独立是经过几十年演变而来的，即便在脱离英国后，仍对其忠诚地赞赏和效仿。由于害怕出现与殖民统治者有关的中央集权，美国将联邦权力划分为行政、立法和后来的司法部门。宪法中没有授予联邦政府的所有权力都移交给了个人或州政府，两者保留着金融等许多方面的权力。也许最重要的是，美国的历史和金融体系与其作为一个奴隶制经济体的长期经历是分不开的，伴随着许多长远的政治、社会和经济影响，就像加拿大不能摆脱其双语、双文化遗产的影响一样。

两国的发展都受到许多外国关系的影响，但方式各有不同。两国对外来影响的融合，反映出各自独特的文化。美国人对英国的政治和经济影响的态度仍模糊不清，而加拿大人实际上对英国及其制度有着强烈的依恋。加拿大既从英国也从美国那里借鉴了政治和经济体制。其政治制度是逐渐发展起来的，而不是像希腊神话中的雅典娜女神那样迅速成型（如美国那样）。与美国一样，加拿大也采用了联邦制，但与美国不同的是，它并没有将行政和立法职能同等程度地分开。此外，

第六章
2008年之前北美金融的连续性与非连续性

加拿大采纳了亚历山大·汉密尔顿所设想的早期美国金融体系的某些方面,包括将货币分为美元和美分,而不是英镑、先令和便士,但拒绝接受安德鲁·杰克逊在19世纪30年代推行的民粹主义"改革"所遗留下来的美国金融体系。

即使两国发生里程碑式事件的时间交叉重叠,事件的性质和意义对两国而言也可能非常不同。特别是19世纪60年代,对于理解这两种制度的异同至关重要。在那10年里,美国北方在内战中击败了南方,联邦政府制定了新的法律来规范银行和货币。这些法案虽是全国性质的,却未能改变美国支离破碎的银行体系的许多基本方面。在美国内战期间,加拿大人看到了美国联邦军队的规模与实力,加重了担心被美国吞并的焦虑感。英国很乐意通过必要的立法,建立一个更加独立的加拿大,从而减少英国对英属北美殖民地的财政承诺。在创建自己的国家时,加拿大人决心建立一个汲取了美国经验教训的银行和货币体系。其领导人决定将银行和货币作为国家职能,而不是省或州的职能。

1870—1914年,加拿大和美国都经历了重要转变,从欧洲文化的新兴前哨发展为发达的经济体。两国在人口、国内生产总值和领土方面都经历了快速增长,两国的地区都划分为州或省级行政单位。两国都形成了本国的保险市场和监管体系,但出现了两种截然不同的银行体系,虽然都有本国法律和数量很少的外国金融组织:美国的金融体系有成千上万的股份银行,大部分局限在一个州的范围内,没有设立分支机构,此外美国的金融体系还有很多私人投资银行;而加拿大的金融体系只有几家大型股份银行,有成百上千家分支机构,对债权人有更好的保护。[45]加拿大的体系在演变过程中没有出现重大动荡,这是因为《银行法》规定每10年对银行体系进行一次定期审查;随着美国从一个危机走向另一个危机,要求改革的压力在不断增加。加拿大不

327

仅努力对危机做出反应，还试图预测金融体系中的问题。但是再多的预测也无法抵御一战的影响。

虽然加拿大和美国在两次世界大战之间都发生了巨大的变化，但两国的经历和结果却有很大的不同。例如，针对大萧条的灾难性影响，两国政府采取了截然不同的应对措施。面对成千上万的银行倒闭，美国采取了"凯恩斯主义"经济补救措施，远远早于加拿大采取的类似举措，并对其金融系统进行了许多改变，包括出台多个针对证券行业的新的国家监管规定以及鼓励购房和小型银行贷款等新举措，而这些措施在加拿大均被否决。

在二战后的25年里，两国的金融策略更是截然不同，这或许有助于解释它们对20世纪七八十年代不计后果的借贷和国际金融趋同所做出的不同反应。美国是世界上在军事、政治和金融方面占主导地位的超级大国。在固定汇率和资本流动的世界新秩序中，美国经济占据着中心地位。然而，当大多数发达国家加入布雷顿森林体系的时候，加拿大却率先采用灵活的汇率制度来管理经济。政治上，加拿大作为一个中立强国，先是加入了北约，后来又加入了七国集团。美国的银行一直到20世纪80年代都受限于州立银行法的约束，在国内的增长前景有限，因此大举进军国际市场；相比之下，加拿大的银行在国际上就没那么咄咄逼人了。但与美国的银行一样，加拿大的银行也陷入了LDC债务危机，随后消除了全能银行的障碍并通过了新的、强化的、集中的监管体系。

在本书和其他有关两种制度的研究中，有一个很自然的问题是，两国的金融体系是否为两国公民提供了良好的服务？乍一看，答案一定是压倒性的肯定。美加两国都是繁荣富裕的国家，虽然两国的货币彼此之间以及对其他货币的价值存在很大差异，但在当代的大部分时

第六章
2008年之前北美金融的连续性与非连续性

间里,两国的货币都是可兑换的,并在各自的发行国以及世界大部分地方保持着它们作为价值储存和交换手段的地位。尽管遭遇了种种挫折,但两国都拥有运转良好的信贷体系,能够以按世界标准衡量的较低利率借款,吸引外国投资和移民,并避免了其他一些国家伴随金融崩溃而产生的革命性活动。虽然如此,两国各自的经历却大相径庭。

迄今为止,在实现本国金融体系缔造者的意图方面,加拿大比美国做得更加成功。加拿大虽然在地理位置上毗邻美国,但规避了其南部邻国所经历的许多剧烈金融动荡。加拿大没有经历类似于美国的公司治理丑闻,这些事在19世纪、20世纪20年代和21世纪头几年几乎摧毁了投资者对美国公司的治理信心。其法律体系防止了美国民事侵权制度的滥用,使得保险更便宜,更容易获得。其公司治理体系仍然比美国更精英化,也更积极。美国在20世纪30年代通过的新政立法增加了积极股东治理的难度并减少了相关激励,这种转变直到最近才开始逆转。也许最重要的是,加拿大更为集中的国内银行使它在很大程度上不依赖于美国和世界其他国家。

相比之下,托马斯·杰斐逊和亚历山大·汉密尔顿都不会对当今的美国金融体系感到满意。美国的金融体系规模更大、更集中、实力也更强大,但对普通公民需求的响应却不如杰斐逊所希望的那样积极,而且稳定程度也远不及汉密尔顿的设想。尽管汉密尔顿会对该体系从世界各地为新企业筹集资金的能力感到满意,但他很可能会对该体系的脆弱性感到震惊,为该体系需要政府和央行的大规模援助而感到震惊。然而,与众多的历史研究一样,本次的研究提出了这样一个问题:如果在一些关键决策或事件上两国采取的做法有所改变,是否可能从根本上改变两国金融体系的结果?

我们把这些推测留给读者。尽管如此,我们所做的历史研究为读者提供了一些关于好坏实践的经验教训，但也指出了把一个体系的优势与另一个体系相结合所面临的局限性，因为金融与一个国家的历史和价值体系息息相关。一种制度获得优势或抛弃劣势往往会伴随着重大的社会政治变化，也会引发国家财富的急剧变化。理性的判断并非过程中唯一的驱动因素。在关键时刻，政治和监管措施可能会影响总体经济结果，但许多决定最终收效甚微，或产生意想不到的后果。从这个角度来看，加拿大在做出冷静和理智的决定方面表现更好。在制定法规和进行交易方面，加拿大更擅长从其南部邻国的优劣实践中汲取经验教训。的确，如今美国金融的优势有助于掩盖其北方邻国的一些弱点。例如，加拿大的银行如果想要交易外国衍生品，可以找到美国的银行。总的来说，加拿大经济要想从美国的风险投资和其他股权资本中获利，要么是把这些投资引入加拿大，要么是直接接触美国做市商。今天的加拿大对融资的需求较小，正是因为现代的跨国现金管理和大量活跃在加拿大的外国商业实体，其中许多来自美国。此外，美国各州为加拿大金融公司提供了一些重要的发展机会。

尽管我们认为，了解过去有助于防止"赶时髦"的短视思维，但这并不是解决政策困境的灵丹妙药。历史的展开是新旧思想的复杂混合体，对于此时此地什么是恰当的做法有着相互矛盾的暗示。如果历史总在重复，这一切将变得多么简单。以史为鉴才能防止历史重演，因为对过去的看法影响着当前的决策。

对历史的研究可以判断哪些措施行之有效，哪些措施徒劳无功，可以激发对金融体系如何发展以及如何改进的讨论和思考。加拿大从美国金融的规模和创新中获益，但贯穿本书的主题之一是，加拿大人比美国人更乐于从有关金融结构和创新的跨境交流中获益。可以肯定的是，加拿大对美国人的生活产生了巨大影响，但这种影响却十分微

第六章
2008 年之前北美金融的连续性与非连续性

妙且不大为人所知。加拿大人通过移居美国的加拿大人发挥着其影响力，许多人成为美国学术界的重要人物，比如约翰·肯尼斯·加尔布雷斯（John Kenneth Galbraith）、罗伯特·蒙代尔（Robert Mundell）和迈伦·斯科尔斯（Myron Scholes）。在其他领域，美国文化对加拿大的影响也显而易见，加拿大对美国生活的影响虽然不那么明显，但意义重大。例如，在娱乐和新闻领域，莱昂纳德·科恩（Leonard Cohen）、帕梅拉·安德森（Pamela Anderson）、威廉·夏特纳（William Shatner）、彼得·詹宁斯（Peter Jennings）、莫利·塞弗尔（Morley Safer）、阿什利·班菲尔德（Ashley Banfield）、贾斯汀·比伯（Justin Bieber）等人都在美国人的生活中留下了自己的印记。

我们在书中概述了美国金融取得的许多成就，但我们也希望这本书有助于提高人们对美国金融体系中一些长期存在的脆弱性的认识，以及更有意义的是，了解加拿大是如何避免这些脆弱性的。在本书的叙述中，我们重点强调了美国对债务融资支持公共事业，以及表外（私人和公共）融资的过度依赖，并突出了合并而非分散的监管。我们也强调了加拿大的一些优点，比如无论是否发生危机，都对其银行体系进行定期审查的做法。

但对历史的研究并不能为未来提供蓝图。事实上，当本书出版的时候，世界可能会悲哀地发现，其再次陷入了一场由一些寻常和不寻常的原因共同造成的新的金融危机。北美两大金融体系都是基于英国的传统，根据各自国家的不同情况发展而来的，对这两个金融体系的研究引发的问题超过了其所能提出的答案。该研究也揭示了简单的监管模式和政策可能带来的多种经济后果，其中的复杂性不容忽视。我们认为这项研究对于重新思考和塑造我们的金融未来是必不可少的，但我们还有很多工作要做。

附 录

1.1 Canada, U.S. Population (in '000s), 1700–1860
1.2 Canada, U.S. GDP (in $millions 1990 Geary-Khamis dollars), 1700–1860
1.3 Canada, U.S. GDP per Capita (1990 Geary-Khamis dollars), 1700–1860
2.1 Canada, U.S. Population (in '000s), 1860–1869
2.2 Canada, U.S. GDP (in $millions 1990 Geary-Khamis dollars), 1860–1870
2.3 Canada, U.S. GDP per Capita (in 1990 Geary-Khamis dollars), 1860–1870
2.4 Exchange rate, Canadian Dollar as Compared to U.S Dollar, 1861–1869
3.1 Canada, U.S. Population (in '000s), 1869–1914
3.2 Canada, U.S. GDP (in $millions 1990 Geary-Khamis dollars), 1870–1914
3.3 Canada, U.S. GDP per Capita (in 1990 Geary-Khamis dollars), 1870–1914
3.4 Canada, U.S. Federal Debt (in $millions), 1869–1914
4.1 Canada, U.S. Population (in '000s), 1914–1945
4.2 Canada, U.S. GDP (in $millions 1990 Geary-Khamis dollars), 1914–1945
4.3 Canada, U.S. GDP per Capita (in 1990 Geary-Khamis dollars), 1914–1945
4.4 Exchange Rate, Canadian Dollar as Compared to U.S. Dollar, 1914–1945
4.5 Canada, U.S. Federal Debt (in $millions), 1914–1945
5.1 Canada, U.S. Population (in '000s), 1945–2000

5.2 Canada, U.S. GDP (in $millions 1990 Geary-Khamis dollars), 1945–2000
5.3 Canada, U.S. GDP per Capita (in 1990 Geary-Khamis dollars), 1945–2000
5.4 Exchange rate, Canadian Dollar as Compared to U.S. Dollar, 1945–2000
5.5 Canada, U.S. Federal Debt (in $millions), 1945–2000
6.1 Canada, U.S. Population (in '000s), 2000–2008
6.2 Canada, U.S. GDP (in $millions 1990 Geary-Khamis dollars), 2000–2008
6.3 Canada, U.S. GDP per Capita (in 1990 Geary-Khamis dollars), 2000–2008
6.4 Exchange rate, Canadian Dollar as Compared to U.S. Dollar, 2000–2008
6.5 Canada, U.S. Federal Debt (in $millions), 2000–2008
7.1 Case Studies, Harvard Business School and Rotman School of Management

附录数据来源

人口

Maddison Project, http://www.ggdc.net/maddison/maddison-project/home.htm, 2013 version.
McEvedy and Jones, (1978), *Atlas of World Population History*, 285, 287.
Statistics Canada, historical statistics

GDP

Maddison-Project, http://www.ggdc.net/maddison/maddison-project/home.htm, 2013 version.

货币

James Powell, *History of the Canadian Dollar*
Statistics Canada
Statistics Canada, "Table 385-0010: Federal Government Debt, for Fiscal Year Ending March 31, Annual (dollars) (in millions)."
Treasury Direct, https://www.treasurydirect.gov/govt/reports/pd/histdebt/histdebt.htm

附录1

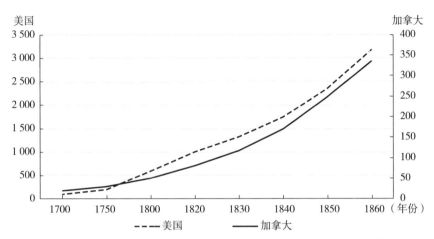

附图1.1　1700—1860年美国与加拿大人口对比（单位：万人）

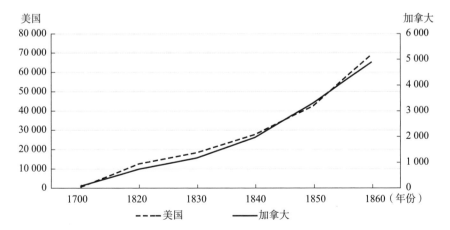

附图1.2　1700—1860年美国与加拿大GDP对比（单位：百万美元，1990年）

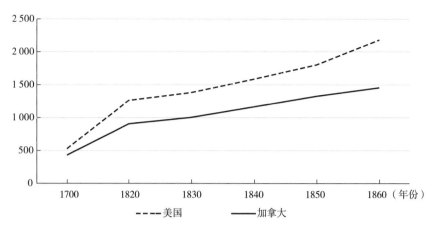

附图 1.3　1700—1860 年美国与加拿大人均 GDP 对比（单位：美元，1990 年）

附录2

附表 2.1　1860—1869 年加拿大与美国人口对比及增长情况（单位：千人）

国家	1860 年	1869 年	增长（%）
加拿大	3 369	3 565	6
美国	31 839	39 385	24

附表 2.2　1860—1870 年加拿大与美国 GDP 对比及增长情况
（单位：百万美元，1990 年）

国家	1860 年	1870 年	增长（%）
加拿大	4 887	6 407	31
美国	69 346	98 374	42

附表 2.3　1860—1870 年加拿大与美国人均 GDP 对比及增长情况
（单位：美元，1990 年）

国家	1860 年	1870 年	增长（%）
加拿大	1 451	1 696	17
美国	2 178	2 445	12

附 录

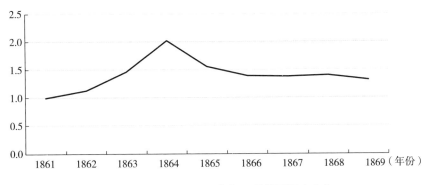

附图 2.1　1861—1869 年加元兑美元汇率变化

附录3

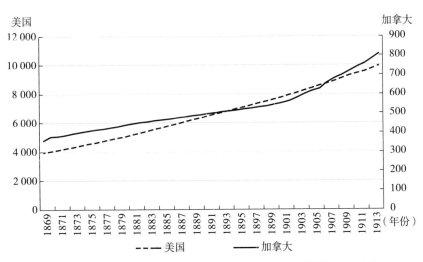

附图 3.1　1869—1913 年美国与加拿大人口对比（单位：万人）

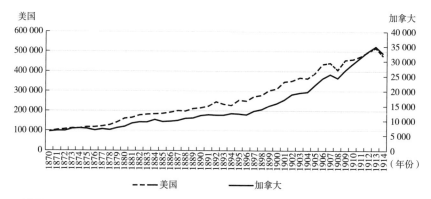

附图 3.2　1870—1914 年美国与加拿大 GDP 对比（单位：百万美元，1990 年）

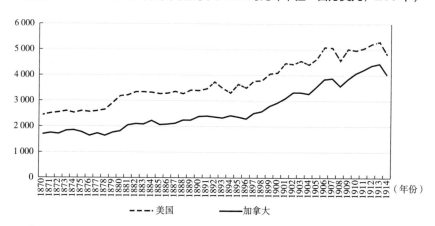

附图 3.3　1870—1914 年美国与加拿大人均 GDP 对比（单位：美元，1990 年）

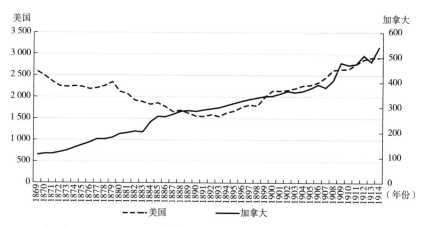

附图 3.4　1869—1914 年美国与加拿大国债对比（单位：百万美元）

附录4

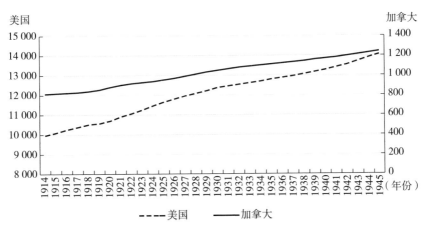

附图 4.1　1914—1945 年美国与加拿大人口对比（单位：万人）

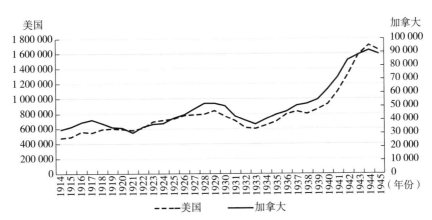

附图 4.2　1914—1945 年美国与加拿大 GDP 对比（单位：百万美元，1990 年）

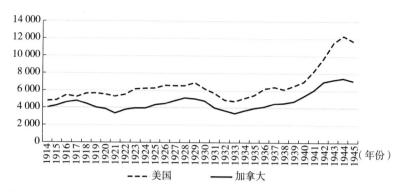

附图 4.3　1914—1945 年美国与加拿大人均 GDP 对比（单位：美元，1990 年）

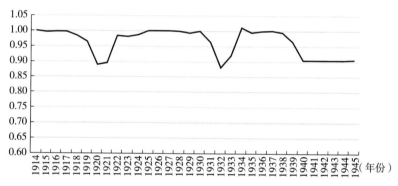

附图 4.4　1914—1945 年加元兑美元汇率变化

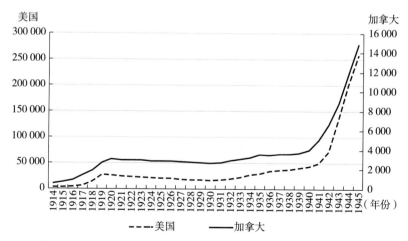

附图 4.5　1914—1945 年美国与加拿大国债对比（单位：百万美元）

附录5

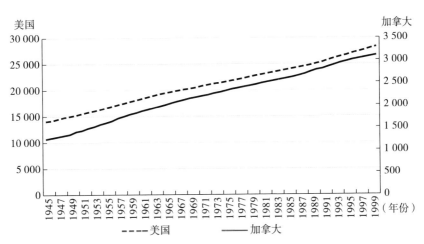

附图 5.1　1945—2000 年美国与加拿大人口对比（单位：万人）

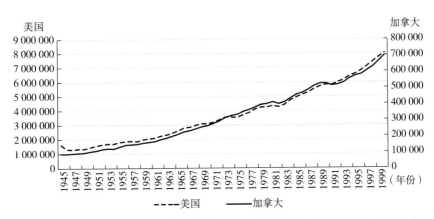

附图 5.2　1945—2000 年美国与加拿大 GDP 对比（单位：百万美元，1990 年）

从华尔街到贝街
美国与加拿大金融的起源与演变

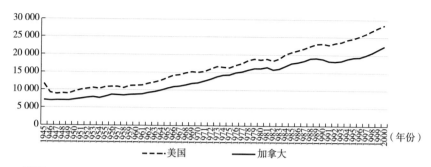

附图 5.3　1945—2000 年美国与加拿大人均 GDP 对比（单位：美元，1990 年）

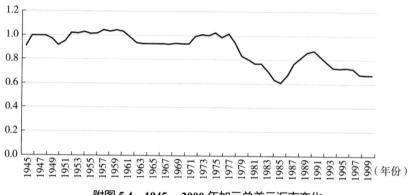

附图 5.4　1945—2000 年加元兑美元汇率变化

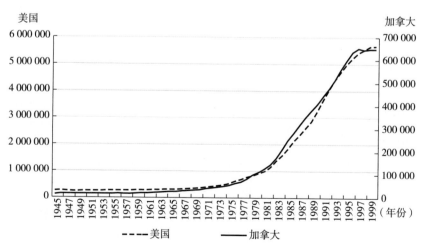

附图 5.5　1945—2000 年美国与加拿大国债对比（单位：百万美元）

附录6

附表 6.1　2000—2008 年加拿大与美国人口对比及增长情况（单位：千人）

国家	2000 年	2008 年	增长（%）
加拿大	30 686	33 246	8.3
美国	282 158	304 228	7.8

附表 6.2　2000—2008 年加拿大与美国 GDP 对比及增长情况（单位：百万美元，1990 年）

国家	2000 年	2008 年	增长（%）
加拿大	699 382	839 199	20.0
美国	8 032 209	485 136	18.1

附表 6.3　2000—2008 年加拿大与美国人均 GDP 对比及增长情况（单位：美元，1990 年）

国家	2000 年	2008 年	增长（%）
加拿大	22 488	25 267	12.4
美国	28 467	31 178	9.5

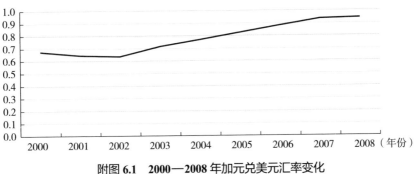

附图 6.1　2000—2008 年加元兑美元汇率变化

从华尔街到贝街
美国与加拿大金融的起源与演变

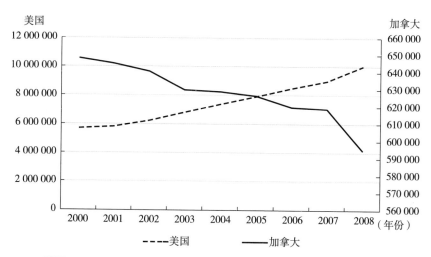

附图 6.2　2000—2008 年美国与加拿大国债对比（单位：百万美元）

注 释

引 言

1. 他们关注的是不同的问题,反映出每个国家金融体系的明显弱点。皮科拉的调查集中在股市崩盘的原因上,麦克米伦则集中在货币政策上。
2. Maddison Project, http://www.ggdc.net/maddison/maddison-project/home.htm.
3. Morningstar, http://www2.morningstar.ca/homepage/h_ca.aspx.
4. Joseph Sirois, *Royal Commission on Dominion-Provincial Relations: The Rowell Sirois Report* (Ottawa: King's Printer, 1940).
5. Ron Chernow, *The House of Morgan* (New York: Atlantic Monthly, 1990).
6. 大约在同一时间,达夫皇家铁路和运输委员会(Duff Royal Commission on Railways and Transportation)正在筹建中。委员会由六名委员组成,其中两名是外国人——一名英国人,一名美国人。这位美国人就是特拉华和哈德逊铁路公司(Delaware and Hudson Railway)董事长、罗格斯大学(Rutgers University)董事会主席 L. F. 洛里(L. F. Loree)。
7. 三名加拿大人中有两名投票反对建立中央银行。
8. Bank of Canada, "The Bank's History," http://www.bankofcanada.ca/about/history/.
9. Volker R. Berghahn, *American Big Business in Britain and Germany: A Comparative History of Two "Special Relationships"* in the 20th Century (Princeton: Princeton University Press, 2014); Mary Nolan, *The Transatlantic Century: Europe and America 1890–2010* (Cambridge: Cambridge University Press, 2012); Daniel T. Rodgers, *Atlantic Crossings: Social Politics in a Progressive Age* (Cambridge, MA: Harvard University Press, 1998); Harm G. Schröter, *The Americanization of the European Economy: A Compact Survey of American Economic Influence in Europe since the 1880s* (Dordrecht: Springer, 2005).
10. Charles W. Calomiris and Stephen H. Harber, *Fragile by Design: The Political*

  Origins of Banking Crises & Scarce Credit（Princeton：Princeton University Press, 2014）.

11. 在某种意义上，我们的贡献最好可以理解为博思韦尔的《你的国家，我的国家》在财政上的扩展，它所依据的原则是，只有统一的历史才能充分说明两个制度之间的相似和不同之处。Robert Bothwell, *Your Country, My Country: A Unified History of the United States and Canada*（Oxford：Oxford University Press, 2015）.

12. Stanley L. Engerman and Robert E. Gallman, eds., *The Cambridge Economic History of the United States, vol. 2, The Long Nineteenth Century*（Cambridge：Cambridge University Press, 2000）.

13. 最近，道格拉斯·麦卡拉（Douglas McCalla）主张，大部分大宗商品的使用并不是简单地导致了原材料出口；许多材料留在了加拿大，用于当地制造业和工业的发展。Harold A. Innis, *The Fur Trade in Canada: An Introduction to Canadian Economic History*（Toronto：University of Toronto Press, 1999）.

14. Albert O. Hirschman, *Rival Views of Market Society and Other Recent Essays*（Cambridge, MA：Harvard University Press, 1992）.

15. Charles H. Turner and Fons Trompenaars, *The Seven Cultures of Capitalism: Value Systems for Creating Wealth in the United States, Britain, Japan, Germany, France, Sweden and the Netherlands*（New York：Doubleday, 1993）, 2.

16. 同上, 4.

17. 同上; Peter A. Hall and David Soskice, eds., *Varieties of Capitalism: The Institutional Foundations of Comparative Advantage*（Oxford：Oxford University Press, 2001）; Geert Hofsede, Culture's Consequences：*Comparing Values, Behaviours, Institutions and Organizations across Nations*, 2nd ed.（Thousand Oaks, CA：Sage, 2001）.

18. Michael D. Bordo and Angela A. Redish, "Why Did the Bank of Canada Emerge in 1935？" *Journal of Economic History* 47, no. 2（1987）：405–17; Lawrence D. Booth, "The Secret of Canadian Banking：Common Sense？" *World Economics* 10（2009）：1–16; Andrew Smith, "Continental Divide：The Canadian Banking and Currency Laws of 1871 in the Mirror of the United States," *Enterprise & Society* 13, no. 3（2012）：455–503; Donald J.S. Brean, Lawrence Kryzanowski, and Gordon S. Roberts, "Canada and the United States：Different Roots, Different Routes to Financial Sector Regulation," *Business History* 53, no. 2（2011）：249–69.

19. Robert J. Shiller, *Finance and the Good Society*（Princeton：Princeton University Press, 2012）.

20. Tom Wolfe, *The Bonfire of the Vanities*（New York：Farrar, Straus & Giroux,

注　释

1987）.

21. Alexis de Tocqueville, *Democracy in America,* trans. Arthur Goldhammer（New York：Library of America, 2004）；Max Lerner, *America as a Civilization*（New York：Simon and Schuster, 1957）.
22. Douglass C. North and Robert Paul Thomas, *The Rise of the Western World: A New Economic History*（Cambridge：Cambridge University Press, 1995）.
23. 这个项目的一个有趣的结果是，人们认识到，尤其是在加拿大，缺乏或封闭的档案妨碍了多少金融历史。
24. 尽管这两个国家横跨整个大陆，但即使是在内战之后，它们在地理和时间上也存在一些差异。以加拿大为例，由于加拿大地盾（Canadian Shield）或劳伦高原（Laurentian Plateau）的存在，加拿大从未有过所谓的"中西部"，直到 20 世纪才有真正的"西部"。
25. 加拿大福特汽车公司（Ford Motor Company）是个明显的例外，它早在母公司之前就已经是一家上市公司了。

第一章　国外与国内的开端：内战中的殖民地

1. Charles A. Beard, *The Rise of American Civilization*（New York：MacMillan, 1937）, 72.
2. Gordon S. Wood, *Empire of Liberty: A History of the Early Republic,* 1789—1815（Oxford：Oxford University Press, 2009）.
3. 《牛津经济词典》对资本的第二个定义是"一种可以用来提供收入的金融资产存量"，这清楚地区分了资本和与其密切相关的货币之间的区别。
4. Bray Hammond, *Banks and Politics in America from the Revolution to the Civil War*（Princeton：Princeton University Press, 1957）, 3–37.
5. 温斯顿·丘吉尔（Winston Churchill）将"七年战争"描述为第一次世界大战，因为它是在全球范围内进行的。
6. Conrad Black, *Flight of the Eagle: A Strategic History of the United States*（Toronto：McClelland & Stewart, 2013）, 21.
7. Theodore Draper, *A Struggle for Power: The American Revolution*（New York：Random House, 1996）, 1–25.
8. Eric Williams, *Capitalism and Slavery*（New York：Russell & Russell, 1944）.
9. John J. McCusker and Russell R. Menard, *The Economy of British North America, 1607—1789*（Chapel Hill：University of North Carolina Press, 1991）, 40.
10. Nuala Zahedieh, *The Capital and the Colonies: London and the Atlantic Economy, 1600—1700*（Cambridge：Cambridge University Press, 2010）, 280–92.
11. McCusker and Menard, *Economy of British North America*, 54.
12. 同上，103，112。英国和法国的政策导致了这种巨大的差异。法国政府限制非天主教移民，英国政府鼓励非宗教移民。
13. McCusker and Menard, *Economy of British North America*.
14. Draper, *Struggle for Power*.
15. Robert E. Wright, *One Nation under Debt: Hamilton, Jefferson, and the History of What We Owe*（New York：McGraw Hill, 2008）.
16. Draper, *Struggle for Power*, 103–29.
17. Beard, *Rise of American Civilization*, 13: Niall Ferguson, *Empire: The Rise and Demise of the British World Order and the Lessons for Global Power*（New York：Basic Books, 2002）.
18. Beard, *Rise of American Civilization*, 99, 201, 211.
19. Black, *Flight of the Eagle*.
20. 同上。
21. Draper, *Struggle for Power*.
22. Beard, *Rise of American Civilization*, 73.
23. Draper, *Struggle for Power*.
24. Samuel E. Morrison, Henry S. Commager, and William E. Leuchtenburg, *The Growth of the American Republic*, vol. 1（Oxford：Oxford University Press, 1980）.
25. 十五年后，英国政府要求"白色"领土在第一次世界大战前分担海军建设的费用——由法裔加拿大总理领导的加拿大拒绝了。Margaret MacMillan, *The War That Ended Peace: The Road to 1914*（Toronto：Penguin Group, 2013）, 124.
26. G.M. Trevelyan, *History of England*（New York：Doubleday Anchor Books, 1954）, 3：123.
27. Black, *Flight of the Eagle*, 40.
28. Wright, *One Nation under Debt*.
29. Edwin J. Perkins, *American Public Finance and Financial Services, 1700—1815*（Columbus：Ohio State University, 1994）; Wright, *One Nation under Debt*.
30. Draper, *Struggle for Power*, 197–8.
31. R. Louis Gentilcore, ed., *Historical Atlas of Canada*, vol. 2, *The Land Transformed, 1800—1891*（Toronto：University of Toronto Press, 1993）.
32. 同上。
33. Beard, *Rise of American Civilization*, 241; Perkins, *American Public Finance and Financial Services*; Wright, *One Nation under Debt*.
34. Joseph J. Ellis, *American Creation: Triumphs and Tragedies at the Founding of the Republic*（New York：Knopf, 2007）, 91–3.
35. 同上, 107–11.

36. Perkins, *American Public Finance and Financial Services.*
37. United States, *Declaration of Independence*, 1776.
38. Ellis, *American Creation*, 170.
39. 同上; Wright, *One Nation under Debt.*
40. Ron Chernow, *Alexander Hamilton*(New York: Penguin Books, 2004).
41. Richard Sylla, "Reversing Financial Reversals: Government and the Financial System since 1789," in *Government and the American Economy: A New History*, ed. Price Fishback, 115–47(Chicago: University of Chicago Press, 2007).
42. Hammond, *Banks and Politics in America,* 41.
43. Thomas K. McCraw, *The Founders and Finance: How Hamilton, Gallatin, and Other Immigrants Forged a New Economy*(Cambridge, MA: Harvard University Press, 2012), 100.
44. Wright, *One Nation under Debt.*
45. McCraw, *Founders and Finance,* 108.
46. Perkins, *American Public Finance and Financial Services;* Wright, *One Nation under Debt.*
47. Wright, *One Nation under Debt.*
48. 英格兰银行一直是私有的，直到1946年才被当时的工党政府收归国有。
49. Wright, *One Nation under Debt.*
50. Perkins, *American Public Finance and Financial Services.*
51. 1784年，汉密尔顿建立了纽约银行。
52. Perkins, *American Public Finance and Financial Services*; Wright, *One Nation under Debt.*
53. Perkins, *American Public Finance and Financial Services*; Wright, *One Nation under Debt.*
54. Catherine R. Schenk and Emmanuel Mourlon-Druol, "Bank Regulation and Supervision." In *The Oxford Handbook of Banking and Financial Regulation*, ed. Youssef Cassis et al. 395–419(Oxford: Oxford University Press, 2016).
55. Wright, *One Nation under Debt.*
56. Perkins, *American Public Finance and Financial Services.*
57. 同上。
58. 加勒廷是19世纪早期的共和党人，今天可能是民主党人。
59. McCraw, *Founders and Finance*, 296.
60. Perkins, *American Public Finance and Financial Services.*
61. *The Alien and Sedition Acts of 1798*, 5th Cong., General Records of the United States Government Record Group 11(6 July 1798).
62. Black, *Flight of the Eagle.*

63. Hammond, *Banks and Politics in America from the Revolution to the Civil War*.
64. 同上, 36.
65. Black, *Flight of the Eagle*.
66. Beard, *Rise of American Civilization*, 429.
67. 同上, 429–30.
68. Arthur Schlesinger Jr, *The Age of Jackson*（New York：Book Find Club, 1945）.
69. J.C. Furnas, *The Americans: A Social History*（New York：Capricorn, 1969）.
70. Hammond, *Banks and Politics in America from the Revolution to the Civil War*.
71. 同上。
72. 同上, 320–1.
73. 同上, 322；Howard Bodenhorn, *A History of Banking in Antebellum America: Financial Markets and Economic Development in an Era of Nation Building*（Cambridge：Cambridge University Press, 2000）.
74. Glyndon G. Van Deusen, *The Jacksonian Era: 1828—1848*（New York：Harper & Row, 1959）.
75. Naomi R. Lamoreaux, *Insider Lending: Banks, Personal Connections, and Economic Development in Industrial New England*（Cambridge：Cambridge University Press, 1994）, 31.
76. Schlesinger Jr, *Age of Jackson: Peter Temin, The Jackson Economy*（New York：Norton, 1969）；Van Deusen, Jacksonian Era.
77. Howard Bodenhorn, *State Banking in Early America: A New Economic History*（Oxford：Oxford University Press, 2003）, 3.
78. Perkins, *American Public Finance and Financial Services*.
79. Charles W. Calomiris and Stephen H. Harber, *Fragile by Design: The Political Origins of Banking Crises & Scarce Credit*（Princeton：Princeton University Press, 2014）.
80. Robert E. Wright, *The First Wall Street: Chestnut Street, Philadelphia, & the Birth of American Finance*（Chicago：University of Chicago Press, 2005）.
81. Bodenhorn, *State Banking in Early America*, 50–1.
82. 同上, 55.
83. 同上。
84. Stephen Mihim, *A Nation of Counterfeiters: Capitalists, Con Men, and the Making of the United States*（Cambridge, MA：Harvard University Press, 2007）.
85. Bodenhorn, *State Banking in Early America*.
86. Lamoreaux, *Insider Lending*, 1–9.
87. Robert E. Wright, "Bank Ownership and Lending Patterns in New York and Pennsylvania, 1781–1831," *Business History Review* 73, no. 1（1999）: 40–60.

88. Hammond, *Banks and Politics in America from the Revolution to the Civil War*, 144.
89. Bodenhorn, *State Banking in Early America*, 12.
90. 同上, 13–15.
91. 同上, 18–19.
92. 同上, 23.
93. 同上, 73–5.
94. 同上, 5.
95. Stuart Bruchey, *The Roots of American Economic Growth, 1607—1861* (New York : Harper & Row, 1965), 148.
96. Bodenhorn, *State Banking in Early America*.
97. 同上, 3.
98. 同上, 221.
99. 同上, 222–3.
100. 同上, 252.
101. 同上, 3.
102. 同上, 5.
103. 同上, 183.
104. 同上, 159.
105. 同上, 183.
106. Wright, *One Nation under Debt*.
107. David B. Davis, *Slavery and Human Progress* (Oxford : Oxford University Press, 1984), xiii.
108. See Sharon A. Murray, *Investing in Life: Insurance in Antebellum America* (Baltimore, MD : Johns Hopkins University Press, 2010, as an exception.
109. Gavin Wright, *The Political Economy of the Cotton South: Households, Markets, and Wealth in the Nineteenth Century* (New York : Norton, 1978) ; William Fogel and Stanley L. Engerman, *Time on the Cross: The Economics of American Negro Slavery* (Boston : Little, Brown, 1974) ; Eugene D. Genovese, T*he Political Economy of Slavery: Studies in the Economy and Society of the Slave South* (New York : Pantheon, 1965) ; Genovese, *The World the Slaveholders Made: Two Essays in Interpretation* (New York : Pantheon, 1969) ; Harold D. Woodman, *King Cotton and His Retainers: Financing and Marketing the Cotton Crop of the South, 1800—1925* (Lexington : University of Kentucky Press, 1968).
110. Seth Rockman, "The Future of Civil War Era Studies : Slavery and Capitalism," *Journal of the Civil War Era* 2, no. 1 (2012) : 627–50.
111. Paul Johnson, *A History of the American People* (London : Weidenfeld &

Nicolson, 1997), 97.
112. U.S. *Constitution*, art. 1, sec. 2.
113. 在加拿大，大多数奴隶都是土著居民。加拿大的主要经济部门需要的体力劳动相对较少。1833 年，大英帝国正式废除了奴隶制，这仅仅是确认了奴隶制已经盛行多年的地位。
114. Lewellyn Woodward, *The Age of Reform, 1815—1870* (Oxford: Clarendon, 1997), 240–1.
115. Calvin Schermerhorn, *The Business of Slavery and the Rise of American Capitalism, 1815—1860* (New Haven, CT: Yale University Press, 2015).
116. Amanda Foreman, *A World on Fire: The Epic History of Two Nations Divided* (London: Allen Lane, 2010).
117. Beckert, *Empire of Cotton.*
118. Bruchey, *Roots of American Economic Growth*, 142.
119. Black, *Flight of the Eagle*, 194.
120. Henry Bamford Parkes, *The United States of America: A History* (New York: Alfred A. Knopf, 1956).
121. Black, *Flight of the Eagle*, 199.
122. Beard, *Rise of American Civilization*, 31.

第二章　过渡的十年：国家的诞生与重生

1. James M. McPherson, *The War That Forged a Nation: Why the Civil War Still Matters* (New York: Oxford University Press, 2015), 2.
2. Sumner J. La Croix, "Government and the People: Labor, Education, and Health," *in Government and the American Economy: A New History,* ed. Price Fishback, 323–63 (Chicago: Chicago University Press, 2007).
3. Robert E. Wright, Fubarnomics: *A Lighthearted, Serious Look at America's Economic Ills* (Amherst: Prometheus Books, 2010), 114.
4. McPherson, *War That Forged a Nation.*
5. Jeffrey Rogers Hummell, "The Civil War and Reconstruction," in *Government and the American Economy: A New History,* ed. Price Fishback (Chicago: University of Chicago Press, 2007), 197.
6. 同上, 151.
7. 同上, 171.
8. Sylla, Reversing Financial Reversals, 134–5.
9. Woodward, *Age of Reform*, 312；Sven Beckert, *Empire of Cotton: A Global History* (New York: Knopf, 2014).
10. Woodward, *Age of Reform*, 313–14.

11. McPherson, *Battle Cry of Freedom*; and Woodward, *Age of Reform*, 307–15.
12. McPherson, *Battle Cry of Freedom*.
13. 1864年，一支南部联盟军队的小分队同时抢劫了三家美国银行。这些窃贼逃到了英属北美，英属北美拒绝引渡这些士兵，但归还了资金。此次劫掠中唯一幸存下来的银行恰好是道明银行（TD bank）的一家分行。John Boyko, *Blood and Daring: How Canada Fought the American Civil War and Forged a Nation*（Toronto：Knopf Canada, 2013），226.
14. Foreman, *World on Fire*.
15. Jeffery R. Hummel, "The Civil War and Reconstruction," in *Government and the American Economy: A New History*, ed. Price Fishback（Chicago：University of Chicago Press, 2007），212–18.
16. Donald Creighton, *John A. Macdonald: The Young Politician*（Toronto, Macmillan Company of Canada, 1956），469.
17. Andrew David Allan Smith, "British Businessmen and Canadian Confederation：Gentlemanly Capitalism at Work"（PhD diss., University of Western Ontario Faculty of Graduate Studies, 2005）.
18. *New York Times,* "Dominion of Canada," 3 July 1867.
19. *New York Times,* "Inauguration of the New Regime," 7 July 1867.
20. Oscar D. Skelton, *The Day of Sir Wilfrid Laurier*（Toronto：Glasgow Brock, 1916），412.
21. The number of imperial troops also jumped from fewer than 5 000 to nearly 20 000. Gentilcore, *Historical Atlas of Canada.*
22. Trevelyan, *History of England,* 3：109.
23. P.J. Cain and A.G. Hopkins, *British Imperialism: 1688—2000*, 2nd ed.（London：Longman, 2001）.
24. 《福特尼·麦坎伯关税法》是1922年美国国会通过的保护性关税法案。
25. B.W. Wilkinson. "Section G：The Balance of International Payments, International Investment Position and Foreign Trade," Statistics Canada, http://www.statcan.gc.ca/pub/11–516–x/sectiong/4147439–eng.htm#4.
26. Joseph Sirois, Royal Commission on Dominion-Provincial Relations：The Rowell Sirois Report（Ottawa：King's Printer, 1940），19.
27. Thomas D. McGee, *Two Speeches on the Union of the Provinces: Minister of Agriculture*（Quebec：Hunter, Rose, 9 February 1865）.
28. Robin B. Burns, "McGee, Thomas D'Arcy," *Dictionary of Canadian Biography*, vol. 9. 1976. http://www.biographi.ca/en/bio/mcgee_thomas_d_arcy_9E.html.
29. Winston Churchill, *A History of the English Speaking Peoples*, Vol. 4, *The Great Democracies*（Toronto：McClelland & Stewart, 1958），103–4.

30. Smith, "British Businessmen and Canadian Confederation," 268.
31. Oscar D. Skelton, T*he Life and Times of Sir Alexander Tilloch Galt*（Toronto： Oxford University Press, 1920）, 410.
32. Sirois, *Royal Commission on Dominion-Provincial Relations*, 29.
33. John Boyd, *Sir George Etienne Cartier, His Life and Times: A Political History of Canada from 1814 until 1873*（Toronto： Macmillan of Canada, 1914）, 222.
34. 可以肯定的是，美国的"普选"远远领先于其他国家，但只适用于白人男性。
35. Richard Gwynn, John A., *the Man Who Made Us: The Life and Times of John A. Macdonald, vol. 1, 1815—1867*（Toronto： Random House, Canada, 2007）.
36. Conrad Black, *Rise to Greatness: The History of Canada from the Vikings to the Present*（Toronto： McClelland & Stewart, 2014）, 290.
37. Gwynn, *John A.*
38. Charles P. Stacey, *Canada and the Age of Conflict*, Vol. 1, 1867—1921： *A History of Canadian External Policies*（Toronto： University of Toronto Press, 1984）; Gordon T. Stewart, *The Origins of Canadian Politics: A Comparative Approach*（Vancouver： University of British Columbia Press, 1986）.
39. J.-C. Bonenfant, "Cartier, Sir George-Étienne," *Dictionary of Canadian Biography*, vol. 10, 1972, http://www.biographi.ca/en/bio/cartier_george_etienne_10E.html.
40. H.V. Nelles, *A Little History of Canada*（Toronto, Oxford University Press, 2004）. Ironically Alexander Hamilton, who played such a crucial role in the development of the Canadian financial system, was strongly opposed to the Quebec Act. Chernow, *Alexander Hamilton,* 66.
41. Robert Bothwell, *Your Country, My Country: A Unified History of the United States and Canada*（Oxford： Oxford University Press, 2015）.
42. Gentilcore, *Historical Atlas of Canada.*
43. Fernand Ouellet, "Papineau, Louis-Joseph." *Dictionary of Canadian Biography,* vol. 10, 1972, http://www.biographi.ca/en/bio/papineau_louis_joseph_10E.html.
44. Frederick H. Armstrong and Ronald J. Stagg, "Mackenzie, William Lyon," *Dictionary of Canadian Biography*, vol. 9, 1976, http://www.biographi.ca/ en/bio/mackenzie_william_lyon_9E.html.
45. Nelles, *Little History of Canada*, 104.
46. 1838年，加拿大也经历了所谓的爱国者战争，加拿大流亡者和包括爱尔兰芬尼亚人在内的美国志愿军对美国的一系列入侵："对殖民地的英国总督——显然是大多数居民来说，这些袭击者不是爱国者而是海盗，不是解放者而是入侵者，不是救援者而是反叛的恐怖分子。" Chris Raible, review of *The*

注 释

Patriot War along the Michigan-Canadian Borders: Raiders and Rebels, by Shaun J. McLaighlin, *Ontario History* 106, no. 1（2014）: 136.

47. Fernand Ouellet, "Lambton, John George, 1st Earl of Durham," *Dictionary of Canadian Biography*, vol. 7. http://www.biographi.ca/en/bio/lambton_john_george_7E.html.
48. Gwynn, *John A.*
49. Hammond, *Banks and Politics in America from the Revolution to the Civil War.*
50. 从1845—1852年，由于马铃薯作物歉收，约有200万人死于爱尔兰或从爱尔兰移民，使高度依赖马铃薯的该岛人口减少了约25%。Cecil Woodham-Smith, *The Great Hunger: Ireland 1845–1849*（London : Penguin Books, 1991）.
51. William L. Morton, *The Critical Years: The Union of British North America, 1857—1873*（Toronto : McClelland and Stewart, 1964）, 220.
52. W.L. Morton, "Bruce, James, 8th Earl of Elgin and 12th Earl of Kincardine." *Dictionary of Canadian Biography*, vol. 9, 1976, http://www.biographi.ca/en/bio/bruce_james_9E.html.
53. Robert Bothwell, *The Penguin History of Canada*（Toronto : Penguin Group, 2006）, 203.
54. A.G. Kenwood and A.L. Lougheed, *The Growth of the International Economy, 1820—1990: An Introductory Text,* 3rd ed.（London : Routledge, 1992）; Ferguson, *Empire.*
55. Jean-Pierre Kesteman, "Galt, Sir Alexander Tilloch," *Dictionary of Canadian Biography*, vol. 12, 1990. http://www.biographi.ca/en/bio/galt_alexander_tilloch_12E.html.
56. Morton, *Critical Years*, 16.
57. 同上, 65.
58. Joseph Pope, *Memoirs of the Right Honourable Sir John Alexander Macdonald, First Prime Minister of Canada*（Toronto : Musson Book, 1930）, 691.
59. James Powell, *A History of the Canadian Dollar*（Ottawa : Bank of Canada, 2005）, 16–17.
60. *Daily Globe*, "The Great Confederation," 4 October 1864.
61. Skelton, *Life and Times of Sir Alexander Tilloch Galt*, 372.
62. G.P. Browne, *Documents on the Confederation of British North America*（Toronto : McClelland and Stewart, 1969）, 47.
63. 同上, 76–7, 158, 221, 238, 259, 323.
64. 同上.
65. Desmond Morton, *A Short History of Canada*（Toronto : McClelland & Stewart, 2007）, 161–2.

66. Christopher Moore, *Three Weeks in Quebec City: The Meeting That Made Canada*（Toronto：Penguin Canada Books, 2015), 186, 187。Moore 对本书的关键问题保持沉默，即让银行业成为联邦政府的责任的问题。
67. 同上, 144–5.
68. Sirois, *Royal Commission on Dominion-Provincial Relations,* 38.
69. 在主要城市之外，在新斯科舍省和新不伦瑞克省几乎没有市政发展，而在加拿大的省则不是这样。
70. 这些案例的应用只适用于加拿大。 Sirois, *Royal Commission on Dominion-Provincial Relations*, 40.
71. Christopher Moore, *1867: How the Fathers Made a Deal*（Toronto：McClelland & Stewart, 1997), 128–9.
72. Powell, *History of the Canadian Dollar*, 3.
73. 同上, 4.
74. Adam Shortt, *History of Canadian Currency and Banking*, 1660–1880（Toronto：Canadian Bankers' Association, 1986), 50–1.
75. 很多人似乎认为，加拿大的银行体系是从苏格兰的体系中衍生出来的，有自由的银行体系和宽松的政府监管，因为在加拿大的银行中有很多苏格兰人。但肖特对此提出异议，他指出，一旦苏格兰人来到加拿大，他们就会与纽约、新英格兰各州和加勒比地区的人进行贸易。此外，1793—1815 年，英国与法国处于战争状态，"英格兰和苏格兰的银行业处于最不稳定的状态，经常发生危机。"1797 年英格兰银行暂停了现金支付，紧接着苏格兰的银行也暂停了，直到 1821 年才恢复支付。同上, 11, 25.
76. 同上, 15–16.
77. Neufeld contends that the bank was probably operating illegally. E.P. Neufeld, *The Financial System of Canada: Its Growth and Development*（Toronto：Macmillan Company of Canada, 1972), 39.
78. N.S.B. Gras and Henrietta M. Larson, *Casebook in American History*（New York：F.S. Crofts, 1939), 328.
79. Merill Denison, *Canada's First Bank: A History of the Bank of Montreal,* vol. 2（Toronto：McClelland & Stewart, 1967).
80. Denison, *Canada's First Bank*, vol. 1, 53, 76；Roeliff M. Breckenridge, *The History of Banking in Canada*（Washington, DC：Government Printing Office, 1910).
81. Shortt, *History of Canadian Currency and Banking,* 73.
82. Breckenridge, *History of Banking in Canada,* 6.
83. 同上, 6–7.
84. Hammond, *Banks and Politics in America from the Revolution to the Civil War,*

656–8.
85. Mira Wilkins, *The History of Foreign Investment in the United States to 1914* (Cambridge, MA：Harvard University Press, 1989).
86. Shortt, *History of Canadian Currency and Banking,* 325.
87. Geoffrey Jones, *British Multinational Banking: 1830—1990* (Oxford：Clarendon, 1993), 14.
88. Breckenridge, *History of Banking in Canada*, 41.
89. 同上, 36.
90. Craig R. McIvor, *Canadian Monetary, Banking and Fiscal Development* (Toronto：Macmillan of Canada, 1958), 42–4.
91. Peter Baskerville, *The Bank of Upper Canada* (Ottawa：Carleton University Press, 1987), lxxxviii.
92. Wright, *One Nation under Debt.*
93. Powell, *History of the Canadian Dollar,* 7–8.
94. Breckenridge, *History of Banking in Canada*, 43, 72.
95. Powell, *History of the Canadian Dollar*, 10–11.
96. J.M.S. *Careless, Brown of the Globe* (Toronto：Dundurn, 1996), 2：263–4.
97. Breckenridge, *History of Banking in Canada,* 52.
98. Robert Macintosh, "Origins of Financial Stability in Canada：The Bank Act of 1871," in *Relentless Change: A Casebook for the Study of Canadian Business History,* ed. Joe Martin (Toronto, Rotman/UTP Publishing, 2010), 33.
99. Hammond, *Banks and Politics in America from the Revolution to the Civil War*, 668.
100. Shortt, *History of Canadian Currency and Banking,* 531.
101. Breckenridge, *History of Banking in Canada*, 79.
102. *Year-Book and Almanac of British North America for 1867: Being an Annual Register of Political, Vital, and Trade Statistics, Tariffs, Excise and Stamp Duties; and All Public Events of Interest in Upper and Lower Canada; New Brunswick; Nova Scotia; Newfoundland; Prince Edward Island; and The West India Islands* (Montreal：Lowe and Chamberlin, 1866).
103. Breckenridge, *History of Banking in Canada,* 86.
104. 同上, 88.
105. *The Canada Year Book 1955: The Official Statistical Annual of the Resources, History, Institutions, and Social and Economic Conditions of Canada* (Ottawa：Queen's Printer and Controller of Stationery, 1955), 1198.
106. Kesteman, "Galt, Sir Alexander Tilloch."
107. David M.L. Farr, "Rose, Sir John," *Dictionary of Canadian Biography*, vol.11.

108. Shortt, *History of Canadian Currency and Banking*, 576.
109. 同上, 94–5.
110. Farr, "Rose, Sir John."
111. Globe, "The Banking Debate," 3 June 1869.
112. "McMaster, William," *Dictionary of Canadian Biography*, vol. 11, 1982, http://www.biographi.ca/en/bio/mcmaster_william_11E.html.
113. Farr, "Rose, Sir John."
114. R.E. Rudin, "King, Edwin Henry," *Dictionary of Canadian Biography,* vol. 12, 1990, http://www.biographi.ca/en/bio/king_edwin_henry_12E.html.
115. 1895 年，King 去世时住在蒙特卡洛。

第三章　成熟阶段（1869—1914 年）

1. 尽管纽约证券交易所自 1817 年就已存在，但道指的创立与现代交易所的发展恰逢其时。Samuel H. Williamson, "Daily Closing Value of the Dow Jones Average, 1885 to Present," Measuring Worth, https://www.measuringworth.com/DJA.
2. 加拿大西部直到 19 世纪 90 年代末才开始开放。
3. Alfred D. Chandler Jr., *The Visible Hand: The Managerial Revolution in American Business*（Cambridge, MA: Belknap Press of Harvard University Press, 1977）.
4. 同上, 81–94.
5. Gary M. Walton and Hugh Rockoff, *History of the American Economy*, 8th ed.（New York: Dryden, 1998）, 354–70.
6. Chandler Jr, *Visible Hand*, 503–13.
7. Philip Scranton, *Endless Novelty: Specialty Production and American Industrialization, 1865—1925*（Princeton: Princeton University Press, 1997）; Lesile Hannah, "Pioneering Modern Corporate Governance: A View from London in 1900," *Enterprise and Society* 8, no. 3（2007）: 643–86.
8. 虽然鲁珀特地的土地比购买路易斯安那的土地少得多，但却拥有更多的石油、天然气、纸浆、纸张、镍、金、铜和锌。
9. A.E. Safarian, *The Canadian Economy in the Great Depression*（Toronto: McClelland & Stewart, 1970）, 108.
10. 后来，一些加拿大公司在纽约上市，在那里它们享受了一段时间拥有外国证券的特权。Mira Wilkins, *The History of Foreign Investment in the United States: 1914 to 1945*（Cambridge, MA: Harvard University Press, 2004）.
11. William J. Hausman, Peter Hertner, and Mira Wilkins, *Global Electrification: Multinational Enterprise and International Finance in the History of Light and*

Power, 1878—2007（New York：Cambridge University Press，2008）.
12. Walton and Rockoff, *History of the American Economy*, 428.
13. Sidney Homer and Richard Sylla, *A History of Interest Rates*（New Brunswick, NJ：Rutgers University Press，1996）.
14. Ronald S. Longley, *Sir Francis Hincks: A Study of Canadian Politics, Railways, and Finance in the Nineteenth Century*（Toronto：University of Toronto Press, 1943）, 354.
15. C.M. Wallace. "Tilley, Sir Samuel Leonard." *Dictionary of Canadian Biography*, vol. 12. http://www.biographi.ca/en/bio/tilley_samuel_leonard_12E.html.
16. Andrew Smith, "Continental Divide：The Canadian Banking and Currency Laws of 1871 in the Mirror of the United States," *Enterprise and Society* 13, no. 3（2012）: 489.
17. 加拿大内阁部长必须经选举进入下议院。
18. Longley, *Sir Francis Hincks*, 367.
19. Shortt, *History of Canadian Currency and Banking*, 611.
20. Canada Year Book, 1938：*The Official Statistical Annual of the Resources, History, Institutions, and Social and Economic Conditions of the Dominion*（Ottawa：King's Printer, 1938）, 903.
21. 由于在第一次世界大战开始时对纸币进行了改编，这种安排"被英国引用为一种运行良好的运作模式"。Richard Roberts, *Saving the City: The Great Financial Crisis of 1914*（Oxford：Oxford University Press, 2013）, 120.
22. Harold van B. Cleveland and Thomas F. Huertas, *Citibank：1812–1970*（Cambridge, MA：Harvard University Press, 1985）, 24.
23. MacIntosh, "Origins of Financial Stability in Canada," 36.
24. Longley, *Sir Francis Hincks*, 363.
25. William G. Ormsby, "Hinicks, Sir Francis," *Dictionary of Canadian Biography*, vol. 11. http://www.biographi.ca/en/bio/hincks_francis_11E.html.
26. 同上。
27. *Canada Year Book, 1938: The Official Statistical Annual of the Resources, History, Institutions, and Social and Economic Conditions of the Dominion*, 904.
28. Neufeld, *Financial System of Canada*, 90.
29. 同上，92–3.
30. *The Canada Year Book, 1921*（Ottawa：King's Printer, 1922）, 719.
31. Ormsby, "Hincks, Sir Francis."
32. 讽刺的是，总理在几年前，曾在加拿大帝国俱乐部发表重要讲话，指出加拿大银行体系优于美国银行体系。
33. 小型区域性银行的消失，部分原因是它们的地方专业化和客户基础不能满足不断增长的全国性工业企业的需要。如果当地市场不稳定,这种专业化就增加了它们的风险;当地储户无法提供足够的存款来维持不断增长的工业企业所需的信贷,因此他们转向更大的国家银行。

34. *The Statistical Year-Book of Canada for 1900*(Ottawa:Government Printing Bureau, 1901).
35. Neufeld, *Financial System of Canada,* 480.
36. Kenneth Buckley, *Capital Formation in Canada,* 1896—1930(Toronto:McClelland and Stewart, 1974), 96.
37. 同上, 102.
38. Michael Bliss, *Northern Enterprise: Five Centuries of Canadian Business* (Toronto:McClelland & Stewart, 1987), 280–1.
39. 艾特肯在英国的职业生涯非常成功,在被授予爵士和爵位之前,他曾是英国国会议员。他还拥有一家连锁报社,包括全球销量最大的报纸《每日快报》(Daily Express),并在第二次世界大战期间担任飞机制造部部长。
40. Milton Friedman and Anna J. Schwartz, *A Monetary History of the United States 1867—1960*(Princeton:Princeton University Press, 1963), 3.
41. 同上, 7. 随着金本位的回归,两种货币再次以平价交易,直到第一次世界大战爆发。
42. 同上, 7.
43. 同上, 7.
44. Hepburn v Griswold, 75 U.S. 603(1870).
45. Hummel, "The Civil War and Reconstruction," 215.
46. Walton and Rockoff, *History of the American Economy*, 424–8.
47. 同上, 424–8;Sylla, "Reversing Financial Reversals";Naomi Lamoreaux, *The Great Merger Movement in American Business, 1895—1904*(New York:Cambridge University Press, 1985).
48. Walton and Rockoff, *History of the American Economy*, 425–9.
49. Wilkins, *History of Foreign Investment in the United States*, 454.
50. Cleveland and Huertas, *Citibank,* 24–5, 73–5.
51. Martin Konings, *The Development of American Finance*(New York:Cambridge University Press, 2011), 50.
52. Cleveland and Huertas, *Citibank*, 38–46.
53. BMO, Annual Reports, 1880s Archives.
54. Henry V. Poor, *Poor's Manual of the Railroads of the United States*(New York:H.V. & H.W., 1895), 46.
55. Cleveland and Huertas, *Citibank.*
56. Walton and Rockoff, *History of the American Economy*, 425–9.

57. Sylla, "Reversing Financial Reversals."
58. Jeffrey R. Fear and R.D. Wadhwani, "Populism and Political Entrepreneurship: The Universalization of German Savings Banks and the Decline of American Savings, 1907—1934," in *Business in the Age of Extremes: Essays in Modern German and Austrian Economic History Series,* ed. Juergen Kocka, Dieter Ziegler, and Hartmut Berghoff (Cambridge: Cambridge University Press, 2013), 101.
59. 同上, 105.
60. Wilkins, *History of Foreign Investment in the United States*, 489.
61. 同上, 455–6.
62. 有大量来自美国的投资。
63. Wilkins, *History of Foreign Investment in the United States*, 64–5.
64. 同上, 99.
65. 同上, 76–7.
66. 同上, 82.
67. 同上, 78.
68. 同上, 457.
69. 同上, 458–62.
70. B. Desjardins et al., *Le Credit Lyonnais: 1863—1996* (Geneva: Droz, 2003), 83, 487.
71. Christopher Kobrak, *Banking on Global Markets: Deutsche Bank in the United States, 1870 to the Present* (Cambridge: Cambridge University Press, 2007).
72. Wilkins, *History of Foreign Investment in the United States,* 501–11.
73. 1907年, 加拿大的银行因为在纽约的银行持有大量储备而不是向加拿大放贷而受到抨击。
74. Wilkins, *History of Foreign Investment in the United States,* 486–7.
75. Susie Pak, *Gentleman Bankers: The World of J.P. Morgan* (Cambridge, MA: Harvard University Press, 2013).
76. Homer and Sylla, *History of Interest Rates; Youssef Cassis, Capitals of Capital* (Cambridge: Cambridge University Press, 2006); Stefano Battilossi, "Introduction: International Banking and the American Challenge in Historical Perspective." In *European Banks and the American Challenge: Competition and Cooperation in International Banking under Bretton Woods,*, ed. Stefano Battilossi and Youssef Cassis, 1–35 (Oxford: Oxford University Press, 2002).
77. Walton and Rockoff, *History of the American Economy*, 358–9.
78. Wilkins, *History of Foreign Investment in the United State,* 137.
79. 同上, 145.
80. 同上, 147.

81. 同上，159，173。
82. 同上，194–9。
83. Poor, *Poor's Manual of the Railroads of the United States*, 128.
84. Wilkins, *History of Foreign Investment in the United States*, 122.
85. Kobrak, *Banking on Global Markets*, 65.
86. Poor, *Poor's Manual of the Railroads of the United States,* 668；Chandler Jr, *Visible Hand*；Paul J. Miranti Jr., *Accountancy Comes of Age: The Development of an American Profession, 1886—1940*（Chapel Hill：University of North Carolina Press, 1990）。
87. Poor, *Poor's Manual of the Railroads of the United States*, 80–3.
88. Kobrak, *Banking on Global Markets,* 65.
89. 同上。
90. 同上。
91. Longley, *Sir Francis Hincks*, 190.
92. A.A. den Otter, *The Philosophy of Railways: The Transcontinental Railway Idea in British North America*（Toronto：University of Toronto Press, 1997），19.
93. Baring Archive, "The Baring Timeline," http://www.baringarchive.org.uk/history/timeline/.
94. Ann M. Carlos and Frank Lewis, "The Profitability of Early Canadian Railroads：Evidence from the Grand Trunk and Great Western Railway Companies," in *Strategic Factors in Nineteenth Century American Economic History: A Volume to Honor Robert W. Fogel*, ed. Claudia Goldin and Hugh Rockoff（Chicago：University of Chicago Press, 1992），421.
95. Joe Martin, *Relentless Change: A Casebook for the Study of Canadian Business History*（Toronto：University of Toronto Press, 2010），111.
96. Financial Post Corporation Service；FP Corporate Service Card.
97. Pierre Berton, *The Last Spike: The Great Railway 1881—1885*（Toronto：McClelland and Stewart, 1971），352.
98. 同上，320–1。
99. Hays died on the *Titanic*.
100. Martin, *Relentless Change*, 103.
101. Kobrak, *Banking on Global Markets*.
102. 同上。
103. Wilkins, *History of Foreign Investment in the United States*, 531.
104. Kobrak, *Banking on Global Markets*.
105. 同上。
106. 同上。

107. Douglass North, "Capital Accumulation in Life Insurance between the Civil War and the Investigation of 1905," in *Men in Business: Essays in the History of Entrepreneurship*, ed. William Miller, 238–53（Cambridge, MA：Harvard University Press, 1952）.
108. Morton Keller, The Life Insurance Enterprise, 1885—1910（Cambridge, MA：Harvard University Press, 1963）.
109. K.J. Meier, *The Political Economy of Regulation: The Case of Insurance*（Albany：State University of New York, 1988）, 63.
110. 尽管有一个显著的区别：加拿大人购买的财产和意外保险比美国人少得多。
111. James Darroch and Matthias Kipping, "Canada：Taking Life Insurance Abroad." In *World Insurance: The Evolution of a Global Risk Network,* eds. Peter Borscheid and Niels V. Haueter（Oxford：Oxford University Press, 2012）, 253.
112. Joseph E. Martin, "Opportunities in the Asia-Pacific Region for Canadian Life Insurance Companies in the Early 1990's," in *Studies in Banking and Financial History*, 512–52（Warsaw：European Association for Banking and Financial History, 2013）.
113. *The Year Book and Almanac of Canada for 1870; Being an Annual Statistical Abstract for the Dominion and a Record of Legislation and of Public Men in British North America*（Montreal：Montreal Printing and Publishing from Stereotyped Plates, 1869）, 95–8.
114. 在之后的半个世纪里，没有设立过类似于主管的职位来处理银行业务。
115. Martin, "Opportunities in the Asia-Pacific Region."
116. *The Canada Year Book*, 1914（Ottawa：King's Printer, 1915）, 613–14.
117. FP Corporation Service cards
118. Neufeld, *Financial System of Canada*, 247.
119. David Faure and Elisabeth Koll, "China：The Indigenization of Insurance." *In World Insurance: The Evolution of a Global Risk Network,* eds. Peter Borscheid and Niels V. Haueter（Oxford：Oxford University Press, 2012）, 477.
120. Rod McQueen, *Manulife: How Dominic D'Alessandro Built a Global Giant and Fought to Save It*（Toronto：Viking Canada, 2009）, 107.
121. Christopher Armstrong and H.V. Nelles, *Southern Exposure: Canadian Promoters in Latin America and the Caribbean,* 1896—1930（Toronto：University of Toronto Press, 1988）, 120–1.
122. Martin, *Relentless Change,* 5.
123. 该委员会是以其主席、县法院法官邓肯·麦克塔维什的名字命名的。
124. Michael Bliss, "George Albertus Cox," *Dictionary of Canadian Biography,* vol. 14. http://www.biographi.ca/en/bio/cox_george_albertus_14E.html.

125. Keith Jamieson,, Michelle A. Hamilton Dr. Oronhyatekha, *Security, Justice and Equality*（Toronto, Dundurn, 1916）.

126. J. Castell Hopkins, ed., *The Canadian Annual Review*, 1908（Toronto : Canadian Review, 1908）, 221–2.

127. Kobrak, *Banking on Global Markets.*

128. Melvin Zimet and Ronald G. Greenwood, eds., *The Evolving Science of Management: The Collected Papers of Harold Smiddy and Papers by Others in His Honor*（New York : AMACOM, 1979）, 479.

129. Christopher McKenna, *The World's Newest Profession: Management Consulting in the Twentieth Century*（Cambridge : Cambridge University Press, 2006）.

130. Chandler Jr, *Visible Hand.*

131. Wanda A. Wallace, "Commentary on Rowan A. Miranda," *Research in Governmental and Non-Profit Accounting* 8（1994）: 267–75.

132. Wilkins, *History of Foreign Investment in the United States,* 536–8.

133. Wallace, "Commentary on Rowan A. Miranda"; Gary J. Previs and Barbara D. Merino, *A History of Accountancy in the United States: The Cultural Significance of Accounting*（Columbus : Ohio State University Press, 1998）.

134. Rowena Olegario, *A Culture of Credit: Embedding Trust and Transparency in American Business*（Cambridge, MA : Harvard University Press, 2006）.

135. Deloitte Canada, *150 Years and Counting: Our Legacy and Our Future*（Toronto : Deloitte Canada, 2010）, 9.

136. 20世纪50年代末，最初的罗斯律所在加拿大与总部位于英国的乔治·A.托切（George A. Touche）合并，后者又于1990年与另一家律所——美国的德勤·哈斯金斯会计师事务所（Deloitte Haskins & Sells）合并。

137. Deloitte Canada, *150 Years and Counting,* 31.

138. Morris W. Chambers, "Who We Are and Our History," Canadian Institute of Actuaries, http://www.cia-ica.ca/about-us/the-institute/who-we-areand-our-history.

139. Robert L. Heibroner, *The Worldly Philosophers: The Lives, Times, and Ideas of the Great Economic Thinkers*（New York : Simon and Schuster, 1953）; Richard Hofstadter, *The Age of Reform: From Bryan to F.D.R.*（New York : Knopf, 1955）; Thomas Piketty, *Capital in the Twenty-First Century*（Cambridge, MA : Belknap Press of Harvard University Press, 2014）; Price Fishback et al., *Government and the American Economy: A New History*（Chicago : University of Chicago Press, 2007）.

140. Lamoreaux, *Great Merger Movement in American Business.*

141. Lamoreaux, *Insider Lending,* 133–42.

142. *Best Insurance News,* various dates.

143. Adolf A. Berle and Gardiner C. Means, *The Modern Corporation and Private Property*(New York：Harcourt, Brace & World, 1932).

144 Alfred D. Chandler Jr, *Scale and Scope: The Dynamics of Industrial Capitalism* (Cambridge, MA：Belknap Press of Harvard University Press, 1990); Hannah, "Pioneering Modern Corporate Governance0."

145. Mark Guglielmo and and Werner Troesken, "The Gilded Age," in *Government and the American Economy: A New History,* ed. Price V. Fishback, 255–87 (Chicago：University of Chicago Press, 2007).

146. Fishback et al., *Government and the American Economy.*

147. Jeffrey Fear and Christopher Kobrak, "Diverging Paths：Accounting for Corporate Governance in America and Germany," *Business History Review* 80, no. 1 (2006)：1–46；Leslie Hannah, "J.P. Morgan in London and New York before 1914," *Business History Review* 85, no. 1 (2011)：113–50.

148. Miranti Jr, *Accountancy Comes of Age.*

149. Doris K. Goodwin, *Team of Rivals: The Political Genius of Abraham Lincoln*(New York：Simon and Schuster, 2005), 666.

150. Ron Chernow, *The House of Morgan: An American Banking Dynasty and the Rise of Modern Finance*(New York：Grove, 2001).

151. Friedman and Schwartz, *Monetary History of the United States*, 9.

152. Chernow, *House of Morgan.*

153. Canada, *House of Commons Debates*(Hansard), 17 March 1908, 10th Parl., 4th Sess., Vol. 3.

154. Roger Lowenstein, *America's Bank: The Epic Struggle to Create the Federal Reserve*(New York：Penguin, 2015).

155. 同上, 257.

156. 同上。

157. 同上。

158. 同上。

159. MacIntosh, "Origins of Financial Stability in Canada," 65–6.

160. D.M. Stewart, "The Banking Systems of Canada and the United States Speech" (Empire Club of Canada Addresses, Toronto, ON, 14 December 1905).

第四章 "大无序"及不断增长的社会需求（1914—1945年）

1. Gerald D. Feldman, *The Great Disorder: Politics, Economics and Society in the German Inflation*, 1914–24(New York：Oxford University Press, 1993), 3.

2. Ian M. Drummond. "Finance Act." *The Canadian Encyclopedia*. http://www.thecanadianencyclopedia.ca/en/article/finance-act/.

3. 选举通常每 4 年举行一次，每 5 年举行一次。帝国议会必须批准在 6 年的时间里不进行选举。
4. Less than a week after war was declared, the Bank of England opened an official facility in Ottawa for gold. "Britain especially needed it – and the German navy keenly wanted Britain not to have it. A Federal Reserve organized committee on which Benjamin Strong took a position of leadership set about collecting the gold held in innumerable American banks. A part of all this treasure would be pledged to pay British claims. Sensibly, it would be shipped not to London but to the Canadian capital, Ottawa. The committee's credible promise of $100 million in American gold to a secure portion of the British Empire more than satisfied London's gold craving." James Grant, *The Forgotten Depression 1921: The Crash That Cured Itself*（New York : Simon & Schuster, 2014）, 45.
5. Wilkins, *History of Foreign Investment in the United States*, 9 ; Roberts, Saving the City, 27, 170.
6. In 1873 and 1907, also difficult years for banking, the closure numbers were 100 and 80 respectively. Ben S. Bernanke, *The Federal Reserve and the Financial Crisis*（Princeton : Princeton University Press, 2013）, 10.
7. Stuart Chase, *Government in Business*（New York : Macmillan, 1935）; Kobrak, Banking on Global Markets）; Wilkins, *History of Foreign Investment in the United States.*
8. 60 万加拿大人应征入伍，40 万在海外服役。其中近一半的人受伤，超过 6 万人丧生。
9. 过度的货币扩张导致加拿大元在战后急剧贬值。
10. John H. Perry, *Taxes, Tariffs, & Subsidies: A History of Canadian Fiscal Development*, vol. 2（Toronto : University of Toronto Press, 1955）, table 6.
11. Raghuram G. Rajan, *Banks and Markets: The Changing Character of European Finance*（Cambridge : National Bureau of Economic Research, 2003）; Julia Ott, "The Free and Open People's Market : Political Ideology and Retail Brokerage at the New York Stock Exchange, 1913—1933," *Journal of American History* 96, no. 1（2009）: 44–71.
12. Neufeld, *The Financial System of Canada*, 505.
13. Geoffrey J. Matthews, *Historical Atlas of Canada*（Toronto : University of Toronto Press, 1987）, 3 : 33.
14. But, as a later royal commission noted, "The taxation measures adopted by the Dominion to meet the obligations inherited from the War were a revolutionary change from the simple system of pre-War days." Sirois, *Royal Commission on Dominion-Provincial Relations*, 104.

15. 海报上的人物是德国皇帝、维多利亚女王的孙子威廉二世；德国总参谋长，陆军元帅保罗·冯·兴登堡；威廉王子，皇帝的儿子和王位继承人；以及德国海军司令阿尔弗雷德·冯·提尔皮茨元帅。
16. Wilkins, *History of Foreign Investment in the United States.*
17. Youssef Cassis, "Big Businesses." In *The Oxford Handbook of Business History*, ed. Geoffrey G. Jones and Jonathan Zeitlin, 171–93（Oxford：Oxford University Press, 2007）.
18. Mira Wilkins, *The Maturing of Multinational Enterprise: American Business Abroad from 1914 to 1970*（Cambridge：Harvard University Press, 1974）, 30–1, 55, 182.
19. 同上, 282.
20. Gary M. Walton and Hugh Rockoff, *History of the American Economy,* 8th ed.（New York：Dryden, 1998）, 490–514.
21. 同上。
22. Alfred D. Chandler Jr., *Strategy and Structure: Chapters in the History of the Industrial Enterprise*（Cambridge, MA：MIT Press, 1990）.
23. Berle and Means, *Modern Corporation and Private Property*, 52, 56；Mary A. O'Sullivan, "The Expansion of the U.S. Stock Market, 1885—1930：Historical Facts and Theoretical Fashions," *Enterprise and Society* 8, no. 3（2007）：489–532；O'Sullivan, *Dividends of Development: Securities Markets in the History of US Capitalism,* 1866—1922（Oxford：Oxford University Press, 2016）.
24. 美国的这个数字是4.1%，1921年是20世纪第二糟糕的一年，仅强于1931年。
25. 1922年，安大略农民联合政府创建了一家国有银行，这家银行存活了80年。在阿尔伯塔省，进步党也被称为"联合农场主"。
26. 尽管加拿大从殖民地过渡到国家，加拿大总督的角色，国家元首，仍然由一系列的英国贵族、公爵、伯爵和子爵担任，直到1952年任命文森特·梅西，第一个在加拿大出生的总督。
27. *The Canada Year Book 1930: The Official Statistical Annual of the Resources, History, Institutions and Social and Economic Conditions of the Dominion*（Ottawa：King's Printer, 1930）, 463.
28. 根据美国商务部的数据，包括对CPR的投资。
29. Neufeld, *Financial System of Canada*, 622–4.
30. 第一次世界大战期间，该行北端分行的业务比任何一家特许银行的分行都多。
31. 在这11家银行中，有一家是最近获得特许的巴克莱银行（加拿大），该银行成立于1929年，1956年被帝国银行吸收。1931年，加拿大帝国银行吞并了威伯恩安全银行。

32. This is similar to the reasoning in the state of California during the same period. *The Canada Year Book 1938: The Official Statistical Annual of the Resources, History, Institutions and Social and Economic Conditions of the Dominion* (Ottawa : King's Printer, 1938).
33. *The Canada Year Book 1922–23: The Official Statistical Annual of the Resources, History, Institutions and Social and Economic Conditions of the Dominion* (Ottawa : King's Printer, 1924).
34. Only one-third of the $18 million of assets (one-quarter billion in 2015 dollars) were realizable. Robert MacIntosh, *Different Drummers, Banking and Politics in Canada* (Toronto : Macmillan Canada, 1991), 56–7.
35. 1925年6月23日和24日众议院和参议院辩论。
36. 这与美国加州形成了鲜明的对比，在加州，尽管检查减少了，但检查员每年仍要走访至少两个分支机构。
37. Powell, *History of the Canadian Dollar*, 21.
38. 在一个脚注中，Bryce引用了一个消息来源，称部门律师插入了这一条款，因为他们认为英国将回归金本位制，这将有助于解决战争债务。
39. Liaquat Ahamed, *Lords of Finance: The Bankers Who Broke the World* (New York : Penguin, 2009); Lowenstein, *America's Bank*.
40. Lowenstein, *America's Bank*.
41. Wilkins, *Maturing of Multinational Enterprise*.
42. Geoffrey Jones, *Multinationals and Global Capitalism: From the Nineteenth to the Twenty-First Century* (Oxford : Oxford University Press, 2005).
43. Cleveland and Huertas, *Citibank*.
44. Wilkins, *History of Foreign Investment in the United States*.
45. Ahamed, *Lords of Finance*.
46. 同上。
47. Charles G. Dawes, *Dawes Plan*, 1924.
48. William C. McNeil, *American Money and the Weimer Republic: Economics and Politics on the Eve of the Great Depression* (New York : Columbia University Press, 1986); Adam Tooze, *The Deluge: The Great War, America, and the Remaking of the Global Order*, 1916—1931 (New York : Viking, 2014).
49. Rick Watson and Jeremy Carter, *Asset Securitisation and Synthetic Structures: Innovations in the European Credit Market* (London : Euromoney Books, 2006).
50. Kobrak, *Banking on Global Markets*.
51. Cleveland and Huertas, *Citibank*.
52. Mira Wilkins, "Multinational Enterprise in Insurance : An Historical Overview," *Business History* 51, no. 3 (2009), 343.

53. Wilkins, *History of Foreign Investment in the United States to 1914*, 57, 270.
54. Christopher Kobrak, "USA: The International Attraction of the US Insurance Market." In *World Insurance: The Evolution of a Global Risk Network*, eds. Peter Borscheid and Niels V. Haueter, 274–310 (Oxford: Oxford University Press, 2012).
55. Wilkins, *History of Foreign Investment in the United States*; Kobrak, "USA: The International Attraction of the US Insurance Market."
56. Wilkins, *History of Foreign Investment in the United States.*
57. Kobrak, "USA: The International Attraction of the US Insurance Market."
58. 同上。
59. John M. Barry, *The Great Influenza: The Epic Story of the Deadliest Plague in History* (New York: Viking, 2004); John Gudmundsen, *The Great Provider: The Dramatic Story of Life Insurance in America* (South Norwalk, CT: Industrial Production, 1959).
60. Kobrak, "USA: The International Attraction of the US Insurance Market."
61. 同上。
62. Robert E. Wright and George D. Smith, *Mutually Beneficial: The Guardian and Life Insurance in America* (New York: New York University Press, 2004).
63. 同上。
64. Kobrak, "USA: The International Attraction of the US Insurance Market."
65. R.D. Brock, "Insurance Regulation in the United States: A Regulator's Perspective," *Journal of Insurance Regulation* 8, no. 3 (1989): 277–89.
66. 如前所述，许多州禁止保险公司承保一种以上的风险，尽管禁止多业务保单（如火灾和个人责任险）的辖区数量正在增加。
67. Meier, *Political Economy of Regulation*.
68. Sun Life 的精彩表演尚未发表。这里发现的数据主要基于对该公司前总裁约翰·加德纳（John Gardner）的采访。
69. *The Canada Year Book 1931: The Official Statistical Annual of the Resources, History, Institutions and Social and Economic Conditions of the Dominion* (Ottawa: King's Printer, 1931).
70. Neufeld, *Financial System of Canada*, 298.
71. 真实票据学说认为，中央银行应该贴现只与货物销售有关的票据。
72. Peter Temin, "Transmission of the Great Depression," *Journal of Economic Perspectives* 7, no. 2 (1993): 87–102.
73. 关税对美国经济的影响并不大，甚至可能是积极的，因为美国对贸易的依赖不是很大，用国内生产替代国外生产，可能增加了一些工作岗位。但美国的行动本身就阻碍了其他国家的经济发展，并导致了其他国家的一轮关税上调，其影响更为重大，后来人们普遍认为这对世界经济是毁灭性的。这促成了第一次世界大战后对自由贸易的更大承诺，人们开始更广泛地讨论关税的影响。Douglas A. Irwin, *Peddling Protectionism: Smoot-Hawley and the Great Depression*（Princeton : Princeton University Press, 2011）.

74. Walton and Rockoff, *History of the American Economy*, 523–5.
75. Maddison Project, http://www.ggdc.net/maddison/maddison-project/home.htm.
76. Bernanke, *Federal Reserve and the Financial Crisis*, 17.
77. *The Canadian Annual Review of Public Affairs*, 1935—1936（Toronto : Canadian Review, 1937）, 381, 382 ; Walton and Rockoff, History of the American Economy, 515 ; Bernanke, *Federal Reserve and the Financial Crisis*, 18–19.
78. Joe Martin, "Great Depression Hit One Country Hardest of All," Bloomberg（blog）, 26 March 2013, https://www.bloomberg.com/view/articles/2013-03-26/great-depression-hit-one-country-hardest-of-all.
79. Sirois, *Royal Commission on Dominion-Provincial Relations.*
80. Bernanke, *Federal Reserve and the Financial Crisis*, 20 ; Walton and Rockoff, *History of the American Economy*, 522–38.
81. Walton and Rockoff, *History of the American Economy*, 534–59.
82. 同上, 559.
83. Eugene N. White, "Banking and Finance in the Twentieth Century," in *Cambridge Economic History of the United States*, ed. Stanley L. Engerman and Robert E. Gallman（Cambridge : Cambridge University Press, 2000）, 3 : 743–803.
84. "Facts & Figures : Interactive Viewer." *New York Stock Exchange Data.* http://www.nyxdata.com/nysedata/asp/factbook/viewer_edition.asp?mode=table&key=2169&category=4o.
85. Thomas K. McCraw, *Prophets of Regulation: Charles Francis Adams, Louis D. Brandeis, James M. Landis, Alfred E. Kahn*（Cambridge, MA : Belknap Press of Harvard University Press, 1984）.
86. Miranti Jr, *Accountancy Comes of Age.*
87. McCraw, *Prophets of Regulation.*
88. 同上 ; Charles R. Geisst, *Wall Street: A History from Its Beginnings to the Fall of Enron*（Oxford : Oxford University Press, 2004）; O'Sullivan, "Expansion of the U.S. Stock Market, 1885—1930."
89. Gregory P. Marchildon, "The Impact of the Great Depression on the Global Wheat Trade, Unpeaceable Exchange : Trade and Conflict in the Global Economy, 1000–2000." University of Lisbon, 16–17 July 2010.
90. 贝内特的政党在大草原地区赢得了22个席位。此前，贝内特是大草原地区唯一的保守党人，他把魁北克农村地区的席位从4个增加到24个。Judith

注 释

McDonald, Anthony P. O'Brien, and Colleen M. Callahan, "Trade Wars: Canada's Reaction to the Smoot-Hawley Tariff," *Journal of Economic History* 57, no. 4 (1997): 802–26.

91. 使事情更复杂的是，副部长助理被关进了监狱。
92. Sirois, *Royal Commission on Dominion-Provincial Relations*, 160–2.
93. Perry, *Taxes, Tariffs, & Subsidies*, 2 : 292.
94. 对中央银行的最大支持来自一群左翼农业和工党议员，他们被称为"金格集团"（Ginger Group）。金格集团指出，"许多纽约银行家将加拿大称为第13联邦储备区。" Canada, *House of Commons Debates* (Hansard), 1932, 17th Parl., 2nd Sess., vol. 1, 1551, 3391; Canada, *House of Commons Debates* (Hansard), 1932, 17th Parl., 3rd Sess., vol. 3, 3391.
95. 麦克米伦勋爵曾在英国主持过一个类似的委员会。查尔斯·阿迪斯爵士曾是英格兰银行的前任行长。George S. Watts, *The Bank of Canada: Origins and Early History* (Ottawa : Carleton University Press, 1993), 10. 三名加拿大人被任命：第一次世界大战期间担任加拿大财政部长的托马斯·怀特爵士，加拿大国家银行总经理 Beaudry Leman，以及阿尔伯塔农场主联合会主席 J.E. 布朗利。有两个英国人而没有一个美国人担任专员是很少见的。"不幸的是，委员会中没有联邦储备银行的官员或有能力的人。不管美国和加拿大商业银行系统各自的优点如何，联邦储备系统的经验在加拿大是特别恰当的。" C.A. Curtis, "The Canadian Macmillan Commission," *Economic Journal* 44, no. 173 (1934): 59.
96. "It is difficult to avoid the conclusion that the investigation was rather cursory." Watts, *Bank of Canada*, 10.
97. 三名加拿大人中有两名不同意。两人都是杰出的金融界人士，他们不明白英国央行如何能够实现人们对它的所有期望，同时又能在货币政策上保持独立。
98. 贝内特总理认为，世界经验表明，政府所有权是不好的，世界银行摆脱政府控制是至关重要的，而且从它的结构来看，即使在私人所有的情况下，利润也会归人民所有。
99. 最初的选举是由商会进行的。Watts, *Bank of Canada*, 24.
100. Milton L. Stokes, *The Bank of Canada: The Development and Present Position of Central Banking in Canada* (Toronto : Macmillan, 1939), 23.
101. Watts, *Bank of Canaday*, 32.
102. Stokes, *Bank of Canada*, 253–69.
103. 纽约房地产市场的崩溃打击了克拉克：他在斯卡斯代尔买了一套房子，损失了很多钱。他无力偿还抵押贷款，房屋最终被取消赎回权。
104. Robert A. Wardhaugh, *Behind the Scenes: The Life and Work of William Clifford*

Clark（Toronto：University of Toronto Press，2010）.

105. H.P. Oberlander, and Arthur L. Fallick, *Housing a Nation: The Evolution of Canadian Housing Policy*（Vancouver：Centre for Human Settlements, University of British Columbia, for Canada Mortgage and Housing Corporation, 1992）. 改革人士对这项被称为"英语世界最保守的住房立法"的法案并不满意。David Hulchanski, "The 1935 Dominion Housing Act：Setting the Stage for a Permanent Federal Presence in Canada's Housing Sector" *Urban History Review* 15, no. 1（1986）: 20–1.
106. Darryl King, "Federal Policy and the Canadian Housing Market"（paper presented at Rotman School of Management, University of Toronto, 30 May 2014）, 5–6.
107. Christopher Armstrong, *Blue Skies and Boiler Rooms: Buying and Selling Securities in Canada,* 1870—1940（Toronto：University of Toronto Press, 1997）.
108. 第一次是在1869—1871年，多伦多挫败了蒙特利尔银行（Bank of Montreal）想要成为加拿大国家银行的企图。第二次是第一次世界大战期间债务融资从蒙特利尔转移到多伦多。
109. 尽管有老话说"美国经济着凉，加拿大经济就会得肺炎"，但那一年加拿大经济增长了，尽管1937—1938年是加拿大草原上谷物产量最低的一年。Marchildon, *Impact of the Great Depression on the Global Wheat Trade.*
110. Kobrak, "USA：The International Attraction of the US Insurance Market."
111. Wilkins, *History of Foreign Investment in the United States to 1914.*
112. Kobrak, "USA：The International Attraction of the US Insurance Market."
113. Michael Szalay, *New Deal Modernism: American Literature and the Invention of the Welfare State*（Durham, NC：Duke University Press, 2000）, 1–23. The reference to "insurance for everything" comes from Wallace Stevens of the Hartford Fire and Indemnity Company.
114. Meier, *Political Economy of Regulation.*
115. Mark Roe, *Strong Managers, Weak Shareholders*（Princeton：Princeton University Press, 1992）.
116. 1933年，加州只有2%的商业银行被暂停营业，当时加州占美联储（fed）所有银行存款的近6.5%。*Banking and Monetary Statistics,* 1914—1941（Washington, DC：Board of Governors of the Federal Reserve System, 1943）.
117. 加拿大的金融公司比加拿大的工业公司更能说明钱德勒先进的管理理念，因为加拿大的许多工业公司都是美国公司的子公司。
118. *The Canada Year Book 1938: The Official Statistical Annual of the Resources, History, Institutions and Social and Economic Conditions of the Dominion,* 920–21.
119. *Canada Year Book 1956: The Official Statistical Annual of the Resources, History,*

Institutions and Social and Economic Conditions of the Dominion（Ottawa：Queen's Printer and Controller of Stationery，1956）.

120. Arnold Edinborough, *A History of Canadian Imperial Bank of Commerce,* vol. 4，1931—1973（Toronto：Canadian Imperial Bank of Commerce，1995），23，25. 所有银行都是如此。诺布尔·达格的例子很好地说明了这一点。他在1922年作为一名19岁的实习生加入了联合银行马尼托巴省索尔斯格斯分行。他获得了稳定的发展，即使是在联合银行被皇室收购之后。他的收入巅峰是1930年。在接下来的两年里，他的薪酬被削减了25%，然后他决定试试运气，销售人寿保险。
121. 同上，4：25-7；Denison, *Canada's First Bank.*
122. Joseph Schull and J. Douglas Gibson, *The Scotiabank Story: A History of the Bank of Nova Scotia,* 1832—1982（Toronto：Macmillan of Canada, 1982），153.
123. Duncan McDowall, *Quick to the Frontier: Canada's Royal Bank*（Toronto：McClelland & Stewart，1993），252.
124. J.A. McLeod, "The Present Working of the Canadian Banking System," *Journal of the Canadian Bankers' Association,* 41（1933-4）：33.
125. 1931年5月13日，英国财政大臣、财政收支大臣、枢密院院长、下议院对外事务大臣R.B. Bennett首相。Canada, *House of Commons Debates*（Hansard），31 May 1931，17th Parl., 2nd Sess., vol. 2.
126. Sun Life Assurance Company of Canada，Financial Post Corporation Service，29 December 1945. Martin, "Opportunities in the Asia-Pacific Region for Canadian Life Insurance Companies."
127. 安大略省的赫本政府、魁北克的迪普莱西政府和不列颠哥伦比亚省的帕图洛政府。
128. McIvor, *Canadian Monetary, Banking and Fiscal Development.*
129. 1939年12月，加拿大军队进入了英国，1940年2月，加拿大皇家空军的第一个中队也进入了英国。
130. Perry, *Taxes, Tariffs, & Subsidies,* 2：341.
131. 同上，2：626.
132. McIvor, *Canadian Monetary, Banking and Fiscal Development,* 174.
133. Robert B. Bryce, *Canada and the Cost of World War II: The International Operations of Canada's Department of Finance,* 1939—1947（Montreal and Kingston：McGill-Queen's University Press, 2005），41.
134. Toronto accounted for 95 per cent of the stocks traded on all Canadian exchanges and two-thirds of the value. G.R. Conway, *The Supply of, and Demand for Canadian Equities*（Toronto：Toronto Stock Exchange, 1970），48.
135. *The Canada Year Book 1947: The Official Statistical Annual Resources, History,*

Institutions, and Social and Economic Conditions of the Dominion（Ottawa：King's Printer, 1947）.

136. Kobrak, "USA：The International Attraction of the US Insurance Market."
137. Wilkins, *History of Foreign Investment in the United States to 1914.*
138. Kobrak, "USA：The International Attraction of the US Insurance Market."
139. Ronald K. Shelp and Al Ehrbar, *Fallen Giant: The Amazing Story of Hank Greenberg and the History of AIG*（Hoboken, NJ：John Wiley & Sons, 2006）.
140. Kobrak, "USA：The International Attraction of the US Insurance Market."
141. Lawrence Solomon, "Lawrence Solomon：Radical Republicans," *Financial Post*, 20 November 2015.

第五章　短暂的美式和平（1945—2000年）

1. World Trade Organization, "B. Trends in International Trade," https：//www.wto.org/english/res_e/booksp_e/wtr13-2b_e.pdf.
2. Maddison Project, http://www.ggdc.net/maddison/maddison-project/home.htm.
3. 同上。
4. 从朝鲜战争结束到1971年。失业率徘徊在3%—7%，通货膨胀从零到5%。在接下来的20年里，这两个范围变为6%—11%和3%—14%。Walton and Rockoff, *History of the American Economy*, 642-3.
5. Benn Steil, *The Battle of Bretton Woods: John Maynard Keynes, Harry Dexter White, and the Making of the New World Order*（Princeton：Princeton University Press, 2013）.
6. 从本质上讲，如果各国放弃以下三种政策中的一种，该体系就能良好运转：允许资本自由流动，使用独立的财政政策来刺激或紧缩本国经济，或保持对其他货币的汇率稳定。
7. Robert B. Bryce, *Maturing in Hard Times: Canada's Department of Finance through the Great Depression*（Montreal and Kingston：McGill-Queen's University Press, 1986）; Bruce Muirhead, *Against the Odds: The Public Life and Times of Louis Rasminsky*（Toronto：University of Toronto Press, 1999）.
8. 在这方面，加拿大是先驱者，它在1933年至1939年间建立了一个灵活的汇率制度，当时大多数国家表面上仍在固定汇率，尽管这意味着跨境转账被有效地阻止。
9. Lawrence Schembri, "Arbitrage in Foreign Policy in Canada：Lessons from the Past, Implications for the Future," in *Trends in Monetary Policy Issues*, ed. Albert V. Tavidze, 121-43（New York：Nova Science Publishers, 2008）.
10. Niall Ferguson, *High Financier: The Lives and Time of Siegmund Warburg*

(London : Allen Lane, 2010), 170–1.
11. Schembri, "Arbitrage in Foreign Policy in Canada."
12. Barry Eichengreen, *Exorbitant Privilege: The Rise and Fall of the Dollar and the Future of the International Monetary System* (New York : Oxford University Press, 2011).
13. Walton and Rockoff, *History of the American Economy*, 597–8.
14. Bernanke, *The Federal Reserve and the Financial Crisis*, 34–5.
15. 同上, 36–9.
16. Wilkins, *Maturing of Multinational Enterprise*, 311, 346–7.
17. 同上, 330–1.
18. Janice M. Traflet, *A Nation of Small Shareholders* (Baltimore, MD : Johns Hopkins University Press, 2013).
19. 同上, 172.
20. Richard Sylla, "United States Bank and Europe : Strategy and Attitudes," in *European Banks and the American Challenge: Competition and Cooperation in International Banking under Bretton Woods*, ed. Stefano Battilossi and Youssef Cassis, 53–73 (Oxford : Oxford University Press, 2002).
21. Catherine R. Schenk, "The Origins of the Eurodollar Market in London 1955—1963," *Explorations in Economic History* 2, no. 1 (1998): 221–38.
22. Harold James, "Central Banks and the Process of Financial Internationalization : A Secular View," in *European Banks and the American Challenge: Competition and Cooperation in International Banking under Bretton Woods*, ed. Stefano Battilossi and Youssef Cassis, 200–18 (Oxford : Oxford University Press, 2002).
23. Battilossi, "Introduction."
24. Cassis, *Capitals of Capital*.
25. Jane E. Hughes and Scott B. MacDonald, *International Banking: Text and Cases* (Boston : Addison Wesley, 2002).
26. Battilossi, "Introduction : International Banking and the American Challenge in Historical Perspective."
27. Shelagh Heffernan, *Making Banking in Theory and Practice* (New York : Wiley, 1996).
28. Cleveland and Huertas, *Citibank*, 253–4.
29. 在该银行于1953年成立时，人们认为它将专门从事对外贸易融资，不会成为国内银行业的一个重要因素。John Fayerweather, *The Mercantile Bank Affair: A Case Study of Canadian Nationalism and a Multinational Firm* (New York : New York University Press, 1974).
30. Stephen Azzi, *Walter Gordon and the Rise of Canadian Nationalism* (Montreal

and Kingston：McGill-Queen's University Press，1999）.
31. Muirhead，*Against the Odds.*
32. Charles Freedman，*The Canadian Banking System*（Ottawa：Bank of Canada，1998）.
33. MacIntosh，*Different Drummers;* Cleveland and Huertas，Citibank.
34. Cleveland and Huertas，*Citibank,* 258–9.
35. *Crédit Lyonnais Annual Report,* 1973.
36. Kevin Ross，*Market Predictability of ECB Monetary Policy Decisions: A Comparative Examination*（Washington，DC：International Monetary Fund，European Department，2002）.
37. Heffernan，*Making Banking in Theory and Practice.*
38. Sylla，"Reversing Financial Reversals." 在读者看来，这似乎是自相矛盾的，尽管最近发生了金融危机，人们对美国银行体系的活力和效率仍抱有较大的信心。美国联邦政府的行动，加上许多银行的韧性，推动了对美国政府和私人证券的高需求，初步证据表明，美国市场仍被视为投资者的避风港。
39. Dean Kloner，"The Commodity Futures Modernization Act of 2000，" *Securities Regulation Law Journal* 29，no. 1（2001）：286–97.
40. Roe，*Strong Managers, Weak Shareholders.*
41. CIO from IDG，http://www.cio.com/.
42. Royal Bank of Canada，*2000 Annual Report: People to People Building Relationships in the New Economy,* http://www.rbc.com/investorrelations/pdf/ar_2000_e.pdf.
43. Harry Markowitz，"Portfolio Selection，" *Journal of Finance* 7，no. 1（1952）：77–91.
44. William F. Sharpe，"Capital Asset Prices：A Theory of Market Equilibrium under Conditions of Risk，" *The Journal of Finance* 19，no. 3（1964）：425–42；John Lintner，"The Valuation of Risk Assets and the Selection of Risky Investments in Stock Portfolios and Capital Budgets，" *Review of Economics and Statistics* 47，no. 1（1965）：222–4.
45. Eugene F. Fama，"Efficient Capital Markets：A Review of Theory and Empirical Work，" *Journal of Finance* 25，no. 2（1970）：383–417.
46. Fischer Black and Myron Scholes，"The Pricing of Options and Corporate Liabilities，" *Journal of Political Economy* 81，no. 3（1973）：637–54；Robert C. Merton，"Theory of Rational Option Pricing，" *Bell Journal of Economics and Management Science* 4，no. 1（1973）：141–83；J.C. Hull，*Futures, Options and Other Derivative Securities*（Englewood Cliffs，NJ：Prentice Hall，1997）.
47. Ismail Erturk，Julie Froud，Sukhev Johal，Adam Leaver，and Karel Williams，

Financialization at Work (London: Routledge, 2008).

48. Raghuram G. Rajan and Luigi Zingales, "The Great Reversals: The Politics of Financial Development in the Twentieth Century," *Journal of Financial Economics* 69, no. 1 (2003): 5–50.

49. Niall Ferguson, *The Ascent of Money: A Financial History of the World* (New York: Penguin, 2008).

50. G.O. Bierwag and George G. Kaufman, "Duration Gap for Financial Institutions," *Financial Analysts* 41, no. 2 (1985): 68–71.

51. Erturk et al., *Financialization at Work.*

52. 同上。

53. Christopher Kobrak and Michael Troege, "From Basel to Bailouts: Forty Years of International Attempts to Bolster Bank Safety," *Financial History Review* 22, no. 2 (2015): 133–56.

54. 同上。

55. 在加拿大历史上，只有一次使用皇家委员会作为进行十年一次审查的工具。这就是大萧条时期的麦克米伦皇家委员会。波特皇家委员会（Porter Royal Commission）对加拿大银行体系的分析要比麦克米伦委员会（Macmillan Commission）透彻得多。

56. Katherine Macklem, "RBC Yesterday, Today, and Tomorrow." In *Relentless Change: A Casebook for the Study of Canadian Business History*, ed. Joe Martin, 000–303–18 (Toronto: University of Toronto Press, 2010).

57. Joe Martin, ed., *Relentless Change: A Casebook for the Study of Canadian Business History* (Toronto: University of Toronto Press, 2010).

58. Statistics Canada, "Table 378–0121 National Balance Sheet Accounts," http://www5.statcan.gc.ca/cansim/a26? lang=eng&id=3780121.

59. Claudio Verbeeten and David Eggert, "Canada's Big Banks at Home and Abroad in the New Millennium" (Research Paper, Rotman School of Management, 2014), 20–1.

60. McDowall, *Quick to the Frontier*, 334.

61. David A. Dodge, *Bank of Canada Annual Report: 2001* (Ottawa: Bank of Canada, 2002).

62. 虽然在美国和英国也有类似的审查，但这项任命有加拿大特有的原因，即政府和前州长科因之间的冲突。与波特委员会相比，美国的委员会（私人和公共）呼吁渐进的改革。Francis H. Schott, "The Report of the Canadian Royal Commission on Banking and Finance: A Review," *Federal Reserve Bank of New York* 46, no. 8 (1964): 156.

63. "银行监管的基本特征必须是良好和彻底的监督和检查，就像现在在《银行法》的框架下发生的那样……至关重要的是，要使这种监管尽可能灵活，不受僵化的规则和规定的约束，以避免我们的金融机构在开展业务时采取不必要的保守做法。" Dana H. Porter, *Report of the Royal Commission on Banking and Finance*（Ottawa：Queen's Printer, 1964）, 380.

64. 值得注意的是，1964年道米尼证券（Dominion Securities）的研究报告中，研究分析师托尼·费尔（Tony Fell）预测，波特委员会产生的变化"应能使银行在其贷款组合上实现更高的平均收益率"。Anthony S. Fell, *The Canadian Chartered Banks: A Dominion Securities Corporation Limited Research Report*（Toronto：Dominion Securities Corporation, 1964）, 1. 虽然波特委员会没有推荐存款保险，但政府在引进波特委员会建议的同一年推出了存款保险. MacIntosh, *Different Drummers*.

65. Andreas Busch, *Banking Regulation and Globalization*（Oxford：Oxford University Press, 2009）.

66. James L. Darroch, *Canadian Banks and Global Competitiveness*（Montreal and Kingston：McGill-Queen's University Press, 1994）, 261.

67. 寿险公司的监管由两级政府负责。

68. 六个月前，美联储允许商业银行涉足承销业务。

69. 受人尊敬的伍德·甘迪（Wood Gundy）是20世纪大部分时间里的主要投资交易商，受到的打击最大，因为它的资产负债表上有许多收购交易。甘迪在加拿大领导的BP私有化，标志着伍德·甘迪时代的终结。伍德·甘迪曾与芝加哥第一公司（First Chicago）谈判出售少数股权，但交易失败了。甘迪后来被巴西银行拯救，最终被加拿大帝国商业银行以极低的价格收购。BMO收购了利时证券，BNS收购了McLeod, Young, Weir；加拿大皇家银行收购了道明证券；国家银行收购了Levesque Beubien。Gordon F. Boreham, "Three Years after Canada's 'Little Bang,'" Canadian Banker 97, no. 5（1990）: 6–15.

70. Henry N.R. Jackman, ed., *The Letters and Diaries of Henry Rutherford Jackman*, vol. 15（Toronto：Harmony Printing, 2013）.

71. Freedman, *Canadian Banking System*.

72. 这笔交易是在1997年圣诞节前达成的，也就是这两位首席执行官达成的"蛋奶酒协议"。

73. Macklem, "RBC Yesterday, Today, and Tomorrow."

74. 同上。

75. 目前还不清楚未来的总理——财政部部长马丁是否反对合并。然而，曾任TD董事并于20世纪90年代末担任日本首相的Jean Chrétien表示反对。

76. Eric Reguly, "Mergers Will Resurface：Bank Chairman," *Globe and Mail*, 4 December 1999.

77. 在全球五大银行中，只有美国银行（Bank of America）跻身股东汇报排名前五的行列。Macklem,"RBC Yesterday, Today, and Tomorrow."
78. Neufeld, *Financial System of Canada*.
79. Francois Moreau, *Le Développement International des Banques Canadiennes: Croissance, Expansion and Concentration*(Montreal: Editions Saint-Martin, 1985), 89, 97.
80. Verbeeten and David Eggert, "Canada's Big Banks at Home and Abroad in the New Millennium."
81. 同上。
82. 1980 年,在政府的鼓励和帮助下,汇丰银行收购了不列颠哥伦比亚银行。
83. The Financial Post 500, 2001.
84. Office of the Superintendent of Financial Institutions, "Guide to Foreign Bank Branching," 2002, http://www.osfi-bsif.gc.ca/eng/fi-if/app/aaggad/pages/fbbguide.aspx.
85. Christine Hinchley. "Foreign Banks in the Canadian Market," Statistics Canada, 2009, http://www.statcan.gc.ca/pub/11-621-m/11-621-m2006041-eng.htm.
86. Stijn Claessens and Neeltje van Horen, "Foreign Banks: Trends, Impact and Financial Stability"(research paper, IMF, January 2012).
87. Donald Kerr and Deryck Holdsworth, *Historical Atlas of Canada*, vol. 3, *Addressing the Twentieth Century*, 1891—1961(Toronto: University of Toronto Press, 1990).
88. Black, *Rise to Greatness*, 867.
89. Charles P. Kindleberger, *Economic Response: Comparative Studies in Trade, Finance, and Growth*(Cambridge, MA: Harvard University Press, 1978), 109.
90. 在讲法语的魁北克,益格鲁银行留下的空白被填补了。它们的位置将被法加银行、信用社和养老金计划所取代。
91. 人们在其他地方也可以看到这种情况:意大利的米兰、瑞士的苏黎世、印度的孟买和中国的上海,这些城市都是本国的金融中心,而政治中心在其他城市。
92. Neufeld, *Financial System of Canada*, 383.
93. Department of Finance, "Information Canada's Financial Services Sector: Property and Casualty Insurance in Canada," 2003, http://www.fin.gc.ca/activty/factsheets/property_e.pdf.
94. World Council, "2012 Global Credit Union *Statistical Report* Now Available," news release, 12 July 2013, http://www.woccu.org/newsroom/releases/2012_Global_Credit_Union_iStatistical_Report_i_Now_Available.
95. Meir Kohn, *Financial Institutions and Markets*(New York: McGraw-Hill, 1994).
96. 个人股市参与比例降至 54%,其余来自人寿保险公司和信托公司,它们也从私人资金作为风险防护的意识增强中获利。

97. Kohn, *Financial Institutions and Markets.*
98. 同上。
99. Martin N. Neil and Jacob F. Kirkegaard, *US Pension Reform: Lessons from Other Countries*（Washington，DC：Peterson Institute for International Economics，2009）。
100. Kohn, Financial Institutions and Markets.
101. Erturk et al., *Financialization at Work.*
102. 投资信托是一个更古老的集合投资的总称，经常在英国使用。封闭式基金是美国共同基金的原始类型。股票的数量是固定的，它们在交易所买卖，受到SEC的严格监管。开放式基金更为普遍。这些基金有义务以资产净值回购股票。所有的基金可能有不同的投资策略并收取管理费。股东的优势在于多元化和专家管理。就连对冲基金也可能被视为共同基金，但它们的目标客户是偏好风险较高的高端投资者，尽管它们的名头并不响亮。
103. White, "Banking and Finance in the Twentieth Century."
104. Neufeld, *Financial System of Canada*, 442.
105. 同上，444.
106. "Maple Revolutionaries," *Economist*, 3 March 2012, http://www.economist.com/node/21548970.
107. Bruce Little, *Fixing the Future: How Canada's Usually Fractious Governments Worked Together to Rescue the Canada Pension Plan*（Toronto：Rotman–University of Toronto Publishing, 2008）。
108. 加州公务员退休基金的首席信息官认为这在美国政治上不可行。
109. Neufeld, *Financial System of Canada*, 359.
110. 同上，361.
111. Porter, *Report of the Royal Commission on Banking and Finance*, 303.
112. Investors Group, 31%；联合基金，14%；AGF, 10%；加拿大基金管理公司，8%；卡尔文·布洛克（Calvin Bullock），5%；资本管理（Capital Management），5%；共同基金管理公司,4%；加拿大安全管理,2%；总共 79%。纽菲尔德，*Financial System of Canada*, 377.
113. 1956 年 7 月，投资者辛迪加公司将其加拿大子公司卖给了一群加拿大投资者。
114. Statistics Canada, "Table 378–0121 National Balance Sheet Accounts."
115. AIM 基金管理公司、麦肯齐金融公司、AGF 基金和 CI 共同基金。
116. Fidelity Investments, Franklin Templeton.
117. Financial Post, 500, 2001.
118. Price Fishback, Jonathan Rose, and Kenneth Snowden, *Well Worth Saving: How the New Deal Safeguarded Home Ownership*（Chicago：University of Chicago

Press, 2013).
119. 同上。
120. Samuel E. Morrison, Henry S. Commager, and William E. Leuchtenburg, *The Growth of the American Republic*, vol. 1 (Oxford: Oxford University Press, 1980).
121. Fishback, Rose, and Snowden, *Well Worth Saving*.
122. Bernanke, *The Federal Reserve and the Financial Crisis*, 42–7.
123. 同上, 54–76.
124. 加拿大抵押和住房公司与美国人口普查局。
125. Wardhaugh, *Behind the Scenes*, 110.
126. Oberlander and Fallick, *Housing a Nation*.
127. Humphrey Carver, *Houses for Canadians: A Study of Housing Problems in the Toronto Area* (Toronto: University of Toronto Press, 1948), 107–8.
128. Oberlander and Fallick, *Housing a Nation*, 33.
129. Lawrence B. Smith, "Canadian Housing Policies in the Seventies," *Land Economics* 57, no. 3 (1981): 338–52.
130. MacIntosh, *Different Drummers, Banking and Politics in Canada*.
131. *Globe and Mail*, "Wants High-Rises, Board Told Builder Allowing House to Deteriorate, Homeowners Say," 25 April 1968.
132. Smith, "Canadian Housing Policies in the Seventies."
133. Virginie Traclet, "An Overview of the Canadian Housing Finance System," *Housing Finance International* 25, no. 1 (2010): 6.
134. Kristopher Gerardi, Harvey S. Rosen, and Paul Willen, *Do Households Benefit from Financial Deregulation and Innovation? The Case of the Mortgage Market* (Cambridge: National Bureau of Economic Research, 2007).
135. Scott Reynolds Nelson, *A Nation of Deadbeats: An Uncommon History of America's Financial Disasters* (New York: Vintage Books, 2012), 217.
136. Louis Hyman, *Debtor Nation: The History of American Red Ink* (Princeton: Princeton University Press, 2011).
137. Raghuram G. Rajan, *Fault Lines: How Hidden Fractures Still Threaten the World Economy* (Princeton: Princeton University Press, 2010).
138. Erturk et al., *Financialization at Work*.
139. Christopher Kobrak, "USA: The International Attraction of the US Insurance Market."
140. 同上。
141. Wilkins, *Maturing of Multinational Enterprise*.
142. Kobrak, "USA: The International Attraction of the US Insurance Market."

143. Wilkins, "History of the Multinational Enterprise."
144. Kobrak, "USA: The International Attraction of the US Insurance Market."
145. 同上。
146. 同上。
147. McKenna, *World's Newest Profession*; Miranti Jr, "Associationism, Statism, and Professionalization Regulation."
148. J.A. Yates, *Structuring the Information Age: Life Insurance and Technology in the Twentieth Century*（Baltimore: Johns Hopkins University Press, 2005）.
149. Peter Bernstein, *Against the Gods: The Remarkable Story of Risk*（New York: John Wiley & Sons, 1996）.
150. Kobrak, "USA: The International Attraction of the US Insurance Market."
151. 同上。
152. 同上。
153. Robert J. Shiller, *The New Financial Order: Risk in the 21st Century*（Princeton: Princeton University Press, 2003）; Tom Baker and Jonathan Simon, eds., *Embracing Risk: The Changing Culture of Insurance and Responsibility*（Chicago: University of Chicago Press, 2002）.
154. Kohn, *Financial Institutions and Markets*.
155. Kobrak, "USA: The International Attraction of the US Insurance Market."
156. 同上。
157. 同上。
158. Jeffrey Norman, *The Path of the Sun: An Informal History of Sun Life Assurance Company of Canada*（Toronto: Arthur Jones, 1996）.
159. Neufeld, *Financial System of Canada*.
160. Martin, "Opportunities in the Asia-Pacific Region."
161. Office of the Superintendent of Financial Institutions. "About Us." 2016. http://www.osfi-bsif.gc.ca/eng/osfi-bsif/pages/hst.aspx.
162. Martin, "Opportunities in the Asia-Pacific Region."
163. Financial Post, 500, 2001.
164. 尽管不在前七名之内，但有三家外资公司——总部位于苏格兰、号称是加拿大历史最悠久的保险公司的标准人寿（Standard Life），以及位于美国的大都会保险（Metropolitan）和投资者共同拥有的保诚保险（Prudential）——加入了加拿大主要人寿保险公司的行列。
165. 2004年，制造商收购了波士顿的John Hancock，这是加拿大历史上最大的跨境交易，使制造商成为北美第二大和世界第五大保险公司。
166. 金融邮政公司服务卡。
167. 第二次世界大战之前，太阳人寿是日本最大的外国保险公司。战后，太阳人寿决定不再回到那里。
168. 财政部,"加拿大的信息金融服务部门。"
169. 森林人独立协会(IOF)起源于英国,但在19世纪晚期来到北美,最初是在美国,然后是加拿大。Oronhyatekha是莫霍克部落的一名成员,是其任职时间最长的最高护林员。
170. Geisst, *Wall Street*.
171. Robert E. Wright, *The First Wall Street: Chestnut Street, Philadelphia, & the Birth of American Finance*(Chicago: University of Chicago Press, 2005).
172. Geisst, *Wall Street*.
173. 同上。
174. 布雷顿森林体系瓦解见证了道琼斯平均指数连续几年的下跌,之后又在1977—1978年连续下跌。
175. Geisst, *Wall Street*.
176. 同上。
177. 同上。
178. 同上。
179. Merton H. Miller and Franco Modigliani, "Dividend Policy, Growth, and the Valuation of Shares," *Journal of Business* 34, no. 4(1961): 411–33.
180. Patrick A. Gaughan, *Mergers, Acquisitions, and Corporate Restructuring*, 2nd ed.(New York: John Wiley, 1999).
181. Kohn, *Financial Institutions and Markets*.
182. Geisst, *Wall Street*.
183. Richard A. Brealey and Stewart C. Myers, *Principles of Corporate Finance*, 6th ed.(Boston: Irwin McGraw-Hill, 2000).
184. Geisst, *Wall Street*.
185. Ibid.; Richard Sylla, personal interview, 2007.
186. Christopher Armstrong, Moose Pastures and Mergers: *The Ontario Securities Commission and the Regulation of Share Markets in Canada*, 1940—1980(Toronto: University of Toronto Press, 2001).
187. 同上。
188. 同上。
189. Wilkins, *History of Foreign Investment in the United States*.
190. Armstrong, *Moose Pastures and Mergers*.
191. 同上。
192. 同上。
193. Elvis Picardo, "History of the Toronto Stock Exchange," Investopedia, http://www.investopedia.com/articles/stocks/08/history-of-torontostock-exchange.asp.

194. http://www.tmx.com/en/pdf/TMXHistory.pdf, Aug. 9, 2013.
195. Amy Young, "The Creation of TMX Group: Dramatic Change on the Canadian Stock Exchange Scene – 1999 to 2008." Case study, Rotman –University of Toronto, 2014.
196. 加拿大最恶劣的例子是总部位于卡尔加里的矿业公司 Bre-X。1997年，该公司卷入了印尼的金矿丑闻，这是加拿大历史上最大的股票丑闻之一。

第六章　2008年之前北美金融的连续性与非连续性

1. Fukuyama, *The End of History.*
2. 这一时期的政治和经济特征在性质和影响上绝不是一致的。油价上涨对加拿大有利，但对大多数其他经合组织国家不利。"9·11"之后，美国和加拿大之间的旅行和贸易更加困难。
3. Jacob Soll, *The Reckoning: Financial Accountability and the Rise and Fall of Nations*（New York: Basic Books, 2014）.
4. Organization for Economic Co-operation and Development, "Social Expenditure: Aggregated Data," http://stats.oecd.org/Index.aspx? datasetcode=SOCX_AGG.
5. Department of Finance Canada, "Archived – Fiscal Reference Tables –2013: Part 10 of 10," 2013, http://www.fin.gc.ca/frt-trf/2013/frt-trf-1309–eng.asp.
6. White, "Banking and Finance in the Twentieth Century."
7. Alan Greenspan, *The Age of Turbulence: Adventures in a New World*（New York: Penguin, 2007）.
8. Robert E. Wright and Richard Sylla, *Genealogy of American Finance*（New York: Columbia University Business School, 2015）; White, "Banking and Finance in the Twentieth Century."
9. Greenspan, *Age of Turbulence.*
10. MacIntosh, *Different Drummers.*
11. 同上。
12. 同上。
13. 它被误导了，因为它惩罚的是生产者，而不是消费者。
14. 麦迪森项目。
15. 最令人震惊的例子是 Dome 石油公司，该公司的首席执行官吹嘘自己拥有一支比加拿大政府规模更大的海军。在被 Amoco 收购之前，该公司在加拿大、美国、欧洲和日本的银行拥有66亿美元的债务。
16. 商业银行、不列颠哥伦比亚银行和大陆银行是加拿大的第七、第九和第十大银行。Martin, *Relentless Change.*
17. Former Canadian deputy minister of finance Stanley Hartt, personal interview, 2

November 2016.
18. MacIntosh, *Different Drummers*.
19. 现在是安永的一部分。
20. MacIntosh, *Different Drummers*.
21. 这一过程在 1992 年的《银行法》修正案中得以完成，该修正案允许银行、保险公司和信托公司相互收购。由于银行是最大的机构，它们在由此产生的合并中占据主导地位。22 Soll, *Reckoning*.
23. 同上。
24. Ben S. Bernanke, *The Courage to Act*（New York：Norton, 2015）.
25. Rajan, *Fault Lines*.
26. Christopher Kobrak and Mira Wilkins, "The '2008 Crisis' in an Economic History Perspective," *Business History* 53, no. 2（2011）：175–92.
27. Etienne Bordeleau and Walter Engert, "Procyclicality and Compensation," in *Financial System Review,* 45–50（Ottawa：Bank of Canada, 2009）.
28. 2008 年 1 月，IMF 判定加拿大的金融体系成熟、管理良好，其压力测试显示，主要银行能够承受相当大的冲击，这被证明是准确的。Jamie Caruana and Anoop Singh, *Canada: International System Stability Assessment – Update*（Washington, DC：International Monetary Fund, 2008）.
29. Laurence Booth, "Structured Finance；Subprime, Market Meltdown and Learning from the Past," in *The Finance Crisis and Rescue: What Went Wrong? Why? What Lessons Can Be Learned? Expert Views from the Rotman School of Management*, ed. Roger Martin, 33–52（Toronto：University of Toronto Press, 2008）.
30. Tony Fell, "Remarks at Toronto Board of Trade Annual Dinner," Board of Trade, Toronto, 26 January 2009）.
31. Donald J.S. Brean, Lawrence Kryzanowski, and Gordon S. Roberts, "Canada and the United States：Different Roots, Different Routes to Financial Sector Regulation," *Business History* 53, no. 2（2011）：249–69；Calomiris and Haber, Fragile by Design；Michael D. Bordo, Angela A. Redish, and Hugh Rockoff, "Why Didn't Canada Have a Banking Crisis in 2008（or in 1930, or 1907, or 1893）?" *Economic History Review* 68, no. 1（2015）：218–43.
32. 家庭银行，迄今为止最大的失败。
33. 荷兰银行、AMBRO、巴克莱资本、德意志银行、美林证券和瑞银。
34. 委员会考察了摩根大通和雷曼兄弟，幸运的是选择了摩根。
35. Christopher Reid, "Credit Default Swaps and the Canadian Context," in *Financial System Review*（Ottawa：Bank of Canada, 2004）, 51.
36. Quebec, National Assembly, Standing Committee on Public Finance, *Journal des debats*（Hansard）, 1st sess., 38th Legislature, meeting no. 20, 2007, http://www.

assnat.qc.ca/en/travaux-parlementaires/commissions/cfp-38-1/journal-debats/CFP-071128.html.

37. "It was a private sector problem that needed a private sector solution." Paul Halpern, *Back From the Brink* (Toronto : University of Toronto Press, 2016), 202.
38. Eric Reguly, "Germany Moves Fast to Help Ease ECB Tension," *Globe and Mail*, 12 September 2011.
39. Kobrak and Troege, "From Basel to Bailouts"; Bernanke, *Courage to Act*.
40. 银行家，2005 年 7 月。在 2008 年金融危机前不久，美国和英国的银行在一级资本（《巴塞尔协议 I 》用来确定银行的首选指标）方面排名很高。几年内，其中几家银行要么破产，要么需要政府援助以避免崩溃。尽管没有一家加拿大银行跻身前 30 名，但加拿大的银行在危机期间表现得很好。
41. Christopher Kobrak and Donald Brean, "Financial Crises and Global Financial Regulations," in *Risk and EU Law,* ed. Hans-Wolfgang Micklitz and Takis Tridimas, 220–48 (Cheltenham, UK : Edward Elgar, 2015).
42. 例如，政府之所以没有购买雷曼兄弟的债券，是因为没人知道谁合法拥有这些债券。David Dayen, *Chain of Title: How Three Ordinary Americans Uncovered Wall Street's Great Foreclosure Fraud* (New York : New Press, 2016).
43. Bernanke, *Courage to Act*.
44. Kobrak and Brean, "Financial Crises and Global Financial Regulations."
45. 美国也有一些例外。加州的体制与加拿大的体制没有什么不同。

参考文献

（此部分内容来自原书）

Ackrill, Margaret, and Leslie Hannah. *Barclays: The Business of Banking, 1690–1996*. Cambridge: Cambridge University Press, 2001.

Aggarwal, Reena. "Demutualization and Corporate Governance of Stock Exchanges." *Journal of Applied Corporate Finance* 15, no. 1 (2002): 105–13.

Ahamed, Liaquat. *Lords of Finance: The Bankers Who Broke the World*. New York: Penguin, 2009.

Aizenstat, Janet, Ian Gentles, and Paul Romney. *Canada's Founding Debates*. Toronto: Stoddart Publishing, 1999.

Alain, Robert. "Sir Thomas White and Canadian Wartime Financial Policy." Master's thesis, Queen's University, 1975.

Anastakis, Dimitry. *Autonomous State: The Struggle for a Canadian Car Industry from OPEC to Free Trade*. Toronto: University of Toronto Press, 2013.

Armstrong, Christopher. *Blue Skies and Boiler Rooms: Buying and Selling Securities in Canada, 1870–1940*. Toronto: University of Toronto Press, 1997.

– *Moose Pastures and Mergers: The Ontario Securities Commission and the Regulation of Share Markets in Canada, 1940–1980*. Toronto: University of Toronto Press, 2001.

Armstrong, Christopher, and H.V. Nelles. *Southern Exposure: Canadian Promoters in Latin America and the Caribbean, 1896–1930*. Toronto: University of Toronto Press, 1988.

Armstrong, Frederick H., and Ronald J. Stagg. "Mackenzie, William Lyon." *Dictionary of Canadian Biography*, vol. 9, 1976. http://www.biographi.ca/en/bio/mackenzie_william_lyon_9E.html.

Ascah, Robert L. *Politics and Public Debt, the Dominion, the Banks and Alberta's Social Credit*. Edmonton: University of Alberta Press, 1999.

Azzi, Stephen. *Walter Gordon and the Rise of Canadian Nationalism*. Montreal and Kingston: McGill-Queen's University Press, 1999.

Baker, Tom, and Jonathan Simon, eds. *Embracing Risk: The Changing Culture of Insurance and Responsibility*. Chicago: University of Chicago Press, 2002.

Bank of Canada. "The Bank's History." http://www.bankofcanada.ca/about/history/.

Baring Archive. "Baring Timeline." http://www.baringarchive.org.uk/history/timeline/.

Barry, John M. *The Great Influenza: The Epic Story of the Deadliest Plague in History*. New York: Viking, 2004.

Baskerville, Peter. *The Bank of Upper Canada*. Ottawa: Carleton University Press, 1987.

Bates, Stewart. *Financial History of Canadian Governments: A Study Prepared for the Royal Commission on Dominion-Provincial Relations*. Ottawa: J.O. Patenaude, ISO, Printer to the King's Most Excellent Majesty, 1939.

Battilossi, Stefano. "Introduction: International Banking and the American Challenge in Historical Perspective." In *European Banks and the American Challenge: Competition and Cooperation in International Banking under Bretton Woods*, ed. Stefano Battilossi and Youssef Cassis, 1–35. Oxford: Oxford University Press, 2002.

Beard, Charles A. *An Economic Interpretation of the Constitution of the United States*. New York: Free Press, 1986.

– *The Rise of American Civilization*. New York: MacMillan, 1937.

Beckert, Sven. *Empire of Cotton: A Global History*. New York: Knopf, 2014.

– *The Monied Metropolis: New York City and the Consolidation of the American Bourgeoisie, 1850–1896*. Cambridge: Cambridge University Press, 2001.

Bender, Thomas. *A Nation among Nations: America's Place in World History*. New York: Hill and Wang, 2006.

Bennett, Richard E. *History of the Great-West Life Assurance Company*. Winnipeg: Great-West Life Assurance Company, 1992.

Berghahan, Volker R. *American Big Business in Britain and Germany: A Comparative History of Two "Special Relationships" in the 20th Century*. Princeton: Princeton University Press, 2014.

– *Industriegesellschaft und Kulturtransfer: Die deutsch-amerikanischen Beziehungen im 20. Jahrhundert*. Göttingen: Vandenhoeck & Ruprecht, 2010.

Berle, Adolf A., and Gardiner C. Means. *The Modern Corporation and Private Property*. New York: Harcourt, Brace & World, 1932.

Bernanke, Ben S. *The Courage to Act*. New York: Norton, 2015.

– *The Federal Reserve and the Financial Crisis*. Princeton: Princeton University Press, 2013.

Bernstein, Peter. *Against the Gods: The Remarkable Story of Risk*. New York: John Wiley & Sons, 1996.

Berton, Pierre. *The Great Depression: 1929–1939*. Toronto: McClelland and Stewart, 1990.

– *The Last Spike: The Great Railway 1881–1885*. Toronto: McClelland and

参考文献

Stewart, 1971.
Best, Alfred M. "*Best's Review* Speech Given to the Association of Insurance Agents." Association of Insurance Agents, Cleveland, OH, 18 September 1918.
Bierwag, G.O., and George G. Kaufman. "Duration Gap for Financial Institutions." *Financial Analysts* 41, no. 2 (1985): 68–71.
Black, Conrad. *Flight of the Eagle: A Strategic History of the United States*. Toronto: McClelland & Stewart, 2013.
– *Rise to Greatness: The History of Canada from the Vikings to the Present*. Toronto: McClelland & Stewart, 2014.
Black, John. *A Dictionary of Economics*. 2nd ed. Oxford: Oxford University Press, 2002.
Black, Fischer, and Myron Scholes. "The Pricing of Options and Corporate Liabilities." *Journal of Political Economy* 81, no. 3 (1973): 637–54.
Blinder, Alan S. *After the Music Stopped: The Financial Crisis, the Response, and the Work Ahead*. New York: Penguin, 2013.
Bliss, Michael. *Northern Enterprise: Five Centuries of Canadian Business*. Toronto: McClelland & Stewart, 1987.
"Cox, George Albertus." *Dictionary of Canadian Biography*, Vol 14. http://www.biographi.ca/en/bio/cox_george_albertus_14E.html.
Bodenhorn, Howard. *A History of Banking in Antebellum America: Financial Markets and Economic Development in an Era of Nation Building*. Cambridge: Cambridge University Press, 2000.
– *State Banking in Early America: A New Economic History*. Oxford: Oxford University Press, 2003.
Bonenfant, J.-C. "Cartier, Sir George-Étienne." *Dictionary of Canadian Biography*, vol. 10. 1972. http://www.biographi.ca/en/bio/cartier_george_etienne_10E.html.
Booth, Laurence. "Structured Finance: Subprime, Market Meltdown and Learning from the Past." In *The Finance Crisis and Rescue: What Went Wrong? Why? What Lessons Can Be Learned? Expert Views from the Rotman School of Management*, ed. Roger Martin, 33–52. Toronto: University of Toronto Press, 2008.
Booth, Laurence, and Sean Cleary. *Introduction to Corporate Finance: Managing Canadian Firms in a Global Environment*. Toronto: Wiley, 2008.
Booth, Laurence D. "The Secret of Canadian Banking: Common Sense?" *World Economics* 10 (2009): 1–16.
Bordeleau, Etienne, and Walter Engert. "Procylicality and Compensation." In *Financial System Review*, 45–50. Ottawa: Bank of Canada, 2009.
Borden, Henry, ed. *Robert Laird Borden: His Memoirs*. Vols 1 and 2. Toronto: Macmillan Company of Canada, 1938.
Bordo, Michael D., and Angela A. Redish. "Why Did the Bank of Canada Emerge in 1935?" *Journal of Economic History* 47 (1987): 405–17.

Bordo, Michael D., Angela A. Redish, and Hugh Rockoff. "Why Didn't Canada Have a Banking Crisis in 2008 (or in 1930, or 1907, or 1893)?" *Economic History Review* 68, no. 1 (2015): 218–43.

Boreham, G.F. "Three Years after Canada's 'Little Bang.'" *Canadian Banker* 97, no. 5 (1990): 6–15.

Borschied, Peter, and Niels Viggo Haueter, eds. *World Insurance: The Evolution of a Global Risk Network*. Oxford: Oxford University Press, 2012.

Bothwell, Robert. *The Penguin History of Canada*. Toronto: Penguin Group, 2006.

– *Your Country, My Country: A Unified History of the United States and Canada*. Oxford: Oxford University Press, 2015.

Boyd, John. *Sir George Etienne Cartier, His Life and Times: A Political History of Canada from 1814 until 1873*. Toronto: Macmillan Company of Canada, 1914.

Boyko, John. *Blood and Daring: How Canada Fought the American Civil War and Forged a Nation*. Toronto: Knopf Canada, 2013.

Brealey, Richard A., and Stewart C. Myers. *Principles of Corporate Finance*, 6th ed. Boston: Irwin McGraw-Hill, 2000.

Brean, Donald J.S., Lawrence Kryzanowski, and Gordon S. Roberts. "Canada and the United States: Different Roots, Different Routes to Financial Sector Regulation." *Business History* 53, no. 2 (2011): 249–69.

Breckenridge, Roeliff Morton. *The History of Banking in Canada*. Washington, DC: Government Printing Office, 1910.

Brock, R.D. "Insurance Regulation in the United States: A Regulator's Perspective." *Journal of Insurance Regulation* 8, no. 3 (1989): 277–89.

Brown, Robert Craig. *Robert Laird Borden: A Biography*. Vol. 2, *1914–1937*. Toronto: Macmillan of Canada, 1980.

Browne, G.P. *Documents on the Confederation of British North America*. Toronto: McClelland and Stewart, 1969.

Bruchey, Stuart. *The Roots of American Economic Growth, 1607–1861*. New York: Harper & Row, 1965.

Bruner, Robert F., and Sean D. Carr. *The Panic of 1907: Lessons Learned from the Market's Perfect Storm*. Hoboken, NJ: John Wiley & Sons, 2007.

Bryce, Robert. *Canada and the Cost of World War II: The International Operations of Canada's Department of Finance, 1939–1947*. Montreal and Kingston: McGill-Queen's University Press, 2005.

– *Maturing in Hard Times: Canada's Department of Finance through the Great Depression*. Montreal and Kingston: McGill-Queen's University Press, 1986.

Buckley, Kenneth. *Capital Formation in Canada, 1896–1930*. Toronto: McClelland and Stewart, 1974.

Burns, Robin B. "McGee, Thomas D'Arcy." *Dictionary of Canadian Biography*, vol. 9. 1976. http://www.biographi.ca/en/bio/mcgee_thomas_d_arcy_9E.html.

Busch, Andreas. *Banking Regulation and Globalization*. Oxford: Oxford

University Press, 2009.

Cain, P.J., and A.G. Hopkins. *British Imperialism: 1688–2000*. 2nd ed. London: Longman, 2001.

Calomiris, Charles W., and Stephen H. Haber. *Fragile by Design: The Political Origins of Banking Crises & Scarce Credit*. Princeton: Princeton University Press, 2014.

Cameron, Rondo, and V.I. Bovykin, eds. *International Banking 1877–1914*. Oxford: Oxford University Press, 1991.

Canadian Foundation for Economic Education. *Money and Monetary Policy in Canada*. Toronto, 1994.

Capie, Forrest, and Geoffrey E. Wood, eds. *Financial Crises and the World Banking System*. London: Macmillan, in Association with Centre for Banking and International Finance, City University, 1986.

Careless, J.M.S. *Brown of the Globe*. Vol. 2. Toronto: Dundurn, 1996.

Carlos, Ann M., and Frank Lewis. "The Profitability of Early Canadian Railroads: Evidence from the Grand Trunk and Great Western Railway Companies." In *Strategic Factors in Nineteenth-Century American Economic History: A Volume to Honor Robert W. Fogel*, ed. Claudia Goldin and Hugh Rockoff, 401–26. Chicago: University of Chicago Press, 1992.

Carosso, Vincent P. *The Morgans: Private International Bankers, 1854–1913*. Cambridge, MA: Harvard University Press, 1987.

Caruana, Jamie, and Anoop Singh. *Canada: International System Stability Assessment – Update*. Washington, DC: International Monetary Fund, 2008.

Carver, Humphrey. *Houses for Canadians: A Study of Housing Problems in the Toronto Area*. Toronto: University of Toronto Press, 1948.

Cassis, Youssef. "Big Businesses." In *The Oxford Handbook of Business History*, ed. Geoffrey G. Jones and Jonathan Zeitlin, 171–93. Oxford: Oxford University Press, 2007.

– *Capitals of Capital*. Cambridge: Cambridge University Press, 2006.

– *Crisis and Opportunities: The Shaping of Modern Finance*. Oxford: Oxford University Press, 2012.

Chambers, Morris W. "Who We Are and Our History." Canadian Institute of Actuaries. http://www.cia-ica.ca/about-us/the-institute/who-we-are-and-our-history.

Chandler Jr, Alfred D. *Scale and Scope: The Dynamics of Industrial Capitalism*. Cambridge, MA: Belknap Press of Harvard University Press, 1990.

– *Strategy and Structure: Chapters in the History of the Industrial Enterprise*. Cambridge, MA: MIT Press, 1990.

– *The Visible Hand: The Managerial Revolution in American Business*. Cambridge, MA: Belknap Press of Harvard University Press, 1977.

Chant, John. *The ABCP Crisis in Canada: The Implications for the Regulation of Financial Markets; A Research Study Prepared for the Expert Panel on Security Regulations*. Ottawa: Expert Panel on Securities Regulation, 2008.

Chase, Stuart. *Government in Business*. New York: Macmillan, 1935.
Chernow, Ron. *Alexander Hamilton*. New York: Penguin Books, 2004.
– *The House of Morgan: An American Banking Dynasty and the Rise of Modern Finance*. New York: Grace, 1990.
Churchill, Winston. *A History of the English-Speaking Peoples*. Vol. 4, *The Great Democracies*. Toronto: McClelland & Stewart, 1958.
CIO from IDG. http://www.cio.com/.
Claessens, Stijn, and Neeltje van Horen. "Foreign Banks: Trends, Impact and Financial Stability." Research Paper, IMF, January 2012.
Cleveland, Harold van B., and Thomas F. Huertas. *Citibank: 1812–1970*. Cambridge, MA: Harvard University Press, 1985.
Conrad, Margaret. *A Concise History of Canada*. New York: Cambridge University Press, 2012.
Conway, G.R. *The Supply of, and Demand for Canadian Equities*. Toronto: Toronto Stock Exchange, 1970.
Cook, Tim. *War Lords, Borden, Mackenzie King, and Canada's World Wars*. Toronto: Allen Lane, 2012.
Creighton, Donald. *The Forked Road: Canada 1939–1957*. Toronto: McClelland and Stewart, 1976.
– *John A. Macdonald: The Young Politician*. Toronto: Macmillan Company of Canada, 1956.
– *The Old Chieftain*. Toronto: Macmillan Company of Canada Limited, 1955.
Curtis, C.A. "The Canadian Macmillan Commission." *Economic Journal* 44, no. 173 (1934): 48–59.
Darroch, James. *Canadian Banks and Global Competitiveness*. Montreal and Kingston: McGill-Queen's University Press, 1994.
Darroch, James, and Matthias Kipping. "Canada: Taking Life Insurance Abroad." In *World Insurance: The Evolution of a Global Risk Network*, ed. Peter Borscheid and Niels V. Haueter, 252–73. Oxford: Oxford University Press, 2012.
Davis, David Brion. *Slavery and Human Progress*. Oxford: Oxford University Press, 1984.
Dayen, David. *Chain of Title: How Three Ordinary Americans Uncovered Wall Street's Great Foreclosure Fraud*. New York: New Press, 2016.
Deloitte Canada. *150 Years and Counting: Our Legacy and Our Future*. Toronto: Deloitte Canada, 2010.
Denison, Merrill. *Canada's First Bank: A History of the Bank of Montreal*. Vols 1 and 2. Toronto: McClelland & Stewart, 1966–7.
Den Otter, A.A. *The Philosophy of Railways: The Transcontinental Railway Idea in British North America*. Toronto: University of Toronto Press, 1997.
Department of Finance. "Archived – Fiscal Reference Tables – 2013: Part 10 of 10.". http://www.fin.gc.ca/frt-trf/2013/frt-trf-1309-eng.asp.
– "Information Canada's Financial Services Sector: Property and Casualty

Insurance in Canada." 2003. http://www.fin.gc.ca/activty/factsheets/property_e.pdf.

Desjardins, B., M. Lescure, R. Nougaret, A. Plessis, and A. Straus. *Le Credit Lyonnais: 1863–1996*. Geneva: Droz, 2003.

Dodge, David A. *Bank of Canada Annual Report: 2001*. Ottawa: Bank of Canada, 2002.

Draper, Theodore. *A Struggle for Power: The American Revolution*. New York: Random House, 1996.

Drummond, Ian M. "Finance Act." *The Canadian Encyclopedia*. http://www.thecanadianencyclopedia.ca/en/article/finance-act/.

– "Why Canadian Banks Did Not Collapse in the 1930s." In *The Role of Banks in the Interwar Economy*, ed. Harold James, Hekan Lindgren, and Alice Teichova, 232–50. Cambridge: Cambridge University Press, 1991.

Duffy, Catherine R. *Held Captive: A History of International Insurance in Bermuda*. Toronto: Oakwell Boulton, 2004.

Edinborough, Arnold. *A History of Canadian Imperial Bank of Commerce*. Vol. 4, *1931–1973*. Toronto: Canadian Imperial Bank of Commerce, 1995.

Eichengreen, Barry. *Exorbitant Privilege: The Rise and Fall of the Dollar and the Future of the International Monetary System*. New York: Oxford University Press, 2011.

Ellis, Joseph J. *American Creation: Triumphs and Tragedies at the Founding of the Republic*. New York: Knopf, 2007.

Emerson, Ralph W. "Essay II: Self-Reliance." Essays First Series, 1841.

Engerman, Stanley L., and Robert E. Gallman, eds. *The Cambridge Economic History of the United States*. Vol. 2, *The Long Nineteenth Century*. Cambridge: Cambridge University Press, 2000.

– *The Cambridge Economic History of the United States*. Vol. 3, *The Twentieth Century*. Cambridge: Cambridge University Press, 2000.

Erturk, Ismail, Julie Froud, Sukhev Johal, Adam Leaver, and Karel Williams. *Financialization at Work*. London: Routledge, 2008.

Estey, Willard Z. *Report of the Inquiry into the Collapse of the CCB and Northland Bank*. Ottawa: Privy Council Office, 1986.

Euler, William D. *Canada Year Book, 1938: The Official Statistical Annual of the Resources, History, Institutions, and Social and Economic Conditions of the Dominion*. Ottawa: King's Printer, 1938.

Fama, Eugene F. "Efficient Capital Markets: A Review of Theory and Empirical Work." *Journal of Finance* 25, no. 2 (1970): 383–417.

Farr, David M.L. "Rose, Sir John." *Dictionary of Canadian Biography*, vol. 11. 1982. http://www.biographi.ca/en/bio/rose_john_11E.html.

Faure, David, and Elisabeth Koll. "China: The Indigenization of Insurance." In *World Insurance: The Evolution of a Global Risk Network*, ed. Peter Borschied and Niels V. Haueter, 472–94. Oxford: Oxford University Press, 2012.

Fayerweather, John. *The Mercantile Bank Affair: A Case Study of Canadian Nationalism and a Multinational Firm*. New York: New York University Press, 1974.

Fear, Jeffrey, and Christopher Kobrak. "Diverging Paths: Accounting for Corporate Governance in America and Germany." *Business History Review* 80, no. 1 (2006): 1–48.

Fear, Jeffrey R., and R.D. Wadhwani. "Populism and Political Entrepreneurship: The Universalization of German Savings Banks and the Decline of American Savings, 1907–1934." In *Business in the Age of Extremes: Essays in Modern German and Austrian Economic History Series*, ed. Juergen Kocka, Dieter Ziegler, and Hartmut Berghoff, 94–118. Cambridge: Cambridge University Press, 2013.

Feldman, Gerald D. *The Great Disorder: Politics, Economics and Society in the German Inflation, 1914–24*. New York: Oxford University Press, 1993.

Fell, Anthony S. *The Canadian Chartered Banks: A Dominion Securities Corporation Limited Research Report*. Toronto: Dominion Securities Corporation, 1964.

Fell, Tony. "Remarks at Toronto Board of Trade Annual Dinner." Board of Trade, Toronto, 26 January 2009.

Ferguson, Niall. *The Ascent of Money: A Financial History of the World*. New York: Penguin, 2008.

– *Empire: The Rise and Demise of the British World Order and the Lessons for Global Power*. New York: Basic Books, 2002.

– *High Financier: The Lives and Time of Siegmund Warburg*. London: Allen Lane, 2010.

Fergusson, Bruce. *Hon. W.S. Fielding*. Vol. 2. Windsor, NS: Lancelot, 1970.

Ferrabee, James, and Michael St B. Harrison. *Staying Connected: How MacDougall Family Traditions Built a Business over 160 Years*. Montreal and Kingston: McGill-Queen's University Press, 2009.

Fetherling, George. *Gold Diggers of 1929: Canada and the Great Stock Market Crash*. Toronto: Macmillan, 2004.

Fink, P. *The Rise of Mutual Funds: An Insider's View*. New York: Oxford University Press, 2008.

Fishback, Price, et al. *Government and the American Economy: A New History*. Chicago: University of Chicago Press, 2007.

Fishback, Price, Jonathan Rose, and Kenneth Snowden. *Well Worth Saving: How the New Deal Safeguarded Home Ownership*. Chicago: University of Chicago Press, 2013.

Fogel, William, and Stanley L. Engerman. *Time on the Cross: The Economics of American Negro Slavery*. Boston: Little, Brown, 1974.

Foreman, Amanda. *A World on Fire: The Epic History of Two Nations Divided*. London: Allen Lane, 2010.

Fox, Justin. *The Myth of the Rational Market: A History of Risk, Reward, and the Delusion of Wall Street*. New York: HarperCollins, 2009.

Foster, George E. *The Canada Year Book, 1914*. Ottawa: King's Printer, 1915.

Franklin, Benjamin. "Papers vol. 4." Franklin Papers, 25 March 1752.

Freedman, Charles. *The Canadian Banking System*. Ottawa: Bank of Canada, 1998.
– "The Canadian Banking System." Paper presented to the Conference on Developments in the Financial System: National and International Perspectives, Jerome Levy Economics Institute of Bard College Annandale-on-Hudson, 10–11 April 1997.
Frieden, Jeffry A. *Global Capitalism: Its Fall and Rise in the 20th Century*. New York: Norton, 2006.
Friedman, Milton, and Anna J. Schwartz. *A Monetary History of the United States 1867–1960*. Princeton: Princeton University Press, 1963.
Fukuyama, Francis. *The End of History and the Last Man*. Toronto: Maxwell Macmillan Canada, 1992.
Fullerton, Douglas H. *The Bond Market in Canada*. Toronto: Carswell, 1962.
Furnas, J.C. *The Americans: A Social History*. New York: Capricorn, 1969.
Galt, Alexander T. *Speech on the Proposed Union of the British North American Provinces*. Montreal: M. Longmore, 1864.
Garraty, John A. *Woodrow Wilson: A Great Life in Brief*. New York: Knopf, 1966.
Gaughan, Patrick A. *Mergers, Acquisitions, and Corporate Restructuring*. 2nd ed. New York: John Wiley, 1999.
Geisst, Charles R. *Wall Street: A History from Its Beginnings to the Fall of Enron*. Oxford: Oxford University Press, 2004.
Genovese, Eugene D. *The Political Economy of Slavery: Studies in the Economy and Society of the Slave South*. New York: Pantheon, 1965.
– *The World the Slaveholders Made: Two Essays in Interpretation*. New York: Pantheon, 1969.
Gentilcore, R. Louis, ed. *Historical Atlas of Canada*. Vol. 2, *The Land Transformed, 1800–1891*. Toronto, University of Toronto Press, 1993.
Gerardi, Kristopher, Harvey S. Rosen, and Paul Willen. *Do Households Benefit from Financial Deregulation and Innovation? The Case of the Mortgage Market*. Cambridge: National Bureau of Economic Research, 2007.
Globe and Mail. "Wants High-Rises, Board Told Builder Allowing House to Deteriorate, Homeowners say." *Globe and Mail*, 25 April 1968, 5.
Goodwin, Doris K. *Team of Rivals: The Political Genius of Abraham Lincoln*. New York: Simon & Schuster, 2005.
Gorton, Gary B. *Misunderstanding Financial Crises: Why We Don't See Them Coming*. Oxford: Oxford University Press, 2013.
Graham, Roger. *Arthur Meighen*. Vol. 3, *No Surrender*. Toronto: Clarke, Irwin, 1965.
Grant, James. *The Forgotten Depression; 1921: The Crash That Cured Itself*. New York: Simon & Schuster, 2014.
Gras, N.S.B., and Henrietta M. Larson. *Casebook in American History*. New York: F.S. Crofts, 1939.
Gray, James. *The Winter Years*. Markham, ON: Fifth House Publishers, 2003.

Green, Howard. *Banking on America: How TD Bank Rose to the Top and Took on the U.S.A.* Toronto: Harper Collins Publishing, 2013.

Greenspan, Alan. *The Age of Turbulence: Adventures in a New World.* New York: Penguin, 2007.

Gudmundsen, John. *The Great Provider: The Dramatic Story of Life Insurance in America.* South Norwalk, CT: Industrial Production, 1959.

Gugliemo, Mark, and Werner Troesken. "The Gilded Age." In *Government and the American Economy: A New History*, ed. Price V. Fishback, 255–87. Chicago: University of Chicago Press, 2007.

Gwynn, Richard. *John A., the Man Who Made Us: The Life and Times of John A. Macdonald.* Vol. 1, *1815–1867*. Toronto: Random House, Canada, 2007.

– *Nation Maker: Sir John A. Macdonald, His Life, Our Times.* Vol. 2, *1867–1891*. Toronto: Random House, Canada, 2011.

Hall, Peter A., and David Soskice, eds. *Varieties of Capitalism: The Institutional Foundations of Comparative Advantage.* Oxford: Oxford University Press, 2001.

Halpern, Paul, Caroline Cakebread, Christopher C. Nicholls, and Poonam Puri. *Back from The Brink: Lessons from the Canadian Asset-Backed Commercial Paper Crisis.* Toronto: University of Toronto Press, 2016.

Hamilton, Alexander. *Federalist Paper, no. 30.* New York: New York Packet, 1787.

Hammond, Bray. *Banks and Politics in America from the Revolution to the Civil War.* Princeton: Princeton University Press, 1957.

– "Long and Short Term Credit in Early American Banking." *Quarterly Journal of Economics* 49, no. 1 (1935): 79–103.

Hampden-Turner, Charles, and Fons Trompenaars. *The Seven Cultures of Capitalism: Value Systems for Creating Wealth in the United States, Britain, Japan, Germany, France, Sweden and the Netherlands.* New York: Doubleday, 1993.

Hannah, Leslie. "J.P. Morgan in London and New York before 1914." *Business History Review* 85, no. 1 (2011): 113–50.

– "Pioneering Modern Corporate Governance: A View from London in 1900." *Enterprise and Society* 8, no. 3 (2007): 642–86.

Hart, Michael. *A Trading Nation: Canadian Trade Policy from Colonialism to Globalization.* Vancouver: UBC Press, 2002.

Harvey, Arthur, ed. *The Year Book and Almanac of Canada for 1870; Being an Annual Statistical Abstract for the Dominion and a Record of Legislation and of Public Men in British North America.* Montreal: Montreal Printing and Publishing, from Stereotyped Plates, 1869.

Hausman, William J., Peter Hertner, and Mira Wilkins. *Global Electrification: Multinational Enterprise and International Finance in the History of Light and Power, 1878–2007.* New York: Cambridge University Press, 2008.

Heaman, E.A. *Tax, Order, and Good Government: A New Political History of Canada, 1867–1917.* Montreal and Kingston: McGill-Queen's University Press, 2017.

Heffernan, Shelagh. *Making Banking in Theory and Practice*. New York: Wiley, 1996.
Heguly, Eric. "Mergers Will Resurface: Bank Chairman." *Globe and Mail*, 4 December 1999.
Heibroner, Robert L. *The Worldly Philosophers: The Lives, Times, and Ideas of the Great Economic Thinkers*. New York: Simon and Schuster, 1953.
Hinchley, Christine. "Foreign Banks in the Canadian Market." Statistics Canada. 2009. http://www.statcan.gc.ca/pub/11-621-m/11-621-m2006041-eng.htm.
Hirschman, Albert O. *Rival Views of Market Society and Other Recent Essays*. Cambridge, MA: Harvard University Press, 1992.
Hofsede, Geert. *Culture's Consequences: Comparing Values, Behaviours, Institutions and Organizations across Nations*. 2nd ed. Thousand Oaks, CA: Sage, 2001.
Hofstadter, Richard. *The Age of Reform: From Bryan to F.D.R.* New York: Knopf, 1955.
Homer, Sidney, and Richard Sylla. *A History of Interest Rates*. New Brunswick, NJ: Rutgers University Press, 1996.
Hou, Charles, and Cynthia Hou. *Great Political Cartoons, 1946 to 1982*. Vancouver: Moody's Lookout, 2011.
Howe, C.D. *Canada Year Book 1956: The Official Statistical Annual of the Resources, History, Institutions and Social and Economic Conditions of the Dominion*. Ottawa: Queen's Printer and Comptroller of Stationery, 1956.
Hughes, Jane E., and Scott B. MacDonald. *International Banking: Text and Cases*. Boston: Addison Wesley, 2002.
Hulchanski, David. "The 1935 Dominion Housing Act: Setting the Stage for a Permanent Federal Presence in Canada's Housing Sector." *Urban History Review* 15, no. 1 (1986): 20–1.
Hull, J.C. *Futures, Options and Other Derivative Securities*. Englewood Cliffs, NJ: Prentice Hall, 1997.
Hummel, Jeffery Rogers. "The Civil War and Reconstruction." In *Government and the American Economy: A New History*, ed. Price Fishback, 188–231. Chicago: University of Chicago Press, 2007.
Hürlimann, E. Bericht über Amerikanreise, Sept. bis Dez. 1920, Swiss Re Americas Corporation (SRAC).
Hyman, Louis. *Debtor Nation: The History of American Red Ink*. Princeton: Princeton University Press, 2011.
Ilsley, J.L. "Speaking of Money and War." Seigneury Club, Montebello, Quebec, 18 September 1941.
Innis, Harold A. *The Fur Trade in Canada: An Introduction to Canadian Economic History*. Toronto: University of Toronto Press, 1999.
– *Problems of Staple Production in Canada*. Toronto: Ryerson, 1933.
Investment Bankers' Association of America. Proceedings of the 1918 Annual

Convention.

Irwin, Douglas A. *Peddling Protectionism: Smoot-Hawley and the Great Depression*. Princeton: Princeton University Press, 2011.

Jackman, Henry N.R., ed. *The Letters and Diaries of Henry Rutherford Jackman*. Vol. 15. Toronto: Harmony Printing, 2013.

James, Harold. "Central Banks and the Process of Financial Internationalization: A Secular View." In *European Banks and the American Challenge: Competition and Cooperation in International Banking under Bretton Woods*, ed. Stefano Battilossi and Youssef Cassis, 200–18. Oxford: Oxford University Press, 2002.

James, John A. *Money and Capital in Postbellum America*. Princeton: Princeton University Press, 1978.

Jamieson, Keith, and Michelle A. Hamilton. *Dr Oronhyatekha, Security, Justice and Equality*. Toronto: Dundurn, 2016.

Johnson, Paul. *A History of the American People*. London: Weidenfeld & Nicolson, 1997.

Jones, Geoffrey. *British Multinational Banking: 1830–1990*. Oxford: Clarendon, 1993.

– *Multinationals and Global Capitalism: From the Nineteenth to the Twenty-First Century*. Oxford: Oxford University Press, 2005.

Jones, Robert H. *Building Futures: A History of Investors Group*. Winnipeg: Investors Group, 1993.

Kaplan, Ari N. *Pension Law*. Toronto: Irwin, Law, 2006.

Kaplan, Edward S. *American Trade Policy, 1923–1995: Contributions in Economics and Economic History*. Westport, CT: Greenwood, 1996.

Keegan, John. *The First World War*. Toronto: Key Porter, 1998.

Keller, Morton. *The Life Insurance Enterprise, 1885–1910*. Cambridge, MA: Harvard University Press, 1963.

Kenwood, A.G., and A.L. Lougheed. *The Growth of the International Economy, 1820–1990: An Introductory Text*. 3rd ed. London: Routledge, 1992.

Kerr, Donald. "Some Aspects of the Geography of Finance in Canada." *Canadian Geographer* 9, no. 4 (1965): 175–92.

Kerr, Donald, and Deryck Holdsworth. *Historical Atlas of Canada*. Vol. 3, *Addressing the Twentieth Century, 1891–1961*. Toronto: University of Toronto Press, 1990.

Kesteman, Jean-Pierre. "Galt, Sir Alexander Tilloch." *Dictionary of Canadian Biography*, vol. 12. 1990. http://www.biographi.ca/en/bio/galt_alexander_tilloch_12E.html.

Kindleberger, Charles P. *Economic Response: Comparative Studies in Trade, Finance, and Growth*. Cambridge, MA: Harvard University Press, 1978.

– *Manias, Panics, and Crashes: A History of Financial Crises*. New York: John Wiley & Sons, 2005.

King, Darryl. "Federal Policy and the Canadian Housing Market." Research

paper, Rotman School of Management, 30 May 2014.
Kloner, Dean. "The Commodity Futures Modernization Act of 2000." *Securities Regulation Law Journal* 29, no. 1 (2001): 286–97.
Knaplund, Paul. "James Stephen on Canadian Banking Laws, 1821–1846." *Canadian Historical Review* 31, no. 2 (1950): 177–87.
Kobrak, Christopher. *Banking on Global Markets: Deutsche Bank in the United States, 1870 to the Present.* Cambridge: Cambridge University Press, 2007.
– "Banking on Governance: U.K. and U.S. Financial Markets and Management in the 20th Century." *Bankhistorisches Archiv* 37, no. 2 (2011): 137–63.
– "USA: The International Attraction of the US Insurance Market." In *World Insurance: The Evolution of a Global Risk Network*, ed. Peter Borscheid and Niels V. Haueter, 274–310. Oxford: Oxford University Press, 2012.
Kobrak, Christopher, and Donald Brean. "Financial Crises and Global Financial Regulations." In *Risk and EU Law*, ed. Hans-Wolfgang Micklitz and Takis Tridimas, 220–48. Cheltenham, UK: Edward Elgar, 2015.
Kobrak, Christopher, and Michael Troege. "From Basel to Bailouts: Forty Years of International Attempts to Bolster Bank Safety." *Financial History Review* 22, no. 2 (2015): 133–56.
Kobrak, Christopher, and Mira Wilkins. "The '2008 Crisis' in an Economic History Perspective." *Business History* 53, no. 2 (2011): 175–92.
Kohn, Meir. *Financial Institutions and Markets*. New York: McGraw-Hill, 1994.
Kolko, Gabriel. *The Triumph of Conservatism: A Reinterpretation of American History, 1900–1913.* New York: Free Press, 1993.
Konings, Martin. *The Development of American Finance.* New York: Cambridge University Press, 2011.
Kyer, Ian C. *From Next Best to World Class: The People and Events That Have Shaped the Canada Deposit Insurance Corporation, 1867–2017.* Toronto: Canada Deposit Insurance Corporation, 2017.
Kynston, David. *City of London: The History*. London: Chatto & Windos, 2011.
La Croix, Sumner J. "Government and the People: Labor, Education, and Health." In *Government and the American Economy: A New History*, ed. Price Fishback, 323–63. Chicago: Chicago University Press, 2007.
Lamoreaux, Naomi R. *The Great Merger Movement in American Business, 1895–1904*. Cambridge: Cambridge University Press, 1985.
– *Insider Lending: Banks, Personal Connections, and Economic Development in Industrial New England*. Cambridge: Cambridge University Press, 1994.
Landes, David. *The Unbound Prometheus*. Cambridge: Cambridge University Press, 1969.
Lash, Z.A. "The United States Federal Reserve Act and the Canadian Banking System with Some Contrasts." *Journal of the Canadian Bankers Association* 26, no. 3 (1919): 224–44.
Leacock, Stephen. *Literary Lapses*. Toronto: McClelland and Stewart, 2008.
Lerner, Max. *America as a Civilization*. New York: Simon and Schuster, 1957.

Lincoln, Abraham. "Acceptance Speech for the Senate Nomination." 16 June 1858.

Lintner, John. "The Valuation of Risk Assets and the Selection of Risky Investments in Stock Portfolios and Capital Budgets." *Review of Economics and Statistics* 47, no. 1 (1965): 222–4.

Lipset, Seymour Martin. *Continental Divide: Values and Institutions of Canada and America.* New York: Routledge, 1990.

Little, Bruce. *Fixing the Future: How Canada's Usually Fractious Governments Worked Together to Rescue the Canada Pension Plan.* Toronto: Rotman – University of Toronto Publishing, 2008.

Livingston, James. *Origins of the Federal Reserve System: Money, Class, and Corporate Capitalism, 1890–1913.* Ithaca, NY: Cornell University Press, 1986.

Lockwood, Brent. "O' Canada." Blog. https://ocanadablog.com/2015/10/30/early-u-s-canada-political-cartoons/.

Longley, Ronald Stewart. *Sir Francis Hincks: A Study of Canadian Politics, Railways, and Finance in the Nineteenth Century.* Toronto: University of Toronto Press, 1943.

Low, Thomas A. *The Canada Year Book 1922–23: The Official Statistical Annual of the Resources, History, Institutions and Social and Economic Conditions of the Dominion.* Ottawa: F.A. Acland, 1924.

Lowenstein, Roger. *America's Bank: The Epic Struggle to Create the Federal Reserve.* New York: Penguin, 2015.

MacIntosh, Robert. *Different Drummers: Banking and Politics in Canada.* Toronto: Macmillan Canada, 1991.

– "Origins of Financial Stability in Canada: The Bank Act of 1871." In *Relentless Change: A Casebook for the Study of Canadian Business History*, ed. Joe Martin, 21–38. Toronto: Rotman – University of Toronto Publishing, 2010.

Macklem, Katherine. "RBC Yesterday, Today, and Tomorrow." In *Relentless Change: A Casebook for the Study of Canadian Business History*, ed. Joe Martin, 303–18. Toronto: University of Toronto Press, 2010.

Macmillan, Hugh P. *Report of the Royal Commission on Banking and Currency in Canada.* Ottawa: J.O. Patenaude, 1933.

MacMillan, Margaret. *The War That Ended Peace: The Road to 1914.* Toronto: Penguin Group, 2013.

Maddison Project. http://www.ggdc.net/maddison/maddison-project/home.htm.

Malcolm, James. *The Canada Year Book 1930: The Official Statistical Annual of the Resources, History, Institutions and Social and Economic Conditions of the Dominion.* Ottawa: F.A. Acland, 1930.

"Maple Revolutionaries." *Economist*, 3 March 2012. http://www.economist.com/node/21548970.

Marchildon, Gregory P. "The Impact of the Great Depression on the Global

Wheat Trade, Unpeaceable Exchange: Trade and Conflict in the Global Economy, 1000–2000." University of Lisbon, 16–17 July 2010.

Markowitz, Harry. "Portfolio Theory." PhD diss., University of Chicago, 1962.

Markowitz, Mark. "Portfolio Selection." *Journal of Finance* 7, no. 1 (1952): 77–91.

Marshall, Herbert, Frank A. Southard, and Kenneth W. Taylor. *Canadian-American Industry: A Study in International Investment*. New Haven, CT: Yale University Press, 1936.

Martin, Joe. "Great Depression Hit One Country Hardest of All." Bloomberg (blog), 26 March 2013. https://www.bloomberg.com/view/articles/2013-03-26/great-depression-hit-one-country-hardest-of-all.

– "Opportunities in the Asia-Pacific Region for Canadian Life Insurance Companies in the Early 1990's." In *Studies in Banking and Financial History*, 517–52. Warsaw: European Association for Banking and Financial History, 2013.

–, ed.   *Relentless Change: A Casebook for the Study of Canadian Business History*. Toronto: University of Toronto Press, 2010.

Martin, Roger. *The Finance Crisis and Rescue: What Went Wrong? Why? What Lessons Can Be Learned? Expert Views from the Rotman School of Management*. Toronto: University of Toronto Press, 2008.

Masters, D.C. *The Rise of Toronto*. Toronto: University of Toronto Press, 1947.

Matthews, Geoffrey J. *Historical Atlas of Canada*. Vol. 3, *Addressing the Twentieth Century*. Toronto: University of Toronto Press, 1987.

McCallum, Bennett T. *International Monetary Economics*. New York: Oxford University Press, 1996.

McCraw, Thomas K., ed. *Creating Modern Capitalism: How Entrepreneurs. Companies, and Countries Triumphed in Three Industrial Revolutions*. Cambridge, MA: Harvard University Press, 1997.

– *The Founders and Finance: How Hamilton, Gallatin, and Other Immigrants Forged a New Economy*. Cambridge, MA: Harvard University Press, 2012.

– *Prophet of Innovation: Joseph Schumpeter and Creative Destruction*. Cambridge, MA: Harvard University Press, 2007.

– *Prophets of Regulation: Charles Francis Adams, Louis D. Brandeis, James M. Landis, Alfred E. Kahn*. Cambridge, MA: Belknap Press of Harvard University Press, 1984.

McCusker, John J., and Russell R. Menard. *The Economy of British America, 1607–1789*. Chapel Hill: University of North Carolina Press, 1991.

McDonald, Judith, Anthony P. O'Brien, and Colleen M. Callahan. "Trade Wars: Canada's Reaction to the Smoot-Hawley Tariff." *Journal of Economic History* 57, no. 4 (1997): 802–26.

McDowall, Duncan. *Quick to the Frontier: Canada's Royal Bank*. Toronto: McClelland & Stewart, 1993.

McGee, Thomas D. *Two Speeches on the Union of the Provinces: Minister of Agriculture*. Quebec: Hunter, Rose, 9 February 1865.

McInnis, Edgar. *Canada: A Political and Social History*. New York. Rinehart, 1957.

McIvor, R. Craig. *Canadian Monetary, Banking and Fiscal Development*. Toronto: Macmillan Company of Canada, 1958.

McKenna, Christopher. *The World's Newest Profession: Management Consulting in the Twentieth Century*. Cambridge: Cambridge University Press, 2006.

McLeod, J.A. "The Present Working of the Canadian Banking System." *Journal of the Canadian Bankers' Association* 41 (1933): 31–47.

McMullough, David. *John Adams*. New York: Simon and Schuster, 2001.

McNeil, William C. *American Money and the Weimer Republic: Economics and Politics on the Eve of the Great Depression*. New York: Columbia University Press, 1986.

McPherson, James. *Battle Cry of Freedom*. New York: Oxford University Press, 1988.

– *The War That Forged a Nation: Why the Civil War Still Matters*. New York: Oxford University Press, 2015.

McQueen, Rod. "The Collapse of Confederation Life." In *Relentless Change: A Casebook for the Study of Canadian Business History*, ed. Joe Martin, 286–302. Toronto: University of Toronto Press, 2010.

– *Manulife: How Dominic D'Alessandro Built a Global Giant and Fought to Save It*. Toronto: Viking Canada, 2009.

– *The Money-Spinners: An Intimate Portrait of the Men Who Run Canada's Banks*. Toronto: Macmillan of Canada, 1983.

Meier, K.J. *The Political Economy of Regulation: The Case of Insurance*. Albany: State University of New York, 1988.

Merton, Robert C. "Theory of Rational Option Pricing." *Bell Journal of Economics and Management Science* 4, no. 1 (1973): 141–83.

Mihm, Stephen. *A Nation of Counterfeiters: Capitalists, Con Men, and the Making of the United States*. Cambridge, MA: Harvard University Press, 2007.

Miller, Ian H.M. *Our Glory and Our Grief: Torontonians and the Great War*. Toronto: University of Toronto Press, 2002.

Miller, Merton H., and Franco Modigliani. "Dividend Policy, Growth, and the Valuation of Shares." *Journal of Business* 34, no. 4 (1961): 411–33.

Miranti Jr, Paul J. *Accountancy Comes of Age: The Development of an American Profession, 1886–1940*. Chapel Hill: University of North Carolina Press, 1990.

Moore, Christopher. *1867: How the Fathers Made a Deal*. Toronto: McClelland & Stewart, 1997.

– *Three Weeks in Quebec City: The Meeting That Made Canada*. Toronto: Penguin Canada Books, 2015.

Moreau, Francois. *Le Développement International des Banques Canadiennes: Croissance, Expansion and Concentration*. Montreal: Editions Saint-Martin, 1985.

Morningstar. http://www2.morningstar.ca/homepage/h_ca.aspx?culture=en-CA.

Morrison, Samuel E., Henry S. Commager, and William E. Leuchtenburg. *The*

Growth of the American Republic. Vol. 1. Oxford: Oxford University Press, 1980.

Morton, Desmond. *A Short History of Canada*. Toronto: McClelland & Stewart, 2007.

Morton, Desmond, and J.L. Granatstein. *Marching to Armageddon: Canadians and the Great War, 1914–1919*. Toronto: Lester & Orpen, 1989.

Morton, W.L. "Bruce, James, 8th Earl of Elgin and 12th Earl of Kincardine." *Dictionary of Canadian Biography*, vol. 9. 1976. http://www.biographi.ca/en/bio/bruce_james_9E.html.

– *The Critical Years: The Union of British North America, 1857–1873*. Toronto: McClelland and Stewart, 1964.

– *The Kingdom of Canada*. Toronto: McClelland & Stewart, 1963.

Mowery, David, and Nathan Rosenberg. "Twentieth-Century Technological Change." In *The Cambridge Economic History of the United States*, Vol. 3, ed. Stanley L. Engerman and Robert E. Gallman, 803–927. Cambridge: Cambridge University Press, 2000.

Muirhead, Bruce. *Against the Odds: The Public Life and Times of Louis Rasminsky*. Toronto: University of Toronto Press, 1999.

Munro, William B. *American Influences on Canadian Government*. Toronto: Macmillan, 1929.

Murray, Sharon Ann. *Investing in Life: Insurance in Antebellum America*. Baltimore, MD: Johns Hopkins University Press, 2010.

Mussio, Laurence B. *A Vision Greater Than Themselves: The Making of the Bank of Montreal, 1817–2017*. Montreal: McGill-Queen's University Press, 2016.

Neil, Martin N., and Jacob F. Kirkegaard. *US Pension Reform: Lessons from Other Countries*. Washington, DC: Peterson Institute for International Economics, 2009.

Nelles, H.V. *A Little History of Canada*. Toronto: Oxford University Press Canada, 2004.

Nelles, H.V., and Christopher Armstrong. *Monopoly's Moment: The Organization and Regulation of Canadian Utilities, 1830–1930*. Toronto: University of Toronto Press, 1988.

Nelson, Scott Reynolds. *A Nation of Deadbeats: An Uncommon History of America's Financial Disasters*. New York: Vintage Books, 2012.

Neufeld, E.P. *The Financial System of Canada: Its Growth and Development*. Toronto: Macmillan Company of Canada, 1972.

The New York Times Current History: The European War. Vol. 16. New York: New York Times, 1918.

Noiseux, Marie-Helene. "Canadian Bank Mergers, Rescues and Failures." PhD diss., John Molson School of Business, Concordia University, 2002.

Nolan, Mary. *The Transatlantic Century: Europe and America 1890–2010*. Cambridge: Cambridge University Press, 2012.

– *Visions of Modernity: American Business and the Modernization of Germany*.

Oxford: Oxford University Press, 1995.

Norman, Jeffrey. *The Path of the Sun: An Informal History of Sun Life Assurance Company of Canada*. Toronto: Arthur Jones, 1996.

Norrie, Kenneth, Douglas Owram, and J.C. Herbert Emery. *A History of the Canadian Economy*. 4th ed. Toronto: Thomson, Nelson, 2008.

North, Douglass. "Capital Accumulation in Life Insurance between the Civil War and the Investigation of 1905." In *Men in Business: Essays in the History of Entrepreneurship*, ed. William Miller, 238–53. Cambridge, MA: Harvard University Press, 1952.

– *Institutions, Institutional Change and Economic Performance*. St Louis: Washington University Press, 1990.

North, Douglass C., and Robert Paul Thomas. *The Rise of the Western World: A New Economic History*. Cambridge: Cambridge University Press, 1995.

Oakes, James. *The Ruling Race: A History of American Slaveholders*. New York: Knopf, 1982.

Oberlander, H. Peter, and Arthur L. Fallick. *Housing a Nation: The Evolution of Canadian Housing Policy*. Vancouver: Centre for Human Settlements, University of British Columbia for Canada Mortgage and Housing, 1992.

Office of the Superintendent of Financial Institutions. "Guide to Foreign Bank Branching." 2002. http://www.osfi-bsif.gc.ca/eng/fi-if/app/aag-gad/pages/fbbguide.aspx.

Olegario, Rowena. *A Culture of Credit: Embedding Trust and Transparency in American Business*. Cambridge, MA: Harvard University Press, 2006.

Organization for Economic Co-operation and Development. "Social Expenditure: Aggregated Data." 2017. http://stats.oecd.org/Index.aspx?datasetcode=SOCX_AGG.

Ormsby, William G. "Hinicks, Sir Francis." *Dictionary of Canadian Biography*. Vol. 11. http://www.biographi.ca/en/bio/hincks_francis_11E.html.

O'Sullivan, Mary A. *Dividends of Development: Securities Markets in the History of US Capitalism, 1866–1922*. Oxford: Oxford University Press, 2016.

– "The Expansion of the U.S. Stock Market, 1885–1930: Historical Facts and Theoretical Fashions." *Enterprise and Society* 8, no. 3 (2007): 489–532.

Ott, Julia. "The Free and Open People's Market: Political Ideology and Retail Brokerage at the New York Stock Exchange, 1913–1933." *Journal of American History* 96, no. 1 (2009): 44–71.

– *When Wall Street Met Main Street: The Quest for an Investors' Democracy*. Cambridge, MA: Harvard University Press, 2011.

Ouellet, Fernand. "Lambton, John George, 1st Earl of Durham." *Dictionary of Canadian Biography*, vol. 7, 1988, http://www.biographi.ca/en/bio/lambton_john_george_7E.html.

– "Papineau, Louis-Joseph." *Dictionary of Canadian Biography*, vol. 10, 1972. http://www.biographi.ca/en/bio/papineau_louis_joseph_10E.html.

Pak, Susie. *Gentleman Bankers: The World of J.P. Morgan*. Cambridge, MA:

参考文献

Harvard University Press, 2013.
Parker, Beth. *Unstoppable: The Story of Asset-Based Finance and Leasing in Canada.* Toronto: Barlow Book Publishing, 2014.
Parkes, Henry Bamford. *The United States of America: A History.* New York: Alfred A. Knopf, 1956.
Perkins, Edwin J. *American Public Finance and Financial Services, 1700–1815.* Columbus: Ohio State University Press, 1994.
Perry, J. Harvey. *Taxes, Tariffs, & Subsidies: A History of Canadian Fiscal Development.* Vols 1 and 2. Toronto: University of Toronto Press, 1955.
Picardo, Elvis. "History of the Toronto Stock Exchange." Investopedia. http://www.investopedia.com/articles/stocks/08/history-of-toronto-stock-exchange.asp.
Piketty, Thomas. *Capital in the Twenty-First Century.* Cambridge, MA: Belknap Press of Harvard University Press, 2014.
Pitts, Gordon. *Fire in the Belly: How Purdy Crawford Rescued Canada and Changed the Way We Do Business.* Halifax: Nimbus Publishing, 2014.
Poor, Henry V. *Poor's Manual of the Railroads of the United States.* New York: H.V. & H.W., 1895.
Pope, Joseph. *Memoirs of the Right Honourable Sir John Alexander Macdonald, First Prime Minister of Canada.* Toronto: Musson Book, 1930.
Porter, Dana H. *Report of the Royal Commission on Banking and Finance.* Ottawa: Queen's Printer, 1964.
Powell, James. *A History of the Canadian Dollar.* Ottawa: Bank of Canada, 2005.
Previs, Gary J., and Barbara D. Merino. *A History of Accountancy in the United States: The Cultural Significance of Accounting.* Columbus: Ohio State University Press, 1998.
Puri, Poonam. "Canada: 'Bank Bashing' Is a Popular Sport." In *Banking Systems in the Crisis: The Faces of Liberal Capitalism,* ed. Suzanne J. Konzelmann and Marc Fovargue-Davies, 155–85. New York: Routledge, 2012.
Quebec. National Assembly. Standing Committee on Public Finance. *Journal des débats (Hansard).* 1st Session, 38th Legislature. Meeting No. 20, 2007. http://www.assnat.qc.ca/en/travaux-parlementaires/commissions/cfp-38-1/journal-debats/CFP-071128.html.
Raible, Chris. Review of *The Patriot War along the Michigan-Canadian Borders: Raiders and Rebels. Ontario History* 106, no. 1 (2014): 136–37.
Rajan, Raghuram G. *Banks and Markets: The Changing Character of European Finance.* Cambridge: National Bureau of Economic Research, 2003.
– *Fault Lines: How Hidden Fractures Still Threaten the World Economy.* Princeton: Princeton University Press, 2010.
Rajan, Raghuram G., and Luigi Zingales. "The Great Reversals: The Politics of Financial Development in the Twentieth Century." *Journal of Financial Economics* 69, no. 1 (2003): 5–50.
Rea, J.E., *T.A. Crerar: A Political Life.* Montreal and Kingston: McGill-Queen's

University Press, 1997.

Redlich, Fritz. *The Molding of American Banking*. New York: Johnson Reprint, 1968.

Reguly, Eric. "Germany Moves Fast to Help Ease ECB Tension." *Globe and Mail*, 12 September 2011.

Reid, Christopher. "Credit Default Swaps and the Canadian Context." In *Financial System Review*, 1–45. Ottawa: Bank of Canada, June 2004.

Reinhart, Carmen M., and Kenneth S. Rogoff. *This Time Is Different: Eight Centuries of Financial Folly*. Princeton: Princeton University Press, 2009.

Rich, George. "Canadian Banks, Gold and the Crisis of 1907." *Explorations in Economic History* 26, no. 1 (1989): 135–60.

Robb, J.A. *The Canada Year Book, 1921*. Ottawa: King's Printer, 1922.

Roberts, Andrew. *A History of the English-Speaking Peoples since 1900*. London: Weidenfeld & Nicolson, 2006.

Roberts, Richard. *Saving the City: The Great Financial Crisis of 1914*. Oxford: Oxford University Press, 2013.

Rockman, Seth. "The Future of Civil War Era Studies: Slavery and Capitalism. *Journal of the Civil War Era* 2, no. 1 (2012): 627–50.

Rodgers, Daniel T. *Atlantic Crossings: Social Politics in a Progressive Age*. Cambridge, MA: Harvard University Press, 1998.

Roe, Mark. *Strong Managers, Weak Shareholders*. Princeton: Princeton University Press, 1992.

Ross, Kevin. *Market Predictability of ECB Monetary Policy Decisions: A Comparative Examination*. Washington, DC: International Monetary Fund, European Department, 2002.

Ross, Victor. *A History of the Canadian Bank of Commerce*. Vol. 2. Toronto: University of Toronto Press, 1922.

Royal Bank of Canada. *2000 Annual Report: People to People Building Relationships in the New Economy*. 2000. http://www.rbc.com/investorrelations/pdf/ar_2000_e.pdf.

Rudin, R.E. "King, Edwin Henry," *Dictionary of Canadian Biography*, vol. 12, 1990, http://www.biographi.ca/en/bio/king_edwin_henry_12E.html

Safarian, A.E. *The Canadian Economy in the Great Depression*. Toronto: McClelland & Stewart, 1970.

– *Foreign Ownership of Canadian Industry*. Toronto: University of Toronto Press, 2011.

Schenk, Catherine R. "Origins of the Eurodollar Market in London, 1955–1963." *Explorations in Economic History* 35, no. 2 (1998): 221–38.

Schembri, Lawrence. "Arbitrage in Foreign Policy in Canada: Lessons from the Past, Implications for the Future." In *Trends in Monetary Policy Issues*, ed. Albert V. Tavidze, 121–43. New York: Nova Science Publishers, 2008.

Schenk, Catherine R., and Emmanuel Mourlon-Druol. "Bank Regulation and Supervision." In *The Oxford Handbook of Banking and Financial Regulation*, ed. Youssef Cassis et al., 395–419. Oxford: Oxford University Press, 2016.

Schermerhorn, Calvin. *The Business of Slavery and the Rise of American*

Capitalism, 1815–1860. New Haven, CT: Yale University Press, 2015.

Schlesinger, Arthur M., Jr. *The Age of Jackson*. New York: Book Find Club, 1945.

Schott, Francis H. "The Report of the Canadian Royal Commission on Banking and Finance: A Review." *Federal Reserve Bank of New York* 46, no. 8 (1964): 151–6.

Schröter, Harm G. *The Americanization of the European Economy: A Compact Survey of American Economic Influence in Europe since the 1880s*. Dordrecht: Springer, 2005.

Schull, Joseph, *100 Years of Banking in Canada: A History of the Toronto-Dominion Bank*. Toronto: Copp Clark Publishing, 1958.

Schull, Joesph, and J. Douglas Gibson. *The Scotiabank Story: A History of the Bank of Nova Scotia, 1832–1982*. Toronto: Macmillan of Canada, 1982.

Schweikart, Larry. *Banking in the American South from the Age of Jackson to Reconstruction*. Baton Rouge: Louisiana University Press, 1987.

– "Entrepreneurial Aspects of Antebellum Banking." In *American Business History: Case Studies*, ed. Henry C. Dethloff and C. Joseph Pusateri, 122–39. Arlington Heights, IL: Harlan Davidson, 1987.

Scranton, Philip. *Endless Novelty: Specialty Production and American Industrialization, 1865–1925*. Princeton: Princeton University Press, 1997.

Sharpe, William F. "Capital Asset Prices: A Theory of Market Equilibrium under Conditions of Risk." *Journal of Finance* 19, no. 3 (1964): 425–42.

Shelp, Ronald K., and Al Ehrbar. *Fallen Giant: The Amazing Story of Hank Greenberg and the History of AIG*. Hoboken, NJ: John Wiley & Sons, 2006.

Shiller, Robert J. *Finance and the Good Society*. Princeton: Princeton University Press, 2012.

– *The New Financial Order: Risk in the 21st Century*. Princeton: Princeton University Press, 2003.

Shortt, Adam. *History of Canadian Currency and Banking, 1600–1880*. Toronto: Canadian Bankers' Association, 1986.

Sirois, Joseph. *Royal Commission on Dominion-Provincial Relations: The Rowell-Sirois Report*. Ottawa: King's Printer, 1940.

Skelton, Oscar D. *The Day of Sir Wilfrid Laurier*. Toronto: Glasgow Brock, 1916.

– *The Life and Times of Sir Alexander Tilloch Galt*. Toronto: Oxford University Press, 1920.

Smith, Andrew. "Continental Divide: The Canadian Banking and Currency Laws of 1871 in the Mirror of the United States." *Enterprise & Society* 13, no. 3 (2012): 455–503.

Smith, Andrew David Allan. "British Businessmen and Canadian Confederation: Gentlemanly Capitalism at Work." PhD diss., University of Western Ontario, 2005.

Smith, Andrew, and Laurence Mussio. "*Canadian Entrepreneurs and the Preservation of the Capitalist Peace in the North Atlantic Triangle in the Civil War Era, 1861–1871.*" *Enterprise & Society* 17, no. 3 (2015): 515–45.

Smith, Lawrence B. "Canadian Housing Policies in the Seventies." *Land Economics* 57, no. 3 (1981): 338–52.
Soll, Jacob. *The Reckoning: Financial Accountability and the Rise and Fall of Nations*. New York: Basic Books, 2014.
Solomon, Lawrence. "Lawrence Solomon: Radical Republicans." *Financial Post*, 20 November 2015.
Sorkin, Andrew Ross. *Too Big to Fail*. New York: Viking, 2009.
Stacey, Charles P. *Canada and the Age of Conflict*. Vol. 1, *1867–1921: A History of Canadian External Policies*. Toronto: University of Toronto Press, 1984.
Statistics Canada. "Table 378-0121 National Balance Sheet Accounts." http://www5.statcan.gc.ca/cansim/a26?lang=eng&id=3780121.
Steil, Benn. *The Battle of Bretton Woods: John Maynard Keynes, Harry Dexter White, and the Making of a New World Order*. Princeton: Princeton University Press, 2013.
Stewart, D.M. "The Banking Systems of Canada and the United States." Empire Club of Canada Addresses, Toronto, ON, 14 December 1905.
Stewart, Gordon. *The American Response to Canada since 1776*. East Lansing: Michigan State University Press, 1992.
– *The Origins of Canadian Politics: A Comparative Approach*. Vancouver: University of British Columbia Press, 1986.
Stokes, Milton L. *The Bank of Canada: The Development and Present Position of Central Banking in Canada*. Toronto: Macmillan, 1939.
Sylla, Richard. *The American Capital Market, 1846–1914: A Study of the Effects of Public Policy on Economic Development*. New York: Arno, 1975.
– "Reversing Financial Reversals: Government and the Financial System since 1789." In *Government and the American Economy: A New History*, ed. Price Fishback, 115–47. Chicago: University of Chicago Press, 2007.
– "United States Bank and Europe: Strategy and Attitudes." In *European Banks and the American Challenge: Competition and Cooperation in International Banking under Bretton Woods*, ed. Stefano Battilossi and Youssef Cassis, 53–73. Oxford: Oxford University Press, 2002.
Szalay, Michael. *New Deal Modernism: American Literature and the Invention of the Welfare State*. Durham, NC: Duke University Press, 2000.
Talbot, Robert J. *Negotiating the Numbered Treaties: An Intellectual & Political Biography of Alexander Morris*. Saskatoon: Purich Publishing, 2009.
Taylor, Graham D. *The Rise of Canadian Business*. Oxford: Oxford University Press, 2009.
Telfer, Thomas G.W. *Ruin and Redemption: The Struggle for a Canadian Bankruptcy Law, 1867–1919*. Toronto: University of Toronto Press, 2014.
Temin, Peter. *The Jackson Economy*. New York: Norton, 1969.
– "Transmission of the Great Depression." *Journal of Economic Perspectives* 7, no. 2 (1993): 87–102.
Thelen, Kathleen. "Varieties of Capitalism and Business History." *Business

History Review 84, no. 4 (2010): 646–8.

Tocqueville, Alexis de. *Democracy in America*. Translated by Arthur Goldhammer. New York: Library of America, 2004.

Tooze, Adam. *The Deluge: The Great War, America, and the Remaking of the Global Order, 1916–1931*. New York: Viking, 2014.

Traclet, Virginie. "An Overview of the Canadian Housing Finance System." *Housing Finance International* 25, no. 1 (2010): 6–13.

Traflet, Janice M. *A Nation of Small Shareholders*. Baltimore, MD: Johns Hopkins University Press, 2013.

Trevelyan, G.M. *History of England*. Vol. 3. New York: Doubleday Anchor Books, 1954.

Trigge, A. St L. *A History of the Canadian Bank of Commerce; With an Account of Other Banks Which Now Form Part of Its Story*. Vol. 3, *1919–30*. Toronto: Canadian Bank of Commerce, 1934.

Turner, Charles H., and Fons Trompenaars. *The Seven Cultures of Capitalism: Value Systems for Creating Wealth in the United States, Britain, Japan, Germany, France, Sweden and the Netherlands*. New York: Doubleday, 1993.

Van Buren, Martin. *The Autobiography of Martin Van Buren*. Washington, DC: Government Printing Office, 1920.

Van Deusen, Glyndon G. *The Jacksonian Era: 1828–1848*. New York: Harper & Row, 1959.

Verbeeten, Claudio, and David Eggert. "Canada's Big Banks at Home and Abroad in the New Millennium." Research Paper, Rotman School of Management, 2014.

Wallace, C.M. "Tilley, Sir Samuel Leonard." *Dictionary of Canadian Biography*. Vol. 12. http://www.biographi.ca/en/bio/tilley_samuel_leonard_12E.html.

Wallace, Wanda A. "Commentary on Rowan A. Miranda." *Research in Governmental and Non-Profit Accounting* 8 (1994): 267–75.

Wallis, John Joseph. "The National Era." In *Government and the American Economy: A New History*, ed. Price Fishback, 148–87. Chicago: University of Chicago Press, 2007.

Walton, Gary M., and Hugh Rockoff. *History of the American Economy*. 8th ed. New York: Dryden, 1998.

Wardhaugh, Robert A. *Behind the Scenes: The Life and Work of William Clifford Clark*. Toronto: University of Toronto Press, 2010.

Watson, Rick, and Jeremy Carter. *Asset Securitisation and Synthetic Structures: Innovations in the European Credit Market*. London: Euromoney Books, 2006.

Watts, George S. *The Bank of Canada: Origins and Early History*. Ottawa: Carleton University Press, 1993.

White, Eugene N. "Banking and Finance in the Twentieth Century." In *The Cambridge Economic History of the United States*. Vol. 3, ed. Stanley L. Engerman and Robert E. Gallman, 743–803. Cambridge: Cambridge University Press, 2000.

White, William Thomas. *The Story of Canada's War Finance*. Montreal, 1921.
Whittington, Les. *The Banks: The Ongoing Battle for Control of Canada's Richest Business*, Toronto: Stoddart Publishing, 1999.
Wilkins, Mira. *The Emergence of Multinational Enterprise: American Business Abroad from the Colonial Era to 1914*. Cambridge, MA: Harvard University Press, 1970.
– *The History of Foreign Investment in the United States: 1914 to 1945*. Cambridge, MA: Harvard University Press, 2004.
– *The History of Foreign Investment in the United States to 1914*. Cambridge, MA: Harvard University Press, 1989.
– *The Maturing of Multinational Enterprise: American Business Abroad from 1914 to 1970*. Cambridge, MA: Harvard University Press, 1974.
– "Multinational Enterprise in Insurance: An Historical Overview." *Business History* 51, no. 3 (2009): 334–63.
Wilkinson, B.W. "Section G: The Balance of International Payments, International Investment Position and Foreign Trade." Statistics Canada. 2014. http://www.statcan.gc.ca/pub/11-516-x/sectiong/4147439-eng.htm#4.
Williams, Eric. *Capitalism and Slavery*. New York: Russell & Russell, 1944.
Williamson, Samuel H. "Daily Closing Value of the Dow Jones Average, May 2, 1885 to Present." Measuring Worth. https://measuringworth.com/DJA/.
Wolfe, Martin. *Fixing Global Finance*. Baltimore, MD: Johns Hopkins University Press, 2008.
Wolfe, Tom. *The Bonfire of the Vanities*. New York: Farrar, Straus & Giroux, 1987.
Wood, Gordon S. *Empire of Liberty: A History of the Early Republic, 1789–1815*. Oxford: Oxford University Press, 2009.
Woodham-Smith, Cecil. *The Great Hunger: Ireland 1845–1849*. London: Penguin Books, 1991.
Woodman, Harold D. *King Cotton and His Retainers: Financing and Marketing the Cotton Crop of the South, 1800–1925*. Lexington: University of Kentucky Press, 1968.
Woodward, Lewellyn. *The Age of Reform, 1815–1870*. Oxford: Clarendon, 1997.
World Council. "2012 Global Credit Union *Statistical Report* Now Available." News release, 12 July 2013. http://www.woccu.org/newsroom/releases/2012_Global_Credit_Union_iStatistical_Report_i_Now_Available.
World Digital Library. 1917. "4 Reasons for Buying Victory Bonds." https://www.wdl.org/en/item/4532/.
World Trade Organization. "B. Trends in International Trade." World Trade Organization. https://www.wto.org/english/res_e/booksp_e/wtr13-2b_e.pdf.
Wright, Gavin. *The Political Economy of the Cotton South: Households, Markets, and Wealth in the Nineteenth Century*. New York: Norton, 1978.
Wright, Robert E. "Bank Ownership and Lending Patterns in New York and

Pennsylvania, 1781–1831." *Business History Review* 73, no. 1 (1999): 40–60.
– *The First Wall Street: Chestnut Street, Philadelphia, & the Birth of American Finance*. Chicago: University of Chicago Press, 2005.
– *Fubarnomics: A Lighthearted, Serious Look at America's Economic Ills*. Amherst: Prometheus Books, 2010.
– *One Nation under Debt: Hamilton, Jefferson, and the History of What We Owe*. New York: McGraw Hill, 2008.
Wright, Robert E., and George D. Smith. *Mutually Beneficial: The Guardian and Life Insurance in America*. New York: New York University Press, 2004.
Wright, Robert E., and Richard Sylla. *Genealogy of American Finance*. New York: Columbia University Business School, 2015.
Yates, J.A. *Structuring the Information Age: Life Insurance and Technology in the Twentieth Century*. Baltimore: Johns Hopkins University Press, 2005.
Year-Book and Almanac of British North America for 1867: Being an Annual Register of Political, Vital, and Trade Statistics, Tariffs, Excise and Stamp Duties; and All Public Events of Interest in Upper and Lower Canada; New Brunswick; Nova Scotia; Newfoundland; Prince Edward Island; and the West India Islands. Montreal: Lowe and Chamberlin, 1866.
Young, Amy. "The Creation of TMX Group: Dramatic Change on the Canadian Stock Exchange Scene – 1999 to 2008." Case Study, Rotman – University of Toronto, 2004.
Zahedieh, Nuala. *The Capital and the Colonies: London and the Atlantic Economy, 1660–1700*. Cambridge: Cambridge University Press, 2010.
Zimet, Melvin, and Ronald G. Greenwood, eds. *The Evolving Science of Management: The Collected Papers of Harold Smiddy and Papers by Others in His Honor*. New York: AMACOM, 1979.
Zingales, Luigi and Raghuram G. Rajan. *Banks and Markets: The Changing Character of European Finance*. Cambridge: National Bureau of Economic Research, 2003.

其他数据来源

The Alien and Sedition Acts of 1798, 5th Cong., General Records of the United States Government Record Group 11 (6 July 1798).
Best Insurance News, various dates.
BMO, annual reports, 1880s archives.
Canada, House of Commons Debates (Hansard): 1908, 1931, 1932.
Canada Year Books: 1867, 1870, 1900, 1914, 1921, 1922–3, 1930, 1931, 1938, 1947, 1955, 1956.
Canadian Annual Review, 1908, 1935, 1936.
Canadian Encyclopedia.
Daily Globe.
Dictionary of Canadian Biography. Vols 7–15.

Financial Post

Financial Post Corporation Service; FP Corporate Service Card.

Globe / Globe and Mail.

Hepburn v Griswold, 75 US 603 (1870).

U.S. Declaration of Independence, 1776.

索 引
（所注页码为英文原书页码）

accounting, 267–8
  and crash of 1929, 249
  firm mergers, 266
  New Deal and, 261
  profession, 136–9
  See also auditing
accounting (Canada)
  profession, 138–9
  reporting, 142–3
accounting (U.S.)
  profession, 136–8
  public companies and, 160
  reporting, 176, 273
  standards, 249
  stock markets and, 176–7
acquisitions
  agency theory and, 252
  debt financing, 252, 257
  foreign companies buying U.S., 253
  high-yield bonds for, 253
  leveraged buyouts (LBOs), 252, 253
  management buyouts (MBOs), 252
  See also mergers
Act of Union (1841), 64, 72, 84
actuarial science, 136, 139
Actuarial Society of America, 139
Adams, John, 26, 28, 34, 36

Aetna, 132, 168, 169
AFIA, 239
African Americans, 47–8, 52, 53.
  See also slavery/slaves
agency theory, 252
agrarian unrest, 142
agriculture (Canada), 70, 94–5, 177
agriculture (U.S.), 58, 159, 166
Aitken, Max (later Lord
  Beaverbrook), 108
Aldrich, Nelson W., 146
Aldrich-Vreeland Act (1908), 145, 148
Allianz, 244
Alloway and Champion, 162
American Civilization (Lerner), 7
American Express, 115–16
American International Group (AIG)
  insurance, 188–9, 240, 273
American Re, 244
Ames, A.E., 108, 256
Angus, Richard B., 126
Annexation Manifesto, 74
antitrust legislation, 249, 257
appliances, 150, 159
Armstrong Commission, 130, 135, 182
Arnold, Benedict, 24
Arthur Andersen, 268

Arthur Young, 268
Articles of Confederation (U.S.), 25, 26, 28
asset-backed commercial paper (ABCP), 270, 271-2
asset-backed securities, 209
assets (Canada)
    bank, 87-8, 102, 113, 182-3, 201-2, 211, 259
    of foreign banks, 216, 217
    insurance industry, 133
    life insurance, 170
    under management (AUM), 228
    provincial, 79
assets (U.S.)
    bank, 113, 166
    bank, as GDP percentage, 208
    of foreign banks, 201, 217
    oil companies, 141
    pension, 222, 224
    railroads, 93
auditing, 137-8, 143, 160, 177. *See also* accounting
automobiles, 150, 159
    insurance, 169-70, 239, 247

Baldwin, Robert, 73, 74
Bank Act (1871; Canada), 11, 96, 100-1, 182, 271
    1913 revision, 103
    1923 revision, 271
    1963 revision, 202
    1980 revision, 210, 213
    1980s revisions, 216
    as bill, 89-91
    decennial reviews, 3
    decennial revisions, 101, 163, 210
    and foreign banks, 210
    protection from new entrants, 202
    quinquennial revisions, 215

Bank Acts (1869-1871; Canada), battle of, 217
bank branches (Canada), 96
    Bank of Montreal, 84, 88, 113
    closures, 162
    Great Depression and, 182, 183
    numbers/distribution of, 87-8
    numbers of, 102
    small country banks vs., 89
    strength of, 184
bank branches (U.S.)
    of BUS, 32, 38
    in foreign countries, 198, 201
    interstate, 201
    limits on, 106
    restrictions on, 42, 43, 45, 56, 112, 201
    state banks vs., 32
    in U.K., 201
bank branches, in Canada vs. U.S., 150
Bank Circulation Redemption Fund (Canada), 149
bank failures
    after Bretton Woods fall, 262-3
    Great Depression and, 174
    international banking regulation and, 209
bank failures (Canada)
    during 1800s, 87, 99, 102-3
    1908, 95
    and deposit insurance, 163
    and external auditors, 101, 103
    Great Depression and, 183
    Home Bank, 163
    in mid-1980s, 264-5
    post-First World War depression and, 153, 155
    regulation and, 264-5

索 引

bank failures (U.S.)
　during 1800s, 77, 82–3, 144
　in 1830s, 72
　of 1837, 39
　in 1914, 154
　agricultural loans and, 166
　chartering vs., 40, 45
　frequency of, 45
　and housing, 229
　insurance fund vs., 46
　during interwar period, 166
　during late 1980s, 263
Bank of Brantford, 87
Bank of British Columbia, 104
Bank of British North America, 84, 89, 104, 116, 117
Bank of Canada, 194
　Act, 4
　creation of, 4, 12
　establishment of, 179
　and interest rates, 258
　mentioned, 202
　and Second World War, 186
Bank of Canada (Montreal), 83
Bank of England, 31
Bank of Kingston, 83
Bank of Montreal (BMO)
　and Bank Act of 1871, 96
　branches, 84, 88, 102
　establishment of, 37, 81, 82–3
　international activity, 216
　merger with RBC, 215
　NCB compared to, 113
　in New York, 116–17
　and Ontario Bank, 103
　relationship with other banks, 99
　size, 84, 89, 104, 114, 162, 187
　special status, 99
　underwriting foreign debt, 107
Bank of New Brunswick, 83, 104

Bank of New York, 32, 43
Bank of North America (BNA), 40
Bank of Nova Scotia, 83, 116, 117, 183, 215, 216, 217
Bank of the United States (BUS), 34
　First, 10, 31–2, 37, 39, 81–2, 111
　Second, 10, 36–7, 38–9, 41, 42, 43, 44, 45, 84–5, 116
　Third, 11
Bank of Upper Canada, 83, 84, 87, 99
Bank of Western Canada, 87
Bank of Yarmouth, 103
bank regulation (Canada), 183
　bank failures and, 264–5
　changes in, 211
　federal, 102
　government inspection, 163
　history of, 271
　Office of the Inspector General of Banks, 163
　during post–Second World War period, 212–13
　self-, 102, 200, 209–10, 213, 265
bank regulation (U.S.)
　budget reduction for, 205
　Federal Reserve and, 164–5
　as fractional, 201
　interstate restrictions, 204
　loosening of restrictions on, 201
　self-, 200
　state regulations, 44
　states and, 110, 165
　and U.S. banks in Europe, 198–9
bank regulation, international, 209
Bankers Trust, 115
Banking Act (1935; U.S.), 164
banknotes. *See also* paper money/currency

415

banknotes (Canada)
  Bank of Canada and issues, 179
  in circulation, and chartered banks' liabilities, 100
  First World War and issues, 153
  government notes vs., 89
  issue by banks vs. government, 99–100
banknotes (U.S.)
  in circulation, 37, 44
  commercial banks and issue of, 111
  government vs. private, 147
  state banks and issues, 111, 114
  uniform national, 56
banks/banking
  business information systems and, 202
  business shift, 209–10
  Canadian banks in U.S. and ownership, 117
  capitalization in Canada vs. U.S., 150–1
  cash reserves required for, 150–1
  and foreign investment, 96, 199–200
  importance of national, 82
  lending practices, 84–5
  and liability, 82
  offshore, 199–200, 213
  partnerships, 82
  population size and number of, 82
  in post–Second World War period, 12–13
  Scottish, 32, 82
  shadow, 213, 266–7
  shareholder capital, and formation of, 82
  shareholdings in Canada vs. U.S., 151
  universal, 263
  as weak/fragmented, 144
  See also foreign banks
banks/banking (Canada), 80–5
  assets, 87–8, 102, 201–2, 211, 259
  banknote issuance, 99–100
  Big Five, 211–12
  branches vs. small country banks, 89
  and capital, 100
  Confederation and, 77–80
  consolidations, 153, 162–3, 170
  credit contraction, 85
  and currency, 81
  economic downturns/crises and, 86–7
  in eurodollar market, 216
  as federal power, 78
  as federal responsibility, 96
  four pillars and, 213–14
  free bank competition with, 86
  government of Canada and, 88–9
  Great Depression and, 182–3
  growth during latter half of 20th century, 259
  incentive/compensation system, 270
  and interest rates, 213
  international activity/role, 102, 162, 211, 216
  during interwar period, 162–3
  and investment dealers, 211, 214
  and LDC debt, 262, 263–4
  local services, 113
  mandated review of, 151
  mergers, 211, 215
  and mortgage loans, 210, 212, 233
  and mutual funds, 228, 259
  National Energy Policy and, 264
  numbers of, 84, 102, 104
  ownership, 179
  paid-up capital, 87–8

索 引

during post–Second World War period, 201–2, 210–17
regulation, 183
Second World War and, 187
size, 104, 114, 211
Task Force on the Future of the Financial Services Sector and, 215
technology and, 206–7
and trust companies, 259, 264
trust divisions, 264
U.K. Treasury and, 84
in U.S., 116–17
U.S. compared to, 81–2
See also foreign banks in Canada

banks/banking (U.K.)
American, 201
and U.S. dollars, 199

banks/banking (U.S.)
and 1907 panic, 144
business models, 42–3
Canadian compared to, 81–2
chartering of, 32, 40–1, 43, 45
complex instruments trading, 205
Constitution and rights over creation/administration, 31
corruption and, 43
and credit, 36
and credit risks, 41
creditor protection, 44
and derivatives, 205
euro deposits, 199
eurocurrency accounts, 204
in Europe, 205
family domination of, 44
Federal Reserve and liquidity, 147
as federal responsibility, 77
financing from owners' capital contributions, 42
First World War and, 153–4
as fragmented/fractured, 53, 111, 263

free vs. chartered, 45–6
government control, 40
growth of, 37, 43–4
holding companies, 203–4
incentive/compensation system, 270
innovations in creation/control of, 45–6
insider lending/trading, 39, 42–3, 46
insurance funds, 46
and interest rates, 213
internalization of capital markets, 269
international activity/operations, 112, 164, 165, 202
interwar changes in, 163–6
labour demand and, 159
and LDC debt, 262–3
liability/liabilities, 40, 42, 45, 46
local services, 113
macroeconomic shocks and, 46
management, 42, 43
megabanks, 198
merchants founding, 41
mergers, 141
and money, 36, 41–2, 45, 109
national oversight of, 56
New Deal restrictions on, 201
numbers of, 37, 43–4, 82, 96, 110–11, 166
patronage and, 45
during post–Second World War period, 198–9
progressives and, 144
and promissory notes, 41
reliability, 40
remote, 42
and risks, 45
safety guidelines, 45–6
services, 40
shareholders, 45, 46

and short-term loans, 41
size, 44, 96, 114, 164, 166, 203
in southern vs. northern states, 44–5
state creation/control, 40–1
Suffolk system, 42
technology and, 206
See also foreign banks in U.S.
Banque de St Hyacinthe, 103
Banque de St Jean, 103
Banque Royale (France), 32
Barclay's Bank, 183
Baring Brothers, 32, 101, 106, 107, 125, 126
Basel Committee on Banking Supervision, 209, 265, 266, 273
Beard, Charles A., 37
Bell Telephone Company of Canada, 138
Belmont, August, 123
Bennett, R.B., 173, 177, 178, 183–4
Bernanke, Ben, 269
Black, F., 207–8
blacks. *See* African Americans
Black-Scholes-Merton Options Pricing, 210
Bliss, Michael, 134
Bond Dealers Association, 156
bonds
    euro-, 194, 252
    junk, 252–3, 263
    U.S. Revolution and, 25
    Victory, 218
    war, in Canada, 155, 156
    war, in U.S., 155
Borden, Robert, 183
boundary settlement (1783), 69
Bradstreet's Book of Commercial Ratings, 138
Brandeis, Louis, *Other People's Money – and How the Bankers Use It*, 145

Breckenridge, Roeliff M., 87
Bretton Woods, 186–7, 192–6, 199, 208, 209, 213, 237, 239, 241, 248, 262
Britain. *See* United Kingdom
British Commonwealth Air Training Program (BCATP), 186
Brown, George, 76, 86, 99
Brown Brothers and Co., 119
Bryan, William Jennings, 142, 147
Bryce, Robert, 163
Brydges, Charles J., 125
Burr, Aaron, 28–9
Bush, George W., 205
business information systems/ education, 202
    and insurance, 240
    management industry, 136
    See also financial theory
Buttonwood Agreement, 248

Caisse de dépôt et placement du Québec, 226–7, 272
caisses populaires (Canada), 220–1
Calhoun, John C., 70
Calvin Bullock, 227
Canada Banking Company, 81
Canada Cement, 108
Canada Company, 75
Canada Life insurance company, 132, 133–4, 139, 170, 217, 226
Canada Mortgage and Housing Corporation (CMHC), 233–5, 236
Canada Pension Plan (CPP), 227
Canada Permanent and Western Canada Mortgage Corporation, 105
Canada Trust, 215
Canadian Bank of Commerce, 90, 103–4, 114, 117, 162
Canadian Bankers' Association (CBA), 101, 103, 149

索 引

Canadian Deposit Insurance Corporation, 264
Canadian Derivatives Clearing Corporation, 258
Canadian Investment Fund Ltd., 227
Canadian Life Insurance Officers Association (CLIOA), 244
Canadian National Railway (CNR), 126, 127, 178
Canadian Pacific Railway (CPR), 124, 125, 126–7, 150
Canadian Ventures Exchange (CDNX), 258–9
capital
  assets pricing model, 207, 251
  bank, in Canada compared to U.S., 84
  bank shareholder, 82
  international banking regulation re adequacy, 209
  international standards, 266
  long-term management (LTCM), 266
capital (Canada)
  Bank of Montreal and share, 82–3
  banks and, 100
  demands, and 1907 crisis, 146
  economic growth and, 106–8
  electrical utilities and, 95
  for life insurance, 133
capital (U.S.)
  corporation stock growth, 160
  inflows into Canada, 107
  national banks and market transactions, 112–13
  NCB compared to BMO, 113
Cardwell, Edward, 60
Carnarvon, Lord, 60
Cartier, George-Étienne, 64–5, 66–7, 76, 98
Cartright, Richard, 98

central bank (Canada), 146, 149, 174, 178, 179, 190. *See also* Bank of Canada
central banks (U.S.), 31, 32, 36–7, 37–8, 82. *See also* Bank of the United States (BUS); Federal Reserve (U.S.)
central banks, in Canada vs. U.S., 150
Central Canada Loan and Savings Company, 105, 108
Central Mortgage and Housing Corporation (CMHC), 233–5
Champlain & St Lawrence (C&SLR) railway, 124
Chandler, Alfred, 93
Chant, John, 272
Chase, Salmon P., 110
Chase bank, 175
Chateau Clique, 65, 71
Cherriman, J.B., 133
Churchill, Winston, 63
CIBC, 207, 215, 228
CIGNA insurance company, 239
Citibank/Citi, 111, 202, 206, 216, 262
City Bank (Montreal), 84
Civil War (1861–1865), 10, 52–3
  and American annexation of Canada, 73
  and Canadian Confederation, 59
  and Canadian trade with U.S., 61
  Churchill on effect on Canada, 63
  and dangers of state/provincial attachment, 77
  and economic growth, 62
  effects of, 54–8, 61, 108
  and U.K. defense expenditures on Canada, 60
  and U.K.–U.S. relationship, 60–1, 63
  as watershed, 9
Clarica, 246

419

Clark, William Clifford, 178, 179, 232, 233, 236
Clay, Henry, 70
Clinton, Bill, 205
Coercive Acts (1774), 20–2
Cold War, 189, 196
Colonial Bank, 84
Commercial Bank of New Brunswick, 102
Commercial Bank of the Midland District, 83–4, 87, 89, 99
commercial banks (Canada), 82
commercial banks (U.S.), 44, 111–14, 120, 154, 175, 201, 203–4, 252
commodities
  and 1907 crisis, 144, 145–6
  Great Depression and prices, 173
  price drop, and bank loans, 166
Commodities Futures Trading Act, reform of (2000), 269
Commodities Futures Trading Commission (CFTC; U.S.), 205
Commodity Futures Modernization Act (2000; U.S.), 205, 269
common stocks, 198, 222, 228
companies
  corporate governance, 141
  size and economic efficiency, 140
  size in Canada vs. U.S., 95
  size of, 140, 141
companies (Canada)
  international profile, 95–6
  size, 161
  small, 95
  as subsidiaries of U.S., 161
companies (U.S.)
  capital stock growth, 160
  corporate governance, 160
  size, 141
  size of industrial, 160

Compromise of 1850, 52
Comptroller of the Currency, 201
Confederation (Canada), 59–60, 63, 75, 76, 77–80
Confederation Life, 134, 135, 170, 245, 246
conflicts of interest, 4, 106, 123, 249, 267, 268
Consolidated Bank of Canada, 103
consolidations. *See also* mergers
consolidations (Canada), bank, 153, 162–3, 170
consolidations (U.S.), 140
  insurance, 243
  numbers of, 141
Constitution (U.S.)
  Articles of Confederation as first, 26
  Eighteenth Amendment, 159
  and federal financial control of currency/banks, 31
  Hamilton and, 28
  Sixteenth Amendment, 156
  Thirteenth Amendment, 54, 55
Constitution Act (1791; Canada), 69, 80
Constitutional Convention (1787), 10, 26, 48
consumerism, 159, 168, 172, 194, 236–9, 251, 262, 269
Continental Congress (1774), 69
Co-operative Commonwealth Federation, 184
Coopers & Lybrand, 268
Corn Laws, 74, 87
corporations. *See* companies
cotton, 49–50, 51, 55, 56–7, 129
Cox, George Albertus, 108, 135
Coyne Affair, 212
CPP Investment Board, 227
Crawford, Purdy, 272

索 引

credit default swaps (CDS), 209, 270, 272
Crédit Lyonnais, 118
credit unions (Canada), 220–1
credit unions (U.S.), 220–1
crises, 144
　1837, 112
　1847, 86
　1857–8, 86
　1907, 11, 95, 102, 103, 131, 144, 145–6, 164
　2008, 14, 172, 197, 205, 209, 221, 232, 238, 265, 266, 269–74, 270
　ABCP, 270, 271–2
　accounting scandals, 267–8
　banks (Canada) and, 86–7
　in Canada during 1980s, 263–5
　Canadian vs. U.S. reactions to, 260
　commercial real estate of early 1990s, 270
　dot.com bubble, 259, 268
　in early 2000s, 267
　LDC debt, 13, 262–4, 265, 271
　oil price shocks, 262, 263
　in post–First World War Canadian banking, 155
　in U.S., 77
　U.S. subprime, 271–2
　Y2K, 267
　See also depressions
The Critical Years, 1857–1873 (Morton), 78
currency
　floating vs. fixed exchange rates, 193–5
　See also money
currency (Canada), 85–6
　banks and, 81
　central bank and, 179

decimalization, 85, 87–8, 100
elasticity, 151
as federal power/responsibility, 78, 96
in French Canada, 80
ratings, 80–1, 85
currency (U.S.)
　bimetallism, 109
　Constitution and federal control over, 31
　decoupling from gold, 109
　devaluation, 181
　Federal Reserve and, 147
　populists and, 147
　state banks and, 56, 109
　states' rights of creation, 42
　Treasury control, 147
currency/-ies
　Bretton Woods and, 193–6
　convertibility of, 195

debt
　Canadian banks underwriting foreign, 107
　consumer, 269
　and economic growth, 237
　growth of government, 208
　less-developed countries (LDC), 262–3, 265, 271
　world holdings, 208
debt (Canada)
　British Columbia, 93
　concentration within central government, 78, 79, 80
　as direct debt, 79
　foreign, for railways, 124
　provincial, 79, 80
　Toronto as centre of financing, 12
　U.S. underwriters of government, 214

421

debt(s) (U.S.)
  and BUS, 31
  central government, 26, 30, 31
  city, 46
  Civil War and, 55
  consolidation of, 29, 30
  consumer, 236–8
  First World War and, 155
  and foreign investment, 58
  for housing, 229
  housing and, 238
  as percentage of national income, 262
  public goods/private consumption and, 262
  railroad financing as, 121–2
  Revolutionary War and, 30
  and risks, 238
  smaller shareholder financing by, 249
  state, 26, 29–30, 46
Declaration of Independence, 27
Deloitte, 137, 268
Deloitte & Touche, 268
Democracy in America (Tocqueville), 7
depressions
  during 1870s/1880s, 144
  following Revolutionary War, 25
  Great Recession of 2008, 179
  Great/Long Depression (1870s), 92
  post–First World War, 153, 155, 177, 187
  See also crises; Great Depression
derivatives, 205, 208–9, 237–8, 258, 269, 270, 274
Desjardins, Alphonse, 220
Desmarais family, 228
Deutsche Bank, 118, 216, 272
Disraeli, Benjamin, 60
division of powers, 76, 77

dollar (Canadian)
  gold and, 173
  Great Depression and, 173
  U.S. dollar and, 77, 163
dollar (U.S.), 33, 42
  Canadian dollar and, 77, 163
  euro-, 13, 200
  gold and, 58, 193, 196
  Great Depression and, 174
  and greenback period, 109
  legal-tender status struck down by Supreme Court, 58
  Nixon and, 196
  tying of currency to, 193
  U.K. banks and, 199
  value of/rates, 109
Dominion Housing Act (DHA), 179–80, 233
Dominion Mortgage and Investment Association, 179
Dominion Provincial Tax Agreement, 186
Dominion Securities, 108
Dred Scott decision, 52
Drexel, 119
Drexel Burnham, 253
Dun and Bradstreet, 138
Durham, John Lambton, Earl of, 72–3

Early, Jubal, 77
EASDAQ, 255
Eastern Townships Bank, 104
economic growth
  in Canada vs. U.S., 62, 94
  consumer debt and, 237
  in first decade of 20th century, 95
  foreign capital and, 96, 106–8
economic growth (Canada)
  and capital, 106–8

during interwar period, 160–1
during post–Second World War period, 192, 202, 255–6
railways and, 124
in Upper Canada, 70
economic growth (U.S.)
Civil War and, 62, 92
during interwar period, 161
New Deal and, 174–5
during post–Second World War period, 192
progressives/populists and, 168
Second World War and, 188
as world's largest/richest economy, 158
economy
annual cycles, 87
new, 265
Edge Act (U.S.), 165
efficient market hypothesis, 207, 251
Elgin, Lord, 74, 75
Embargo and Non-Importation Acts, 35
Employee Retirement Income Security Act (ERISA; U.S.), 198, 223
Enron, 267, 268
Equitable life insurance company, 132
equity
Bretton Woods fall and, 248
world holdings, 208
equity (Canada)
railways and, 124
Toronto as centre of, 12
equity (U.S.)
banks and, 42
and insurance consolidation, 243
during post–Second World War period, 198
railroads and, 123

Erie Canal, 38, 41, 44, 62, 83
Ernst & Whinney, 268
Ernst & Young, 268
Estey, Willard, 265
Estey Commission on Canadian banks, 265
Euronext, 255
European American Bank (EAB), 203
Excess Profits Tax, 186

Fair Labor Standards Act (1938; U.S.), 175
fallen angels, 252–3
Family Compact, 71
Fannie Mae. *See* Fannie Mae; Federal National Mortgage Association (FNMA; U.S.)
Farmers Bank (Ontario), 103
Fathers of Confederation in Canada, 16
Fathers of the Canadian Confederation, 10–11
Federal Deposit Insurance Corporation (FDIC; U.S.), 147, 175, 201
federal government (Canada)
bank regulation, 102
and health care insurance, 246
and housing, 234
life insurance regulation, 102
as market steward, 234
per capita grants to provinces, 80
regulation of insurance, 133
responsibilities under Confederation, 77–80
and worker's compensation, 246
federal government (U.S.)
Civil War and expenditures, 55
Constitution and financial control by, 31

and creation/administration of
  banks, 31
debt, 26, 29, 30, 33–4
and dollar, 33
expenditures as percentage of
  GDP, 55
and Federal Reserve board, 148–9
and income tax, 156
ratio of debt to revenue, 33–4
spending as GDP percentage, 196
transfer of authority for banks to
  states, 43
Federal Home Loan Banks, 231
Federal Home Loan Mortgage
  Corporation (U.S.), 231, 236, 273
Federal Housing Administration
  (FHA; U.S.), 229, 233
Federal National Mortgage
  Association (FNMA; U.S.), 39,
  229, 231, 236, 273
Federal Reserve (U.S.), 113, 145,
  146–9, 163–4, 175, 190, 196–7, 254
  board, 148–9, 201, 225
Federal Reserve Act (1913), 145,
  146–7, 165
Federal Trade Commission (FTC), 225
Federalist Papers (Hamilton), 28
Fenians, 61, 63
Fielding, W.S., 146, 163
Finance Act (1914; Canada), 149, 153
Financial Institutions Supervisory
  Committee (Canada), 265
Financial Services Modernization
  Act (1999; U.S.), 204
financial systems
  Canadian vs. U.S., 260
  definition of, 7–8
  four pillars of, 102, 211, 213–15,
    244, 245, 259, 263, 265
  fragmentation of U.S., 108, 110

intermediaries in Canadian, 80,
  104–8
during post–Second World War
  period, 192
U.S. and Canadian compared,
  275–8
financial theory, 196, 207, 251–2, 266
fire insurance, 129, 132, 133, 168, 171,
  181
Fireman's Fund Insurance Company,
  244
First National City (FNC), 202
First World War
  economic fallout during, 95
  effects of, 152–6
  financing/funding of, 155
  as "Great Disorder," 153
First World War (Canada), 153, 155
  and emergency circulation
    provision, 101
  and insurance, 170–1
  and railways, 127–8
  and securities trading in, 255
  and shift of financial activity from
    Montreal to Toronto, 153, 156
  year 1917 as eventful for Canada,
    153
First World War (U.S.), 153–5, 156
  and exports, 167
  and Federal Reserve, 148–9
  and insurance, 167–70
  and New York Stock Exchange
    closure, 154
  and social/economic change in
    U.S., 159
  stranded tourists, 165
  "trading with the enemy"
    measures, 167
  and U.S. international
    involvement, 189

and Victory Bonds, 217–18
windfall effects, 166
Follett, Mary Parker, 136
Fordney McCumber Tariff, 161
foreign banks in Canada, 201–2, 210, 213, 216–17
foreign banks in U.S., 116–19, 165, 201, 202–3, 204
foreign capital
Canadian shift from U.K. to U.S. as source, 107
and economic growth, 96
from U.K. to Canada, 107–8
U.S. dependence on multiple sources, 106
for U.S. railroads, 121
foreign investment
by banks, 199–200
in banks, 96
Canadian government, and continental policy, 197
foreign investment by Canada
by BMO, 113
in insurance sector, 170
in life insurance, 134
foreign investment by U.S.
in Canada, 158–9, 161–2
in insurance sector, 188–9
in life insurance, 239–40
Second World War and, 188–9
foreign investment in Canada, 194, 245
in banks, 202
in insurance sector, 244
in life insurance, 133–4, 245
in Toronto, 218
by U.K., 161
by U.S., 158–9, 161–2, 194, 197
foreign investment in U.S.
debt (U.S.) and, 58
in insurance, 129, 168–9, 181, 188, 244

private banks and, 106
for railroads, 123
Second World War and, 188
securitization and, 238
Foster, George, 135
Founding Fathers, 11, 16, 27–9, 48
Franklin, Benjamin, 17, 22, 26
Freddie Mac. *See* Federal Home Loan Mortgage Corporation (Freddie Mac; U.S.)
free banks/banking (Canada), 86
free banks/banking (U.S.), 43, 45–6, 56, 86, 111
French and Indian War/Seven Years' War (1756–63), 16–17, 19, 22–3, 68
French Revolution, 27, 34–5
Friedman, Milton, 195
Front de libération de Québec (FLQ), 218–19

Gallatin, Albert, 34
Galt, Alexander Tilloch, 63, 75–6, 78, 85–6, 89, 97, 98
GDP
in Canada vs. U.S., 53
exports and, 192
Great Depression and, 172
world trade and, 192
GDP (Canada), 150
Great Depression and, 172, 182
growth, 192, 194, 274
during interwar period, 160, 161
LDC lending and, 263–4
public goods spending and, 262
tax revenues and, 262
GDP (U.S.), 150
bank assets and, 208
debt and, 262
federal expenditures and, 55

financial sector and, 208
government spending and, 196
Great Depression and, 172, 181
growth, 92, 192, 274
insurance and, 131
during interwar period, 160–1
life insurance and, 129
public goods spending and, 262
stock market capitalization and, 155, 208
tax revenues and, 262
tort costs and, 241
General Adjustment Bueau (U.S.), 136
General Motors Acceptance Corporation (GMAC), 237
Genoa conference (1922), 192
Gilbreth, Frank and Lillian, 136
Gineen, Harold, 251
Gladstone, William Ewart, 57, 63
Glass-Steagall Act (1933; U.S.), 175, 201, 203, 213, 252, 261
Glynn, Mills, Currie & Co., 107
Glynn, Mills & Co., 106
Godsoe, Peter, 215
gold, 58, 109, 154, 166, 218
    Bretton Woods agreement and, 193–6
    standard, 75, 109, 144, 148, 163, 173
Gold Reserve Act (U.S.), 180
Gore Bank, 103
Gosford, Earl of, 71
Government National Mortgage Association (GNMA; U.S.), 231
Grace, W.R., 251
Gramm-Leach-Bliley Act (1999; U.S.), 204
Grand Trunk Railway (GTR), 76, 125, 126, 127
Grant, Ulysses S., 110

Great American (insurance company), 168
Great Britain. *See* United Kingdom
Great Coalition, 76
Great Depression, 12
    and bank failures, 174
    causes, 172
    effects, 3, 12, 172–4
    financial investigative commissions, 3–4
    and political change, 172
    and public policy, 173–4
    response to, 12
    stock market boom and, 175–7
Great Depression (Canada)
    and banks, 182–3
    and central bank, 146, 174
    commodity prices and, 173
    and dollar, 173
    effects, 178–80, 190
    emergence from, 182–4
    and GDP, 182
    and housing policies, 179–80
    and incomes, 173
    and life insurance, 184
    origins, 177
    political response, 190
    and public policy, 178–80
    and securities regulation, 180
    and stock exchanges, 180
    U.S.–Canada relationship and, 173
Great Depression (U.S.)
    and economic growth, 174–5
    effects of, 172–7, 190
    emergence from, 181–2
    and financial reforms, 225
    and GDP, 181
    and housing, 229, 230–1
    and income tax rates, 156
    and insurance sector, 169, 181–2

索 引

and New Deal, 174–5
political fallout, 174
political response, 190
Great Lakes
demilitarization of, 70
disarmament, 61
rearmament of, 62
Great Moderation, 197
Great Northern railroad, 123
Great West Life, 134, 170, 245, 246
Great-West Lifeco, 246
Greenberg, Hank, 189
Greenspan, Alan, 205, 254, 266
Griffin, Tony, 194
Gross Domestic Product (GDP). *See* GDP
Guadeloupe, 17
Guarantee Act (1849), 124–5
Guaranty Trust, 115
Gwyn, Richard, 65

Hague, George, 90
Halifax Banking Company, 83
Hamilton, Alexander, 97–8
about, 28–9
and bank weaknesses, 166
and banking, 36
and Constitution, 28
at Constitutional Congress, 26
Federalist Papers, 28
financial plan, 29–34
and First BUS, 81
as Founding Father, 11
ideas, and Bank of Montreal, 37, 38
and infant industry arguments, 51
Jefferson compared to, 10, 27–9
and national bank, 38
and post-Revolution financial order, 10
Hartford Fire, 168

Hays, Charles Melville, 127
Hellyer, Paul, 234
Hepburn Act (1906), 131
Hill, James J., 123
Hincks, Francis, 86, 96–7, 98–9, 103, 124–5, 135
Home (insurance company), 168
Home Bank, 163
Home Owners' Loan Corporation (HOLC; U.S.), 229
Homeowners' Loan Act (1933; U.S.), 231
Homestead Acts, 50–1
Hong Kong and Shanghai Banking Corporation, 117
Hoover, Herbert, 173, 174
housing
bubble, 270
financing in Canada vs. U.S., 13
ownership in Canada vs. U.S., 232, 236
policy in Canada vs. U.S., 229–30
housing (Canada), 179–80, 210, 212, 232–6
housing (U.S.), 190, 229–32, 235, 238
Housing and Urban Development, Department of (HUD; U.S.), 231
Howe, Joseph, 97
HSBC, 216, 228
Hudson's Bay Company, 93, 97
Hughes, Charles Evans, 130
Hürlimann, E., 152, 190
Huron and Erie Loan and Savings Company, 105
Hyde Park Agreement, 186

Ilsley, James Lorimer, 185
immigration/immigrants
Homestead Acts and, 50–1
from Ireland, 73

427

immigration/immigrants to Canada
   during 1860s, 62
   anti-Catholic, 62
   during interwar period, 162
   Irish, 62
   Loyalist/post-Loyalist, 69, 70
   from U.K., 70
immigration/immigrants to U.S.
   Civil War and, 55
   emigration of U.S. colonists from Canada, 63
   during interwar period, 159–60
   Irish, 61, 62
   S&Ls and, 115
INA insurance company, 169, 239
incentive system, 269, 270
Income Tax Act (1917; Canada), 153
income(s)
   Great Depression and Canadian, 173
   inequality in U.S., 160
   per capita in U.S. vs. Canada, 94
   taxes (*See under* taxes/taxation)
Industrial Alliance, 246
infant industry argument, 51
inflation (Canada), 80
inflation (U.S.), 25, 26, 37, 148, 192, 196–7, 239, 250, 251
inflation, and accounting, 267–8
influenza outbreak, 168
infrastructure investment, 55–6, 174–5. *See also* railroads (U.S.); railways (Canada)
ING insurance, 217, 246, 248
insider lending/trading, 42–3, 46, 257
insurance
   actuarial science, 139
   automobile, 239
   business/management education and, 240
   Canadian vs. U.S. systems, 11–12
   casualty, 241
   company mergers, 239
   digital revolution and, 240
   foreign insurers, 130–1
   health care in U.S. vs. Canada, 246, 262
   improvement of working conditions and, 140
   multi- vs. monoline, 132, 169–70, 239
   non-life, 11–12, 13, 170–1
   pricing risk theory and, 240
   property, 241
   reinsurance, 130–1, 154, 167, 168–9, 181, 240, 242, 243, 244
   risk management and, 240
   San Francisco earthquake and, 131
   See also life insurance
insurance (Canada), 132–5
   automobile, 247
   Canada Life as first company, 139
   companies' move from Montreal to Toronto, 218
   consolidations/mergers, 246–7
   demutualization, 245–6
   failures, 246
   First World War and, 170–1
   foreign investment in, 244
   foreign ownership, 245
   investment in U.S., 167
   and liability, 244
   McTavish Royal Commission, 135
   non-life, 187, 245, 246, 247–8
   politicians' appointment to boards, 135
   during post–Second World War period, 244–8
   private vs. government competition/mutualization, 246
   regulation of, 133, 244–6

索 引

Second World War and, 187
superintendent of insurance, 139
unemployment, 178
insurance (U.S.)
actuarial science and, 136
advertising, 169
antitrust exemption, 182
Armstrong Commission, 135
automobile, 169–70
bank funds, 46
Canadian insurance investment in, 167
captive, 242–3
casualty, 169, 181
as community service vs. profit, 136
company failures, 141
consolidations/mergers in, 141, 243, 244
consumer culture and, 168, 238–9
disintermediation of, 242–3
and European war loans, 167
First World War and, 154, 167–70
foreign direct investment in, 244
foreign insurers, 129, 168–9, 181, 188
German companies and, 167–8
Great Depression and, 181–2
health, 169
investment valuations, 168
joint-stock companies, 141
and liabilities, 241–2
M&A activity, 243–4
mass culture and, 169
mass marketing and, 169
multi- vs. monoline, 169–70
mutual funds and, 169
New Deal and, 181–2
non-life sector, 171
offshore activity, 243
political risk, 168

during post–Second World War period, 238–41, 241–4
pricing, 242
private pensions and, 239
property, 189, 242, 243
as public good, 182
rate wars, 239
regulation of, 131–2, 168, 241–2
retirement, 177
Russian Revolution and, 167
Second World War and, 188–9
self-, 242
unemployment, 190
war exports and, 167
Insurance Company of North America (INA), 129
Intercolonial Railway, 63, 125–6
interest rates, 96, 258
interest rates (Canada), 151, 213
interest rates (U.S.), 196–7, 199 200, 213
International and Colonial Banks, 87
International Banking Act (1978; U.S.), 204
International Banking Corporation, 165
International Monetary Fund (IMF), 193, 194, 270
Interstate Commerce Act (1887), 131
investment banks (U.S.)
private, 110
investment banks/banking, 106–7
investment banks/banking (Canada), 108
investment banks/banking (U.S.)
commercial bank relationship with, 175, 201, 203–4, 252
Glass-Steagall Act and, 175
partnerships, 119–20
Investment Company Act (1940; U.S.), 221, 225

429

investment dealers (Canada)
  banks and, 211, 214, 259
  provincial regulation, 102
  as underwriters, 107
Investment Dealers Association, 187
Investors Syndicate, 227–8
IOF insurance, 246, 248
Irish Potato Famine, 73, 74

Jackson, Andrew, 33, 35–6, 37, 38, 39, 71, 72, 84–5
Jay, John, 28
Jefferson, Thomas, 38
  about, 27–8
  absence from Constitutional Congress, 26
  assumption of office, 34
  and banks, 33
  and BUS, 32
  and consolidation of debt, 30
  as Founding Father, 11
  and French Revolution, 27, 34
  Hamilton compared to, 10, 27–9
  and paper money, 33
  and slavery, 48
  and War of 1812, 35
Johnson, F. Ross, 253
Johnson, Lyndon, 195
joint-stock companies
  banks, 96
  insurance, 129, 141
  life insurance, 132
Jones, Geoffrey, 8
J.P. Morgan bank, 272

Kansas-Nebraska Act, 52
Kemper Corp, 244
Keynes, John Maynard, 178, 181, 193, 277

Kidder, Peabody & Co., 119
Kimber Commission, 257
Kindleberger, Charles, 219
King, Edwin, 89, 90–1
King, William Lyon Mackenzie, 173, 177, 186
Korean War, 194
KPMG, 268
Kreuger, Ivar, 249

Lafontaine, Louis Hippolyte, 73, 74
Lamont Corporation, 194
Lamoreaux, Naomi, 42–3, 141
Laurier, Wilfrid, 94, 95, 127, 143–4
League of Nations, 158
Lee, Higginson & Co., 119
Lerner, Max, *American Civilization*, 7
less-developed countries (LDC) debt crisis, 13, 262–4, 265, 271
Lévesque, René, 217
liability/-ies
  banks and, 82
  partnerships and, 82
  risk(s) and, 241
liability/-ies (Canada)
  bank, 87–8, 182–3
  insurance and, 133, 244
liability/-ies (U.S.)
  automobile insurance and, 169–70
  awards, 241
  bank, 42
  culpability and, 241
  insurance and, 241–2
  limited, banks and, 40, 45, 46
  private pension funding and, 223
  unlimited, 46
life insurance, 11–12, 13

索 引

life insurance (Canada), 106, 132, 133–5
　British companies in, 133
　deposit required, 133
　federal regulation, 102
　foreign investment by, 134
　foreign investment in, 133–4, 245
　fragmentation of, 170
　Great Depression and, 184
　growth of, 105
　international strategies, 247
　investments, 134–5
　mortgage and loan companies vs., 105
　and mortgage loans, 233
　mutualization of, 244–5
　regulation, 133
　Supervision of Life Insurance office, 163
　U.S. companies in, 133
life insurance (U.S.), 129–30, 132
　foreign companies in, 169
　foreign investment, 239–40
　growth of, 239
　home market focus, 239
　influenza outbreak and, 168
　during interwar period, 169
　investments, 134
　S&Ls and, 115
Lincoln, Abraham, 47, 55, 56, 58, 98
Lintner, J., 207
Little Bang of 1987, 13, 210–11, 220, 228, 245
loans (U.S.)
　commodity price drop and agricultural, 166
　extension to new types of, 166
　Federal Reserve and, 147–8
　against land/real estate, 118
　maturities, 41
　as private contracts, 230
　short-term, 41
　See also debt (U.S.)
London Life, 245, 246
London Stock Exchange, 254
long-term capital management (LTCM), 266
Louisiana Purchase, 28, 34, 35, 38, 50, 93
Lowe, Robert, 63
Lower Canada
　banks in, 83, 84
　birth rates, 70
　as Canada East, 72
　Chateau Clique in, 70–1
　creation of, 69
　Loyalists in, 69
　rebellions of 1837 in, 71, 73
Loyalists, 24–5, 69, 70

M&A activity. See also acquisitions; mergers
M&A activity (U.S.)
　and giant conglomerates, 250–1
　insurance, 243–4
Macdonald, John A.
　about, 64, 65–7
　and Confederation, 60
　on Manufacturers Life board, 135
　and minister of finance, 91, 97–9
　and National Policy, 94
　and railroad to Pacific, 125, 126
　and Rose, 89
　and U.S., 64, 77
MacKay Task Force on the Future of the Financial Services Sector (Canada), 215

431

Mackenzie, Alexander, 135
Mackenzie, Michael, 265
Mackenzie, William, 127
Mackenzie, William Lyon, 65, 71
Macmillan Commission on Banking and Currency (1933; Canada), 3–4, 179
Madison, James, 26, 28, 30, 34, 35, 37, 48, 70
Mann, Donald, 127
Mann-Elkins Act (1910), 131
Manufacturers Life Insurance Company/Manulife, 134, 135, 170, 245, 246; Manulife-Sinochem, 246
manufacturing (Canada), 70, 94–5
manufacturing (U.S.), 93
marine/maritime insurance, 129, 132, 168
Maritime Life, 246
Marked to Market accounting rule, 210
Markowitz, Harry M., 207
Marshall Plan, 201
Martin, Paul, 215
Marx, Karl, 27
Maryland Casualty Group, 244
Mason, George, 48
Mason-Dixon Line, 52
mass production, 159
Massachusetts Investors Trust (MIT), 224
Massachusetts Mutual, 132
Massey Harris, 95
McAdoo, William Gibbs, 148
McCarron Ferguson Act (1945; U.S.), 239
McGee, Thomas D'Arcy, 61–3
McLeod, J.A., 183
McMaster, William, 90
McPherson, James, 55
McTavish Royal Commission, 135

Meade, James, 195
Mercantile Agency Reference Books, 138
Mercantile Bank (MB), 202
Merchants Bank, 87, 117, 162
mergers
  accounting firms, 266, 267–8
  bank, 141, 211, 215
  and borrowing for takeovers, 257
  concerns regarding, 141
  and corporate governance process, 141
  insurance, 141, 239, 246–7
  U.S. 1895–1904 wave, 141
  See also acquisitions; consolidations
Merton, R., 207–8
Metcalf Report, 267
Metropolitan insurance, 246
military expenditures (Canada), 60
military expenditures (U.S.), 195, 196
Milken, Michael, 253
Minister of Finance (Canada), 76, 88–9, 97–9, 178
Mint (U.S.), 33
Missouri Compromise, 50, 52
M.M. Warburg & Company, 147
Molson, John, 124
Molson bank, 162
money
  paper certificates as, 32
  paper vs. specie, 25, 32
  See also currency; dollar; paper money; specie
money (U.S.)
  access to, 36
  banking, and supply, 109
  banks and, 36, 41–2, 45
  early attitudes regarding, 25
  paper vs. specie, 25, 33

索 引

Pujo Committee and money
  trusts, 145
shortages, 36
sound, 25
money/currency
  euro-, 200, 201
Montreal
  accord, 272
  shift to Toronto as financial centre,
    153, 156, 212, 217–20, 256
  Stock Exchange, 180, 218, 219, 220,
    255, 258
Montreal Trust, 217
Moore, Christopher, 78, 80
Morgan, J.P., 119, 123, 145, 248, 249
Morgan Grenfell, 119
Morris, Robert, 26, 40
mortgage and loan companies
  (Canada), 104–6, 171
mortgage-backed securities
  (MBS), 235
mortgages (Canada), 187, 210, 212,
  233–4, 270–1
mortgages (U.S.), 156, 177, 212, 230,
  231, 232, 235–6, 269
Morton, W.L., *The Critical Years,
  1857–1873*, 78
Mount Stephen, Lord, 123
multinational companies, 191
Munich Re, 244
Municipal Loan Act (1852), 125
mutual associations/companies,
  114–15, 132, 136
mutual funds, 13
mutual funds (Canada), 211,
  227–8, 259
mutual funds (U.S.), 169, 206, 221–2,
  224–6, 227, 243
Mutual Life insurance company, 132,
  134, 170
Mutual of New York (MONY), 132

Napoleon, 35
Napoleonic Wars, 70
National Association of Credit
  Men, 138
National Association of Insurance
  Commissioners (NAIC;
  Canada), 131, 241
National Association of Securities
  Dealers Automated Quotes
  (NASDAQ), 253–5
National Bank Acts (1863/1864;
  U.S.), 56, 77, 89, 96, 109, 110, 116
National Bank of Canada, 228
national banks/banking, 82
national banks/banking (Canada), 271
national banks/banking (U.S.)
  about, 111
  and bills of exchange, 120
  capital market transactions,
    112–13
  central bank and, 82
  conversion of state banks to, 110, 111
  deposit rate ceilings, 112
  international operations, 165
  and international transaction, 112
  limits on, 201
  and loans against land/real
    estate, 118
  numbers of, 96, 110, 111, 141
  reserve requirements, 112
  size of, 110
  and state banking laws, 56
  state banking services compared
    to, 113–14
  state banks becoming, 56
  state regulation of, 110
  Treasury Department and, 56
National City Bank (NCB), 111–13,
  165, 166
National Currency Act (1863; U.S.),
  56, 77

433

National Energy Policy (Canada), 219, 263, 264
National Handelsbank (Netherlands), 202
National Housing Act (Canada), 233, 234, 235
National Industrial Recovery Act (U.S.), 175
National Monetary Commission, 145
National Policy (Canada), 94
nationalization
　of Canadian railways, 95, 124
　of central bank, 179
navigation acts, 17–18
Nelles, H.V., 71
Neufeld, E.P., 216
New Deal, 174–5, 176
　and accounting/auditing, 261
　Bennett and, 178
　and housing, 229
　and insurance, 181–2
　interest rate restrictions, 199–200
　and mutual funds, 221, 222
　and pension funds, 221, 222
　and private savings, 206
　restrictions on banks, 201
　and small investors, 225
New France, 68–9
New York
　Free Banking Act (1838), 46, 56
　as largest banking centre, 44
　Stock Exchange (NYSE), 154, 160, 176, 180, 198, 250, 254, 255, 263
New York Life insurance company, 132, 218
Nixon, Richard, 196
North, Douglass, 50
North American Life insurance, 135
North West rebellion, 126
Northern Pacific Railroad (U.S.), 122–3

Office of the Comptroller (U.S.), 56
Office of the Inspector General of Banks (Canada), 213, 271
Office of the Superintendent of Financial Institutions (OSFI; Canada), 13, 213, 235, 244, 245–6, 264, 265, 267, 271
Ogdensburg Agreement, 186
oil/petroleum industry, 141, 150, 262, 263, 264
old age security (Canada), 190, 226
old age security (U.S.), 190
Ontario Bank, 95, 103
Ontario Companies Act (1907), 139
Ontario Loan and Trust Company Act (1921), 171
Ontario Municipal Employees Retirement System, 227
Ontario Securities Commission (OSC), 256, 257
Ontario Teachers' Pension Plan, 227
Open Markets Investment Committee, 164
option prices, 207–8, 251
Oronhyatekha, Dr, 135
Other People's Money – and How the Bankers Use It (Brandeis), 145
over-the-counter (OTC) trading, 160, 176, 205, 208, 253–4, 269, 274

Pacific Railway Act (U.S.), 55–6
Pacific Scandal, 126
Palmerston, Lord, 60
paper money/currency (Canada), 78, 81, 82, 85–6, 89, 99–100
paper money/currency (U.S.), 25, 26, 37, 41–2, 110
Papineau, Louis Joseph, 71
Paris, Second Treaty of, 24
Parti Québécois (PQ), 217, 219
path dependencies, 5, 14, 229–30, 271

索　引

Pearson, Lester, 234
Pecora Investigation, 3–4
Peel, Robert, 74
pension funds/plans, 13
pension funds/plans (Canada), 211, 226–8, 259
pension funds/plans (U.S.), 206, 221–4, 225–6, 239, 243
Permanent Joint Board of Defence, 186
petrodollars, 200, 262, 263
Philadelphia Bank, 43
Phoenix insurance company, 132
Plains of Abraham, Battle of, 69
population
　distribution, 94, 140
　growth (Canada), 70, 94, 149–50, 274
　growth (U.S.), 52, 92, 94, 149–50, 274
　size, and number of banks, 82
populism, 141, 142, 147, 168
Porter Royal Commission on Banking and Finance (1964), 13, 210, 212–13, 227, 234, 271
Power Corporation, 228
Prairies (Canada)
　life insurance companies and, 106
　mortgage and loan companies in, 105–6
　progressivism on, 150
　Rupert's Land and provinces of, 149
　settlement of, 102
　See also West (Canada)
Price Waterhouse, 137
Prime, Ward & King/Prime, Ward & Sands, 116
private banks (U.S.)
　and foreign investment, 106
　international investment banking, 119–20
　international services, 112
　populists and, 147

private-public partnerships (U.S.), 222, 262
progressivism, 141, 142–4, 150, 161, 168
Province of Canada, 9
provinces
　assets, 79
　debts, 79
　expenditures, 79, 80
　federal per capita grants, 80
　and taxation, 80
provincial government regulation
　insurance, 133
　investment dealer, 102
　securities, 255
　trust company, 102
Prudential of America, 218, 246
Public Accounting Oversight Board (U.S.), 267
public goods spending, in Canada vs. U.S., 262
Public Service Investment Board, 227
Public Utility Holding Company Act (U.S.), 225
Pujo Committee, 145

Quebec
　division into Lower and Upper Canada, 69
　"French fact" and, 59, 67
　Loyalists in, 24–5, 69
　Quiet Revolution, 218
　separation of Ontario from, 25
Quebec Act (1774), 22, 68–9
Quebec Bank, 83
Quebec Pension Plan, 226–7

railroads (U.S.), 38, 55–6, 93, 121–3, 124–5, 136
railways (Canada), 63–4, 79, 93, 94, 95, 123–8, 150
Randolph, Edmund, 26

435

Rasminsky, Louis, 193
Reagan, Ronald, 251
real bills doctrine (U.S.), 148, 164
rebellions of 1837 (Canada), 65, 71–3, 74
recessions (U.S.)
  1914, 154
  1937, 181
  See also depressions
Reciprocity Treaty (1854), 11, 58, 61, 62, 75
Reconstruction Finance Corporation, 188
Reformers (Canada), 75, 97
regional banks (U.S.), 147, 148
registered retirement savings plans (RRSPs), 226
regulation
  accounting profession, 139
  incentive/compensation systems, 270
  during post–Second World War period, 196
  See also bank regulation
regulation (Canada)
  insurance, 133, 244–6
  life insurance, 102, 133
  oversight of all financial measures, 267
  provincial government, 102, 133, 255
  securities, 174, 180, 255–6
  self-, 256
  stock exchanges, 255
  trust companies, 102
regulation (U.S.)
  attitudes toward, 146
  insurance, 131–2, 168, 241–2
  securities, 13, 174
  S&Ls, 263

reinsurance. *See under* insurance
Republican Convention, Chicago, 1860, 58, 94
reserve banks (U.S.), 164. *See also* Federal Reserve (U.S.)
responsible government, 70–1, 72, 73, 75, 85
retirement plans (U.S.), 198, 228, 243
revenue (Canada)
  income taxes and, 156
  provincial, 80
  sources of, 155
revenue (U.S.)
  Civil War and, 55
  income taxes and, 156
Revenue Act (1936; U.S.), 225
Revolutionary War, 9, 10, 24–5, 30, 34, 53, 69
Richardson, John, 82
Riegle-Neal Interstate Banking and Branching Efficiency Act (1994; U.S.), 204
Riel, Louis, 97
risk management, 196
  and insurance industry, 240
  international banking regulation and, 209
  OSFI, and securitization, 235
  stock pricing, 207
  theory and, 207
risk(s)
  liabilities and, 241
  mutual funds and, 224
  pension funds and, 223
risk(s) (U.S.)
  banks and, 45
  credit, 41
  debt and, 238
  Great Depression and, 181–2
  and insurance, 131, 169–70, 181–2

systemic financial (U.S.), 121
tolerance for, 262
RJR Nabisco, 253
Rockefeller, John D., 248
Rockefeller, John D. Jr., 146
Rockefeller, William, 113
Roosevelt, Franklin Delano, 4, 173, 174, 182, 186, 218
Roosevelt, Theodore, 142
Rose, John, 89–90, 97
Ross, John Jones, 76
Ross, P.S., 138–9
Rowell-Sirois Commission, 80, 178, 186
Royal Bank of Canada (RBC)
during 1930s, 183
acquisition of Winnipeg Union Bank, 162
international activity, 216
in Latin America, 162, 183
and LDC crisis, 264
merger with BMO, 215
in Montreal, 217, 218
and mutual funds, 228
size, 104, 106, 114, 187
and technology, 206–7
Royal Commission on Banking and Currency (Macmillan Commission). *See* Macmillan Commission on Banking and Currency (1933; Canada)
Royal Commission on Bilingualism and Biculturalism (Canada), 218
Royal Trust, 217, 219
Rubin, Robert, 205
Rupert's Land, 64, 93, 97, 149
Rush Bagot Treaty, 61, 70

San Francisco earthquake, 131
Sarbanes-Oxley Act (2002; U.S.), 267, 268
savings and loans (S&Ls), 114–15, 263
Scholes, M., 207–8
Second World War
effects of, 12
U.S. foreign direct investment in Canada, 159
and U.S.–Canada relationship, 186–7
Second World War (Canada), 185–7
and banks, 187
conscription for, 185
cost of, 185
post-war reconstruction and housing, 232–3
and stock exchanges, 187
taxes and, 185–6
Second World War (U.S.), 187–90
and companies abroad, 188–9
and economic growth, 188
and foreign companies, 188
and housing, 230
and international involvement, 158, 189–90
and U.S. economic/financial dominance, 158, 189
securities
asset-backed, 209
insider trading, 257
securities (Canada)
computerized trading, 207
First World War and, 255
fraud prevention legislation, 256
globalization and, 258
government, 87–8
mortgage-backed (MBS), 235
regulation, 174, 180, 255–6
technology and, 258
securities (U.S.)
during antebellum period, 41

for bank short-term loans, 41
commercial banks and, 204
government debt and, 30
and mutual funds, 225
and onset of Great Depression, 175
rating agencies, 261–2
regulation, 13, 174, 225
Securities Act (1966; Ontario), 257
Securities Acts (1933, 1934; U.S.), 176, 225
Securities and Exchange Commission (U.S.), 174, 176–7, 221, 225, 250, 254, 261–2, 269
Securities Exchange Act (1934; U.S.), 176, 225
Securities Exchange Commission (SEC; U.S.), 205
securitization
 consumer debt and, 237–8
 foreign investors and, 238
 of mortgages (U.S.), 269
Security Frauds Prevention Act (SFPA, 1930; Canada), 180
Seven Years' War. *See* French and Indian War/Seven Years' War (1756–63)
Seward, William H., 57
shadow banking, 213, 266–7
shareholders
 bank, 45, 46
 capital, and formation of banks, 82
 and corporation size, 141
 and crash of 1929, 249
 foreign, 117
 numbers of, 141, 155, 160, 176
 railroads, 123
Sharpe, W.F., 207
Sherman Act (U.S.), 239
shocks. *See* crises
Shortt, Adam, 86–7,

Sifton, Clifford, 143
Sinochem, 247
slavery/slaves, 10, 17, 27, 39, 45, 47, 48–53, 54, 55, 58, 230
Smiddy, Harold, 136
Smith, Donald A. *See* Strathcona, Donald A. Smith, Lord
Smoot-Hawley Tariff, 12, 55, 61, 172, 173
Social Credit, 184
Social Security (U.S.), 222, 223
Social Security Act (1935; U.S.), 175, 190
South (U.S.)
 Civil War and, 54, 55, 56–8
 UK and, 56–7, 58, 61
 veto power, 50, 55, 58
Sovereign Bank, 95, 103
S&P index, 159, 172, 232
Special Assistance and Management and Liquidation Functions, 231
specie, 32, 37, 38, 39, 41, 50, 73, 85, 109, 110
Speyer and Co., 119
St Lawrence River
 canals on, 79
 UK-U.S. Reciprocity Treaty (1854) and trade along, 61
stagflation, 197, 237, 241
Stamp Act (1765), 20–2
stamp tax (U.S.), 55
Standard Oil Trust, 141
Standard Stock and Mining Exchange (SSME), 180, 256
Starr, Cornelius Vander, 189
state banks/banking (U.S.)
 all banks as, 43–4
 during antebellum period, 40–6
 assumption of Second BUS functions, 39

bank branches vs., 32
becoming national banks, 56
conversion to national banks, 110, 111
credit demand and, 109
currency issuance, 56
federal government authority for, 43
issue of banknotes, 111, 114
National Bank Acts and existence of, 109
national banking services compared to, 113–14
numbers of, 96, 110, 111
regulations, 44
Second BUS vs., 38
size of, 110
tax (1866) on banknotes of, 109
states (U.S.)
and bank branches, 42
bank chartering, 40–1, 43
banking restrictions/regulation, 110, 201, 204
creation/control of banks, 40–1
currency creation rights, 42
debts, 26, 29–30, 34, 46
insurance regulation, 242
national bank respect for laws, 56
and taxes, 26
Statute of Westminster, 161, 185
Steel Company of Canada, 108
Stephen, George, 126
Stillman, James, 113
stock exchanges
Great Depression and, 180
history, 255
ownership structure changes, 254–5
Second World War and, 187
See also names of individual exchanges

stock markets (U.S.)
accounting practices, 176–7
bear market, 251
boom, and Great Depression, 175–7
bull, 159, 198, 224
exchanges, 176
Great Depression and fall in prices, 172
rating agencies, 261–2, 269
stock market(s)
bull, of late 1980s/early 1990s, 253–4
collapse in 1937, 250
crash of 1902–4, 95
crash of 1929, 4, 166, 170, 175, 249, 255, 256
crash of 1987, 254, 263, 266
dot.com bubble, 259, 268
stock market(s) (Canada)
crash of 1987, 213
First World War and closure of, 153
Great Depression and fall in prices, 172
during post–Second World War period, 255–9
Sun Life and, 170, 184
stock market(s) (U.S.)
bull market of 1950s, 250–1
capitalization as GDP percentage, 208
capitalization as percentage of GDP, 155
Strathcona, Donald A. Smith, Lord, 113, 123, 126
Strong, Benjamin, 148, 166
Sugar Act (1764), 20–2
Sun Life, 133–4, 135, 138, 170, 184, 187, 217, 245, 246
supranational financial order, 12–13, 199

Swiss Re, 190
Sydenham, Lord, 85
Sylla, Richard, 198–9
syndicates, investment (U.S.), 249

Taft, William Howard, 142, 144
tariffs (Canada), 94, 143
tariffs (U.S.), 12, 37, 55, 58, 61, 161, 172, 173, 177
Tax Reform Act (1986; U.S.), 223
taxes/taxation (Canada)
   capital gains, 234
   customs and excise, 155, 178
   Excess Profits Tax, 186
   and First World War financing/funding, 155
   as GDP percentage, 262
   income, 155, 156, 178, 185
   Income War Time Tax Act (Canada), 156
   provinces and, 80
   Rowell Sirois Commission and, 178
   and Second World War, 185–6
   social service funding by, 262
taxes/taxation (U.S.)
   and American Revolution, 25
   centralized, 53
   Civil War and excise, 55
   as GDP percentage, 262
   income, 55, 156, 230, 235–6
   mutual funds and, 221–2
   on state banks issuing currency, 56, 114
   states and, 26
   thrifts as exempt, 230
taxes/taxation, income, 12
Taylor, Frederick Winslow, 136
TD bank
   international activity, 216
   merger with Canada Trust, 215
   merger with CIBC, 215
   and mutual funds, 228
Tea Tax (1773), 20–2
technology, 12, 13
   and Canadian banks, 206–7
   and financial market convergence, 266
   and insurance, 240
   and NASDAQ, 253–4
   and securities trading, 258
   and stock market 1990s boom, 266
   and Toronto Stock Exchange, 257–8
   and U.S. banks, 198, 206
   and wheat, 94
telegraph, 63
terrorist attacks of 11 September 2001, 131, 267
Thomas, Wade, Guthrie & Co., 137
thrifts, 230, 231, 238
Tilley, Samuel Leonard, 78, 98
timber production/trade, 70
Tocqueville, Alexis de, 262
   Democracy in America, 7
Toronto
   as debt financing centre, 12
   as equity financing centre, 12
   shift from Montreal as financial centre, 153, 156, 212, 217–20, 256
Toronto General Trust, 106
Toronto Stock Exchange (TSE/TSX), 180, 218, 220, 255, 256–8
Touche Ross, 268
Towers, Graham, 179
Townshend Acts (1767, 1768), 20–2
trade
   colonial preference, 74
   exports, 70, 94, 167, 173, 177
   exports and world GDP, 192
   as federal power (Canada), 78

free, 58, 61, 74
Reciprocity Treaty (1854) and, 61, 75
timber, 70
Triangular Trade, 17–18
world, 192
Transatlantic Trust Company, 115
transparency, 135, 143, 176–7, 256, 268, 274
Treasury (U.S.), 39, 56, 147, 178
Treaty of Ghent, 70
Treaty of Paris
first (1763), 68
second (1783), 69
Triach, 194
Troubled Asset Release Program (TARP), 273
Trudeau, Pierre Elliott, 234
trust companies (Canada), 102, 105, 106, 171, 187, 211, 233, 259, 264
trust companies (U.S.), 115–16, 144, 249

unemployment (Canada)
Great Depression and, 172–3
insurance, 178, 190
unemployment (U.S.)
Great Depression and, 173, 175
insurance, 190
October 2008 crisis and, 232
during post–Second World War period, 197
Uniform Currency Act, 100
Union Bank (Halifax), 104
Union Bank (Winnipeg), 162
Union Pacific railroad, 123, 150
unit banks/banking, 11, 96, 111
United Empire Loyalists, 69
United Kingdom
after Second World War, 199
bank failures, 82–3
and chartered bank corporations, 32
Corn Laws, 74
financial market, 75
and Four Pillars of finance, 102
and free trade vs. mercantilism, 74
immigrants to Canada, 70
Macdonald and, 66
non-life insurance sector, 171
overseas banks, 84
and slave trade, 49
timber trade, 70
United Kingdom–Canada relationship
benefits for Canada, 75
and British North America, 60
and Confederation, 60
Conservatives and, 98
exchange rates, 193
foreign capital from U.K. to Canada, 107–8
in insurance business, 132, 133
U.S.–Canada relationship vs., 187
United Kingdom–Canada trade
exports, 61, 95
exports (Canadian), 95
imports, 61
during interwar period, 161
U.S.–Canada trade vs., 61, 161
wheat, 70
United Kingdom–United States relationship, 60–1
Civil War and, 56–8, 63
and cotton, 50, 51, 56–7, 129
feelings regarding Civil War, 56
Reciprocity Treaty (1854), 61
and U.S. South, 56–7, 58, 61
United Nations, 192
United States–Canada relationship
Annexation Movement (1849), 65
annexation/consolidation, 72, 73, 74–5

banks entering each other's markets, 202
Civil War and, 58, 73
exchange rates, 193
Hyde Park Agreement, 186
in interwar period, 158–9
in life insurance industry, 133
Ogdensburg Agreement, 186
Permanent Joint Board of Defence, 186
during post–Second World War period, 192, 197
Second World War and, 186–7
U.K.–Canada relationship vs., 187
United States–Canada trade
chronic Canadian deficit in, 193
Civil War and, 61
exports, 61
Free Trade/Reciprocity Agreement (1911), 143–4, 150
Great Depression and exports, 173
imports, 61, 95
imports from Canada to U.S., 95
Reciprocity Treaty (1854), 11, 58, 61, 62, 75
U.K.–Canada trade vs., 61, 161
universal banks, 205, 215, 263
Upper Canada
agriculture in, 70
banks in, 83, 84
as Canada West, 72
creation of, 69
economic growth, 70
Family Compact in, 70–1
post-Loyalist immigrants in, 70
rebellions of 1837 in, 71, 73
urbanization, 94, 95, 140, 159
utilities (Canada), 95, 134

value at risk (VAR), 210
values
of Canada vs. U.S., 59
and economic thinking, 5
van Buren, Martin, 39
Van Horne, Cornelius, 127
Versailles conference (1919), 192
Veterans Administration (U.S.), 233
Victory Loans, 186, 187
Vietnam war, 195, 196
Volcker, Paul, 228

Wall Street, 248–9
War Loans, 186, 187
War Measures Act (Canada), 219
War of 1812, 35–6, 37, 60, 70, 82
Warburg, Paul, 147, 148–9
Warburg, Siegmund, 194–5
Washington, George, 26, 28, 35, 48
Washington consensus, 265
Welland Canal, 79
West (Canada)
attitudes toward tariffs in, 143
free land for settlement in, 94
life insurance companies and, 106
mortgage and loan companies in, 105–6
See also Prairies (Canada)
West (U.S.)
opening of, 93
settlement, 60, 150
Western of England Fire Insurance Company, 133
Weyburn Security Bank, 104, 183
wheat, 70, 94, 95, 102, 105, 177, 178
White, Thomas, 162
White Paper on Revisions of Canadian Banking Legislation, 213
Wilson, Woodrow, 142, 146
Wood Gundy, 108, 256

workers' compensation, 129, 169, 246
Workman, Thomas, 135
World Bank, 193
WorldCom, 267, 268
Wriston, Walter, 262

Yokohama Specie Bank, 117

Zimmerman Bank, 87
Zurich Insurance Group, 244

致　谢

本书的顺利出版得益于许多人的倾力相助。首先要感谢的是对商业历史课做出贡献的罗特曼学院的同事：林顿·雷德·威尔逊，理查德·库里，詹姆斯·弗莱克，东尼·费尔，亨利·n.R.杰克曼和约翰·麦克阿瑟。我们所在的罗特曼管理学院和欧洲高等商学院也提供了多种形式的支持。这些年来，诸多同事也给了一些十分有帮助的反馈意见。这些同事包括：亨利·V.奈尔斯，已故的埃德·萨法里安，唐纳德·布赖恩，米拉·威尔金斯，杰弗里·琼斯，理查德·西拉，已故的迈克尔·贾兰，保罗·哈尔彭，罗伯特·E.赖特，马克·伯纳姆，迪米特里·阿纳斯塔斯基，以及已故的迈克尔·布利斯（他把自己收藏的商业历史图书慷慨地捐赠给了罗特曼学院）。此外，做出重要贡献的还有我们的研究助理，包括达伦·卡恩，大卫·维比滕，乔纳森·麦夸里，理查德·马特恩和哈里森·肯尼迪，还有参与我们罗特曼课程的学生以及多伦多大学出版社的编辑与制作团队的工作人员，其中包括詹妮弗·迪多梅尼科，安妮·拉克林，伊恩·麦肯齐和安妮·德伊尔门建。